全国高等职业教育“十二五”规划教材
中国电子教育学会推荐教材
全国高等职业院校规划教材·精品与示范系列

省级精品课
配套教材

市场营销实务
（第2版）

李红梅　罗生芳　主　编

電子工業出版社
Publishing House of Electronics Industry
北京·BEIJING

内 容 简 介

本书在第1版得到全国广大院校师生的欢迎和使用基础上，结合市场经济发展和近年来本课程的改革成果，在充分和认真听取许多教师及职教专家的意见和建议后，在保留第1版主体内容与特色的前提下，对其内容进行了修订编写。全书重点阐述了与营销实际工作息息相关的市场营销基本概念，寻找营销机会，制定产品开发策略、价格策略、渠道策略、促销策略，现代市场营销新知识等内容，并将课程的学习与创业知识紧密结合，设计了与创业相关的综合实训项目。本书融职业性、实用性、新颖性和趣味性于一体，具有“理论通俗易懂、案例丰富新颖、创业导向明晰、实训轻松实用”的特色，让读者在轻松的学习中掌握营销的基本知识，树立创业意识，并掌握一定的创业技巧。

本书为高等职业本专科院校市场营销课程的教材，也可作为开放大学、成人教育、自学考试、中职学校、培训班的教材，以及营销人员的参考工具书。

本书提供免费的电子教学课件、习题参考答案及**精品课网站**，详见前言。

图书在版编目（CIP）数据

市场营销实务/李红梅，罗生芳主编. —2版. —北京：电子工业出版社，2015.2
全国高等职业院校规划教材. 精品与示范系列
ISBN 978-7-121-24292-2

Ⅰ. ①市… Ⅱ. ①李… ②罗… Ⅲ. ①市场营销学－高等职业教育－教材 Ⅳ. ①F713.50

中国版本图书馆CIP数据核字（2014）第207660号

策划编辑：陈健德（E-mail：chenjd@phei.com.cn）
责任编辑：陈健德
印　　刷：涿州市京南印刷厂
装　　订：涿州市京南印刷厂
出版发行：电子工业出版社
　　　　　北京市海淀区万寿路173信箱　邮编 100036
开　　本：787×1 092　1/16　印张：16.75　字数：428.8千字
版　　次：2009年1月第1版
　　　　　2015年2月第2版
印　　次：2021年1月第6次印刷
定　　价：39.00元

凡所购买电子工业出版社图书有缺损问题，请向购买书店调换。若书店售缺，请与本社发行部联系，联系及邮购电话：（010）88254888，88258888。

质量投诉请发邮件至 zlts@phei.com.cn，盗版侵权举报请发邮件至 dbqq@phei.com.cn。

本书咨询联系方式：chenjd@phei.com.cn。

第2版前言

本书第1版出版后以其全新的教学理念、鲜明的高职教育特色、仔细认真的内容编写和精细的出版质量，得到全国广大院校教师与学生的欢迎和使用，累计发行有三万多册，在此对广大读者的厚爱深表谢意。

随着社会市场经济的飞速发展，市场营销环境日新月异，市场营销观念百花齐发，市场营销活动的开展如火如荼。为了使本书内容紧跟市场发展潮流，符合不断开展的课程教学改革要求，更多地反映职业性、实用性、新颖性和趣味性，编者在充分和认真听取近百位一线授课教师及多位著名职教专家的意见和建议基础上，保留本书第1版的主体内容与特色，并对其内容和形式都做了适当的优化、补充和调整，语言更简炼，结构更合理，内容更丰富。第2版主要在如下几方面进行了修订：

1．根据教学实践增减部分内容。其中第2章增加“SWOT分析法”；第3章增加“产品生命周期五层次划分法”和“包装设计的未来发展趋势”内容；第5章增加“中国市场未来渠道的发展趋势”内容，删除“物流管理”内容；第6章增加“新媒体时代的企业危机公关处理策略”内容；第7章增加“饥饿营销”内容。

2．调整局部结构。增加“创业知识”板块，使营销知识与创业知识更好地融合，有利于学生学成学业后顺利创业和就业。

3．结合市场发展修改多个案例。删除部分内容陈旧的案例，增加新的案例，使教材更接地气，具有时代亲和力；对比较长的案例进行了优化，使内容要点更显突出。

4．对教材的语言文字重新进行梳理和提炼，使教材内容简洁明了，通俗易懂。

本书由广西工商职业技术学院市场营销专业带头人李红梅教授/营销师/企业培训师和罗生芳副教授/营销师主编。在编写过程中，教学合作企业的营销人员对本书的编写提供了很多意见和建议，同时参考了多位同行专家的著作及资料，在此一并表示感谢。

为了方便教师教学，本书配有电子教学课件、习题参考答案等，请有此需要的教师登录华信教育资源网（http://www.hxedu.com.cn）免费注册后进行下载，有问题时请在网站留言或与电子工业出版社联系（E-mail:hxedu@phei.com.cn）。读者也可通过该课程的精品课网站浏览和参考更多的教学资源（http://www.gxgsxy.com/jpkc/scyx/kcjs.html）。

本书因时间和作者水平，书中的错误在所难免，恳请读者提出宝贵意见。

编　者

第 1 版前言

随着市场经济的迅猛发展，企业之间的竞争日趋激烈，市场营销已成为现代企业发展过程中的重头戏。很多国家、政府组织、大学、社团和其他非营利性组织也开始运用营销策略来提升其知名度，越来越多的行业在运用营销知识，越来越多的人在学习营销知识，越来越多的营销知识在实践中得到普遍应用。以至于有人说：我们生活在一个营销的世界里！

本书遵照《教育部关于加强高等职业教育人才培养工作的意见》，紧紧围绕培养高等技术应用型专门人才的目标，本着“实用、够用”的原则，联系营销人员工作实际，由浅入深地讲授市场营销基本概念，寻找营销机会，制定产品开发策略、价格策略、渠道策略、促销策略，现代市场营销新知识等知识点。让学生理解营销的基本概念，掌握营销基本策略及营销技巧。

本教材最大的特点就是将营销理论与职业技能紧密结合，设置有许多案例和互动学习环节。为了使学员更直观地认识到教材内容与职业岗位的关系，本书设置了“职业导航”；为了更好地引导教师与学员实现教学目标，在每章前面都设置了如何教、如何学、如何考等内容的“教学导航”；为了使学员快速掌握岗位知识与技能要点，在每一节前面都提供了“知识分布网络”；为了帮助学员归纳与总结所学知识，在每一章的后面均安排了“知识梳理与总结”；为了强化学员对所学知识的应用能力，还设置了“实训项目”和“阅读资料”。学生通过学习可以比较轻松地掌握营销的基本知识和技能，为今后的职业生涯打下良好的基础。

本书中所推荐的综合实训方式已在一些高职高专院校逐步推广，并取得了比较好的效果。本书为高等职业本专科院校市场营销课程的教材，也可作为开放大学、成人教育、自学考试、中职学校、培训班的教材，以及营销人员的参考工具书。

本书的编写人员既是营销教学的一线教师，又是企业的兼职讲师或营销顾问。李红梅、罗生芳负责主编和主审，王青协助完成总纂和审稿任务。编写具体分工为：李红梅编写第 1 章、第 7 章和第 8 章，谭爵玺、罗生芳编写第 2 章，黄乔编写第 3 章、第 6 章，陈政赵编写第 4 章、第 5 章。另外，侯晓红、高洁、陆洪涛、舒江云等同志也参与了本书的编写工作。

本书在编写过程中，参考了大量资料，并从公开发表的书籍、报刊和网站上选用了一定的案例和资料，特向有关单位和个人表示诚挚的谢意。

为了方便教师教学，本书还配有电子教学课件，请有此需要的教师登录华信教育资源网（http://www.hxedu.com.cn）免费注册后下载，如有问题请在网站留言板留言或与电子工业出版社联系（E-mail:hxedu@phei.com.cn）。读者也可通过该精品课网站（http://www.gxgsxy.com/ jmx/new/scyx/jxdg.html）浏览和参考更多的教学资源。

由于编者水平有限，编写时间仓促，书中疏漏与不妥之处在所难免，敬请读者批评指正。

编　者

职业导航

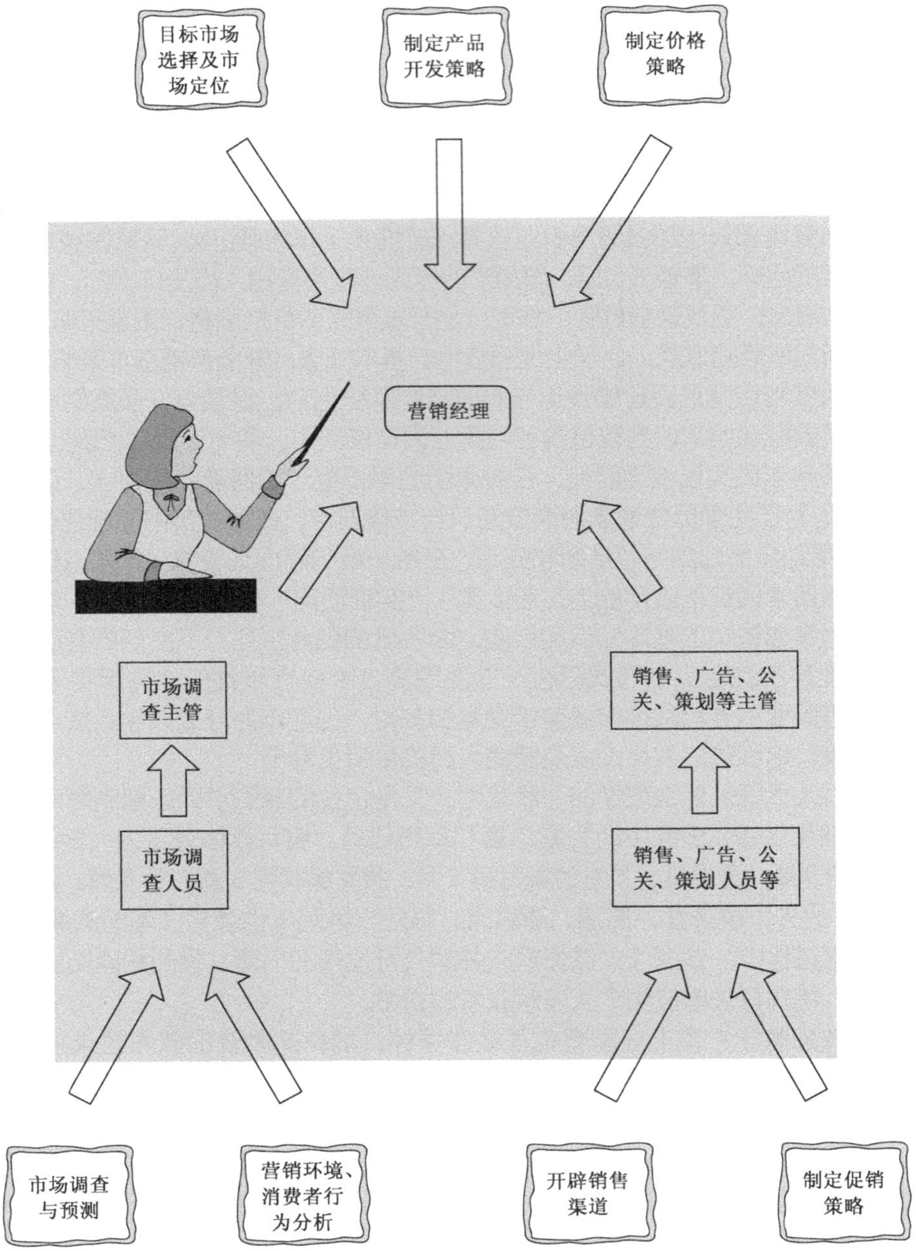
目标市场选择及市场定位
制定产品开发策略
制定价格策略
营销经理
市场调查主管
销售、广告、公关、策划等主管
市场调查人员
销售、广告、公关、策划人员等
市场调查与预测
营销环境、消费者行为分析
开辟销售渠道
制定促销策略

目录

第1章 市场营销概论

教学导航

知识重点	市场、市场营销、市场营销观念的概念；市场营销管理的过程；营销人员的主要工作内容
学习难点	认识市场和了解营销人员的工作内容
教学方式	可采取“提问—授课—参观考察—总结”的方式进行教学
教学场所	可以先在教室授课，然后进入校外实训基地参观考察，让学生与该企业营销人员进行沟通交流
参考学时	6个学时（刚开始授课时进度不必太快，让学生有一个学习缓冲期）
推荐学习方法	一是逛市场，对所学的知识有一个感性的认识；二是多与一线的营销人员交流，对营销人员的工作内容有总体认识；三是与任课老师交流，查阅营销书籍，扩大知识面
学习目标	深刻理解“市场”、“市场营销”等概念；树立正确的市场营销观念；认识到营销人员的工作职责、工作内容，以及营销人员应具备的素质和能力
考核方式	根据学生做“案例分析”的表现评定成绩

引例 1-1　牛根生与蒙牛集团

“牛跑出了火箭的速度”说的是蒙牛集团的创业速度。牛根生带领蒙牛集团创造了一个个奇迹，成为行业的一个神话：3 年时间把一个无工厂、无市场、无奶源的“三无”企业，从千名之外跻身行业四强；3 年时间打造“中国驰名商标”；3 年时间完成销售额 19.5 倍的增长。蒙牛集团之所以发展速度快，是与企业的营销战略分不开的。它的创始人牛根生感悟：做企业实际上包含三层含义——做事、做势、做市。产品做好了，是“做事”；营销做好了，是“做势”；品牌做好了，是“做市”。但神话在 2008 年破灭。当年，三鹿问题奶粉事件浮出水面，三聚氰胺这个敏感的词汇迅速扫荡了整个行业。蒙牛集团也被检测出问题奶，2008 年蒙牛集团亏损 9.5 亿元。2009 年 7 月，中粮集团联手厚朴基金以 61 亿港元收购蒙牛集团 20%的股权，成为蒙牛集团第一大股东。蒙牛集团董事会 2012 年 6 月 10 日宣布牛根生辞任董事会主席一职。牛根生今后将主要投入慈善工作，但保留蒙牛集团非执行董事一职。近几年，中粮集团和蒙牛集团在管理和文化方面逐渐在进行磨合。

评析　古人云：“兵无常势，水无常形。”如今企业所面临的市场是一个不断变化的环境，而且变得越来越成熟，消费者也变得越来越精明。厂商不断推出新的营销策略以争取客户，而市场则是以更多的冷静给予回应。与 20 世纪相比，今天的市场有着很大的不同，无论是竞争格局，还是消费者的思想、行为，都发生了很大的变化。不同的企业、不同的领导者会有着不同的营销战略，也会有不同的命运。事在人为，企业的命运掌握在营销人手中，他们对市场的认识，他们的营销观念都将对企业的发展起着至关重要的作用。蒙牛集团与中粮集团的联姻，令人期待制造出另一个奇迹。

1.1　市场与市场营销

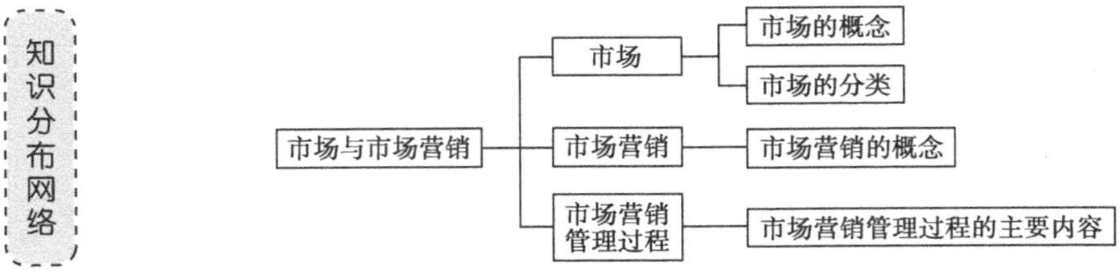

1.1.1　市场

1. 市场的概念

市场是开展营销活动的阵营，研究市场是走入市场的开始。只有对市场有了足够的了解，营销人员才能游刃有余地实施营销策略。

对于市场这个概念，人们并不陌生。每个人都可以根据自己的亲身体验和感受对此做出回答。消费者的衣食住行等很多活动，甚至是一切活动都直接或间接地与市场有联系。企业更是如此，必须在市场上进行物质、劳务、信息等方面的交换。市场是商品经济发展的产物，它的概念不是一成不变的，在不同的历史时期、不同的场合，有着不同的含义。

1）狭义的市场概念：市场是商品交易的场所，商品行销的区域

市场的概念由来已久，其最基本的含义是指商品交易的场所、商品行销的区域。例如，我们熟悉的菜市场、小商品市场等区域。因为商品生产者之间、商品生产者与消费者之间，只有通过交换或买卖的方式才能获得对方的产品，这就促使商品交换逐渐在一定的时间和地点形成市场。

2）经济学家认为：市场是买卖双方交换关系的总和，商品供给与需求的矛盾统一体

经济学家站在一个宏观的视角上看，则将市场这一术语表述为买卖关系的总和，商品供给与需求的矛盾统一体。他们认为“哪里有社会分工的商品生产，哪里就有市场”。供给方代表的是卖方，卖方想高价卖，而买方想低价买，这在客观上是一对矛盾。这种矛盾在市场上又必须统一，因为只有统一了，卖方和买方各自的销售和采购愿望才能得以实现。

3）从市场营销角度看：市场是由人口、购买力、购买欲三者有机构成的总体

从营销角度看：人口是组成市场的基本细胞，购买力是组成市场的物质基础，购买欲是购买力得以实现的条件。这三个要素相互制约，互为条件，共同组成市场，缺一不可。

人口越多，需求就越多，因为人的欲望是无穷的，而且人的需求是可以引导的。营销的一个重要功能就是引导市场消费。许多外商把中国看做是一个非常大的市场，这里所指的“大”，主要是指中国内地是一个 13.7 亿人口的庞大市场，市场的现实需求和潜在需求都很大。

购买力是形成市场的一个重要因素。购买力是指人们支付货币购买商品或劳务的能力，购买力的高低决定了市场容量的大小。从人口方面来看，中国是一个无人能比的庞大市场，但若是从购买力来看，中国市场并不能与一些发达国家相比。

购买欲是指消费者购买商品的动机、愿望或要求。人口多，人们的购买力水平也高，但是如果缺少购买的欲望，也很难形成市场。在某些情况下，有部分人虽然本人没有现实的购买力，但是因为有很强的购买欲望，在营销人员的引导下也会通过各种途径来满足自己的购买欲。因此，从某种意义上来说，购买欲是决定市场容量最重要的因素。

以一个真实的小事件为例。

在一个贫困县的乡镇中学，老师们平时日子过得非常节俭，给外人的感觉是每家没有太多积蓄。但单位集资建房时，各位老师表现出来的“豁达”却让外人惊讶：选房时争先恐后要大户型，装修用材都不差，家用电器档次也不低。后来经过了解发现，他们很想更新自己的住房，除了掏出自己的全部积蓄外，还向亲戚朋友等多方力量进行了借款筹资。

4）从现代营销角度来看：市场是一个发展的概念

随着社会的进步和生产力的发展，传统的市场概念已不能全面反映现代市场的含义。现代市场营销者认为，由于电子商务的发展，现代市场已不受时空的限制，交换关系不再

依赖于传统的交易场所，商家与消费者之间可以选择任意时间进行交易。现代市场营销把市场形容为“流动的消费者群体”。从经营者的角度看，市场就是为了满足某种特定的需求和欲望而购买或准备购买某种特定商品的消费者群体；从消费者的角度看，市场是经营者为满足需求所提供的一切营销行为的总和。随着网络影响的进一步扩大，电子商务已成为我国经济快速增长的助推器，出现的越来越多的网络营销推广成功案例，促使现在许多企业采用传统经营模式与网络经营模式相结合的方式开展营销推广活动。

市场形成必须具备的基本条件：

（1）存在可供交换的商品。

（2）存在着提供商品的卖方和具有购买欲望和购买能力的买方。

（3）具备买卖双方都能接受的交易价格、行为规范及其他条件。

2. 市场的分类

从不同的角度可以把市场分为不同的市场类型。

（1）根据市场划分的范围可分为：国际市场、国内市场、区域市场。目标市场地处国内，产品或服务的消费对象是国内的机构或个人，是国内市场；目标市场地处本国以外，产品或服务的消费对象是本国以外的机构或个人，是国际市场；相对于全球而言，亚洲是一个区域市场，相对于中国而言，上海是一个区域市场，相对于城市而言，农村也是一个区域市场。对于不同的企业而言，区域市场是相对的，可变的。

保姆市场　图/张滨；原载于《广州日报》

（2）根据市场状况的不同可划分为：卖方市场、买方市场。卖方市场即商品供不应求，卖方把持市场主动权的市场；买方市场即商品供过于求，买方具有市场主动权的市场。

（3）根据市场出现的先后可划分为：现实市场、潜在市场、未来市场。

① 现实市场：指对企业经营的商品有需要，有支付能力，又有购买动机的现实顾客。

② 潜在市场：指有可能转化为现实市场的市场。

③ 未来市场：指暂时尚未形成或只处于萌芽状态，但在一定条件下必将形成并发展成为现实市场的市场。

（4）根据商品流通环节的不同可划分为：批发市场、零售市场。

① 批发市场：将商品卖给最终消费者以外的任何购买者的交易市场。

② 零售市场：将商品直接卖给最终消费者的交易市场。

（5）按照购买者及其不同的购买目的，可划分为：消费者市场、生产者市场、中间商市场、政府市场和国际市场。

（6）按照市场买卖的不同对象可划分为：消费资料市场、生产资料市场、资金市场、技术市场、信息市场、房地产市场和劳务市场等。

思考题

为什么“假冒伪劣商品”有市场？

1.1.2　市场营销

市场营销是由英文“Marketing”一词翻译而来的。“Marketing”有两层含义，一是指企业如何依据消费者的需求，生产适销对路的产品，扩大市场销售所进行的一系列经营活动；二是指一门研究营销活动、营销规律的学科。

国内外学者对市场营销有过多种定义，企业界人士对市场营销的理解百花齐放。随着社会经济的不断发展，市场营销的含义也在不断更新完善。菲利普·科特勒（Philip Kotler）教授对市场营销的解释得到了众多专家学者的认同，他认为：市场营销是个人和集体通过创造，提供出售，并同别人交换产品和价值，以获得其所需所欲之物的一种社会和管理过程。

用通俗的语言来表述就是：现代市场营销就是企业以满足消费者需求为核心，以获得最大利益为目标，有计划地组织各项经济活动，为消费者提供满意的商品或服务而实现企业目标的过程。市场营销活动的主要任务就是辨别和满足人类和社会的需要，最简单的定义就是：满足他人的需求且自己也能赢利的一种社会和管理过程。

综合营销专家及企业界人士对市场营销的认识，我们可以从以下几方面对市场营销进行理解。

（1）市场营销是一种企业活动，是企业有目的、有意识的行为。

（2）满足和引导消费者的需求是市场营销活动的出发点和中心。企业必须以消费者为中心，面对不断变化的环境，做出正确的反应，以适应消费者不断变化的需求。满足消费者的需求不仅包括现在的需求，还包括潜在的需求。

（3）分析环境，选择目标市场，确定和开发产品，进行产品定价、分销、促销和提供服务及它们间的协调配合，提供最佳组合，是市场营销活动的主要内容。市场营销组合中有四个可以人为控制的基本变数，即产品（Product）、价格（Price）、渠道（Place）和促销（Promotion）。由于这四个变数的英文均以字母“P”开头，所以又叫“4Ps”。企业市场营销活动所要做的就是密切注视不可控制的外部环境的变化，恰当地组合“4Ps”，千方百计使企业可控制的变数与外部环境中不可控制的变数迅速相适应，这也是企业经营管理能否成功、企业能否生存和发展的关键。

（4）实现企业目标是市场营销活动的目的。企业经营的最根本目标是获得利润。不同的企业有不同的经营环境，不同的企业也会处在不同的发展时期，不同的产品所处市场生命周期里的阶段也不相同。因此，企业的目标是多种多样的，利润、产值、产量、销售额、市场份额、生产增长率、社会责任等均可能成为其目标，但无论是什么样的目标，都必须通过有效的市场营销活动完成交换，与顾客达成交易方能实现。

知识链接：关于“菲利普·科特勒”

菲利普·科特勒生于1931年，被誉为“现代营销学之父”、“营销界的爱因斯坦”。任美国西北大学凯洛格管理学院终身教授，具有麻省理工大学博士、哈佛大学博士后及苏黎世大学等其他8所大学的荣誉博士学位；科特勒博士是《营销管理》和《营销学导论》的主要作者，共有著作二十多本；科特勒教授是许多美国和外国大公司在营销战略和计划、营销组织、整合营销上的顾问。

1.1.3 市场营销管理过程

市场营销管理过程，也就是企业为实现企业任务和目标而发现、分析、选择和利用市场机会的管理过程。更具体地说，市场营销管理过程包括如下步骤。

（1）发现和评价市场机会；

（2）细分市场和选择目标市场；

（3）研究市场营销组合策略；

（4）执行和控制市场营销计划。

1.2 市场营销观念

知识分布网络

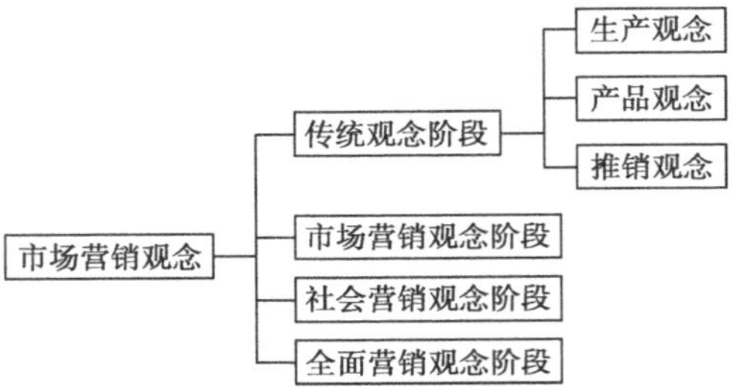

市场营销观念，又称为市场营销哲学，它体现了一个企业的经营态度和思维模式，是企业进行营销活动的指导思想和行动指南。现在我们所看到的一些企业之所以缺乏竞争力，在市场上走不了多远，最关键的问题往往不是营销方法，而是首先在营销观念上出现了问题。营销观念落后、营销意识不强是影响企业发展的“绊脚石”。有的人认为“做营销”就是“做促销”，“做销量”就是“做市场”，“树品牌”就是“打广告”，“求发展”就是“上项目”，“搞管理”就是“定制度”，这种片面的营销观念使企业在经营过程中往往很难做大做强。现代营销活动需要更先进的营销观念。

> **一个观念可能改变你的一生。**

市场营销观念既反映了社会生产力及市场趋势的发展，也反映了企业领导者对市场营销发展客观规律认识的内在结果。随着生产的发展、科技的进步、营销环境的变化，市场营销观念的发展大致经历了四个阶段，即传统观念阶段、市

场营销观念阶段、社会营销观念阶段和全面营销观念阶段。

1.2.1　传统观念阶段

传统观念阶段的营销观念主要包括：生产观念、产品观念和推销观念。

1. 生产观念

生产观念是指导卖者行为最古老的观念之一。在社会生产力低下、商品供不应求的卖方市场状况下，产品在市场上自然就成了“皇帝的女儿不愁嫁”，这个时候是“生产什么，就卖什么；生产多少，就卖多少”。就像美国福特汽车公司创始人曾神气地说：“不管客户需要什么，我的汽车就是黑色的。”企业经营管理的主要任务是“改善生产技术，改进劳动组织，提高劳动生产率，降低成本，增加销售量”。

2. 产品观念

产品观念是指营销人员主要依靠产品本身的优势来实现营销的观念。它也是一种较早的营销观念。这种观念认为，消费者会欢迎质量最优、性能最好和功能最多的产品。因此，企业的任务是致力于制造优良产品并经常加以改进。这些企业认为只要产品好就会顾客盈门，因而经常迷恋于自己的产品，而未看到市场需求的变化。

3. 推销观念

推销观念是指营销人员认为只要掌握和运用好各种推销技巧就能达成交易的观念。不管白猫还是黑猫，抓到客户就是好猫！持有这种观念的营销人员非常注重自己的推销技巧的提高，他们往往忽视客户的真正需求，更关心自己的销售业绩，所以“嫁出去的女儿泼出去的水”是这种观念的贴切写照。在推销观念下，企业的营销人员很少过问产品的售后情况。这种营销观念的产生是与它存在的背景息息相关。这种背景是：社会生产力水平不高，市场竞争激烈，商品供应尚未达到极大丰富，客户的购买行为还不成熟。这种观念虽然比前两种观念前进了一步，开始重视广告术及推销术，但其实质仍然是以生产为中心的。

1.2.2　市场营销观念阶段

市场营销观念是以满足顾客需求为出发点的，即“顾客需要什么，就生产什么”。这种观念产生于 20 世纪 50 年代以后，当时的社会生产力迅速发展，市场趋势表现为供过于求的买方市场，同时广大居民的个人收入迅速提高，企业之间的竞争加剧，许多企业开始认识到，必须转变经营哲学，才能求得生存和发展。中国著名策划人叶茂中曾为爱妻牌洗衣机设计的广告：我的女儿还好吗？正是这种观念的真实体现。在这种观念的指导下，企业会提供优质的售后服务尽可能满足客户的需要。

1.2.3 社会营销观念阶段

社会营销观念产生于 20 世纪 70 年代。由于市场营销的发展，一方面给社会及广大消费者带来巨大的利益，另一方面则造成了环境污染，破坏了社会生态平衡，出现了假冒伪劣产品及欺骗性广告等，从而引起了广大消费者的不满，并掀起了保护消费者权益运动及保护生态平衡的运动，迫使企业营销活动必须考虑消费者及社会的长远利益。这种观念认为，企业的任务是确定目标市场的需求、欲望和利益，并且在保持和增进消费者社会福利的情况下，比竞争者更有效率地使目标顾客满意。这不仅要求企业满足目标顾客的需求与欲望，而且要考虑消费者及社会的长远利益，即将企业利益、消费者利益与社会利益有机地结合起来。

1.2.4 全面营销观念阶段

随着企业经营实践进一步的发展和市场环境条件进一步的变化，企业的营销观念也在不断地发展和变化，并在适应新的市场环境和经营实践中不断得到充实和完善。全面营销理论是菲利普·科特勒在他的《营销管理》（第 12 版）提出来的新营销理念。全面营销观念认为：营销应该贯穿于“事情的各个方面”，而且要有广阔的统一的视野。全面营销包括：内部营销、整合营销、关系营销和社会责任营销等。全面营销的提出，是营销理论的一个巨大突破，它考虑的问题更全面，更深远。

思考题

你认为现代营销观念应该包括哪些具体的观念？

1.3 市场营销学

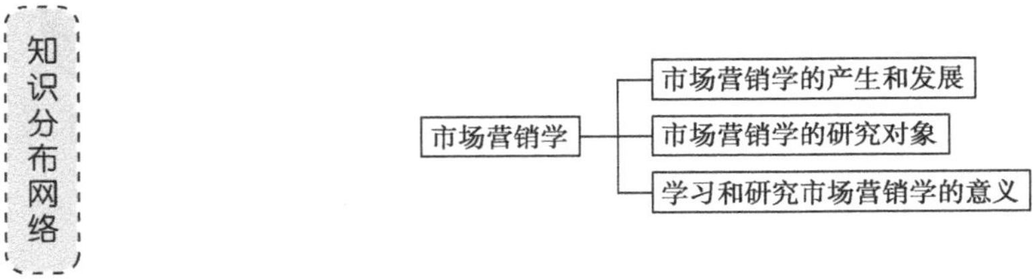

1.3.1 市场营销学的产生和发展

市场营销学于 20 世纪初期产生于美国，是一门多学科交叉渗透、实用性很强的学科。由于理解不同，在 20 世纪 70 年代末、80 年代初开始引入我国时，其中文译名有很多，如市场学、行销学、市场经营学等，现在公认的译名是市场营销或市场营销学。

从美国对市场营销学研究的历史来看，其发展经历了 4 个阶段。

1. 形成阶段

19 世纪末到 20 世纪初，随着垄断资本主义的出现，以及“科学管理”的实施，企业的生产效率和生产能力大大增强，一些产品的销售遇到了困难。为了解决产品的销售问题，一些经济学家和企业就根据企业销售活动的需要，开始研究各种推销方法，但这时的市场营销学主要研究有关推销技巧、销售渠道及广告等方面的问题，而且仅限于某些大学的课堂中，并未引起社会的关注，也未应用于企业营销活动。

2. 应用阶段

从 20 世纪 20 年代到第二次世界大战结束，是市场营销学逐步应用于社会实践的阶段。在 1929 年至 1933 年，资本主义国家爆发了严重的经济危机，生产过剩，产品大量积压。因而，企业产品如何转移到消费者手中就很自然地成了企业和市场学家们认真思考和研究的课题，市场营销学也因此从课堂走向了社会实践，并初步形成体系。理论与实践的结合促进了企业营销活动的发展，同时，也促进了市场营销学的发展。但这一阶段的市场营销仍局限于产品的广告宣传和推销策略等，仅处于流通领域。

3. 变革阶段

这是从传统的市场营销学转变为现代市场营销学的阶段。第二次世界大战后，随着第三次科技革命的发展，劳动生产率空前提高，社会产品日益丰富，市场供过于求的矛盾进一步激化，原有的只研究产品销售的市场营销学，显然不能适应新形势的需求。许多市场学者纷纷提出了生产的产品或提供的服务要迎合消费者的需求与欲望，以及营销活动的实质就是企业要适应环境变化的观点，并通过他们的著作予以论述，从而使市场营销学发生了一次变革。企业的经营观点从“以生产为中心”转为“以消费者为中心”，营销也就突破了流通领域，延伸到生产过程及售后过程；市场营销活动不仅是销售产品，而是通过消费者的需要与欲望的调查、分析和判断，通过企业整体协调活动来满足消费者的需求。

4. 发展阶段

进入 20 世纪 70 年代以来，市场营销学更紧密地结合经济学、哲学、心理学、社会学、数学及统计学学科，而成为一门综合性的应用学科。现在，市场营销学无论在国外还在国内都得到了广泛的应用。

1.3.2　市场营销学的研究对象

市场营销学是站在卖方的角度去研究企业市场营销管理的问题，即企业在不断变化的市场营销环境和激烈的市场竞争中，如何寻找市场机会，如何满足目标顾客的需求，如何有效地管理其市场营销活动，提高企业的经济效益，求得生存和发展，实现企业的目标。也就是说，市场营销学是一门企业市场营销管理学科，它的研究对象是：企业（卖方）如何通过更好地满足买主需要以实现企业赢利目标，或者说是研究以满足顾客需求为中心的企业营销活动过程及其规律性。

1.3.3　学习和研究市场营销学的意义

（1）有助于树立现代营销观念，适应我国现代市场经济发展的需要。

（2）有助于企业走向国际市场，促进企业国际化经营。

（3）有利于系统地了解市场特性，为企业制定正确的经营战略打下基础，让企业在成长的路上少走弯路。

（4）为创业者树立正确的营销观念，指引创业道路，点燃创业梦想。

1.4 市场营销人员

知识分布网络

- 市场营销人员
  - 现代市场营销人员应具备的素质要求
  - 现代市场营销人员应具备的能力要求

引例 1-2 爱斯基摩人与北极熊

很多人都不知道爱斯基摩人是怎样抓北极熊的。他们先杀死一只海豹，把海豹血倒进水桶里，用一把双刃的匕首插在血液中央，因为天气严寒，海豹血很快凝固，匕首就凝结在血液中间，像一个超大型的冰棒。爱斯基摩人把血冰棒倒出来，丢在雪原上等待就可以了。北极熊有一个特征——嗜血如命。它的鼻子很灵敏，能在很远的地方闻到血腥味。当它闻到血冰棒的气味时，就会迅速赶到，并开始舔食美味的血冰棒。舔着舔着它的舌头渐渐麻痹。忽然，血的味道变得更好了——那是新鲜温热的血。北极熊越舔越起劲——他不知道，自己冻得麻木的舌头已经被锋利的匕首扎破了——那正是它自己的鲜血。这样不断舔食的结果是：舌头伤得更深，血流得就更多，最后，北极熊因为失血过多，休克昏厥过去，爱斯基摩人不必花力气，就可以轻松捕获它。

评析 这个故事给我们一个启示——认识了你要征服的对象，找到了攻克对方的正确方法，问题就会被轻而易举地解决掉。从业人员应该主动去了解自己所要从事的这个职业，了解从事这个职业要具备的基本素质和能力。

由麦可思研究院独家撰写发布的《2011 年中国大学生就业报告》显示：2010 届中国大学毕业生最重要的核心知识是销售与营销知识；《2012 年中国大学生就业报告 》指出：2011 届本科毕业生从事最多的职业是销售；《2013 年中国大学生就业报告》指出：毕业生收入最高的前三位职业为互联网开发师、信贷经纪人、个人理财顾问；《2014 年中国大学生就业报告》指出：2013 届高职高专毕业生自主创业的比例（3.3%）高于本科毕业生（1.2%）。

据行业统计，目前国内有从事营销的人员近 7 000 万人。营销职业是一个充满着挑战、激情和快乐，并伴随着艰辛的职业。营销大军是一个特殊的社会群体，从我国计划经济体制向市场经济体制转轨的进程中，起到了重要的历史推动作用。随着经济体制的不断完善和发展，营销大军已经在我们的经济运行中占据了重要的社会地位。凡是优秀的营销人员都有很强的综合素质，对公司而言，优秀的营销人员是公司的宝贵财富，他们不仅为公司创造了大量利润，而且通过自身良好的公众形象使公司的社会形象得以提升。因此，作为营销人员，必须具备良好的素质和能力。

1.4.1　素质要求

1. 坚忍不拔的意志（心理素质）

营销是一种锻炼人的职业，也是一种最容易被放弃的职业。营销成功最关键的一点还是要坚持到底。营销难，难就难在坚持。在你连续拜访了 100 位客户不成功，你还会再拜访第 101 位吗？在连续两个月业绩不好后，你还会坚持对第三个月充满信心吗？在看到同事的营销业绩蒸蒸日上而自己却一筹莫展时，你还会认为自己适合营销这种职业吗？结果，很多营销人员在此时停止了他们前进的脚步，而另一些营销人员则选择坚持，坚持，再坚持！不问过程，不问付出，不问得失，只求结果。不达目的决不罢休，这就是坚忍不拔的意志。

2. 良好的职业道德（道德素质）

用爱心做事业，
用感恩的心做人！

“做人之道，以诚为本。”在我国加入世贸组织后，企业的市场行为逐步与国际接轨，要求营销行为也要不断规范，要求从业人员必须具有优秀的职业道德。诚实守信是基本准则，特别是对待我们的客户，他们是我们利益的来源，甚至可以说是我们的“衣食父母”。营销人员切忌为了盲目追求销售业绩而不择手段，更不能认为只要自己业绩好，公司形象好不好无所谓。一个客户购买你第一款产品时，60%是相信你，40%则是相信产品。

3. 广博的社会和文化知识（文化素质）

与传统推销观念相比，现代市场营销观念则以消费者需求为出发点，强调企业整体的营销活动，即不仅重视产后的产品宣传，也重视产前的调研工作，主张从满足市场需求中获取长期利润，适应于买方市场条件下的营销活动。所以市场营销人员必须以渊博的科技、文化知识做后盾，才能更好地满足客户的需求和市场的需要。

4. 较强的营销思维（专业素质）

思维是认识活动的高级阶段，是对事物一般属性和内在联系间接的、概括的反映。营销创新的切入点就在生活中，或者说就在顾客身边，正是市场营销者所关注的对象。如果缺乏营销思维，就无法把握住这些切入点，营销创新也就成了无源之水。营销思维的培养要在营销人员的头脑中建立起一种营销意识。首先，要精通基本的营销理论知识，运用这些知识去观察生活中的诸多事物，培养起在生活中运用营销的能力，自然能培养出营销意识。另外，做生活中的细心人，注意观察周围事物的“消费者”行为，深度挖掘营销创新切入点。

5. 团队协作精神（团队素质）

现代营销是全员营销，需要各部门的相互协作、全体人员的相互支持，单靠营销人员单枪匹马、孤军奋战是不可能成功的。强大的宣传攻势、完善的售后服务、良好的企业形象，加上优质的产品，这些都是营销成功必不可少的支持。一个公司的营销业绩也不是一个人就可以完成的，你可以认为自己是所有营销人员中最优秀的，但绝不可以认为公司的业绩全靠你一个人。尊重你的伙伴就等于尊重自己，一个不能与伙伴善处的营销人员，即使能力再强，最终结果也只能是不断跳槽，而一个不断跳槽的营销人员是很难赢得大家的尊重。

1.4.2 能力要求

优秀的营销人员不仅要有优秀的素质，还要有超强的能力。

> **像老板一样努力工作，总有一天你也会当上老板。**

1. 自我驱动力

营销人员必须具有的营销特质之一就是自我驱动力，驱动性是建立在自信基础上的一种自我达成的成功精神。营销人员必须有一种强烈的成功欲望，而这种欲望又同时需要物质和精神的激励。如果一个营销人员没有足够的自信心和强烈的成功欲望，只是为了物质上的需求，那当他达到一定的营销业绩时，必然会失去前进的动力，达到了自己的销售曲线的高峰期就会停滞不前。而具有自我驱动力的营销人员，对于市场上的成功是一种自我满足的方式，就像一个竞技场上的竞技者，其主要目的就是为了发挥自身的潜能，对于市场上的任何困难，都会想尽办法克服，积极主动地开拓市场。金钱是外在驱动力的一部分，而成功的欲望则是自我驱动力的核心。自我驱动力可以增强营销人员开拓进取的精神，使营销人员在奔波劳累之中乐此不疲，以持久的热情从事营销活动，探索营销的成功之路。

2. 沟通能力

营销本身就是营销人员与客户之间的一种沟通行为，营销人员将产品及相关信息传递给客户并搜集客户的意见反馈。沟通并不仅限于如何“说”，还要求营销人员会“听”和会“看”，学会观察、思考和分析问题。双向沟通才是真正的沟通，当营销人员与客户都能主动进行交流时，彼此就会非常容易地建立信任和友谊，达成交易也就是早晚的事了。

一个在校大学生问他的师兄：“你目前做得这么成功的经验是什么？你每天的主要工作是什么？”他师兄的回答让这位大学生有些意外：“懂得与人沟通就行了。我每天的工作就是与人沟通。现在与你在这儿聊天，也是在工作啊！”当这位大学生有机会与青岛啤酒某分公司的销售经理对话时，他问“你们招聘业务员的基本条件是什么？”销售经理脱口而出：“具备较强的沟通能力。”我国著名的民营企业侨兴集团就提出了“成功在于沟通”的企业理念，沟通对于营销人员来说是最基本的也是最重要的技能之一。

3. 创新能力

营销是一门技术，也是一门艺术。根据不同的客户采用不同的方法和技巧，这就要求营销人员必须掌握和熟悉客户的消费心理特征，而客户的消费心理是随着时代的变化而不断变化的，因此，营销人员必须具有创新能力，尤其是营销方法和手段。如果一个营销人员按照固定模式进行营销，先不说客户是否对你的老一套感到厌倦，营销人员自身可能也会缺乏激情。此外，在营销洽谈中，有很多因素影响营销进程乃至营销结果，这些因素并不是一成不变的，这就要求营销人员具有很强的应变能力，能够随时处理各种突发事件。时代和市场永远在变，销售人员的思路和方法必须跟着变。销售人员要想在市场上立于不败之地，就必须具有创新能力，使自己的产品、渠道、思路、策略等能够脱颖而出。

4. 行动能力

如果你认为这个事情值得做，就立刻行动，不要拖延，结果你会发现自己确实能够做到、做好。因为没有行动一切都是空谈，犹豫、观望、盘算都只能成为羁绊你停滞不前的“枷锁”。一张地图，不论多么精确，它永远不会带着它的主人在地面上移动半步；一个问题，不论是难是易，它永远不会在你不去思考的情况下有实质性突破；一个机会，它永远不会在单一的计划中让你获得真正的成功。一个销售高手曾说，行动在前方，思考在路上。他倡导的就是先做，然后边做边“纠偏”，边做边总结。也就是说，只有行动才能使一切都具有现实意义。

5. 适应能力

从企业的内部环境来说，营销人员首先要能够适应公司，适应公司的企业文化、运营理念、营销方针、人文环境等。从企业的外部环境来讲，营销人员还要能适应市场的需要、适应经销商的发展需求、适应当地的风土人情等。营销人员只有适应了营销职业、适应了营销生活、适应了企业的内外部环境，才能更好地给自己准确定位，找到适合自己的发展方向。

6. 学习能力

在一个瞬息万变、一日千里的商业社会中，客户的需求在不断提高和变化，如果营销人员只凭以往的经验，而没有及时补充新的知识、了解最新行情，在面对其他准备充分的竞争对手时，就容易处于劣势，同时也难以对客户的最新需求提出有效的解决方案。只有不满足、不停滞于已经取得的成就，不断地学习新知识的人和接受新的事物变化观点的人，才能确保自己从事的事业持续地获得成功。学习者不一定是成功者，但成功者必定是擅长学习者。营销人员要更快地成长，就必须具备学习的能力。包括学习国家的方针政策、相关的经济法规、国家的宏观与微观经济政策，从“战略”方面武装自己，还要学习经营管理学、营销学、心理学、公关学等知识，完善自己的知识结构，达到从专才、通才到复合型人才的转变。

7. 专业服务能力

从市场未来发展来看，没有专业知识的人做营销，很难为客户提供专业的服务。你不懂产品、不懂生产、不懂技术、不理解客户的困难，如何把产品介绍给客户？如何让客户相信你、依赖你？例如，从事汽车营销的人员应该熟悉汽车结构、主要性能、保养检测知识以及税收、保险、付款方式等一系列业务和政策规定，了解各种汽车的型号、特点、价格，及时回答顾客的各种问题，消除顾客的疑虑，才能为顾客提供专业服务，最终促成交易。

8. 管理能力

有个谚语：一头狮子带领一群羊可以打败一群由羊带领的狮子。我们可以理解为无论在哪一个环境，一个团队是否强大是由它的领导人的能力决定的。当你负责一个区域时，你就是这个市场团队的领队人。你的领导能力很大程度上决定团队的战斗力，但营销人员的业务能力并不等同于领导能力，它要求营销人员具有团队建设意识和管理意识。一名成功的营销人员不会把自己仅视为一名业务人员，他应该有一个职业生涯规划，要充分地理解和学习管理者所具备的管理知识和管理能力。管理的另外一个角度就是资源的整合、分配，如何高效地利用所掌握的资源进行有效的分配，这需要营销人员具备各项综合素质与能力。

9. 策划能力

随着市场经济的发展，我国市场已经成为国际上快速增长的市场之一，特别是一批跨国企业对我国市场的渗透，不仅丰富了国内市场的层次，而且强化了国内企业的营销意识。企业抢占市场、把握市场是通过一系列营销管理活动进行的，而其中很关键的一点，就是要有高明的策划，只有这样，才能做到运筹帷幄之中，决胜千里之外。任何好的产品，如果不理智、不科学、不全面地进行营销策划，不正确地实施营销组合策略，也有可能在竞争中处于不利或者从竞争中败下阵来。

被称为“策划界鬼才”的叶茂中先生曾说“如果没有好的创意，你就去死吧”。一位 80 年代的策划专家说得很有意思：“创意是被逼出来的，渠道是被挤出来的，我们要像蒙牛一样，吃进去的是草，挤出来的是奶，活着就要创意和策划。”可见，现代营销已与策划不可分离，现代营销人员不应该仅仅把自己定位为销售人员，还应该不断地提高自己的策划能力。

10. 总结能力

总结能力是营销人员成功的跳板。营销人员不但要有吃苦耐劳的精神、坚忍不拔的意志，还要有不断学习和不断实践的能力，而最为重要的一环是将平时在现实中所学的知识加以总结和融会贯通，以达到触类旁通、举一反三的良性作用。这样，营销人员才能用所学和所提炼的方法、技巧等去为自己更大的事业发展留下资源和空间，然后再在新的空间里更具有实力去生存和发展。由此，营销人员的素质提炼和个人发展空间就形成一个良好的核心循环，这样才能起到在任何环境下运用自如。

一位用 7 年时间从一名业务新手成长为年销售额达 7 亿元的区域经理说，营销人员分为两种类型：做的和不做的；做的营销人员又分为两种：认真做的和应付着做的；认真做的营销人员又分为两种：做后总结的和做后没有总结的。最后，世界上的营销人员就有了成功和失败之分，前一类成功了，后一类失败了。一个优秀的营销人员是善于总结的人。

创业知识——创业与创业者

比尔·盖茨一直是当今世界大学生的榜样，特别是那些正在大学就读的学生，每当他们急欲放下学业，跃跃欲试展开创业的翅膀而遇阻时，常常搬出比尔·盖茨。在许多人眼里，只要有创意有资金，实现创业梦想就近在眼前，他们思维活跃，敢想敢为。不可否认，大学生创业有许多成功的案例。但实际上，大学生创业更多的是失败与苦涩。

大学时代是一个人广泛学习各种基本技能、培养健康稳定的心态的黄金时期，可以利用课余时间参加实践、体验社会，但还是应以学业为重。向比尔·盖茨看齐，看的更应该是开创精神，而不是盲从。比尔·盖茨曾接受中央电视台记者采访，在提到当年退学创业时，他说："我鼓励人们还是要完成学业，除非有一些非常紧迫的，或者是不容错过的事情。完成所有的学业会好得多。"比尔·盖茨不可能像他的电脑软件一样可以复制。

在这里我们不仅要学习市场营销基础知识，还要结合创业知识来探讨创业之路的营销策略问题。

1. 创业基本术语

（1）创业是创建一个新企业的过程。在高等教育中表述的"创业"，主要指：以所学的知识为基础，以技术、工艺、产品、服务的创新成果为支柱，以风险投资基金为依托，开创性地提供有广阔前景的新技术、新工艺、新产品，直至孵化出新的高新技术企业，甚至新的产业门市部的一系列活动。作为一个创业者，要创建一个新的企业或者发展一个新的经营方向，通常要经历四个阶段：发现和评估市场机会、准备和撰写创业计划、确定并获取创业所需要的各种资源、管理新创事业。这四个阶段有着明确的次序，但各个阶段相互之间并不是完全隔绝的，并不是一定要在前一阶段全部完成之后才进入下一个阶段。

（2）创业者一词最早由法国经济学家 Cantillon 于 1755 年首次引入经济学。1880 年，法国经济学家萨伊（Say）首次给出了创业者的定义。当前，国内外学者将创业者的定义分为狭义和广义两种。狭义的创业者是指参与创业活动的核心人员。广义的创业者是指参与创业活动的全部人员。在创业过程中，狭义的创业者将比广义的创业者承担更多的风险，也会获得更多的收益。

（3）创业者素质包括三个方面：一是心理素质。作为创业者，他的自我意识特征应为自信和自主，有较强的控制欲和一定的抗压能力；他的性格应刚强、坚持、果断和开朗，拥有开放的心态；他的情感应更富有理性色彩和创业精神。二是身体素质。现代小企业的创业与经营是艰苦而复杂的，创业者工作繁忙、时间长、压力大，如果身体不好，必然力不从心、难以承受创业重任。三是知识素质。创业者应该具有：熟悉经济法律知识，用活政策，依法行事，用法律维护自己的合法权益；了解科学的经营管理知识和方法，提高管理水平；掌握与本行业本企业相关的科学技术知识，依靠科技进步增强竞争能力；具备市场经济方面的知识，如财务会计、市场营销、国际贸易、国际金融等等。四是能力素质。创业者至少应具有创新能力、分析决策能力、预见能力、应变能力、用人能力、组织协调能力、社交能力、激励能力等八项基本能力。

（4）创业团队可以定义为是由少数具有技能或资源互补的创业者组成，他们认同于一个共同目标和一个能使他们彼此担负责任的程序，并相处愉快，乐于一起工作，合理利用每一个成员的资源、知识和技能协同工作，解决问题，达到共同创业目标的共同体。调查发现，创业者进行合伙创业的比率为 61%，独自创业的比率为 39%，表明创业者更倾向于合伙创业。这主要因为合伙创业有利于分散创业失败风险；通过团队成员之间的技能互补，能提高企业家驾驭环境不确定性的能力，从而降低新企业的经营失败风险。更重要的是，合伙创业具有更强的资源整合能力，能同时从多个融资渠道获取创业资金，保证创业过程的成功实施。

2. 创业知识的获得

创业已经成为中国高校毕业生选择前途的一大主题，创业前景中的美丽风景也诱惑着大批的莘莘学子，但很多学生却非常缺乏创业的基本知识。那么，大学生学习创业知识可以通过哪些途径获得呢？

途径一：通过课堂掌握扎实的理论知识。

途径二：通过校园各种社团磨炼毅力与胆识等综合素质。

途径三：利用各种机会参与社会实践，增强实战能力。

途径四：与商界人士广泛交流，收集经营信息。

途径五：善于利用各种媒介收集创业项目。

总之，创业知识广泛存在于大学生的学习、生活的视野之中，只要善于学习，总能找到施展才华的途径。善于学习和总结永远是赢者的座右铭。

3. 创业注意事项

著名品牌营销专家于斐先生，为正在或即将踏上创业征途的朋友们提出以下十个注意事项：

（1）要有打持久战的心理准备，最好结合自身的专业和擅长，整合自身资源，找准项目，大胆尝试，刚开始时要有生活质量和水准暂时下降的心理承受能力。

（2）不要被别人的意见所左右，切忌人云亦云、左右摇摆，认认真真走自己的路，对外界的风言风语不去理会，尤其是那些只说不干的人更不要当回事。商场如战场，经营中战略战术要保密，不否认有些人会通过故意刺激你的方式“逼”你说出相关秘密。

（3）刚开始时，不要四处张扬指望合作，一切等站稳脚跟后再说。

（4）前辈或他人成功的经验可适当借鉴，但不能盲目照搬照抄。别人成功是有其自身天时、地利、人和特定条件的，不一定适合你，要想办法审时度势，找出最适合自己的一条路。

（5）要有激情和想象力。前者能鼓励自己时刻保持一种干劲和活力，后者能帮助自己在资金、管理、营销等方面遭遇不足和困难时，调整心情并保持希望和梦想。

（6）创业者一定要有吃大苦、耐大劳的准备，并要有失败后决不退缩、不达目的誓不罢休的斗志。

（7）要学会看到你的同伴的优点和不足。面对团队成员的彷徨和犹豫，除了以宽广的胸怀对待外，还要积极储备人才，这在开始时尤其重要。在这个社会上，没有人会随随便便地取得成功，创业如同打仗时的冲锋陷阵，有人临阵逃脱，有人一去不复返。此时此刻不要叹气，更不要泄气，不到最后关头不轻言退却和放弃，只有经过这样的磨炼，你才能洗去幼稚和单纯，不断走向成熟，处理起问题来才会越发得心应手，应付自如，直至取得最后的胜利。

（8）要注意团结同伴，一个团队里要有统一的价值核心理念，注重发挥每个人的特长和作用，记住一个人是不能创业的，就像联想的柳传志、百度的李彦宏，表面看似是个人努力的成功，其实是一个团队在发挥作用。

（9）要不断地学习。这年头，社会的发展变化太快，新东西、新名词不断出现，财经资讯、国家政策、互联网络信息，创业者要与时俱进，不断学习新东西，接受新观念新事物。

（10）良好的生活习惯和健康的身体是开拓事业的前提和有力保证，即使工作再忙，再没规律，也不能忽视。

知识梳理与总结

市场营销在社会经济生活中的地位越来越重要，市场营销知识的传播越来越广。

（1）市场是商品经济发展的产物，它的概念不是一成不变的，在不同的历史时期，不同的场合，具有不同的含义。

（2）狭义的市场是商品交易的场所，商品行销的区域；经济学家认为"市场是买卖关系的总和"；从市场营销的角度看：市场是由人口、购买力、购买欲三者有机构成的总体；从现代营销的角度来看：市场是一个发展的概念。

（3）从不同的角度可以划分为不同的市场。

（4）现代市场营销就是企业以满足消费者需求为核心，以获得最大利益为目标，有计划地组织各项经济活动，为消费者提供满意的商品或服务而实现企业目标的过程。

（5）市场营销管理过程，也就是企业为实现企业任务和目标而发现、分析、选择和利用市场机会的管理过程。

（6）市场营销观念，就是企业在进行营销活动的指导思想和行动指南。随着生产的发展、科技的进步、营销环境的变化，市场营销观念的发展大致经历了四个阶段：传统观念阶段、市场营销观念阶段、社会营销观念阶段和全面营销观念阶段。

（7）优秀的营销人员是公司的宝贵财富，必须多才多艺，具备良好的素质和能力。

（8）创业是创建一个新企业的过程。创业者一词最早由法国经济学家 Cantillon 首次引入经济学。创业者素质包括心理素质、身体素质、知识素质和能力素质。创业团队可以定义为是由少数具有技能或资源互补的创业者组成，为达到共同创业目标而组成的共同体。

实训项目

案例分析 1 "家乐福"辉煌不再

成立于 1959 年的家乐福集团是大卖场业态的首创者，是欧洲第一大零售商，世界第二大国际化零售连锁集团，业务范围遍及世界 30 个国家和地区。近几年以来，家乐福集团在中国市场有几起标志性事件再次引起人们的广泛关注。一是 2010 年 11 月 1 日开始，家乐福集团与核心供应商康师傅集团的商务谈判破裂，这是家乐福集团的供应商第一次敢于在全国范围内通过断货的方式向"家乐福"施压，曝露出"家乐福"对上游供应商的管理能力出现问题。二是 2011 年初的短短两周时间，"家乐福"在中国区以北京方庄店为首的 11 家门店因为涉嫌价格欺诈被处以总额约为 550 万元的罚款，"家乐福"的管理混乱问题直接曝露在公众面前，产生了严重的信任危机。三是"家乐福"从 2010 年起在中国市场均有门店由于经营不善而主动撤离与关闭，其引以为豪的单店经营能力与品牌号召力辉煌不再。

【案例思考】请根据所给信息及查阅其他资料，分析家乐福集团为什么在中国市场单店经营能力与品牌号召力辉煌不再？

案例分析2 “三国杀”的成功营销

“三国杀”，是国内第一款流行的桌面游戏，以三国为背景、拥有独特玩法的桌面卡牌游戏，是三个刚刚跨出大学校园的学生的设计作品。这款几乎没有经过任何正规的广告宣传的桌面游戏，进入市场一年多就风靡北京、上海、广州等一线大城市，并迅速向全国渗透，它甚至开辟了一个崭新的行业。“三国杀”的成功，到底有什么秘密？

2007年，清华大学计算机系99级博士生杜彬正面临着人生的一次重要抉择。他的面前有三条路：进入IBM研究院工作、加入私募基金公司的创业团队、自己创业。在杜彬眼中，后两者做出大事的概率比较大。要创业，首先要选好行业和项目，杜彬看好的是文化娱乐产业。他早在2004年就从一个瑞典朋友那里了解到桌面游戏在欧美地区风行，他相信，这个趋势同样会在中国出现。与此同时，中国传媒大学的两个04级本科学生——黄恺和李由，正在淘宝网上销售自己自制的卡牌桌面游戏“三国杀”——这个在规则上模仿国外桌游产品《BANG!》的兴趣之作。三国是一个所有中国人都耳熟能详的故事，关羽、张飞、赵云等名将更是妇孺皆知，因此，用主公、反贼、内奸代替警长、歹徒、叛徒，用三国将领代替那些冗长的英文名字，成为了黄恺最佳的选择。当一直怀着商业梦想的杜彬玩到这款充满“三国味”的游戏，他赫然发现，自己或许已经找到了打开桌面游戏市场的钥匙。惊喜难耐的杜彬很快在淘宝网上找到了黄恺和李由，将这款游戏商业化，成为了他们共同的目标。

2007年底，在经过反复研究和改进后，“三国杀”日渐成型，并开始推出小规模试水的“推广版”，首印5000套。然而，小小的游卡面临着一个关键的问题：缺钱！因为没有钱，他们没法像别的游戏公司那样打广告、做宣传，由于公司创始人都还是在北京上学的学生，他们甚至无力走出北京。在这样的局面下，低成本的病毒式营销，成了他们无奈的选择。例如，一个玩家想要玩上几局酣畅淋漓的“三国杀”，常常需要聚集6个人以上，“拉人凑角儿”十分普遍。此时，老玩家会自动成为新手的老师兼“三国杀”的义务宣传员。要让“‘三国杀’病毒”尽快繁殖，选择传播欲望强、传播能力好的核心客户至关重要。他们准确地将游卡目标客户设定为高校学生和年轻白领，并定期到北京各大高校和IT、金融企业内组织“三国杀”活动和比赛。掌握了这两个好奇心强、善于学习的核心群体，奠定了“三国杀”在北京迅速风行的基本条件。一年后，投资5万元的游卡桌游工作室成立，这个工作室后来进化为游卡桌游文化发展有限公司。至2013年6月，“三国杀”游戏在线注册用户达两亿，实体卡牌及周边产品年销售量超亿元，成为青年群体休闲娱乐流行项目之一。中国的桌游业，打开了一个新时代。

【案例思考】根据提供的材料及其他渠道收集信息，分析“三国杀”成功营销的原因。

课堂训练1 畅谈创业梦想

实训目的： 让学生树立创业意识

地　　点： 教室

训练内容： 先让学生谈自己的理想，然后引导学生大胆陈述自己的创业梦想。

阅读资料 1——比尔·盖茨的忠告

比尔·盖茨对有创业梦想的大学生朋友们提出的忠告是：

（1）生活是不公平的，你要去适应它。

（2）这世界并不会在意你的自尊。这世界指望你在自我感觉良好之前先要有所成就。

（3）高中刚毕业的你不会成为一个公司的副总裁，直到你将此职位挣到手。

（4）如果你认为你的老师严厉，等你有了老板再这样想。老板可是没有任期限制的。

（5）如果你陷入困境，不要尖声抱怨我们的错误，要从中吸取教训。

（6）在你出生之前，你的父母并非像现在这样乏味。他们变成今天这个样子是因为这些年来他们一直在为你付账单，给你洗衣服，听你大谈你是如何的酷。

（7）你的学校也许已经不再分优等生和劣等生，但生活却仍在做出类似区分。

（8）生活不分学期，你并没有暑假可以休息，也没有几位雇主乐于帮你发现自我，自己找时间做吧。

（9）电视并不是真实的生活。在现实生活中，人们实际上得离开咖啡屋去干自己的工作。

（10）善待乏味的人，因为有可能到头来你会为一个乏味的人工作。

友情推荐

（1）大学生创业网“http://www.studentboss.com”。

（2）全国大学生创业服务网“http://cy.ncss.org.cn”。

第2章 寻找营销机会

教学导航

知识重点	环境威胁和市场营销机会，市场调查，消费者行为分析，市场细分的方法，目标市场选择，市场定位
学习难点	SWOT 分析法，如何进行市场调查，如何进行市场定位
教学方式	主要采用案例教学法
教学场所	室内与室外相结合
参考学时	10 个学时
推荐学习方法	理论联系实际，将所学知识与创业项目一起进行思考，寻找创业商机
学习目标	学会对营销环境进行分析，寻找商机
考核方式	要求学生完成一次市场调查任务并撰写市场调查报告

引例 2-1　“吉利”收购“沃尔沃”

在金融危机肆虐全球、欧美发达国家汽车市场大幅滑坡、多个知名跨国汽车品牌身陷图圄的时候，高速增长的中国自主品牌，纷纷开始了海外收购的步伐。而这其中，“吉利”收购“沃尔沃”是最引人注目的。中国浙江吉利控股集团有限公司 2010 年 8 月 2 日完成对美国福特汽车公司旗下沃尔沃轿车公司全部股权收购的法律程序，成为中国首个跨国汽车企业。2012 年沃尔沃汽车集团实现了若干战略合作，与中国国家开发银行签署备忘录，在新能源技术研发项目以及中国生产基地等方面开展合作。同时，2012 年 2 月，沃尔沃汽车集团宣布成立沃尔沃汽车金融服务公司（VCFS），将致力于在全球范围建立专属金融方案。据沃尔沃汽车集团发布的数据，2014 年 1 月份，沃尔沃汽车在华销量较 2013 年 1 月同比增长 21.6%。

评析　这是一个传奇，一度被外界视为“穷小子”的“吉利”，上演了全球汽车业为之一惊的“蛇吞象”壮举。“吉利”成功收购“沃尔沃”成为中国汽车产业海外战略的关键性转折事件，颠覆了全球汽车业的传统秩序。“吉利”收购“沃尔沃”的案例说明：审时度势，抓住机会，就是成功获取了商机。

2.1　市场营销环境及分析

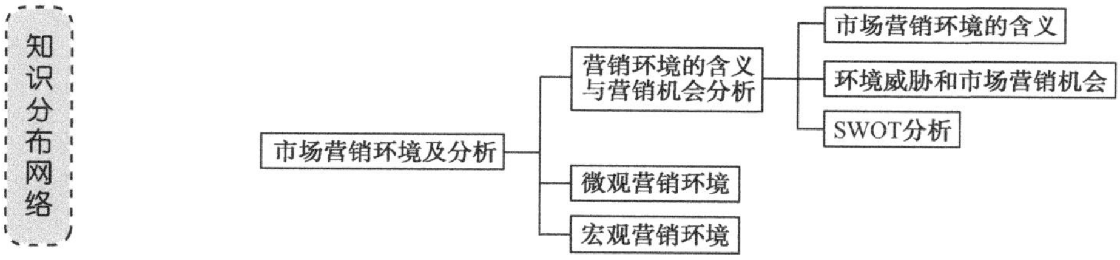

任何企业的营销活动都不是孤立地进行的，优秀的企业能强烈地意识到企业处在不断变化的营销环境中，它既要受到自身条件的限制，又要受到外部环境的影响和制约。环境因素的变化，既能给企业营销带来机会，也可能形成威胁。市场营销环境对企业营销的成败有着巨大的影响力，营销成败的关键就在于企业能否适应动态的营销环境。因此，营销工作的首要任务就在于了解、把握营销环境的变化趋势，适应环境的变化，提高应变市场的能力，趋利避害地开展市场营销活动，使企业更好地生存和发展。

2.1.1　营销环境的含义与营销机会分析

任何一个组织都是在不断变化的整体经营环境中运行的，都是在与其他组织、目标顾客和社会公众的相互协作、竞争、服务和监督中开展市场营销活动的。只有全面、正确地认识市场营销环境，监测、把握各种环境力量的变化，才能审时度势、趋利避害地开展营销活动。

1. 市场营销环境的含义

市场营销环境是指与企业市场营销相关的、影响产品的供给与需求的所有外界条件和因素的综合，可分为宏观营销环境和微观营销环境，示意图如图 2-1 所示。

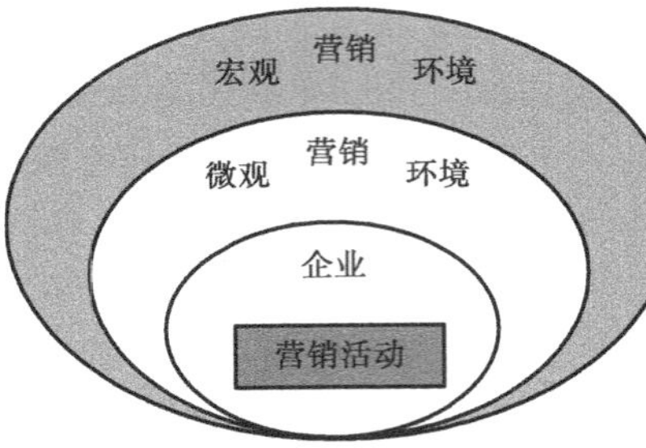

图 2-1　市场营销环境

企业的相关环境总是处于不断变化的状态之中，在一定的时期内，经营成功的企业，一般是能够适应其相关环境的企业，而企业得以生存的关键，是它在环境变化需要新的经营行为时所拥有的自我调节能力。

企业分析市场营销环境的目的就在于：

（1）把握市场环境变化发展的趋势。

（2）发掘新的市场机会，捕捉市场机遇。

（3）及时发现环境威胁，为企业采取积极措施以避免或减轻风险，赢得时间。

2. 环境威胁和市场营销机会

环境发展趋势可分为两大类：一类是环境威胁，另一类是市场营销机会。

1）环境威胁

环境威胁是指环境中一种不利的发展趋势所形成的挑战。如果不采取果断的市场营销行动，这种不利趋势将危害到企业的市场地位。高明的市场营销者应善于识别所面临的威胁，按其严重性和出现的可能性进行分类，并采取相应的行动，以避开威胁或把威胁造成的损失降低到最低限度。

企业面对威胁的两种对策。

（1）积极态度：调整营销组合策略，改善环境适应能力，试图限制或扭转不利因素的发展。

（2）消极态度：转移至其他行业或市场。

2）市场营销机会

市场营销机会是指对企业市场营销管理富有吸引力的领域，该领域内企业将拥有竞争优势。通常威胁和机会也是并存的。例如：2003 年爆发的“非典”是全球众多国家和地区面临的一场疫病危机，其中中国内地是重灾区。这虽然是一次动劫难，对人民生活造成重大威胁，但还是有部分商家抓住了这次机会，通过销售板蓝根、醋、金银花等具有解毒功效的产品获利不少。

3. 环境威胁与市场营销机会组合

环境威胁与市场营销机会组合及采取的策略可以用表 2-1 来表示。

表 2-1　综合环境营销分析情况表

环境类别	表现形式	营 销 建 议
理想环境	高机遇、低威胁	抓住机遇
冒险环境	高机遇、高威胁	加强调查研究，进行全面分析，降低风险，争取利益
成熟环境	低机遇、低威胁	一方面维持正常运转取得平均利润，另一方面积蓄力量，为进入理想环境或冒险环境做准备
困难环境	低机遇、高威胁	若大势已去，则应另谋发展

下面让我们通过传统书店，共同来探讨它所面临的环境威胁及营销机会问题。

在全球范围内，书店的第一轮倒闭早在本世纪初就开始了。新一轮的传统书店倒闭潮，正以一种令人沮丧的速度在全球蔓延。2011 年 7 月 22 日起，曾是美国第二大传统图书零售商的连锁书店 Borders 开始关闭旗下的 399 家店面。同时，美国最大书商巴诺书店的生存问题也暗涌流动。国内的书店境遇也不容乐观，据一项最新调查显示，在过去 10 年里，有近五成的民营书店倒闭。传统书店目前面临着非常严峻的环境威胁。

传统书店所面临的第一个环境威胁是网络书店。随着网络购物的兴起，除了老牌的当当网、卓越网之外，凡客网、京东网、苏宁网等多家并非主营图书的电商也均陆续推出此项业务，网络书商如风暴一般以低价格促销图书，改变着人们的购物及阅读习惯。

传统书店所面临的第二个环境威胁是电子书。以亚马逊公司的 Kindle、苹果公司的 iPad 和智能手机的流行为代表，电子书的阅读市场占有率正在迅速攀升，它的信息处理效率大大优于纸质印刷，阅读体验也在不断优化。当读着电子书长大的一代年轻人成为消费主力时，传统书店生存的空间就更小了。

面对这些困难环境，传统书店该关门大吉、另谋发展，还是冷静分析、重新规划、寻找突破口呢？台湾诚品书店也许值得所有传统书店借鉴，它是一家结合了众多百货零售功能的连锁书店，目前在台湾共有 53 间分店、2 家儿童馆、2 家文具馆、5 家音乐馆。诚品书店卖的不是书，而是一种独特的氛围。依靠独具一格的服务理念和营销手段，“诚品”当然地成为著名的文化品牌与城市文化地标。

传统书店也许有一天将会成为一种记忆，但至少目前，它还有生存的空间。“穷则变，变则通，通则久”，让我们期待传统书店的华丽变身。

4. SWOT 分析法

SWOT 分析法是市场研究分析常用的方法之一，是 20 世纪 80 年代初由美国旧金山大学的管理学教授韦里克提出的。SWOT 四个英文字母分别代表：优势（Strength）、劣势

（Weakness）、机会（Opportunity）、威胁（Threat）。所谓 SWOT 分析，也称态势分析法，就是将与研究对象密切相关的各种主要的内部优势、劣势与外部机会和威胁等，通过调查列举出来，并依照矩阵形式排列，然后用系统分析的思想，把各种因素相互匹配起来加以分析，从中得出一系列相应的结论，而结论通常带有一定的决策性。运用这种方法，可以对研究对象所处的情景进行比较全面、系统的研究，从而根据研究结果制定相应的发展战略、计划以及对策等。经常被用于企业战略制定、竞争对手分析等方面。

SWOT 分析的基本步骤如下：

（1）分析企业内部的优势与劣势，既可以相对企业目标而言，也可以相对竞争对手而言。

（2）分析企业面临的外部机会与威胁，可能来自于与竞争无关的外环境因素的变化，也可能来自于竞争对手力量与因素变化，或二者兼有，但关键性的外部机会与威胁应予以确认。

（3）将外部机会和威胁与企业内部优势和劣势进行综合分析，形成可行的战略。

例如，某邮政公司对特快专递业务单元做的 SWOT 分析如下所示：

优势：S	劣势：W
1. 特快专递服务推出较早； 2. 技术支持较强，能提供电子追踪服务； 3. 服务网络覆盖面广	1. “特快专递”过去的形象不太好； 2. 认知率不高； 3. 可靠性与速度不及私营公司
机会：O	**威胁：T**
1. 私营速递公司大多以大公司为主要客户； 2. 中小机构、个人的需求得不到满足	1. 当地经济不太景气，外部环境不利； 2. 速递业竞争对手林立，正面冲突可能招致报复

通过以上 SWOT 分析，该邮政公司明确了“特快专递”的市场定位，也找到了努力的方向。由此，该邮政公司将自己的目标顾客定为中小机构和个别客户，向他们提供价格适宜的邮政服务；同时，将此次推广活动的目标设为：树立品牌形象，提高“特快专递”的认知率，扩大顾客基础，提高市场占有率。

思考题

请用 SWOT 分析法分析传统书店面临的环境威胁及营销机会。

2.1.2 微观营销环境

微观营销环境是指与企业市场营销联系较为密切、直接的因素的总和。微观营销环境主要包括企业、供应商、营销中介、消费群体、竞争者和社会公众等因素，同时也是影响企业服务其目标市场能力的各项因素，如图 2-2 所示。

图 2-2 微观营销环境

1. 企业

企业本身包括市场最高管理层、营销管理部门和其他职能部门。企业在开展经营活动时，将进行生产制造、采购、研发、财务、市场营销等业务活动。故而，在营销部门制定和执行市场营销计划时，应充分考虑到企业外部环境和内部环境的协调统一，在获得最高管理层的批准和支持的同时与其他业务部门密切协作，才能最终顺利地实现原定计划和目标。所有从内部影响公司的因素都称为“内部环境”。内部环境可以归纳为五个方面：员工、资金、设备、原料、市场。对于应对市场变化而言，内部环境和外部环境同样重要。

2. 供应商

供应商是指向企业及其他竞争者提供生产与经营所需资源的单位和个人，包括提供能源、原材料、设备、配件、劳务和资金等。企业应选择与信誉良好、价格合理、货源充足、交货及时的供应商合作。

3. 营销中介

营销中介包括经销商、代理中间商和辅助商三大类。

（1）经销商：指进行商品购销活动，并对所经营的商品拥有所有权的中间商，如批发商、零售商（超市、便利店、杂货店等）。

（2）代理中间商：指协助企业进行买卖交易，但对所经营的产品没有所有权的中间商，如经纪人、地区代理商等。

（3）辅助商：指不直接经营企业产品，只是帮助企业实现商品交易便利条件、物流仓储运输或提供各种营销服务的广告、调研、咨询、融资、保险等服务的组织或机构等。

在市场经济条件下，营销中介是企业营销活动不可缺少的中间环节，企业的大多数营销活动都需要他们的协助才能顺利进行。市场经济越发达，社会分工越细，这些机构的作用就越大。企业要善于运用一切可以利用的营销中介进行市场调研、市场开拓、产品促销、资金融通、风险承担、仓储运输等工作，最大可能地把本企业的产品或服务以适当的方式、适宜的价格，并在适当的地点和时间销售出去。这样可以节约企业费用，降低风险，克服自身力量的不足，更好地达到企业的目标。

4. 消费群体

消费群体的构成如图 2-3 所示。

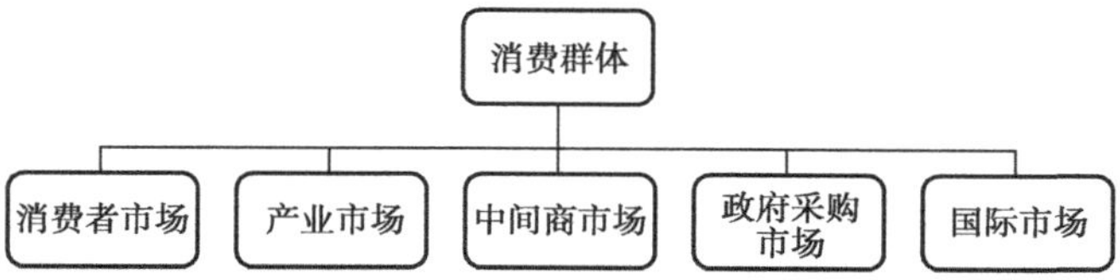

图 2-3　消费群体的构成

（1）消费者市场：为个人消费而购买的个人和家庭所构成的市场。

（2）产业市场：又叫生产者市场或工业市场，是由那些购买货物和服务，并用来生产或产生其他货物和服务，以销售或租赁给其他人的个人或组织构成的市场。

（3）中间商市场：为转卖、取得利润而购买的批发商和零售商所构成的市场。

（4）政府采购市场：政府采购市场是指因政府消费而形成的一个特殊市场，是国内市场的一个重要组成部分。政府采购市场的规模是政府财政支出中政府消费和政府投资的总和，通常占一个国家或地区年度 GDP 的 10%以上，发展中国家的采购规模稍大一些，一般为 20%～30%。政府采购市场不同于民间市场，有特定的采购主体，采购资金为政府财政性资金，采购的目的是为履行政府管理职能提供消费品或为社会提供公共品。

（5）国际市场：由国外的消费者、生产者、中间商、政府机构等所构成的市场。

5. 竞争者

竞争者是生产与本企业类似的产品或提供与本企业类似的服务，且针对客户群也与本企业类似的其他企业，其产品与本企业产品有可替代关系。竞争者主要包括普通竞争者、愿望竞争者、品牌竞争者和产品竞争者四类。

（1）普通竞争者：指提供不同的产品以满足相同需求的竞争者。例如，面包车、轿车、摩托车、自行车都是交通工具，在满足需求方面是相同的，它们彼此间就是普通竞争者。

（2）愿望竞争者：指提供不同的产品以满足不同需求的竞争者。例如，消费者要选择一种万元消费品，可供他们选择的有笔记本电脑、平板电视、数码摄像机、东南亚十国游等，这时候笔记本电脑、平板电视、数码摄像机、东南亚十国游之间就存在着竞争关系，彼此间成为愿望竞争者。

（3）品牌竞争者：指生产相同规格、型号、款式的产品，但品牌不同的竞争者。以电视机为例，康佳、海尔、长虹、TCL 等品牌的众多产品之间就互为品牌竞争者。

（4）产品竞争者：指生产同类型但规格、型号、款式不同的产品的竞争者。如自行车中的电力动力自行车与燃油动力自行车、变速车与非变速车、男式车与女式车等，它们彼此间就构成了产品形式竞争者。

6. 社会公众

社会公众是指对企业实现其营销目标构成实际或潜在影响的团体。包括以下几种。

（1）政府公众：负责管理企业业务活动的有关政府机构。

（2）金融公众：影响企业获取资金能力的各类团体，如银行、投资公司等。

（3）媒体公众：具有广泛影响的大众媒体，如电视、广播、报纸等。

（4）市民行动公众：各种保护消费者权益组织、环保组织、少数民族组织、宗教组织等。

（5）地方公众：企业周边的居民群众、地方官员等。

（6）企业内部公众：企业职工、各部门领导等。

（7）一般群众。

我们无法选择自己的市场环境，但是可以选择自己的发展战略。

2.1.3 宏观营销环境

宏观营销环境，是指那些对企业营销活动产生重要影响而又不为企业的营销职能所控制的全部因素，包括人口环境、自然环境、经济环境、政治法律环境、科技环境，以及社会文化环境等。

在分析宏观营销环境要素之前，我们先来看看中国房地产行业所受到的国家宏观政策的影响。

2010 年以来政府及社会基本上形成了共识，要让国内房地产市场健康发展，就得严厉打击住房投机炒作，让过高的房价回归到合理的水平上来。因此，近几年国家对房地产进行宏观调控的力度越来越大，正象有些人说的：中国的房地产行业，正在迎来一场严酷的寒冬。特别是 2015 年 3 月国务院国土资源主管部门将实施《不动产登记暂行条例》后，不少房地产企业开始从生存的角度出发，重新思考自己的定位，部分企业已在思考走转型之路。

从房地产行业所面临的“寒冬”案例中，我们可明显意识到国家宏观调控对企业的重大影响。企业只能适应却不能改变各种宏观环境因素。分析宏观营销环境的目的在于更好地认识环境，通过企业营销努力来适应社会环境及变化，达到企业营销目标。

1. 人口环境

人口是市场的第一要素，因为市场是由那些想购买商品同时又具有购买力的人构成的。企业应重视对人口环境的研究，密切关注人口特性及其发展动向，及时地调整营销策略以适应人口环境的变化。影响企业市场营销的人口环境因素通常包括人口数量、人口分布、年龄结构、家庭状况四项。

（1）人口数量。企业营销首先要关注所在国家或地区的人口数量及其变化。总人口的数量是影响基本生活资料需求、基本教育需求的一个决定性因素，是决定市场规模的一个基本要素。如果收入水平不变，人口越多，对食物、衣着、日用品的需要量也越多，市场也就越大。

（2）人口分布。不同地区的人们因气候条件、地理位置、文化传统、生活习俗的不同而产生消费习惯和购买行为的差异。人口在不同地区密集程度也是不同的，人口的密度不同，则市场规模大小不同、消费需求情况不同。

（3）年龄结构。不同年龄层的消费者有着不同的需求特点，不同的年龄结构形成了具有年龄特色的市场。了解不同年龄结构所具有的需求特点，可以指导企业产品的投向，选择目标市场。

（4）家庭状况。家庭单位的数量和家庭平均人口的多少都会引起市场需求量及购买习惯的变化。家庭是商品购买和消费的基本单位。一个国家或地区家庭数量的多少及家庭平均人口的多少，可以直接影响到某些消费品的需求数量。同时，不同类型的家庭往往有不同的消费需求。

以我国的人口环境来进行分析。如图 2-4 所示是我国 2012 年各年龄阶段人口所占比重。如图 2-5 所示是我国老年人口规模变化及趋势。

针对我国老龄化的发展趋势，社会应该更加关注这一个群体，企业应该为老年人提供更多的产品和服务。如表 2-2 所示的是我国人不同年龄组需要的主要商品类别的差别。

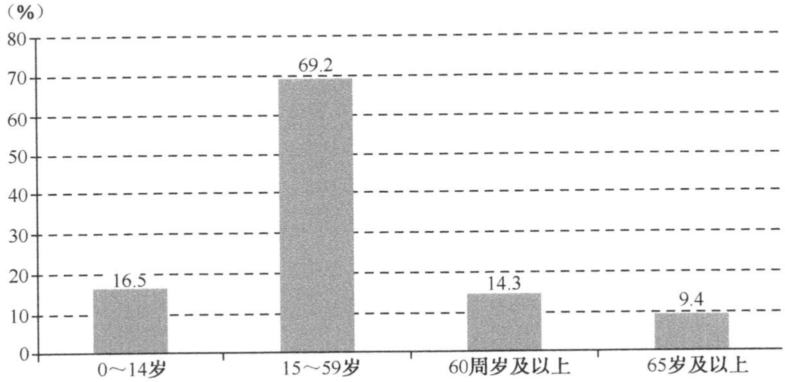

图 2-4　中国 2012 年各年龄阶段人口所占比重

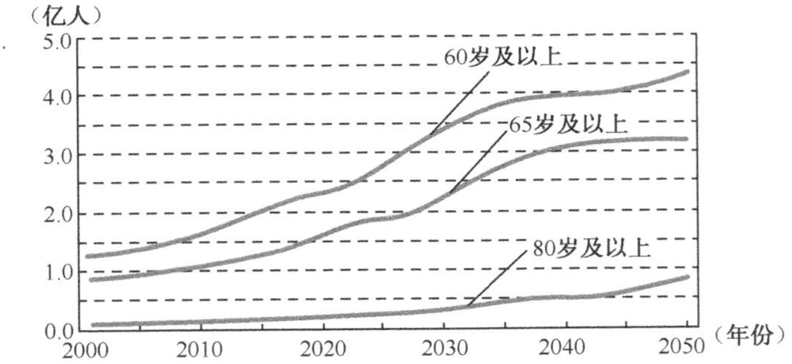

图 2-5　2000～2050 年我国老年人口规模变化

表 2-2　中国人不同年龄组需要的主要商品类别

年　　龄	年 龄 名 称	主要购买的商品类别
0～5 岁	幼儿	婴儿食品、玩具、幼儿服装、启蒙教育用品等
6～19 岁	学龄儿童和青少年	服装、体育用品、学习用品、快餐休闲食品等
20～34 岁	青年人	汽车、家具、房屋、食品和啤酒、服装、家庭娱乐设备、电脑等
35～49 岁	中年人	较大的房屋、较好的汽车、新家具、计算机、娱乐设备、珠宝、服装、卫生保健食品等
50～64 岁	壮年人	娱乐活动、旅行、保健用品等
65 岁以上	老年人	医疗服务、旅行、药品、为年轻人购买物品等

企业可以根据以上的数据及市场的情况来规划营销策略。

2. 自然环境

自然环境是人类最基本的活动空间和物质来源。任何企业的生产经营活动都与自然环境息息相关，无论制造什么产品都需要原材料、能源和水等自然资源的供给。同时，企业的经营活动也影响自然环境的发展和再生过程。21 世纪，自然环境恶化是人类社会面临的一个主要问题，企业必须寻找与环境协调发展的途径和方法。无论是经济损失的绝对数还是相对数，我国都属于世界上因灾害造成经济损失比较严重的国家之一。一些对环境造成危害的企业承受着政府和环境保护主义者的巨大压力，而绿色产业却显露出勃勃生机。随着人类生存环境的恶化，最终每一个人都将变成环境保护主义者，只有能与环境和谐发展的企业才能生存。企业的营销活动要更有效、更合理地使用自然资源，尽量减少生产经营对环境的破坏和影响。

3. 经济环境

经济环境包括影响消费者购买力及支出模式的各种因素，而购买力是构成和影响市场规模大小的要素之一，尤其需要重点关注的主要经济因素包括以下几种。

1）消费者收入变化

消费者收入包括了消费者个人薪酬、奖金、馈赠、投资收益等收入，而消费者的购买能力主要来自消费者的收入。因此，消费者收入的多少直接影响了市场规模的大小及消费者支出习惯和支出模式。

2）消费者支出模式变化

消费者的支出模式会随着消费者收入水平的改变而改变。例如，据调查，我国消费者收入偏低时，其收入的主要支出方向是食品和日用品；而当消费者收入不断增加后，其收入的支出逐步增加了教育、社交、个人投资、房产、汽车、珠宝奢侈品等消费支出。

3）消费者储蓄和投资信贷情况变化

每个家庭和个人都会拥有或多或少的“流动资产”，如储蓄、债券、股票等可以迅速变现的资产。以储蓄为例，在一定时期内，假如储蓄数额、股票投入等数量增加，那么用于购买消费品的支出就会减少；反之，如果储蓄数额、股票投入等数量减少了，那么可用于购买消费品的支出就会增加。

4. 政治法律环境

政治法律环境是影响企业营销的重要宏观环境因素，包括政治环境和法律环境。政治环境引导着企业营销活动的方向，法律环境则为企业规定经营活动的行为准则。

1）政治环境是指企业市场营销活动的外部政治形势

一个国家的政局稳定与否，会给企业营销活动带来重大的影响。如果政局稳定、人民安居乐业，就会给企业营销造成良好的环境。相反，政局不稳，社会矛盾尖锐，秩序混乱，就会影响经济发展和市场的稳定。

政治环境对企业营销活动的影响主要表现为国家政府所制定的方针政策，如人口政策、能源政策、物价政策、财政政策、货币政策等对企业营销活动带来的影响。例如，国家通过降低利率来刺激消费的增长；通过征收个人收入所得税调节消费者收入的差异，从而影响人们的购买行为；通过增加产品税，对香烟、酒等商品的增税来抑制人们的消费需求。

2）法律环境是指国家或地方政府所颁布的各项法规、法令和条例等

法律环境是企业营销活动的准则，企业只有依法进行各种营销活动，才能受到国家法律的有效保护。为适应经济体制改革和对外开放的需要，我国陆续制定和颁布了一系列法律法规，如《产品质量法》、《企业法》、《经济合同法》、《涉外经济合同法》、《商标法》、

《专利法》、《广告法》、《食品卫生法》、《环境保护法》、《反不正当竞争法》、《消费者权益保护法》、《进出口商品检验条例》等。企业经营管理者必须熟知相关的法律条文，才能保证企业经营的合法性，同时运用法律武器来保护企业与消费者的合法权益。

5. 科技环境

科技的发展成为社会生产力最活跃的决定因素，知识经济为企业带来了机会与挑战，新科技的应用和发展对企业的发展产生了息息相关的联系，从而构成了影响和制约企业市场营销活动最为重要的宏观环境之一。如何妥善利用科学技术带来的市场机会和技术优势，成为了当今企业关注的一个重要问题。

6. 社会文化环境

社会文化环境指一个国家、地区或民族的传统文化，通常由信仰、习俗、价值观念、行为方式、社会群体及相互关系等内容所构成。

人类在某种社会生活，久而久之必然会形成某些特定的文化，包括价值观、世界观、道德规范、风俗习惯等。例如，在中秋节的时候，我们会购买月饼、柚子等食品与家人团圆；在西方万圣节的时候，人们会烹饪火鸡、制作南瓜灯笼、开化装舞会等。如果我们能够根据目标市场所在区域的社会文化提供相应的产品和服务，将会使企业更好地融入当地社会，也能得到更多的市场回报。目前，许多企业都在研究“本土化”的问题。“本土化”的实质是跨国公司将生产、营销、管理、人事等全方位融入东道国经济中的过程，它有利于跨国公司降低海外派遣人员和跨国经营的高昂费用、与当地社会文化融合、减少当地社会对外来资本的危机情绪。

知识链接：恩格尔系数

恩格尔系数是国际上通用的衡量居民生活水平高低的一项重要指标，是指食品支出总额占个人消费支出总额的比重。十九世纪中期，德国统计学家和经济学家恩格尔对比利时不同收入的家庭消费情况进行了调查，研究了收入增加对消费需求支出构成的影响，提出了带有规律性的原理，由此被命名为恩格尔定律。其主要内容是指一个家庭的收入越少，用于购买生存性的食物的支出在家庭收入中所占的比重就越大。对一个国家而言，一个国家越穷，每个国民的平均支出中，用来购买食物的费用所占比例就越大。根据统计资料，2013 年月中国农村居民的恩格尔系数为 37.7%，城镇居民的恩格尔系数为 35.0%。

2.2 市场调查与预测

知识分布网络

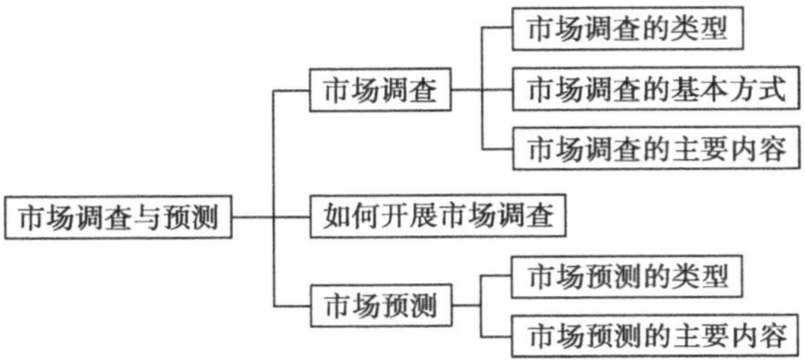

引例 2-2　中国男式西装市场

有人发现中国生产男式西装的厂家不多，于是决定开一家工厂生产男式西装。他的理由是：中国十几亿人口，就算女的占一半那剩下的还有几亿，市场份额很大。于是他义无反顾地行动了，结果是惨败，赔了不少钱。他找市场调查人员请教，专家告诉他：中国有 13 亿人口，除去女性还有 6.5 亿，除去老人、小孩、学生还有 2 亿，除农民、工人等不需要穿着西装的职业外还有 1 亿多，照目前生产西装的厂家来看，已经足够满足市场需要。

评析　从以上这个小案例中我们可以看出，市场调查并不与一些人所想象的那样简单，必须深入调查并进行认真分析才会得出准确可靠的信息。没有做足前期的市场调查就贸然地进行决策，对企业来说无疑是在冒险，往往会遭受巨大损失。

2.2.1　市场调查

市场调查，又称市场调研，是采用各类科学的调查方式，通过有组织、有计划地开展搜集、整理、分析、总结市场资料，进而对市场的状况进行反映和描述的调查研究活动。

从市场调查的作用看，市场调查是营销人员与消费者、客户或公众之间信息沟通的桥梁，可以为企业解决营销中存在的问题、帮助企业寻找市场进入的机会、评估监测市场运动的状况、预测未来市场发展的趋势等。

从市场调查的过程看，市场调查是为解决一个具体市场营销问题而进行的数据收集过程，包括研究设计、信息收集与分析、研究结果显示、提出相应的营销建议等多个方面。

从时间角度看，市场调查适合于分析市场的过去和现在的表现情况，有利于了解当前市场状况，使我们可以在长期的调查研究中得出市场规律。

市场调查首先是在美国兴起的，日本、德国、英国、法国等商品经济发达的国家，也高度重视市场调查。

以下是宝洁公司曾经针对中国市场开发的“润妍”洗发水产品做的市场调查工作。

（1）“蛔虫”调查——零距离贴身观察消费者。十几个人分头到北京、大连、杭州、上海、广州等地选择符合条件的目标消费者，和他们 48 小时一起生活，从被访者早上穿着睡衣、睡眼朦胧地走到洗手间，开始洗脸梳头，到晚上洗发卸妆，将女士们的生活起居、饮食、化妆、洗护发习惯尽收眼底。

（2）使用测试——根据消费者意见改进产品。根据消费者的普遍需求，宝洁公司的日本技术中心随即研制出了冲洗型和免洗型两款“润妍”润发产品。产品研制出来后并没有马上投放市场，而是继续请消费者做使用测试，并根据消费者的要求，再进行产品改进。

（3）包装调查——设立模拟货架进行商店试销。宝洁公司专门设立了模拟货架，将自己的产品与不同品牌特别是竞争品牌的洗发水和润发露放在一起，反复请消费者观看，然后调查消费者究竟记住和喜欢什么包装，忘记和讨厌什么包装，并据此做进一步的调查与改进。

（4）广告调查——让消费者选择他们最喜欢的创意。宝洁公司先请专业的广告公司拍摄一组长达 6 分钟的系列广告，再组织消费者来观看，请消费者选择他们认为最好的 3 组画面，最后，概括绝大多数消费者的意思，将神秘女性、头发、芭蕾等画面进行再组合，成为“润妍”洗发水的宣传广告。

（5）网络调查——及时反馈消费者心理。具体来说，利用电脑的技术特点，加强“润妍”logo 的视觉冲击力。

（6）区域试销——谨慎迈出第一步。“润妍”的第一款新产品是在杭州面市，是在这个商家必争之地开始进行区域范围内的试销调查。其实，“润妍”在选择第一个试销的地区时费尽心思。杭州是著名的国际旅游风景城市，既有深厚的历史文化底蕴，又富含传统的韵味，又具有鲜明的现代气息，受此熏陶兼具两种气息的杭州女性，与“润妍”要着力塑造的现代与传统结合的东方美女形象一拍既合。

（7）委托调查——全方位收集信息。上市后，宝洁公司还委托第三方专业调查公司做市场占有率调查，透过问卷调查、消费者座谈会、消费者一对一访问或者经常到商店里看消费者的购物习惯，全方位地搜集顾客及经销商的反馈。

宝洁公司针对中国市场开发的这款产品虽然上市只有三年就退出市场，但其前后利用三年所做的市场调查工作是非常细致而专业的。因为宝洁公司在上市前的市场调查过程中几乎把能用的调查方法全用上了。从对产品概念测试的调查、包装调查、广告创意调查，一直到区域试销调查。正是通过这样详细的市场调查，得到了大量准确的资料，帮助“润妍”上市初期非常成功。值得我们借鉴。

接下来让我们认真学习市场调查的基础知识。

1. 市场调查的类型

我们要学习市场调查，就必须先了解市场调查包括哪些类型。在此，我们根据市场的不同情况，将市场调查分为不同的类型，有利于我们在市场调查学习和实践中明确调查目的和确定内容。

1）根据购买目的不同，分为消费者市场调查和产业市场调查

（1）消费者市场调查。消费者市场是最终产品的消费市场，其购买目的是为了满足个人或家庭生活的需要。消费者市场调查主要是了解消费者需求数量和结构及其变化，而消费者的需求数量和结构的变化，受到多方面因素的影响，如人口、经济、社会文化、购买心理和购买行为等。

（2）产业市场调查。产业市场又称生产者市场，其购买目的是为了生产出新的产品或进行商品转卖，涉及流通领域和生产领域。产业市场调查主要是对商品供应量、产品的市场生命周期、商品流通的渠道等方面内容进行调查。

消费者市场和产业市场是市场调查开展最多的市场领域。

2）根据流通环节不同，分为批发市场调查和零售市场调查

（1）批发市场调查。商品批发是进一步转卖或供给生产加工而进行商品出售的交易行为。批发市场调查主要是对批发商品交易的参与者、批发商品购销形式、批发市场的数量和规模、批发商品流转环节的不同层次等方面进行调查，进而了解批发市场的商品交易状况，分析商品批发市场的流通数量、流通渠道、商品流向等。

（2）零售市场调查。零售市场是为了满足个人或社会集团生活消费的商品交易市场。零售市场调查主要是调查零售市场的商品产销服务形式、零售商业网点分布状况及其发展

状况、消费者在零售市场上的购买心理和购买行为、零售商品的数量和结构等。

3）其他类型

（1）根据产品层次不同，分为物质产品市场调查与服务市场调查。物质产品市场是指买卖对象为实物产品的市场，如食品类、衣着类、家电类等。服务市场是指买卖对象为服务产品的市场，如医疗保健类、娱乐教育类、文化服务类、金融保险类等。

（2）根据空间层次不同，分为国际市场调查和国内市场调查。

（3）根据时间层次不同，可区分为经常性、一次性、定期性市场调查。

（4）根据调查对象范围的不同，分为全面调查和非全面调查。

2. 市场调查的基本方式

1）根据调查样本产生方式的不同，常见的市场调查主要有市场普查、抽样调查、重点调查和典型调查四种

（1）市场普查。市场普查指对市场调查指标有关的所有目标进行调查，即对所要了解的调查对象全体进行逐一的、普遍的、全面的调查。

市场普查是全面搜集市场信息，从而获得较为完整的、系统的信息资料的一种方法。

（2）抽样调查。抽样调查指从市场调查对象中采用随机抽取或根据调查要求制定的抽样规则抽取出一部分作为样本进行调查，然后根据样本信息，推算市场总体情况的调查方法。抽样调查是市场调查中最常见的形式。

（3）重点调查。重点调查指在调查对象中选定少数重点对象进行调查。而所谓重点对象，指在总体对象中处于重要地位的调查对象，或者在某项总体标志总量中占绝大比重的一些对象。

重点调查的方式较易选定为数不多的重点对象，能够以较少的人力物力、较快的速度掌握调查对象的基本情况。

（4）典型调查。典型调查指从调查对象中有意识地选择部分具有典型性或代表性的调查对象作为典型进行深入、系统调查的调查方式。

典型调查通常分为两种情况：一种是对具有典型性对象进行剖析调查，了解调查对象的一般情况。这类情况通常用于了解市场上的新事物、新情况和新问题，或是用于分析总结调查对象所取得的经验和教训；另一种是对具有代表性的典型对象进行通用调查，以典型样本的指标情况来推断总体指标情况。

2）根据市场调查方法的不同，常见的市场调查主要有实地调查、文案调查、问卷调查三种

（1）实地调查法。实地调查法是通过调查人员直接到市场或相关场所，如经销商年会、产品展销会、产品订货会、商品博览会、超市、商店等，采用耳闻目睹、访问访谈或借助科学观察工具等方式，收集、记录和整理当时正在发生的、处于自然状态下的市场现象有关资料的方法。

（2）文案调查法。文案调查法是一种间接调查法，指利用调查者内部和外部现有的各种资料、信息、情报，以查阅和归纳的方式收集整理所需资料的市场调查方法。

（3）问卷调查法。问卷调查法指运用统一设计的调查问卷，以面对面、电话、邮寄调

查表格、互联网等方式，求得被调查者填答问卷，来收集市场有关资料的调查方法。问卷调查法是目前最常用的一类调查方法。

① 一份正式的调查问卷一般包括以下三个组成部分。

第一部分：前言。主要说明调查的主题、调查的目的、调查的意义，以及向被调查者表示感谢。

第二部分：正文。这是调查问卷的主体部分，一般设计若干问题要求被调查者回答。

第三部分：附录。这一部分可以将被调查者的有关情况加以登记，为进一步的统计分析收集资料。

② 调查问卷提问的方式。调查问卷提问的方式可以分为以下两种形式。

一是封闭式提问，也就是在每个问题后面给出若干个选择答案，被调查者只能在这些备选答案中选择自己的答案。

二是开放式提问，就是允许被调查者用自己的话来回答问题。由于采取这种方式提问会得到各种不同的答案，不利于资料统计分析，因此在调查问卷中不宜过多。

③ 调查问卷的设计要求。在设计调查问卷时，设计者应该注意遵循以下基本要求。

- 问卷不宜过长，问题不能过多，一般控制在 20 分钟左右回答完毕。
- 能够得到被调查者的密切合作，充分考虑被调查者的身份背景，不要提出对方不感兴趣的问题。
- 要有利于使被调查者做出真实的选择，因此答案切忌模棱两可，使对方难以选择。
- 不能使用专业术语，也不能将两个问题合并为一个，以至于得不到明确的答案。
- 问题的排列顺序要合理，一般先提出概括性的问题，逐步启发被调查者，做到循序渐进。
- 将比较难回答的问题和涉及被调查者个人隐私的问题放在最后。
- 提问不能有任何暗示，措辞要恰当。
- 为了有利于数据统计和处理，调查问卷最好能直接被计算机读入，以节省时间，提高统计的准确性。

请看以下的两份市场调查问卷。

案例 2-1 大学生手机市场调查问卷示例如下。

大学生手机市场调查问卷

随着市场竞争日益激烈，消费者的需求呈多样化，为了更好地为大学生市场服务，我们特针对大学生开展此次市场调查，敬请您在百忙之中抽时间填写本问卷。谢谢您的支持和合作！

1. 性别：（　　）

   A. 男　　B. 女

2. 你所在年级：（　　）

   A. 大一　　B. 大二　　C. 大三　　D. 大四

3. 你每月的生活费为：（　　）

   A. 300 元以下　　B. 300～600 元

   C. 600～800 元　　D. 800～1 000 元　　E. 1 000 元以上

4. 你现在是否使用手机？（　　）

A. 有　B. 没有

5. 提到手机你脑子里出现的第一个品牌是：（　　）

A. 诺基亚　B. 苹果　C. 三星　D. 华为　E. 西门子
F. 联想　G. 飞利浦　H. 海尔　I. 康佳　J. LG
K. 酷派　L. HTC　M. 小米　N. TCL　O. 其他

6. 你最喜欢的手机品牌是：（　　）

A. 诺基亚　B. 苹果　C. 三星　D. 华为　E. 西门子
F. 联想　G. 飞利浦　H. 海尔　I. 康佳　J. LG
K. 酷派　L. HTC　M. 小米　N. TCL　O. 其他

7. 你今年准备购买的手机品牌是：（　　）

A. 诺基亚　B. 苹果　C. 三星　D. 华为　E. 西门子
F. 联想　G. 飞利浦　H. 海尔　I. 康佳　J. LG
K. 酷派　L. HTC　M. 小米　N. TCL　O. 其他

8. 你正在使用的手机款式是：（　　）

A. 直板　B. 折叠　C. 旋转

9. 你最喜欢的手机功能是：（　　）（可多选）

A. 带 MP3、MP4 功能　B. 带数码相机功能　C. 16 和弦
D. 32 和弦　E. 40 和弦　F. GPRS　G. 其他

10. 你下次准备购买的手机款式：（　　）

A. 直板　B. 折叠　C. 旋转

11. 你最喜欢的手机款式是：（　　）

A. 直板　B. 折叠　C. 旋转

12. 你认为手机应该分为男性手机和女性手机吗？（　　）

A. 是　B. 否　C. 无所谓

13. 你认为设计情侣手机有必要吗？（　　）

A. 有　B. 没有　C. 无所谓

14. 你认为手机外壳哪种最好看？（　　）

A. 金属　B. 皮革　C. 塑料　D. 其他

15. 你一般多久更换一次手机？（　　）

A. 一个月　B. 一年　C. 二年　D. 用坏才换
E. 从来不换　F. 新款上市即换　G. 其他

16. 你对手机的要求比较注重什么？（　　）（可多选）

A. 质量　B. 价格　C. 服务　D. 功能　E. 外观款式
F. 配置　G. 健康　H. 扩展性　I. 品牌　G. 重量
K. 颜色　L. 待机时间　M. 其他

17. 你希望有专门“为大学生量身定做”的手机吗？（　　）

A. 希望　B. 不希望　C. 无所谓

案例2-2 联想电脑市场问卷调查表示例如下。

联想电脑市场问卷调查表

大家好！我们是联想电脑的代理商，想了解大学生对联想电脑的评价，并以此为依据来调整我们的经营决策，更好地满足大家的要求，尽力为大家提供喜欢的类型，以买到称心如意的电脑。因此希望各位能够认真评价，更希望您能提出详细且宝贵的意见，请尽快回复——您的关心是对我们最大的帮助，谢谢参与。

1. 您的性别（　　）。

A. 男　　B. 女

2. 您会选择哪种款式的电脑（　　）。

A. 台式　　B. 笔记本

3. 您选择电脑时最关心的是（　　）（可多选）。

A. 价格便宜　　B. 性能好　　C. 款式好看　　D. 质量好　　E. 其他

4. 您理想的购机价位（　　）。

A. 3 500元以下　　B. 3 500～5 000元　　C. 5 000～7 000元　　D. 7 000元以上

5. 您是否了解联想电脑（　　）。

A. 不了解　　B. 一般了解　　C. 了解　　D. 很了解

6. 您在哪里得到联想电脑的相关信息（　　）（可多选）。

A. 报刊杂志　　B. 广告电视媒体　　C. 亲朋好友介绍　　D. 其他

7. 您是否看过联想电脑的广告（　　）。

A. 是　　B. 否

8. 您对其广告的看法如何（　　）。

A. 差　　B. 一般　　C. 好　　D. 很好

9. 您是否满意联想电脑的售后服务（　　）。

A. 满意　　B. 一般　　C. 不满意

10. 您对联想电脑的意见或建议（　　）（这项可多选，最好能再加上自己的观点）。

A. 价格要便宜　　B. 外型要改进　　C. 售后服务改进　　D. 质量要提高

3. 市场调查的主要内容

我们在进行市场调查时，需要调查哪些内容呢？主要包括以下几个方面。

（1）市场基本环境的调查：政治法律环境、经济环境、社会文化环境、自然环境等。

（2）市场需求的调查：人口数量、购买力调查、消费者结构调查、购买动机与行为调查等。

（3）市场供给调查：商品供给来源的调查、商品供应能力的调查、商品供应范围的调查等。

（4）市场营销活动调查：产品调查、价格调查、分销调查和促销调查。

（5）竞争对手调查。

2.2.2 如何开展市场调查

谈了那么多关于市场调查的知识，那么如何开展一次有效的市场调查呢？我们知道，市场调查是一项有目的、有计划进行的调查研究活动，同时也是帮助我们正确认识市场现象的本质和规律性的过程。现在我们尝试以一个创业者的身份计划开一个女性化妆品店为例，来进行一次创业前的市场调查。在通常情况下，科学的市场调查必须按照一定的步骤进行，以保证市场调查的顺利进行和达到预期目的。我们将市场调查的步骤分为以下几个阶段。

1. 市场调查的准备阶段

市场调查的准备阶段是市场调查的决策、设计和筹划阶段。这个阶段的具体工作包括确定市场调查任务、设计市场调查方案和组建市场调查队伍等。

1）确定市场调查任务，设计市场调查方案

我们首先要明确我们的调查任务——调查女性化妆品消费市场的基本情况及分析开店的可行性。

由此我们可以看出，我们这次调查的重点内容是分析开店的可行性。要进行分析，就需要有进行分析的资料和信息来做支撑的数据。所以，我们必须明确我们需要掌握哪些数据。根据这次调查的目的，我们应掌握，计划开店区域的人口基数（包括常住人口基数、流动人口基数、产品适用阶层人口基数等）、目标消费群体的生活习惯和消费习惯（如习惯在什么时间什么地点进行购买、一般消费多少金额、能够接受多少价格的产品等），以及当地消费群体对使用化妆品所持有的态度等。

明确了调查的目的和任务需要掌握的信息内容后，我们要设计一个调查计划的方案。在方案中，我们要制定出本次调查必须要掌握的数据项目（如以上谈到的内容）。

2）划定市场调查的空间与时间

调查空间是指市场调查在什么地区进行，在多大的范围内进行。调查空间的选择要有利于我们达到调查目的，有利于搜索资料工作的进行，有利于节省人力、财力和物力。

调查时间是指市场调查在什么时间进行，需要多少时间完成，调查市场现象在什么时间的表现。调查时间的选择，要有利于我们对市场真实情况的了解。如何找到调查的最佳时间，如何设定调查时间的长短，要与我们采用的调查方法、调查规模、调查内容和现实情况结合起来，才能合理地计算市场调查的起止时间。

3）选定调查对象及调查对象的最低数量

我们要进行市场调查，就会有调查的对象，即我们的目标消费群体。同时我们在收集调查数据时，应该要达到一定的基数才能真实地反映出市场的现实情况供我们进行数据的分析，所以在设定调查基数时要有一个最低数量的要求（如调查区域目标消费群体总数的1/1 000 或 1/100，调查基数越接近总数则反映的情况越接近真实情况）。这次我们调查的目标消费群体当然是以女性为主，而且还要根据经营的情况来确定调查对象的年龄。

4）确定市场调查的方法

确定市场调查的方法，包括选择适当的组织调查方式和搜集资料的方法，也包括整理和分析研究市场资料的方法。调查方法的选择要根据市场调查的目的、内容，也要根据一定的时间、地点和条件下市场的客观实际状况。

例如，根据本次调查的项目内容来选择采用什么类型的调查方法时，是采用问卷调查的方式还是采用文案调查的方式，或者是两者同时采用？如果采用问卷调查的方式，那么采用调查提纲、调查表、调查卡片、调查问卷当中的哪些形式？是通过实地调查的方式发放问卷还是通过中介机构（如网络、当地居委会等）发放问卷？

如果我们采用问卷调查的方式，那么我们在设计调查问卷时，必须考虑到调查项目的多少，调查者与被调查者的方便，对资料进行整理分析时的需要等。同时，我们还必须要考虑到调查结果的准确性和真实性。

这次调查的对象是女性，我们决定采用市场调查问卷与座谈相结合的方法。

5）落实调查人员、经费和工作量安排

在市场调查方案中，我们还要计算调查人员、经费的数量，并落实其出处。这是市场调查顺利进行的基础和条件，也是设计调查方案时不容忽视的内容。此外，还应对市场调查人员的工作量进行合理的安排，使市场调查工作有条不紊地顺利进行。在计划这些内容时，必须从节省的角度出发，还应注意留有一定的余地。

6）组建及培训市场调查队伍

做好市场调查人员的选择、培训和组织，建立能够顺利完成任务的调查队伍，也是市场调查准备阶段的一项重要工作。

调查人员的选择，要从职业素养、交际水平、知识文化程度、工作经验等方面综合考察，不能仅仅注重其工作能力，还应注意其职业道德的情况。由于市场调查一般是由若干人组成的调查队伍来完成，所以在考虑调查人员个人素质的同时，还要注重确保调查队伍整体的协调合作。在调查人员的使用上，要注意扬长避短、合理搭配、优化组合；要明确职责和权限、落实任务；要严格要求、赏罚分明。

组建好调查队伍后，还要对调查人员进行必要的培训。培训内容包括调查信息准备、调查方法训练、调查数据整理训练等。

2. 市场调查资料搜集阶段

调查资料的搜集阶段主要是根据之前的方案和计划，现场实施资料搜集的阶段。这一阶段是我们作为市场调查者与被调查者进行接触的阶段。在这个阶段我们的调查工作会受到多种外部因素的制约或影响。例如，调查目标的不配合甚至反感，气候因素（如大雨、暴雪等）造成调查对象不外出导致调查无法顺利进行，调查目标所在单位不允许外人入内，竞争对手的暗箱操作等。因此，我们应结合被调查者的特点和当地情况，争取获得调查目标的理解和合作。

3. 市场调查资料整理和分析阶段

在资料整理阶段，我们主要是将搜集到的市场信息进行分类整理，将其中的虚假、错误、短缺信息剔除，保证原始资料的真实性和准确性。信息鉴别可以从调查材料的逻辑上区分是否有前后矛盾的情况、调查对象是否属于我们选择的目标消费群体等方面进行区分。

资料整理之后，要根据自身所需要的信息进行统计分析，运用统计学的原理和方法研究市场现象总体的数量特征和数量关系，揭示市场现象的发展规模和水平、总体的结构和比例、发展趋势和速度等。当然，如果所需要的信息比较简单浅显，则可以直接从整理出来的数据直接统计得到，而不需要进行复杂的统计分析。相对来说，开一家女性化妆品店的市场调查工作并不会很复杂，根据市场调查所得的数据很容易就可进行营销决策。

2.2.3 市场预测

市场预测，就是运用科学的方法，对影响市场供求变化的诸因素进行调查研究，分析和预见其发展趋势，掌握市场供求变化的规律，为经营决策提供可靠的依据。

> **所有的过程经过持续的分析，都有提高的可能。**

市场预测是为了提高管理的科学水平，减少决策的盲目性，我们需要通过预测来把握经济发展或者未来市场变化的有关动态，减少未来的不确定性，降低决策可能遇到的风险，使决策目标得以顺利实现。

1. 市场预测的类型

1）根据市场预测时间的长短划分

根据市场预测时间的长短划分不同，主要分为短期预测、近期预测、中期预测和长期预测。

（1）短期市场预测：一般以周、旬为预测时间单位，根据对市场变化的实际观察资料，结合市场当前的实际情况和未来可能发生的变化，对未来一个季度内的市场发展变化的情况做出预测。

（2）近期市场预测：一般是以月为时间单位，根据对市场变化的实际观察资料，结合市场当前的实际情况和未来可能发生的变化，对市场未来一年内的发展变化情况做出预测。

（3）中期市场预测：一般是指 3～5 年内的市场预测。

（4）长期市场预测：一般是指 5 年以上的市场预测，是为制定发展的长期规划而专门进行的市场预测。

2）根据市场预测的范围划分

根据市场预测的范围划分主要分为宏观市场预测和微观市场预测。

（1）宏观市场预测是统观整体市场需求的变化发展及趋势，其内容涉及国民经济的全局，往往是全国性的市场预测。

（2）微观市场预测一般是地区性的市场预测，表现为当地市场或所涉及地区市场的预测。

3）根据市场预测的商品内容划分

根据市场预测的商品内容划分分类，主要分为单品市场预测、分类市场预测和商品总量预测。

（1）单品市场预测是指对某种具体商品生产或需求数量的预测，甚至对该商品具体规格、质量、生产量和需求量进行预测，具有较强的针对性。

（2）分类市场预测是按商品类别预测其生产量和需求量。

（3）商品总量预测是指对生产总量和需求总量所进行的市场预测。

2. 市场预测的主要内容

市场预测的核心内容是市场供应量和需求量，此外，还有市场的各种主要影响因素，主要包括以下几方面。

1）市场供应量预测

市场供应量预测主要是对产品的数量、种类及其发展趋势进行预测。

这类预测一般以工业、农业为主。主要调查和搜集历年的产值、产量、成本、利润、销量、价格、产品寿命、原材料供应情况、生产技术发展及趋势等资料信息。

2）市场需求量预测

市场需求量又称市场容量，指某一时期某一地点的购买者在市场上具有的支付能力或购买能力的总和。需要注意的是，进行市场需求量预测时，应做到全面而细致，同时要考虑到不同地区不同时段的差异化。

市场需求量及其变化预测可分为生产资料市场预测和消费资料市场预测。

生产资料市场需求量预测是通过对国民经济发展方向、发展重点的研究，综合分析预测期内行业生产技术、产品结构的调整，预测工业品的需求结构、数量及其变化趋势。

消费资料市场需求量预测重点有以下三个方面。

（1）消费者消费水平预测。预测消费者消费水平包括两点：第一，人口数量及变化预测。人口的数量及其发展速度，在很大程度上决定着消费者的消费水平；第二，消费者货币收入和支出的预测。

（2）消费结构预测。消费者收入水平的高低决定着消费结构，即消费者的生活消费支出中商品性消费支出与非商品性消费支出的比例。消费者收入水平越高，非商品性消费支出就越大，如娱乐、消遣、劳务费用支出增加，同时在商品性支出中，用于饮食费用支出的比重大大降低。另外，还必须考虑到消费心理对消费结构的影响。

（3）商品需求变化及其发展趋势的预测。根据消费者消费水平总量和消费结构情况，预测各种商品需求的数量、花色、品种、规格、质量等。

20 世纪 70 年代中期以前，“可口可乐”一直是美国饮料市场的霸主，市场占有率一度达到 80%。然而，70 年代中后期，它的老对手“百事可乐”迅速崛起，对手的步步紧逼让可口可乐公司感到了极大的威胁，它试图尽快摆脱这种尴尬的境地。1982 年，可口可乐公司决定在全国 10 个主要城市进行一次深入的消费者调查。调查结果显示，大多数消费者愿意尝试新口味可乐。

可口可乐公司的决策层以此为依据，决定结束可口可乐饮料传统配方的历史使命，同时开发新口味可乐。为确保万无一失，在新可口可乐饮料正式推向市场之前，可口可乐公司又花费数百万美元在 13 个城市中进行了口味测试，邀请了近 20 万人品尝无标签的新、老可口可乐饮料。结果让决策者们更加放心，六成的消费者回答说新可口可乐饮料味道比老可口可乐要好，认为新可口可乐饮料味道胜过百事可乐饮料的也超过半数。至此，推出新可乐似乎是顺理成章的事了。

可口可乐公司不惜血本协助瓶装商改造了生产线，而且，为配合新可乐上市，可口可乐公司还进行了大量的广告宣传。看起来一切顺利，刚上市一段时间，有一半以上的美国人品尝了新可乐。但让可口可乐公司的决策者们始料未及的是，越来越多的老可口可乐饮料的忠实消费者开始抵制新可乐。对于这些消费者来说，传统配方的可口可乐饮料意味着一种传统的美国精神，放弃传统配方就等于背叛美国精神，有的顾客甚至扬言将再也不买可口可乐饮料。

迫于巨大的压力，决策者们不得不做出让步，在保留新可乐生产线的同时，再次启用近 100 年历史的传统配方。仅仅 3 个月的时间，可口可乐公司的新可乐计划就以失败告终。尽管公司前期花费了 2 年时间、数百万美元进行市场调研，但可口可乐公司决策人员忽略了最重要的一点——对于可口可乐饮料的消费者而言，口味并不是最主要的购买动机。

3）市场价格预测

市场价格预测主要从形成和影响产品价格的各种因素入手来预测价格变化情况。

产品的成本和产品的销售价格直接关系到企业赢利水平。在市场价格的预测中，我们必须要充分考虑到企业劳动生产率、生产成本、利润变化、市场供求变化、市场消费水平、竞争状况及国家经济政策对商品价格的影响。

4）市场占有率预测

市场占有率预测根据不同的市场范围，常用以下四种测算方法。

（1）总体市场占有率是指一个企业的销售量（额）在整个行业中所占的比重。

（2）目标市场占有率是指一个企业的销售量（额）在其目标市场，即它所服务的市场中所占的比重。一个企业的目标市场的范围小于或等于整个行业的服务市场，因而它的目标市场占有率总是大于它在总体市场中的占有率。

（3）相对于 3 个最大竞争者的市场占有率是指一个企业的销售量和市场上最大的 3 个竞争者的销售总量之比。例如，假设一个企业的市场占有率是 30%，而它的 3 个最大竞争者的市场占有率分别为 20%、10%、10%，则该企业的相对市场占有率就是 30%÷40%＝75%，而如果 4 个企业各占 25%，则该企业的相对市场占有率为 33%。一般来说，一个企业拥有 33%以上的相对市场占有率，就表明它在这一市场中拥有较强的实力。

（4）相对于最大竞争者的市场占有率是指一个企业的销售量与市场上最大竞争者的销售量之比。若高于 100%，表明该企业是这一市场的领袖。

市场预测除上述四点主要内容外，还包括消费需求变化预测、人口数量及构成变化预测、社会就业状况及变化预测、政府政策的预测、社会经济发展及趋势预测等。

2.3　消费者购买行为分析

知识分布网络

- 消费者购买行为分析
  - 消费者购买行为的含义和特征
  - 消费者购买决策过程
  - 消费者购买的类型
  - 影响消费者购买行为的因素

引例 2-3　祈雨

有一年大旱，百姓到庙里求雨。和尚告诉他们："除了在寺里祈雨，你们回家还要接着祈祷。下个周末大家回到这里，做好感谢上天为我们普降甘霖的准备。"

所有人都按和尚说的做了。周末他们回到寺里，和尚看到他们不禁大怒："今天我们都不用祈祷了——你们根本就不相信今天会下雨！"

大家都很纳闷："我们都祈求上天了，我们相信今天会下雨！"

"你们相信？"和尚冷笑道，"那你们为什么没有带伞？"

评析　这则寓言告诉我们，行动往往暗示了行为者的心理。而对消费者购买行为的有效分析，有助于我们更好地满足消费者的心理需求，实现我们的销售目标。

传统的销售行为告诉我们，要做一单成功的生意就要不断地对客户进行跟进或者通过大量的说服技巧让顾客买单，但现在的顾客越来越成熟了，消费也变得越来越理性了，单单靠说服和使用推销技巧并不能获得成功，因此我们就要认真研究顾客的购买行为。

2.3.1　消费者购买行为的含义和特征

消费者市场是通向最终消费的市场，是实现企业利润的最终环节，是一切社会生产的终极目标，因此，其他的产业市场都是为消费者市场而存在的。对消费者市场的研究是对整个市场研究的基础与核心。消费者购买行为是指消费者为满足其个人或家庭生活而发生的购买商品的决策过程。企业营销人员通过对消费者购买行为的研究，掌握其购买行为的规律，从而制定有效的市场营销策略，实现企业营销目标。

在当前市场中，消费者购买的特征主要表现为以下几个方面。

1. 购买者多而分散，往往分批、多次、少量购买

消费者购买涉及到每一个人和每个家庭，购买者很多。但消费者市场是一个人数众多、幅员广阔的市场，由于消费者所处的地理位置各不相同，闲暇时间不一致，造成购买地点和购买时间的分散。

同时，消费者购买时以个人和家庭为购买和消费单位，由于受到消费人数、需求量、购买能力、商品保质期等诸多因素的影响，消费者购买商品往往选择分批、多次、少量购买。

2. 购买差异大，大多属于非专家购买

消费者购买因受年龄、性别、职业、收入、受教育程度、宗教信仰等因素的影响，其消费需求存在着较大的差异，随着社会经济的发展，消费者的消费习惯、消费观念、消费心理都在不断地发生变化，进一步加剧了消费者购买的差异性。"一月二百贫困户，四百五百刚够用，千儿八百是扮酷，两千三千是大户。"某高校网站 BBS 上的顺口溜，反映出大学生消费水平的差异性。

同时，大多数消费者缺乏相应的专业知识及价格和市场信息，特别是面对一些科技含量高、操作复杂的商品时显得尤为明显。故而在多数情况下，消费者购买时往往受感情的影响较大。因此，许多消费者很容易受到广告宣传、商品包装及其他促销方式的影响，产生购买冲动。

3. 购买的流动性大，且存在周期性

在市场经济比较发达的今天，人口在地区间的流动性较大，因而导致消费购买的流动性很大，消费者购买常常在不同产品、不同地区及不同企业之间流动。

而有些商品消费者需要常年购买、均衡消费，如日常用品、食物等生活必需品；有些商品消费者需要季节购买或节日购买，如时令服装、节日礼品；有些商品消费者需要等商品损坏或需要更新时才考虑重新购买，如手机、家电、汽车等。这些都表现出消费者的购买行为存在一定的周期性。

4. 购买呈现出时代特征和发展趋势

消费者购买常常受到时代精神、社会风俗习俗的导向，从而使人们对消费购买产生一些新的需要。

某生活调查中心发布的“2010～2011 中国城市女性消费调查报告”显示，2010 年城市女性“服装服饰”消费为最大一笔开支，连续 5 年稳居消费榜首，而网购日渐成为城市女性重要的购物方式之一。

由中国妇女杂志社等机构发表的 2013 年《女性生活蓝皮书》显示：2012 年，48.6%的家庭曾外出旅游，51～60 岁被调查者女性家庭“境内游”的比例最高，占 57.1%；她们境外游的比例也最高，为 14.3%。2013 年，59.7%的家庭有旅游计划，其中，34.1%计划“境内游”，27.4%计划“境外游”。“境外游”目的地前 5 位依次是：法国、中国台湾、澳大利亚、港澳特区和美国。和 2011 年相比，日本从 2011 年的第 3 位下降到第 9 位；美国也从 2011 年的第 2 位下降到第 5 位；台湾、港澳、澳大利亚的排位有所上升。

2.3.2　消费者购买决策过程

1. 决策角色

消费者在购买产品的过程中往往扮演着不同的角色，这些角色的类型包括如下几种。

（1）发起人——首先提出或有意向购买某产品或服务的人。

（2）决策人——对是否买，为什么买，怎么买，在哪里买等方面的决定做出全部或部分最后决定的人。

（3）实际购买人——最终执行实际采购的人。

（4）实际使用人——实际使用或消费产品或服务的人。

2. 购买决策过程

通常情况下，在复杂购买行为中，购买者的决策过程由产生需求、信息收集、方案评价、购买决定和购后行为五个阶段构成。

1）产生需求

消费者需求的产生包括内在需求和外在刺激两个方面。内在需求指消费者对某类产品或服务现有或潜在的需求；外在刺激指诱发或强化消费者内在需求，使消费者内在需求转化为实际购买的促进活动。

2）信息收集

一般来说，在需求产生后，消费者会对需求的产品信息进行收集，而信息的主要来源渠道包括：个人渠道（如家庭、亲戚、朋友、邻居、熟人等）、商业渠道（广告、展览、推销员、产品包装等）、公共渠道（如大众传媒、消费者评审机构等）、个人经验（消费者处理、检查和试用产品产生的经验等）。

3）方案评价

消费者对拟购产品或服务的评价主要包括产品功能（即产品能够满足消费者需要的功能）、功能权重（即消费者对产品各项不同功能的重视程度所占的比例）、品牌信誉（即消费者对某品牌产品的信誉和质量优劣程度总的看法）、满足感落差（即消费者所期望的试用产品后的满足感与实际试用产生的满足感之间的差异是否在可接受范围内）。

4）购买决定

评价行为会使消费者对可供选择的产品品牌产生某种偏好，进而形成购买意图，但偏好和购买意图并不总是导致实际购买。影响产生实际购买的因素有两种，一是他人的态度（即他人对产品或品牌的认同情况），二是意外情况（即可觉察的风险）。营销人员需要关注这两个因素对购买决定所产生的影响，并根据实际情况采取有效措施减轻影响。

5）购后行为

消费者在购买产品后会产生一定程度的满意感或不满意感，而消费者对产品是否满意又将影响到以后的购买行为。若消费者对产品满意，则可能在下次继续购买，或向其他人推荐该产品；若对产品不满意，则可能不再继续购买该产品，或向他人表达对该产品的不满，也可能通过退货来降低自己心理的不满程度，如图2-6所示。

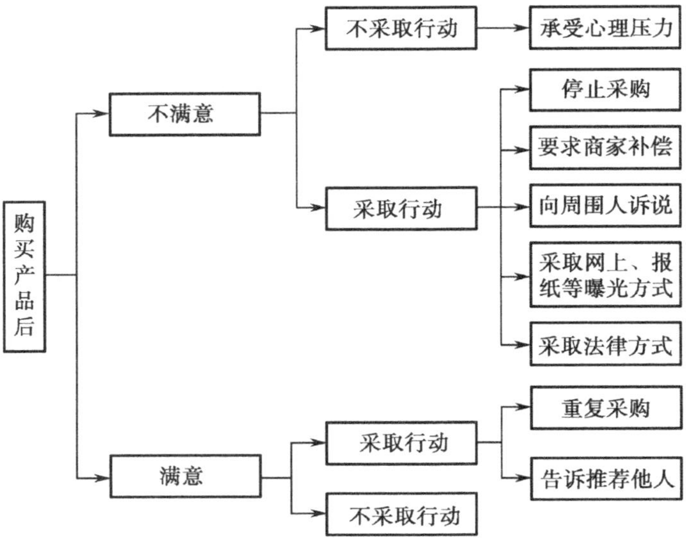

图2-6　消费者购买后行为分析

图2-7是一位消费者在购买手机时决策的全过程。

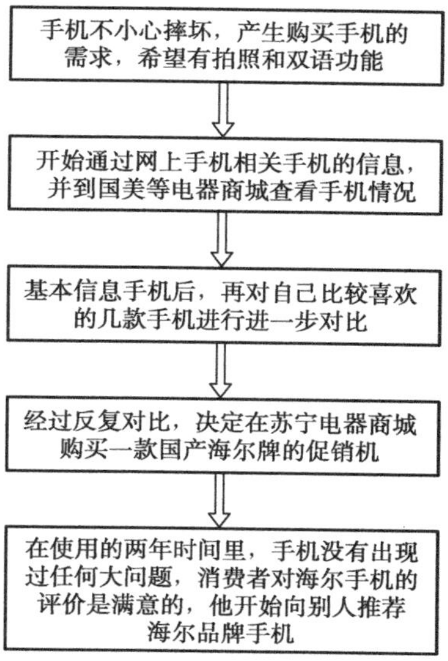

图 2-7　某消费者购买手机的过程

2.3.3　消费者购买的类型

1. 根据消费者的购买目标是否明确划分

（1）全确定型。指消费者在购买商品以前，已经有明确的购买目标，对商品的名称、型号、规格、颜色、式样、商标及价格的幅度都有明确的要求。这类消费者进入商店以后，一般都是有目的地选择，主动地提出所要购买的商品，并对所要购买的商品提出具体要求，当商品能满足其需要时，则会毫不犹豫地买下商品。对于这种顾客，我们营销人员一定要做好服务工作，如果服务工作做好了，成交的可能性就比较大。

（2）半确定型。指消费者在购买商品以前，已有大致的购买目标，但具体要求还不够明确，最后购买需经过选择比较才能完成。如购买空调是原先计划好的，但购买什么牌子、规格、型号、式样等心中无数。这类消费者进入商店以后，一般要经过较长时间的分析、比较才能完成其购买行为。所以对于这种类型的顾客，营销人员不仅要提供良好的服务，为顾客提供足够的信息，还要把握好谈判的技巧。相对来说，要达成交易较于全确定性的顾客难度稍大。

（3）不确定型。指消费者在购买商品以前，没有明确的或既定的购买目标。这类消费者进入商店主要是参观游览、休闲，漫无目标地观看商品或随便了解一些商品的销售情况，有时感到有兴趣或合适的商品偶尔购买，有时则观后离开。针对这类顾客，要立即达成交易有一定的难度，需要营销人员提供更多的优惠政策，才能刺激顾客产生购买欲望。

消费者在超市卖场中的购买行为在近年发生了显著的变化。这种变化主要表现为消费者的计划购买比率不断减少而非计划购买比率急速上升，消费者购买行为的这种变化对生产商和零售商的卖场营销战略产生了重大的影响，这也是生产商和零售商重视卖场营销的一个主要原因。

所谓计划购买是指消费者在店内所购买的商品是来店之前所预定购买的商品，我们把这种在事先进行的购买决策称为计划购买。而非计划购买是指消费者在店内所购买的商品是来店之前根本没有预定或意识到的商品，我们把这种在店内进行的购买决策称之为非计划购买或冲动购买。

2. 根据消费者的购买态度来划分

（1）习惯型。指消费者由于对某种商品或某家商店的信赖、偏爱而产生的经常、反复的购买。由于经常购买和使用，他们对这些商品十分熟悉，体验较深，再次购买时往往不再花费时间进行比较选择，注意力稳定、集中。

（2）理智型。指消费者在每次购买前对所购的商品，要进行较为仔细研究的比较。购买感情色彩较少，头脑冷静，行为慎重，主观性较强，不轻易相信广告、宣传、承诺、促销方式及售货员的介绍，主要靠商品质量、款式。

（3）经济型。指消费者购买时特别重视价格，对于价格的反应特别灵敏。购买无论是选择高档商品，还是中低档商品，首选的是价格，他们对“大甩卖”、“清仓”、“血本销售”等低价促销最感兴趣。一般来说，这类消费者与自身的经济状况有关。

（4）冲动型。指消费者容易受商品的外观、包装、商标或其他促销手段的刺激而产生的购买行为。购买一般都是以直观感觉为主，从个人的兴趣或情绪出发，喜欢新奇、新颖、时尚的产品，购买时不愿做反复的选择比较。

（5）疑虑型。指消费者具有内倾性的心理特征，购买时小心谨慎和疑虑重重。购买行为一般缓慢、费时多。常常是“三思而后行”，常常会犹豫不决而中断购买，购买后还会疑心是否上当受骗。

营销人员要善于观察顾客的购买行为，针对不同购买行为类型的顾客采取不同的营销策略，就能更好地把握机会，达成交易。

2.3.4 影响消费者购买行为的因素

消费者的购买行为取决于他们的需要和欲望，而人们的需要和欲望，以及消费习惯和行为，是在许多因素的影响下形成的。这些因素包括：社会因素、文化因素、个人因素和心理因素。

1. 社会因素

消费者的购买决策过程受到环境因素的影响。环境因素是指消费者各种社会因素的综合体，其包括各种事物、地点及其对消费者的认知和行为产生影响的社会群体和事物，如家庭、参照群体、社会阶层、文化因素等。

1）家庭

家庭是社会的基本单位，是影响人们消费行为最主要的参照群体，也是绝大多数公司面对的主要目标市场。家庭成员在购买决策过程中扮演不同的角色：发起者、决策者、实际购买者和实际使用者。营销人员应根据公司产品的特点及市场目标，结合当前社会的家庭状况，根据家庭消费者购买决策的影响因素来制定各种销售策略，切实地促进销售。

2）参照群体

参照群体是指与消费者产生社会联系的个人或团体。参照群体可以分为以下三类。

（1）首要群体，包括家庭成员、亲朋好友、同事、同学、邻居等。

（2）次要群体，包括与消费者有关的各种群众团体和组织，他们对消费者行为发生间接影响，如宗教组织、俱乐部、职业协会等。

（3）渴望群体，主要是消费者渴望加入或作为参照的个人或组织，如名人、明星、偶像等社会名人及交际圈。

汉口某市民按原计划奖励给考上大学的女儿 2 000 元，很快，女儿就用 2 000 元买了一部手机。过了几天，女儿跟母亲说同学都在准备买笔记本电脑、MP3、MP4 等，她提出要购买一部电脑和一部 MP4。这“两大件”一下子又花去了六千多元，加上入学前她为女儿置办的 1 000 多元的衣物，总花费已经近万元。

当消费者处在中学时代时，消费行为受家庭的影响最大，进入大学后因接触面广了，影响因素更多，参照物也与中学时不同，会发生改变。

参照群体为消费者提供了新消费模式和生活模式的范例，影响到消费者对某个品牌或产品的看法，导致消费者审美观和价值观的变化，从而影响消费者对商品、品牌及使用方式的选择。

3）社会阶层

社会阶层是指按照一定的标准，如家庭收入、受教育程度、职业、社会地位等，将社会成员划分成若干社会等级，同一社会阶层的人往往有着共同或相近的价值观、生活方式、思维方式和生活目标，并且影响着他们的实际购买行为。例如，处于高阶层的人士，由于经济宽裕，生活悠闲，他们是各种高档服装、高档珠宝、高档化妆品的主要购买者；而处于低阶层的人士，由于生活节奏快、工作紧张，收入来源少，因而主要购买维持生存的产品。

2. 文化因素

文化是人类欲望和行为最基本的决定因素，是在社会中成长的人通过家庭和社会组织的各种活动学习到一系列社会认可的基本价值、知觉、偏好和行为准则的整体观念。而每一种文化都包含着按民族、宗教、种族、地理、职业、性别、年龄、语言等标准进行划分，能为其成员提供更为具体的认同感和社会化的亚文化群体，如民族群体、宗教群体、种族群体、地域群体、女性群体、“90 后”等。

3. 个人因素

消费者的购买决策过程也受到各种个人因素的影响。这些因素有经济条件、生命周期、生活方式、个性等。

1）经济条件

经济条件是分析消费购买行为的传统因素，也是基础因素。从经济条件来分析消费者的购买行为，认为消费者总是根据自己的有限收入和所能获得的市场信息，去购买对自己最急需、最有价值的东西。现代市场营销学认为，随着经济的发展，人们可任意支配的收入不断增加，商品越来越丰富，需求呈现多样化，经济条件对消费者购买行为的支配作用越来越小，而社会的、文化的和心理的影响力正在不断增加。

2）生命周期

对消费者的购买行为产生影响的有两种生命周期，即个人生命周期和家庭生命周期。个人生命周期与年龄相对应，消费者对产品的需求随着年龄的增长而变化，年龄不同的人对产品和服务有不同的爱好与需要。家庭生命周期通常可以用家庭所经历的若干阶段来描述，在家庭生命周期的不同阶段，消费者对商品的兴趣和需要会有显著的差异。

3）生活方式

生活方式是一个人在生活中表现的有关其兴趣、活动和看法的生活模式。个人与家庭都有其生活方式，虽然家庭的生活部分是由家庭成员的个人生活方式所决定，然而，个人生活方式也受到家庭生活方式的影响。

4）个性

个性是指人的气质、性格、兴趣和能力等心理特征的统一，是一个人身上表现出来的经常的、稳定的、实质的心理特征。消费者个性的差异导致购买行为的差异。消费者倾向于购买与其具有相似“个性”的产品或可以强化或突出其“个性”的产品。

4. 心理因素

消费者的购买决策过程受消费者心理活动过程的影响。所谓消费者心理活动过程，是指消费者在购买决策中支配购买行为的心理活动的整个过程。影响消费者心理活动的主要因素有动机、认知、学习和态度等。

1）动机

动机是一种升华到一定程度的需求，它能够引导人们去寻求满足需求的目标。美国心理学家亚伯拉罕·马斯洛认为，人是有欲望的动物，需要什么取决于已经有了什么，只是尚未被满足的需要才影响人的行为，即已满足的需要不再是一种动因；同时，他认为人的需要是以层次的形式出现的，按其重要程度的大小，依次为生理需要、安全需要、社交需要、尊重需要和自我实现需要（见图 2-8）。只有最低层次的需要被满足后，较高层次的需要才会出现并要求得到满足。

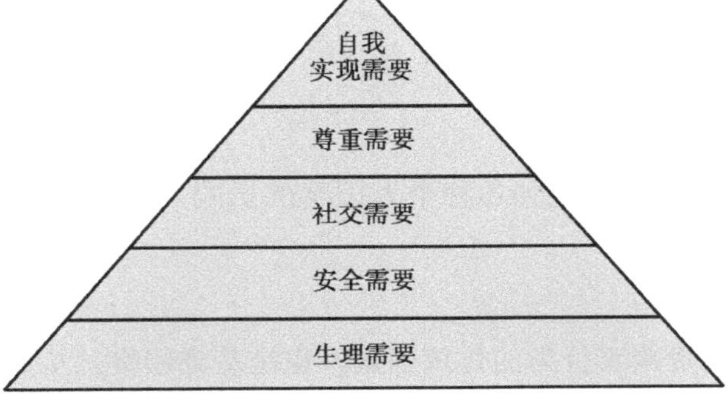

图 2-8　马斯洛需要层次结构

而所谓消费者的购买动机，是指消费者为了满足自己一定的需要而引起购买行为的愿望或意念，它是能够引起消费者购买某一商品或服务的内在动力。

通常情况下，消费者的购买动机由以下三种要素组成。

（1）需要驱使。

（2）刺激强化。

（3）目标诱导。目标诱导是指消费者在接受众多的刺激时，能够引起消费者注意，促成购买行为的目标商品的诱发作用。

2）认知

认知是消费者对产品或服务的感觉、知觉、记忆与思维的总和。消费者是否采取行动、怎样采取行动及采取什么样的行动，都会受到认识过程的影响。

3）学习

学习是消费者在购买和使用产品过程中不断获得知识、经验和技能，不断完善其购买行为的过程。

4）态度

态度是消费者在购买或者使用产品的过程中对产品或服务形成的反映，即对产品的好坏、优劣、肯定与否定的情感反映。

思考题

为什么有人说“得女人市场者得天下”？

2.4　组织购买行为分析

知识分布网络

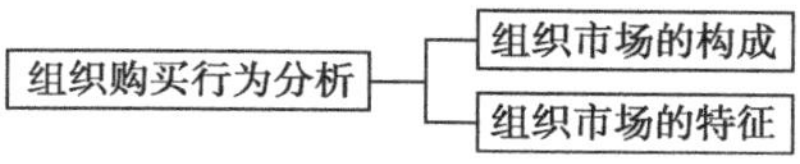

2.4.1　组织市场的构成

组织市场指工商企业为从事生产、销售等业务活动以及政府部门和非赢利性组织为履行职责而购买产品和服务所构成的市场。它可分为四种类型：生产者市场、中间商市场、政府市场、非营利组织市场。

生产者市场：是指购买产品或服务用于制造其他产品或服务，然后销售或租赁给他人以获取利润的单位和个人。

中间商市场：是指购买产品用于转售或租赁，以获取利润的单位和个人。

政府市场：是指为了执行政府职能而购买或租用产品的各级政府和下属部门。

非营利组织市场：是指为了维持正常运作和履行职能而购买产品和服务的各类非营利组织所构成的市场。

2.4.2 组织市场的特征

组织市场与消费者市场相比，具有以下特征：

（1）购买者的数量较少，但购买量较大。组织市场在总交易量、每笔交易的当事人数、客户经营活动的规模和多样性、生产阶段的数量和持续时间等方面，要比消费者市场大得多、复杂得多。

（2）组织市场的需求具有派生性，即最终取决于消费者市场的需求。组织市场的需求是从组织市场到消费者市场间各增值阶段一系列需求的派生。例如，出版社用纸市场的需求取决于读者对书籍和杂志的需求；皮鞋生产商对皮革的需求取决于人们对皮鞋的需求。组织市场的许多需求缺乏弹性，有较明显的波动性。组织市场对产品或服务的总需求量受价格波动的影响较小。组织市场在短期内的需求无太大变化，因为任何组织不能随时对其生产方式或运营模式做许多变动。

（3）购买专业性强，采取直接购买。由于购买金额较大，产品技术性能较为复杂，所以参与者较多，需要专业人员进行采购。在交易过程中，供需双方经常联系，所以关系密切。

（4）购买者在地理区域上相对集中。

2.5 市场细分

知识分布网络

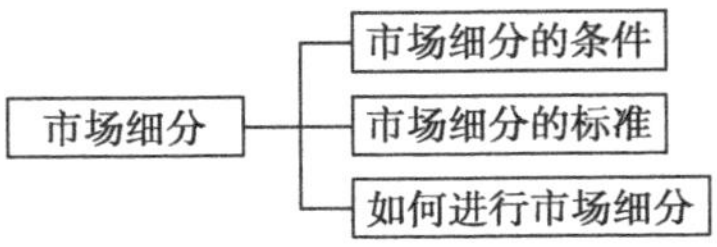

引例 2-4 “资生堂”的市场细分

20 世纪 80 年代以前，日本著名化妆品牌“资生堂”实行的是一种不对顾客进行细分的大众营销策略，即希望自己的每种化妆品对所有的顾客都适用。80 年代中期，“资生堂”因此遭遇重大挫折，资生堂市场占有率下降。1987 年，资生堂公司经过认真反省以后，决定由原来的无差异的大众营销转向个别营销，即对不同的顾客采取不同的营销策略，资生堂公司提出的口号便是“体贴不同岁月的脸”。他们对不同年龄阶段的顾客提供不同品牌的化妆品。为十几岁少女提供的是 RECIENTE 系列，二十岁左右的是 ETTUSAIS 系列，四五十岁的中年妇女则有长生不老 ELIXIR 系列，五十岁以上的妇女则可以用防止肌肤老化的资生堂返老还童 RIVITAL 系列。

评析 从这则案例我们可以看到，资生堂公司在市场上经历了重大挫折之后，能够痛定思痛，将自身产品根据消费者需求情况分别针对不同年龄段的消费群体进行产品细分，最终走出困局。有效的产品细分策略，能够帮助我们拓展顾客消费群体，针对不同的消费需求制作产品，既满足了不同需求的消费者，也避免了因单一产品的不足而导致产品在市场中的一蹶不振，有效地规避了经营风险。

市场细分的概念由美国市场学家温德尔·史密斯于 20 世纪 50 年代中期提出。所谓市场细分是指通过市场调研，依据消费者的欲望和需求、购买行为和消费习惯等方面的差异，将某一产品市场整体划分为若干具有共同特征的消费群体市场的过程。市场细分就是分辨不同欲望和需求的消费群，并把他们归类的过程。每一个消费群体就是一个细分市场，每一个细分市场都是具有相似需求倾向的消费者构成的群体。

市场细分的作用：

1. 发现新的市场机会；
2. 满足潜在需要；
3. 提高经济效益；
4. 制定最佳营销策略。

2.5.1　市场细分的条件

进行市场细分的目的是通过对消费者需求差异进行定位，以取得较大的经济效益。产品的差异化导致生产成本和营销费用的相应增长，故而应在市场细分所得收益与市场细分所增成本之间做出权衡。有效的细分市场应具备以下条件。

1. 可衡量性

可衡量性指各个细分市场的购买力和规模可衡量的程度。如果细分变数很难衡量的话，就无法界定市场。

2. 可赢利性

可赢利性指企业新选定的细分市场容量足以使企业获利。

3. 可进入性

可进入性指所选定的细分市场必须与企业自身状况相匹配，企业有优势占领这一市场。可进入性具体表现在信息进入、产品进入和竞争进入。考虑市场的可进入性，实际上是研究其营销活动的可行性。

4. 差异性

差异性指细分市场在观念上能被区别并对不同的营销组合因素和方案有不同的反应。如“王老吉“与“可口可乐”在观念上分别被界定为功能性降火茶饮料和碳酸饮料。

5. 相对稳定性

相对稳定性指细分后的市场在一定时间内保持稳定。细分后的市场能否在一定时间内保持相对稳定，直接关系到企业生产营销的稳定性。特别是投资周期长、转产慢的企业，更容易造成经营困难，严重影响企业的经营效益。

根据以上的条件让我们一起来思考手机市场的细分问题：儿童手机的市场细分是有效的吗？开发儿童手机是否会取得成功？

发现儿童手机这个市场机会，首先是因为儿童正在越来越多地拥有手机。有调查显示，在欧美一些国家，十岁左右的儿童中，手机的普及率超过 50%；在亚洲地区，该年龄群组的手机拥有率也已经超过了 10%，并且保持着不低的增长速度。早在 2001 年，韩国、日本及欧洲都陆续出现了儿童手机的概念产品，目前，许多国外企业都已经在欧美市场推出了儿童手机产品。而手机在儿童市场中的高速增长引发保健组织的担忧，儿童使用手机影响学习、影响身心健康和容易养成不良生活习惯等方面的隐患也成为人们关注的焦点。于是，针对儿童需求的独特功能设计成为儿童手机能否赢得市场的关键。在 2004 年，东信公司在中国汉诺威电子信息展上推出了第一款由中国企业自主研发的儿童手机。这个产品命名为“贝贝通”，看起来更像是一个玩具，但它支持中国移动的短信定位服务，家长可通过运营商基站实时了解并掌握孩子的位置，解决家长对孩子安全的后顾之忧。“贝贝通”儿童手机只能拨打几个特定的号码，而这些号码可以由家长进行预设，这样，也解决了孩子必要的沟通需要与孩子自制力差、可能乱打电话引发的其他问题。实践证明，当时东信儿童手机的市场细分是有效的。

但从目前的市场看来，儿童手机的市场细分并不稳定，因为在信息技术高速发展时代成长起来的儿童天生对高智能的手机情有独钟，功能简单的手机并不能满足孩子们的需要。在儿童手机的市场细分略显得有些尴尬时，另一个手机市场细分——老人手机的需求越来越大，却没有得到足够的重视。我们可以从以下资料看出老人手机市场细分的有效性和可行性。

手机已经成为当今信息互动不可或缺的工具。根据工信部统计数据，截至 2014 年 1 月底，中国共有 12.35 亿手机用户。据调查，目前国内老年人手机市场蕴含商机。《中国老龄事业发展报告（2013）》指出，我国社会老龄化形势严峻，2013 年老年人口数量突破 2 亿大关，达到 2.02 亿，我国老龄化水平达到 14.8%。老年人消费市场不可小视。尤其是 80 后、90 后已长大成人，他们多是独生子女，小两口要赡养多个老人，在大多数情况下，老人要靠着现代化的通信设备与子女、亲人联络，而且随着未来这些设备功能的丰富，依赖程度会越来越高。

市场细分的原因：

1．消费需求存在绝对差异性——形成市场细分的必要性；

2．消费需求存在相对同质性——形成市场细分的可能性；

3．企业生存和发展的需要。

2.5.2 市场细分的标准

产品的整体市场之所以可以细分，是由于消费者的需求存在差异性。引起消费者需求差异的变量很多，概括起来，细分市场的变量主要有四类：地理变量、人口变量、心理变量、行为变量。以这些变量为依据来细分市场就产生出地理细分、人口细分、心理细分和行为细分四种市场细分的基本形式。

下面是一份有关消费特点的调查资料。

不同的消费群体，其消费行为有所不同。以年龄阶段为例，20～29 岁的消费者洗发频率最高；而相对于其他年龄段的消费者，14～19 岁的消费者对产品功效和成分配方的重视程度更高；20～29 岁的消费者对品牌知名度的重视程度更高，而其对价格的重视程度却是各年龄层中最低的；40 岁以上的消费者比其他年龄的消费者更看中价格因素；14～19 岁的消费者比其他年龄层更易受广告和促销的影响；在所有年龄段中，受购买方便性的影响最小的是 20～29 岁的消费者，影响最大的是 40～49 岁的消费者。以性别为例，男性使用洗发水的频率明显高于女性；促销对女性购买的影响力要高于男性。

从这则调查案例所提供的信息，我们可以根据不同年龄和性别的消费群体对洗发水的需求情况，对市场进行细分。而细分方法又可以分为三种情况，一是只根据年龄阶段进行细分，但不再针对性别而再次细分；二是除了根据年龄阶段进行细分外，还针对不同的性别再次进行细分；三是除了根据年龄阶段和不同的性别进行细分外，再根据产品功能和价格进行第三次细分。不能说市场细分是越细越好，要根据具体市场具体分析，因为如果继续细分下去，企业的经营成本将会越来越高。

归纳起来，市场细分的标准主要有以下几种。

1. 地理细分市场

根据消费者所处的地理位置、自然环境来细分市场，如国家、地区、城市规模、气候、人口密度、地形地貌等方面的差异，将整体市场分为不同的小市场。

处在不同地理环境下的消费者对于同一类产品往往有不同的需求与偏好，他们对企业采取的营销策略与措施也会有不同的反应。例如，在我国南方沿海省份，某些海产品被视为上等佳肴，而内地的消费者则觉得味道平常。又如，由于居住环境的差异，城市与乡村消费者在室内装饰用品的需求上大相径庭。

2. 人口细分市场

按人口统计变量，如年龄、性别、家庭规模、家庭生命周期、收入、职业、教育程度、宗教信仰、种族、国籍等为基础，来细分市场。

（1）性别：男性与女性在产品需求与偏好上有很大不同，如在服饰、生活必需品等方面均有差别。

（2）年龄：不同年龄的消费者有不同的需求特点。

（3）收入：高收入消费者与低收入消费者在产品选择、休闲时间的安排、社会交际与交往等方面都会有所不同。

（4）职业与教育：按消费者职业的不同、所受教育的不同以及由此引起的需求差别，来细分市场。

（5）家庭生命周期：一个家庭，按年龄、婚姻和子女状况，可划分为五个阶段：单身阶段、新婚阶段、满巢阶段、空巢阶段、孤独阶段。在不同阶段，家庭购买力、家庭人员对商品的兴趣与偏好会有较大差别。

“班尼路”是香港的一个服饰品牌，“班尼路”下属的最基本的六大品牌各显神通，每个品牌其实就是一个细分市场。

（1）衣本色（ebase）：顾客锁定在 15～35 岁的年轻时尚的女性群体。
（2）生活几何（S&K）：锁定目标群在 16～28 岁的追求时尚简约的年轻人。
（3）班尼路（BALENO）：服务于追求低调而又不失时尚的 18～40 岁之间的人穿着。
（4）传真传说（BAMBINI）：顾客锁定在 15～22 岁之间懂得时尚追求自我的年轻人。
（5）互动地带（I.P.ZONE）：锁定目标群在 15～25 岁中受街头文化影响较大的年轻人。
（6）水虹（attitude）：专为 20～28 岁细致简约的女性制造，尤其适合白领女性。

3. 心理细分市场

根据消费者所处的社会阶层、生活方式、个性特点等心理因素来细分市场，就叫心理细分。

（1）社会阶层：指在社会中具有相对同质性和持久性的群体。处于同一阶层的成员具有类似的价值观、兴趣爱好和行为方式。

（2）生活方式：人们追求的生活方式各不相同，有的追求新潮时髦，有的追求恬静、简朴，有的追求刺激、冒险，有的追求稳定、安逸。

（3）个性特点：是指一个人比较稳定的心理倾向与心理特征，它会导致一个人对其所处环境做出相对一致和持续不断的反应。通常，个性会通过自信、自主、支配、顺从、保守、适应等性格特征表现出来。因此，个性可以按这些性格特征进行分类，从而为企业细分市场提供依据。请看下面有关女性鞋子的一个案例。

“小时候我老爱偷偷穿妈妈的高跟鞋，他们送了一双红色的小公主鞋给我，我爱死它了，每天看着它一直可以发呆好久好久，女人跟鞋子的关系真的很微妙，一双鞋加一双鞋，于是女孩就要变成女人了，我是女人，美丽的女人。昨日女孩，今日女人。”这则 2006 年达芙妮 D28 系列春夏新款鞋的广告，专门针对现代城市中喜欢追逐梦想、乐于展现自身的 15～25 岁女性群体，巧妙地将鞋子与女孩的成长过程联系起来，洁净温馨的画面伴随着刘若英磁性质感的嗓音，轻易就触及了知性的都市女性内心那唯美而又稚嫩的一面，在流露着女性独有的那份矜持的同时，更多的是对成为“女人”的自信与骄傲，让人过目难忘。

从这则“达芙妮”的案例，我们可以看出，依据消费者的心理需求情况，结合产品目标消费者的消费水平、所处社会阶层、生活方式和个性追求等情况所制作的产品宣传广告，紧紧把握住了消费者的购买心理。

4. 行为细分市场

根据消费者对产品的了解程度、态度、使用情况及反应等将他们划分成不同的群体，叫行为细分。

（1）购买时机：根据消费者提出需要、购买和使用产品的不同时机，将他们划分成不同的群体。如生产农药化肥产品的企业，可根据。一年四季对农药化肥需求的不同，划分为不同的子市场。

（2）追求利益：消费者购买某种产品总是为了解决某类问题，满足某种需要，获得某种利益。如消费者购买首饰，有些是为了保值投资，有些是为了凸显身份地位。

（3）使用者状况：根据消费者是否使用和使用程度细分市场，通常可分为经常购买者、首次购买者、潜在购买者和非购买者。大公司往往注重将潜在使用者变为实际使用者，较小的公司则注重于保持现有使用者，并设法吸引使用竞争产品的消费者转而使用本公司产品。

（4）使用数量：根据消费者使用某一产品的数量大小细分市场，通常可分为大量使用者、中度使用者和轻度使用者。大量使用者的人数可能不是很多，但其消费量在总体消费量中占有很大比重。美国调查公司发现，啤酒的 80%是被 50%的消费者消费掉的，另外一半的消费者的消耗量只占消耗总量的 20%。同时还进一步了解到大量喝啤酒的人年龄多在 25～50 岁，喜欢观看体育节目。很显然，根据这些信息，企业可以大大改进其在定价、广告传播等方面的策略。

（5）态度：根据市场上消费者对产品的热心程度来细分市场。不同消费者对同一产品的态度可能有很大差异，如有的很喜欢持肯定态度，有的持否定态度，还有的则处于既不肯定也不否定的无所谓态度。针对持不同态度的消费群体进行市场细分并在广告、促销等方面应当有所不同。

（6）品牌忠诚度：通过了解消费者品牌忠诚情况，品牌忠诚者与品牌转换者的各种行为与心理特征，可为企业细分市场提供一个基础，有助于企业了解为什么有些消费者忠诚本企业的产品，而另外一些消费者则忠诚于竞争企业的产品，从而为企业选择目标市场提供启示。

（7）购买准备阶段：有的消费者可能对某一产品存在需求，但不知道该产品的存在；还有的消费者虽已知道产品的存在，但对产品的价值、稳定性等存在疑虑；一些消费者则可能正在考虑购买。针对处于不同购买阶段的消费群体，企业应进行市场细分并采用不同的营销策略。

食用油是每家每户都可能用到的日常用品，消费者通常都是基于习惯而产生购买行为。由于经常购买和使用，他们对这些食用油商品十分熟悉，体验较深，当再次购买时往往不再花费时间进行比较选择，其注意力稳定而集中。那么要在品牌众多的食用油市场中汇聚消费者的目光，使他们将注意力从其他品牌转向自己的产品，并最终促使他们选择购买，就必须根据消费者的购买行为习惯针对消费者的利益需求、购买时机、使用情况等来进行产品细分，抢占市场制高点。

在中国，嘉里粮油集团旗下的金龙鱼食用油，10 多年来一直以绝对优势稳居小包装食用油行业的第一品牌地位。调和油这种产品是“金龙鱼”创造出来的。当初，“金龙鱼”在引进国外已经很普及的色拉油时，发现虽然有市场，但不完全被国人接受。原因是色拉油虽然精炼程度很高，但没有太多的油香，不符合中国人的饮食习惯。后来，“金龙鱼”研制出将花生油、菜籽油与色拉油混合的产品，使色拉油的纯净卫生与中国人的需求相结合，使得产品创新终于赢得中国市场。

2.5.3　市场细分的方法

那么，如何利用市场细分来找出市场机会？如何分析市场机会，确定目标市场，形成企业特色呢？

第一步：按消费需求、消费心态、消费模式等参数将用户和潜在用户进行归类，找出不同群体之间的差异性和每个群体的共性。通常情况下，工业品大多按行业、应用、使用者、工作性质等参数来细分，而消费品则按消费者收入、学历、年龄、性别、职业、地区等参数来细分，不管用什么参数，必须遵循一个基本原则，即细分后的市场能够量化。换句话说，能用一个数字来描述其大小，而不是凭感觉。经过 4～5 层的细分，会出现十多个不同组合的“子市场”，也称为“可定义的目标子市场”。

让我们一起再来看看过去几年中一个针对小众化市场做得非常成功的案例。

中国移动公司推出的“动感地带”（M-zone），品牌定位在“时尚、好玩和探索”，专为崇尚个性、追求时尚、紧贴潮流的消费群体而设计。“动感地带”面向 15～25 岁的年轻人，推出了超值优惠的“学生套餐”、“娱乐套餐”、“时尚套餐”和沟通计划供用户选择，不仅为用户提供优质的语音通话服务，还有丰富的数据业务、超值短信、个性铃声图片下载、走着玩的移动 QQ、手机游戏及移动 Flash 等时尚新奇好玩的各色服务，可以说不仅满足了年轻人的消费需求，更符合他们的消费特点和品牌文化。

第二步：在这些子市场当中选出用户需求最强烈、购买动力最大、与本企业的特长最吻合的子市场。这样就能分辨出谁是第一目标用户群，谁是第二、第三目标用户群，进而总结出这些目标用户“非买不可”的理由和原因，实现市场机会与企业实力的平衡，明确企业要特别关注的三个小众市场。有了目标市场的界定，就很容易看清楚谁是相应的竞争对手，即哪些企业与我们争夺这几个小众市场。

案例 2-3 某服饰公司进行市场细分以及目标市场的选择如下。

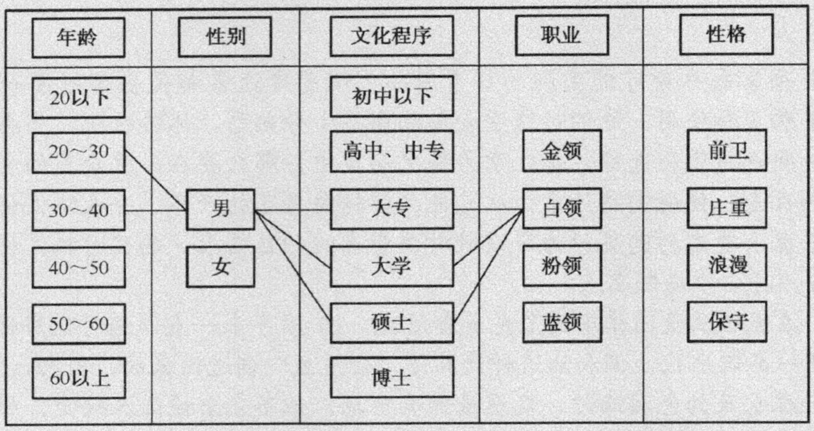

该服饰公司经过市场细分，最终选择的目标市场是 20～40 岁的、具有大专到硕士文凭、举止庄重的白领男士群体。

第三步：确立目标市场之后，还要清楚谁是相应的竞争对手，从而更有效地制定市场战略与竞争战略，壮大自己，削弱对手。

某航空公司计划对从未乘过飞机的人进行市场细分以决定公司资源的投入状况。该航空公司根据调查将从未乘过飞机的人细分为害怕飞机的人、对乘飞机无所谓的人，以及对乘飞机持肯定态度的人（细分标准是态度）。在持肯定态度的人中，又包括高收入有能力乘飞机的人（细分标准是收入）。于是这家航空公司将力量集中在开拓那些对乘飞机持肯定态度、只是还没有乘过飞机的高收入群体。

从以上资料我们可以总结出市场细分的程序，如图 2-9 所示。

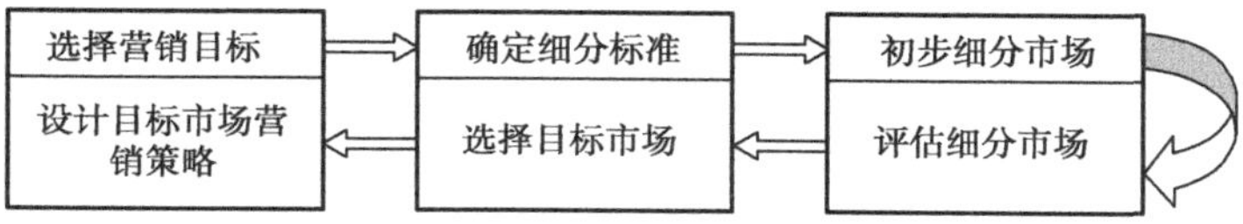

图 2-9　市场细分的程序

思考题

你认为把美容市场细分为女人市场、男人市场、成人市场、儿童市场，都是有效的市场细分吗？

2.6　目标市场选择与市场定位

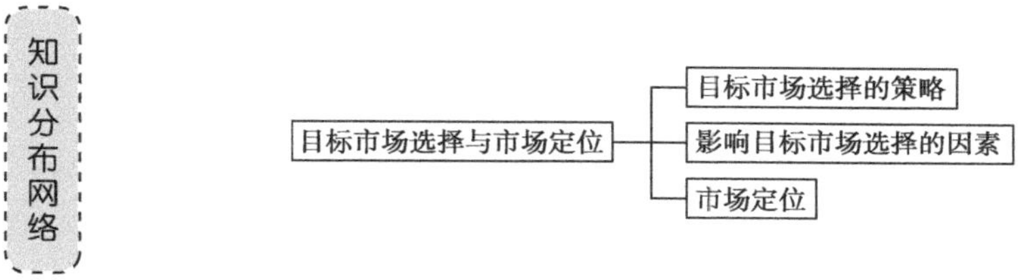

目标市场是企业决定要进入和服务的市场。企业进行市场细分的目的就是选择目标市场。企业在对整体市场进行细分之后，对各细分市场进行评估，然后根据细分市场的市场潜力、竞争状况、本企业资源条件等多种因素，决定将一个或几个细分市场作为目标市场。

2.6.1　目标市场选择的策略

企业的目标市场策略可以分为无差异市场策略、差异市场策略和集中市场策略三种类型。

1. 无差异市场策略

无差异市场策略是指企业将产品的整个市场视为一个目标市场，用单一的营销策略开拓市场，即用一种产品和一套营销组合方案力求在一定程度上尽可能多地适应消费者需求。无差异市场策略只考虑消费者或用户在需求上的共性，而不关心他们在需求上的差异化。例如，可口可乐公司在 1970 年以前曾以单一口味的品种、统一的价格和瓶装、同一广告主题将产品面向所有消费者。

无差异市场策略对于需求广泛、市场同质化高且能大量生产、大量销售的产品较为适合，如图 2-10 所示，其优点如下：

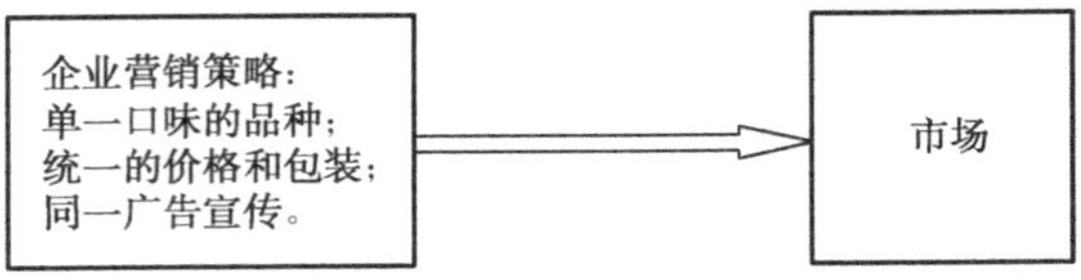

图 2-10　无差异市场策略

（1）生产单一产品，利于标准化与大规模生产，可以减少生产与储运成本；

（2）无差异的广告宣传和其他促销活动可以节省促销费用；

（3）不进行市场细分，可以减少市场调研、产品开发、制定各种营销组合方案等方面的营销投入。

缺点在于竞争日益激烈，利润越来越小，而较小的子市场需求却得不到满足。

2. 差异市场策略

差异市场策略是将整体市场划分为若干细分市场且同时进入几个子市场，并针对所进入的每一细分市场制定一套独立的营销组合方案，以适应各子市场的需求，如图 2-11 所示。例如，汽车制造企业针对不同社会阶层、不同收入水平、不同使用途径的消费者，推出不同品牌、不同价格、不同性能的汽车产品，并采用不同的广告主题来宣传这些产品，就是采用差异市场策略的。

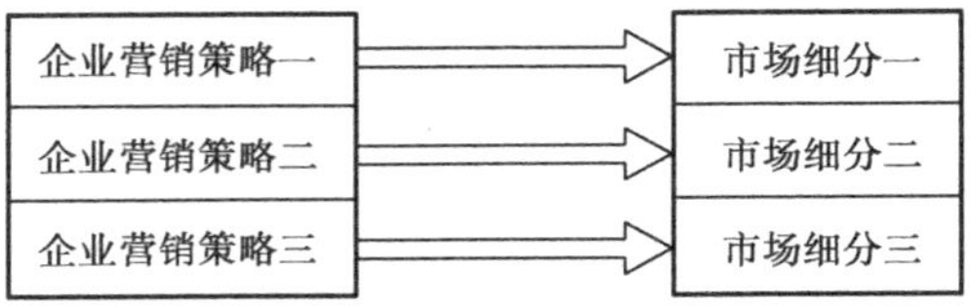

图 2-11　差异市场策略

2006 年上海大众公司的 POLO 新品车上市之初，上海大众公司便基于“POLO 劲情”与“POLO 劲取”两者不同的产品特性以追求时尚的生活方式、崇尚多元文化、彰显自我、注重内心感受的社会新一代中坚分子为目标客户群体，采用差异化的市场定位进行营销推广。“POLO 劲情”面向热衷享受、追随自我感受的时尚年轻人，侧重于“第五代人”中的感性私人消费者；“XPOLO 劲取”则更侧重理性消费的私人市场，锁定那些追求气度品位、乐观进取的社会新生力量。上市 3 个月后上述两个产品销售表现均比较出色，说明上海大众公司对 POLO 产品的目标市场选择和市场定位获得了成功。

差异市场策略的优点在于：

（1）批量小、品种多，生产机动灵活、针对性强，便于更好地满足消费者需求，进而促进产品销售；

（2）企业在多个细分市场上经营，可在一定程度上减少经营风险。

差异市场策略的不足之处主要体现在：

（1）增加营销成本。产品品种多，管理和存货成本将增加；针对不同的细分市场发展独立的营销计划，增加企业在市场调研、促销和渠道管理等方面的营销成本；

（2）不能有效集中资源配置，顾此失彼，甚至在出现企业内部争夺资源的现象，使主打产品难以形成优势。

3. 集中市场策略

集中市场策略是集中力量进入一个或少数几个细分市场，实行专业化生产和销售，力求在一个或几个子市场拥有比较大的市场占有率，如图 2-12 和图 2-13 所示。

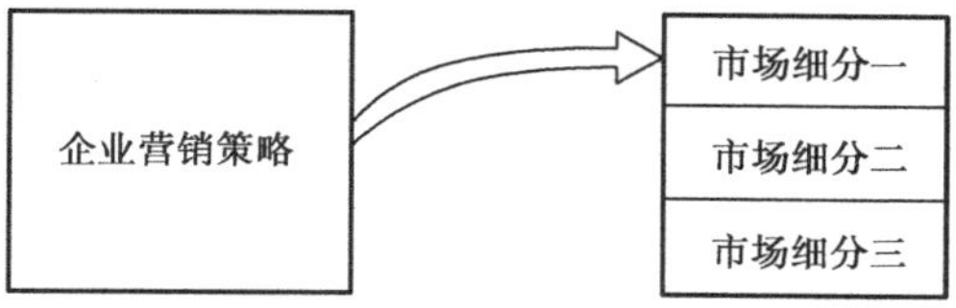

图 2-12　集中市场策略一

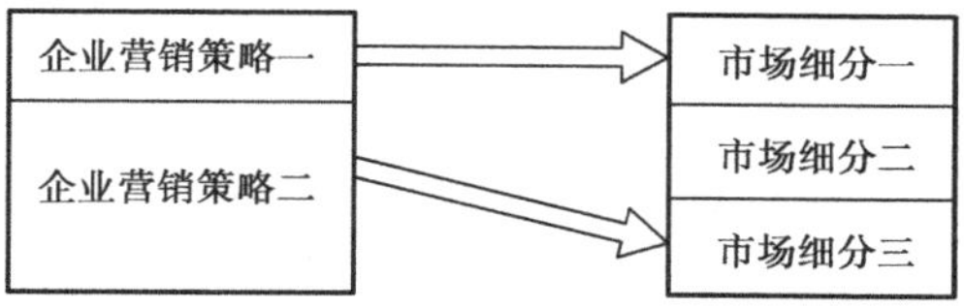

图 2-13　集中市场策略二

集中市场策略特别适合于资源力量有限的中小企业。中小企业由于受财力、技术等因素制约，在整体市场无力与大企业抗衡，但集中资源优势在大企业尚未顾及或尚未建立绝对优势的某个或某几个细分市场进行竞争，成功的可能性更大。

集中市场策略的局限性主要有如下几种：

（1）市场区域相对较小，企业发展受到限制；

（2）具有较大的风险性，一旦目标市场突然恶化，如消费者喜好发生转移，或强大竞争对手的介入，或新的更有吸引力的替代品的出现，都可能使企业陷入困境。

实施集中市场策略就必须充分了解消费行为，了解不同消费群体的差异及由此产生的不同需求，使产品更能够满足细分市场的消费需求。

2.6.2　影响目标市场选择的因素

上述三种目标市场策略均各有利弊，企业在进行目标市场选择决策时要具体分析产品和市场状况及企业本身的特点。影响企业目标市场策略的因素主要有如下几种：

（1）企业资源；

（2）产品的同质化程度。产品同质化程度指产品在功能、特点等方面差异的程度。同质化大的产品，一般适宜采用无差异市场策略；同质化小的产品，可采用差异市场策略或集中市场策略；

（3）市场同质化程度。市场同质化程度指消费者在同一时期对产品的偏好、需求、购买行为等方面的相似程度。相似大的，则同质化高，适宜采用无差异市场策略；相似小的，同质化低，可采用差异市场策略或集中市场策略；

（4）产品的市场生命周期阶段。产品处于投入期和成长期，同类竞争品不多，竞争不激烈，可采用无差异营销策略；产品进入成熟期，同类产品增多，竞争日益激烈，消费者需求日益多样化，可考虑采用差异性营销策略，满足新需求，延长产品的市场生命周期；

（5）竞争对手的市场策略；

（6）竞争者数量。

2.6.3 市场定位

市场定位（Market Positioning）是20世纪70年代由美国学者阿尔赖斯提出的一个重要营销学概念。所谓市场定位是指企业根据目标市场上同类产品的竞争状况，针对消费者对该类产品某些特征或属性的重视程度，为本企业产品塑造强有力的、与众不同的鲜明个性，并将其形象生动地传递给消费者，求得消费者认同的过程。市场定位的实质是使本企业与其他企业严格区分开来，使消费者明显感觉和认识到这种差别，从而在消费者心目中占有特殊的位置。

市场定位中所指的产品差异化与传统的产品差异化有本质区别，它不是单纯从生产者角度出发追求产品变异，而是在对市场分析和细分的基础上，寻求建立某种产品特色，形成独特的市场形象，赢得消费者的认同。

例如，霸王洗发水的市场定位如下。

1989年5月，华裔传奇企业家陈启源先生创建广州霸王化妆品有限公司。2003年11月，霸王品牌洗发护发产品成为“中华中医药学会”推广产品；2005年，霸王公司斥巨资力邀国际巨星成龙加盟，“霸王”以“中药世家”鲜明的品牌差异化定位，一举成长为“中国中药日化领导品牌”。“霸王”以中药世家为品牌核心，以发扬传统中药文化为理念，坚持中药养发的产品路线，已经成为国内日化企业深度发掘中药文化的代表，从推出第一款产品开始，霸王公司就坚持产品的中药养护特色。2007年，作为中药世家、发展中药日化的代表企业，霸王公司推出了天然植物系列的多个产品，针对各种不同发质和头发问题，使中药养发产品的品类更加丰富，也助推了中药养发市场的进一步壮大。在产品策略上，一方面是打天然概念，突出的特点就是功能性——防脱、乌发固发、受损修复、去屑等这些消费者最为关心的洗发效果。在价格策略上，霸王产品的价格在同类洗发水中走的是中高价路线，目的是为了突出其高品质。

从这个案例中，我们可以看到，霸王公司以产品功能为细分标准，突出其天然中草药成分产品形象，将产品市场定位在防脱、乌发固发、受损修复、去屑等消费者最为关心的洗发效果上，成功地实现了与竞争对手间的差异化。在上市后，通过“名品+名人”的宣传路线，特别是成龙的现身说法，更进一步激发了消费者购买的信心，借助成龙的影响力和强大的媒体投入。同时辅以价格高端化来突出其高品质的方式，霸王品牌很快传遍了大江南北，进一步巩固了其市场形象，成为中国日化行业的一匹黑马，快速走红为国内洗发防脱市场的第一品牌。

1. 市场定位的原则

1）差异化原则

在这样一个信息爆炸的年代，要在消费者心中留下印象是很不容易的。必须做到差异化，以便消费者把你的产品和其他品牌区分开来。如果定位所体现的差异性和消费者的需要相吻合时，你的产品或品牌就能常驻消费者心中。

2）个性化原则

产品与产品之间的某种差异，是可以通过调整经营策略和不断努力来缩小和同化的。无法拉近的是产品的个性，个性往往是无法仿造的。因此，市场定位应该遵循个性化原则，即赋予产品或品牌独有的个性，以迎合相应的顾客的个性。

3）消费者导向原则

在当今这样一个信息爆炸的年代，能进入人脑的信息是很少的。研究表明，人脑能同时处理的不同概念的信息单元小于或等于 7 个。由于人记忆的有限性，市场定位要创造新的记忆点。所以，关键是要想消费者所想，使传播的信息变成消费者自己想要说的话，满足他个人潜意识内的自我认同感。

4）动态调整原则

今天，社会环境在不断变化，所以企业也必须不断调整自己的经营目标、服务种类、技术水平、管理方式、定位策略，才能适应环境的变化。动态调整原则就是要求企业在变化的环境中，对周围环境时刻保持高度的敏感，及时调整市场定位策略。

2. 市场定位的步骤

（1）找位：确定本企业竞争优势，提供更多特色以满足顾客的特定需求。

（2）选位：选择相对竞争优势，表明企业能够胜过竞争者的能力。

（3）到位：显示独特竞争优势。企业通过一系列的宣传促销活动，将其独特的竞争优势准确传播给潜在顾客，并在顾客心中留下深刻印象。

例如，宝洁公司对洗发水的定位分析如下：

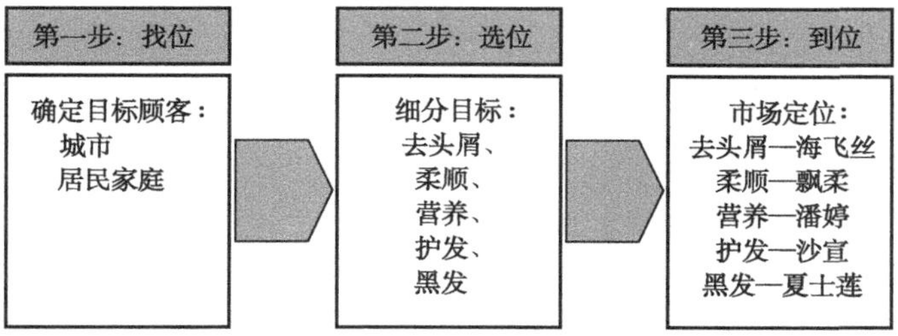

3. 市场定位的主要方法

企业希望在市场竞争中获得成功，就必须拥有比竞争者更有效的手段来满足消费者需求。但仅仅迎合顾客需求是不够的，企业还要通过有效的产品定位组合使企业产品与竞争产品形成明显差异，从而获取竞争优势，赢得消费者的青睐。

各个企业经营的产品不同，面对的消费者不同，所处的竞争环境不同，因而市场定位所采用的方法也不同。

1）特色定位

构成产品内在特色的许多因素都可以作为市场定位所依据的原则。比如所含成分、材料、质量、价格等。

“七喜”汽水的定位是“非可乐”，强调它是不含咖啡因的饮料，与可乐类饮料不同。

“泰宁诺”止痛药的定位是“非阿司匹林的止痛药”，显示药物成分与以往的止痛药有本质的差异。

重庆奥妮洗发水定位为植物洗发水，主推草本系列，甚至还别出心裁地对市场进行细分，第一次把洗发水分为化学和植物两类，推出了首乌、皂角等植物洗发浸膏与飘柔、海飞丝等化学类洗发水相抗衡。奥妮“植物一派”勾起了人们对曾经使用皂角、茶树油洗发的回忆，也点燃了他们的消费欲望。“奥妮”的成功正是运用传统思路和植物特点的产品定位和细分市场的典型。

2）用途定位

为老产品找到一种新用途，是为该产品创造新的市场定位的好方法。

小苏打曾一度被广泛用做家庭的刷牙剂、除臭剂和烘焙配料，后来有公司把它当做了调味汁和肉卤的配料，更有公司发现它可以作为冬季流行性感冒患者的饮料。

我国曾有一家生产“曲奇饼干”的厂家最初将其产品定位为家庭休闲食品，后来又发现不少顾客购买是为了馈赠，又将之定位为礼品。

3）利益定位

产品提供给顾客的利益是顾客最能切实体验到的，也可以用做定位的依据。

1975年，美国米勒（Miller）公司推出了一种低热量的Lite牌啤酒，将其定位为喝了不会发胖的啤酒，迎合了那些经常饮用啤酒而又担心发胖的人的需要。

世界上各大汽车巨头的定位也各有特色：“劳斯莱斯”强调豪华气派，“丰田”强调物美价廉，“沃尔沃”强调结实耐用。

4）使用者定位

企业常常试图将其产品指向某一类特定的使用者，以便根据这些顾客的看法塑造恰当的形象。

奇瑞QQ汽车的市场定位为“青年人的第一辆车”，以高的性价比满足年轻人通过驾车所实现的工作、娱乐、休闲和社交的需求。

别克凯越汽车的定位为以实干求超越的中坚者之车，其目标用户为中层经理人、小型私营企业主。广告宣传中除了强调实用、可靠、时尚外，着力渲染该款轿车能够体现用户务实进取，严谨踏实，对事业全力以赴，对生活全身心投入，追求不断超越自我的生活态度。

宝马和奔驰汽车的的用户都是社会高层，但“奔驰”主要面对传统的企业家阶层，代表连续性和社会等级；而“宝马”主要面对新兴的、现代的企业家、新职业精英、具有能量和活力的年轻人。

事实上，许多企业进行市场定位的依据和原则往往不只一个，而是多个原则同时使用。因为要体现企业及其产品的形象，市场定位必须是多维度的、多侧面的。

5）品牌文化定位

品牌文化定位是通过建立一种清晰的品牌定位，在品牌定位的基础上，利用各种内外部传播途径形成受众对品牌在精神上的高度认同，从而形成一种文化氛围，通过这种文化氛围形成很强的客户忠诚度。广西“黑衣壮”品牌的文化定位使该品牌取得了喜人的成绩。

黑衣壮人是壮族的一个支系，自称为“敏”，亦称“布壮”，主要聚居在广西那坡县东北部大石山区，人口五万多人，是壮族中比较特殊的一个族群。自从在 2001 年广西南宁国际民歌艺术节开幕式的大舞台上，黑衣壮人无伴奏合唱《山歌年年唱春光》，那天籁般的歌声令现场数万中外观众折服，这一现象引起了广西壮族自治区相关领导的关注，由此提出打造“黑衣壮”民歌品牌的思路。与此同时，以“黑衣壮”命名的黑壮人家酒、香米、茶油、黑粽等特色食品和黑衣壮缫丝、黑衣壮高档木质地板等已打入国内市场，部分产品还打入越南，走进了东盟市场，形成了一条以黑衣壮文化产品为核心，涵盖食品、服装、药材、林产品，以及市场营销等相关产业配套发展的产业链。目前，黑衣壮人所在县围绕文化资源和文化品牌，引进合作项目 6 个，开发出涉及饮品、建材、服务业等领域的产品 14 项。

4. 市场定位的策略

1）迎头定位策略

迎头定位策略又称“竞争性定位”、“迎强定位”、“对峙性定位”、“针对式定位”，这是一种与在市场上居支配地位的竞争对手“对着干”的定位方式。即与强者企业采用大体相同的营销策略，与其争夺同一个市场。在世界饮料市场上，做为后起的“百事可乐”进入市场时，就采用过这种方式。

2）避强定位策略

避强定位指避开强有力的竞争对手，在无竞争的市场部分定位的策略，是一种“见缝插针”“拾遗补缺”的定位方法。其优点是：市场风险较小，成功率较高，能够使企业迅速地在市场上站稳脚跟，并在消费者心中尽快树立起一定形象。

例如，美国七喜汽水的定位策略就是一个避强定位策略的典型案例。因为可口可乐和百事可乐是市场的领导品牌，在消费者心中的地位极高。所以，“七喜”将产品定位于“非可乐型饮料”，就避免了与两大巨头的正面竞争。成功的市场定位使“七喜”在龙争虎斗的饮料市场上占据了老三的位置。

3）重新定位策略

重新定位策略也称“品牌再定位”，是由“定位之父”特劳特和里斯提出来的。指企业为已在某市场销售的产品重新确定某种形象，以改变消费者原有的认识，争取有利的市场地位的活动。

随着经济环境的变化，市场环境也发生不断的变化。如今“可口可乐”更换了字体，原因是目标消费者更加年轻了，对时尚的要求更加苛刻了；“肯德基”开始高喊均衡营养，原因是目标消费者对健康的需求更高了，越来越在乎更加科学的营养了；“雀巢”开始强调“好生活”，原因是目标消费者要的不再仅仅是品质了……在市场风云变幻的今天，企业如何确定什么时候该重新进行市场定位？重新定位时又该注意哪些问题呢？我们共同来分享“万宝路”重新定位的精典案例。

“万宝路”最初是专为女士设计的。美国在 20 世纪 20 年代，被称为“迷惘的时代”。经过第一次世界大战的冲击，许多青年都自认为受到了战争的创伤，并且认为只有拼命享乐才能将这种创伤冲淡。“万宝路”这个名字也是针对当时的社会风气而定的，其广告口号是“像五月的天气一样温和”，其用意在于争当女性烟民的“红颜知己”。为了表示对女烟民的关怀，莫里斯公司把 Marlboro 香烟的烟嘴染成红色，以期广大爱靓女士为这种无微不至的关怀所感动。然而几年过去了，莫里斯公司心中期待的销售热潮始终没有出现，最终被迫在 20 世纪 40 年代初停产。

在第二次世界大战后，美国吸烟人士继续增多，“万宝路”重返香烟市场。公司派专人请广告公司为万宝路香烟做广告策划，一个崭新大胆的“万宝路变性”计划产生了：产品品质不变，包装采用当时首创的平开式盒盖技术，并将名称的标准字（MARLBORO）尖角化，使之更富有男性的刚强，并以红色作为外盒主要色彩。广告的重大变化是：“万宝路”的广告不再以妇女为主要对象，而是用硬铮铮的男子汉。在广告中强调“万宝路”的男子气概，以吸引所有爱好追求这种气概的顾客。广告公司开始用马车夫、潜水员、农夫等做具有男子汉气概的广告男主角。但这个理想中的男子汉最后还是集中到美国牛仔这个形象上。这种洗尽女人脂粉味的广告于 1954 年问世，它给“万宝路”带来巨大的财富。现在，“万宝路”每年在世界上销售香烟 3000 亿支，用 5000 架波音 707 飞机才能装完。世界上每抽掉 4 支烟，其中就约有一支是“万宝路”。

再来看看下面这个案例。

可可谷片最早的定位是“好口味、想吃时随手可得的方便食品”，价位是中等偏下，品质是位于中档。但通过几年的市场运作后发现：可可谷片的目标消费者对健康的要求不断上升，尤其对蔗糖形成一种排斥或恐惧心理；由于可可谷片休闲食品的产品性质和消费者需求的提高，价格已经不是最敏感的因素，只要在一定范围内就能接受；同时值得一提的是，当时的谷片市场，既有利于健康又保持好口味的谷片基本没有。

当他们发现了市场上的这种变化后，及时对可可谷片进行了重新定位。

第一，保持“好口味”的定位不变，因为这是消费者购买的最主要理由；

第二，降低含糖量，将品牌定位在“健康”；

第三，将售价略有提升，但经过反复测试，将价格确定在目标消费者可接受范围以内；

第四，将传播主题锁定在“健康的好味道”，且所有宣传都围绕这个主题来展开。

时隔不到一年，可可谷片的重新定位就开始发挥作用，最终赢得了现有消费者和潜在消费者更广泛的认可，市场占有率也大幅提升。

结合以上案例，我们进行归纳，当企业产品在市场上的定位出现以下情况时，应考虑重新进行定位。

一是竞争者推出的产品市场定位与本企业的相近，使本企业品牌的市场占有率下降时。

二是消费者的喜好发生转移，不再喜好本企业品牌的产品时。

三是在企业有能力进入的领域发现市场空白，且重新定位后能够拥有市场优势。

四是企业开发出的新产品或新服务，与原有产品或服务的定位发生冲突时。

我们在进行重新定位时，还应当注意以下的一些问题，使企业的重新定位规避不必要的风险，达到既定的目标。

（1）对市场发展阶段和趋势要有准确的判断，即一定要明白消费者需求的具体变化。

（2）对目标消费者结构要有清晰的认识。我们需要掌握：忠诚的消费者，他们忠诚在哪里？习惯性消费的消费者，他们的习惯是什么？挑剔的消费者，到底为什么挑剔等，以及在企业的目标消费群里这些消费群体的比例及变化趋势如何。

（3）要研究竞争对手是如何定位的，不要总是一厢情愿地做自己的事情，要研究面临同样问题的竞争对手到底有何反应，他们目前的定位跟我们有什么不同？他们如果也进行重新定位，我们该如何调整等。

（4）产品或品牌的核心价值最好不要改变。如“可可谷片”的重新定位中，我们可以发现它并没有改变“好口味”的定位，因为他们认为这是维持生意的核心因素。

（5）努力改变消费者对企业的负面认识。当你认为你需要进行重新定位时，就已经说明了消费者对你的企业有不满意的地方。所以，如何通过重新定位来改善或消除消费者对你的企业的负面印象是很重要的。

思考题

“非常可乐”是娃哈哈公司在广泛的市场调研基础上，根据中国人的口感研制的可乐型碳酸饮料，定位为“中国人自己的可乐”。你认为该企业采用了哪种定位策略？

创业知识——创业市场机会

创业市场机会是指由于环境变化而产生的具有一定规模和开发价值的消费需求，能为公司的发展带来新的增长动力的产品或项目。它有可能是创业者本身没有涉及过的领域、没有生产过的产品和没有进入过的市场，而这些领域、产品和市场可能是其他企业已经进入过的，但是这些领域、产品和市场对创业者本身具有一定的吸引力，而且创业者本身也具备了进入这个领域、生产这些产品的基本条件。

1. 创业机会识别

创业机会识别是创业领域的关键问题之一。从创业过程的角度来说，它是创业的起点。创业过程就是围绕着机会进行识别、开发、利用的过程。识别正确的创业机会是创业者应当具备的重要技能：对创业者来说，在现有的市场中发现创业机会是很自然和较经济的选择，现有的创业机会存在于不完全竞争下的市场空隙、规模经济下的市场空间、企业集群下的市场空缺等；潜在的创业机会来自于新科技应用和人们需求的多样化等，成功的创业者能敏锐地感知社会大众的需求变化，并能够从中捕捉市场机会；衍生的市场机会来自于经济活动的多样化和产业结构的调整等方面。面对具有相同期望值的创业机会，并非所有的潜在创业者都能把握。成功的机会识别是创业愿望、创业能力和创业环境等多个因素综合作用的结果。

很多创业者有一个错误的观念，通常以为小本创业一定会成功，而忽略掉该行业是否有市场或是否已经饱和？自己是否适合这一行业？错误观念将使自己终究走上失败。

因此建议创业者除了要挑选有兴趣的产业外，还要抓住市场潮流，提升创业成功的几率。在思考创业行业时，最重要的是要把握市场潮流的方向与节奏，才能降低创业风险。统计结果显示，最具“钱”途的创业方向前五名依序为：平价概念、健康概念、个性化概念、教育概念与女性概念。

1）平价概念

整体看来，平价概念的创业业种、投资门槛以餐饮业较易进入。早餐店与休闲饮品投资不大，一般在数万元以内，净利润可达二成五以上，半年可收回投资，具有本小利丰、回收快的优势，因此是许多人创业时的首先考虑。现阶段以单店进入市场不太容易生存，不妨考虑以加盟的方式创业，因此挑选具有竞争力的总部格外重要。另外，在经营上的挑战是要改变过去经营过路客的创业思维，现阶段要以培养熟客、创造顾客忠诚度为主，才能够永续经营。

2）健康概念

健康饮品的单价高、毛利高，回收更快。不过若以投资门槛来看，健康医疗业包括药房、中药店或是药妆店的投资门槛都在十到几十万以上，毛利约三成五，回收期较长，适合资金足够者长期发展。目前这些行业已有品牌提供加盟创业、有心投入健康产业的创业者，可由总部辅导提升医药专业，降低开店技术门槛，并可压低进货价格，增加获利空间。而健康食品业则分成天然健康饮品与讲求养生、食疗的餐饮专卖店，后者开店成本较高，约有四五十万。而健康饮品店的投资门槛则相对较低，开店成本约为 10 万元，不仅较易入行，而且若以都市区一级商圈为主力，平均单价约为 20 元，毛利可高达六成。因此大约三个月就可以回收成本，是健康概念各业种、业态间赚钱速度最快的。

3）个性化概念

目前市面的个性化商品很多，如大头贴、数字照片印章等，不过这类产品由于技术层次低，流行热潮退去后不易再做创意变化，也容易使得商机“退烧”。另外，有的高价位艺术品，如琉璃等，受到市场限制，也不是每个人都消费得起，因此在个人创业上，以身边周围生活商品切入，再量身订做属于个人化的创意商品，有较好的获利基础。

4）教育概念

调查表明，儿童文教业的投入金额不低，约在数十万元，不过由于其淡旺季的营收差异不大，净利在四成五左右，因此多半在两年内就可回收成本。而成人补教则可以分成两个概念：一是上班族培养第二专长的补习班，像是英语、计算机或是创业补习班；二是因为周休二日后国人的休闲时间增加，因此多会利用业务或周末时间针对个人兴趣进修，如插花、跳舞等。前者目前的商机较大，较适合开在办公商圈，专业水平高的师资是制胜关键，只要创出口碑，生意就会源源不绝，大约也是两年内可以回收成本。

5）女性概念

随着女性在经济上的独立自主，消费力不断提高，很多产品纷纷以女性为目标市场。如专为女性推出的信用卡，就是着眼于女性的强大消费力。以往创业老板多为男性，但从近年对加盟创业展会及加盟者的调查发现，男性与女性想创业的比例为 1:1，因此女性的创业意愿提高，也是女性概念店经营形态发酵的原因。根据调查，有高达七成以上的女性对自己的身材不满意，这是瘦身美容业有商机的原因。一般来说，投资成本约为 10 万元，但由于其毛利高，多半在一年半内即可收回投资。为求在市场上立于不败之地，协助女性全方位的身心提升已是趋势。

2. 市场机会评估

市场机会评估说通俗点就是要回答“这件事是否值得做？”这个问题。此问题的关键点包括两方面：其一，这个市场是否存在，其规模足够大吗？其二，“我”是否能做？就是说这个市场机会是否适合创业者？归纳起来就是：一方面要考虑客观的市场情况；另一方面要考虑作为主体的企业或创业者是否适合这个市场。这两方面就是一切市场机会评估的核心内容，具体评估步骤如下。

1）市场需求分析

一般来说，市场机会评估的第一步是对市场的了解与把握。目标顾客是哪些人？这些人为什么会有需求？他们会为了这种需求付出多高的价格？同时，还需要对市场的容量和增长速度做出评估，例如，这个市场有多大？最近几年的销售总额分别是多少？增长速度是否让人满意？在整个市场容量中，你有可能获得的部分是多少？要获得准确的数据，一方面需要查阅比较权威的统计报告，另一方面也应该自己动手进行一些市场调查工作。经验和猜测并不可靠，只有被事实证明了的数据才是真正有用处的。这些工作完成之后，创业者对于市场需求应该已经有了一个初步的把握。如果我们已经证明，这部分市场的需求是真实存在的，并且其规模大到足以让我们采取行动的话，那么我们接下来的工作就是对竞争进行评估。

2）竞争状况分析

许多创业者都会犯这样的错误，认为自己的创意或者技术是独一无二的，因此就不存在竞争，进而忽略了竞争分析的重要性。事实上，除了极少数的垄断性行业之外，世界上不存在没有竞争的生意。竞争者暂时没有出现，不代表以后也不会出现。对来自于竞争者的威胁做出客观准确的评估是非常重要的一件事。对于竞争对手的分析可以采用 SWOT 分析法。

3）市场风险评估

风险评估是找出潜在的问题并且研究对策的阶段。风险评估说白了，就是要回答：“这件事有可能出问题在哪些地方？”以及“最糟糕能糟糕到什么程度？”这样两个问题。在做任何的事情之前，先想清楚，这件事最坏的后果是什么？最坏的后果出现的几率有多大？与可能获得的收益相比，冒这样的风险值得吗？有什么方法可以降低或者消除这些风险？这些问题就构成了最简单的风险评估和控制观念。

知识梳理与总结

作为一个经营者，寻找商机是一个非常重要的一个环节，必须要掌握以下的基本知识和技能。

（1）市场营销环境对企业营销的成败有着巨大的影响力，营销成败的关键就在于企业能否适应动态的营销环境。市场营销环境是指与企业市场营销相关的、影响产品的供给与需求的所有外界条件和因素的综合，可分为宏观营销环境和微观营销环境。

（2）市场营销环境中威胁和机会也是并存的。环境威胁是指环境中一种不利的发展趋势所形成的挑战。市场营销机会是指对企业市场营销管理富有吸引力的领域，在该领域内企业将拥有竞争优势。

（3）微观营销环境是指与企业市场营销联系较为密切、直接的企业外部因素的总和。微观营销环境主要包括企业、供应商、营销中介、消费群体、竞争者和社会公众等因素。宏观营销环境，是指那些对企业营销活动产生重要影响而又不为企业的营销职能所控制的全部因素，包括人口因素、自然环境、经济环境、科技环境、政治法律环境及社会文化环境等。

（4）市场调查，又称市场调研，是采用各类科学的调查方式，通过有组织、有计划地开展搜集、整理、分析、总结市场资料，进而对市场状况进行反映和描述的调查研究活动。

（5）所谓市场细分是指通过市场调研，依据消费者的欲望和需求、购买行为和消费习惯等方面的差异，将某一产品市场整体划分为若干具有共同特征的消费群体市场的过程。企业的目标市场策略可以分为无差异市场策略、差异市场策略和集中市场策略三种类型。

（6）所谓市场定位是指企业根据目标市场上同类产品的竞争状况，针对消费者对该类产品某些特征或属性的重视程度，为本企业产品塑造强有力的、与众不同的鲜明个性，并将其形象生动地传递给消费者，求得消费者认同的过程。市场定位要遵循差异化原则、个性化原则、消费者导向原则、动态调整原则。

（7）市场定位的方法有很多，主要包括：特色定位、用途定位、使用者定位、利益定位和品牌文化定位等。

（8）创业市场机会是指由于环境变化而产生的具有一定规模和开发价值的消费需求，能为公司的发展带来新的增长动力的产品或项目。

实训项目

案例分析 3　宝洁公司的市场调查

宝洁公司早在 1925 年便成立了市场调查部门，投入大量的时间与金钱：极为量化取向；拥有实力雄厚的广告媒体；可独立于业务部门的客观性。

1）组织成员

在 1934 年宝洁公司的市场调查部门已有 34 名市场调查员；而市场调查的基础，就在于实地的现场问卷调查。市场调查部经理史梅塞在 20 年代末期即开始储备市场调查人员，除了是清一色具大专学历的年轻女性外，尚需受训 4 个月后，再分派工作。他们认为：大专毕业女性，深思熟虑，足堪大任，且能单独旅行。在史梅赛研究出的市场调查技巧中，要求市场调查员熟记所有的指示、问题和答案。眼前没有任何笔记本、笔或问卷，因为这些东西都有碍自然的对话及公开坦诚的态度。访谈结束后，市场调查员便立即躲进汽车，记下顾客的反应。60 年代中期，由于挨家挨户拜访的成本越来越高，宝洁公司也装置了一套长途电话系统，市场调查部门便开始减少市场调查员，并训练年轻女性用电话进行访问，以降低成本。

2）遍及全球的市场调查部门

在史梅赛的领导下，柯普开始到国外分公司招募人员成立市场调查部。柯普经历 11 年才完成了在 26 个国家招聘调查人员的工作。

3）有效整理庞大资料的组织

宝洁公司市场调查部门的组织严谨，表现它能有效地整合各种资料来源，供决策层参考。消费者研究小组是依各事业部门而分工的，包括纸类制品、食品、个人卫生保健用品、饮料等，小组成员的大部分工作，在于协助品牌经理执行消费者习性的研究调查。大部分公司使用单一来源的市场测试工具（例如行为扫描），只从供应商那里取得总结报告，但宝洁公司却把整个原始资料库拿回来进行分析，用此教育员工。

【案例思考】宝洁公司市场调查的特色在哪里？给予我们的启示是什么？

案例分析 4　李宁品牌的再定位

从竞争环境看，在高端市场上，“李宁”受到了“耐克”与“阿迪达斯”的挑战。在低端市场上，“李宁”受到了以“安踏”、“锐步”为首的中国企业的威胁。“李宁”在实力上它较“耐克”、“阿迪达斯”这样的国际专业品牌稍逊一筹，又比“安踏”、“锐步”这样的大众品牌位高一等，它一直都在“休闲”和“运动”之间犹豫不决，这种“骑墙式”的定位让市场上的消费者无所适从。

李宁公司在发现自己的危机后，做了一次全面的消费者调查。调查结果显示的主要问题如下。

（1）目标消费者不清。李宁公司管理层定位的目标消费者是：年龄在 14 岁到 28 岁之间，学生为主，大中城市，喜爱运动，崇尚新潮时尚和国际化的流行趋势。但真正购买李宁牌体育用品的核心消费者年龄却在 18 岁到 45 岁之间，居住在二级城市，中等收入，并非“体育用品的重度消费者”。

（2）品牌面临被遗忘的危险。品牌的忠诚度很高，但忠诚的消费者是崇拜李宁的那代人，更加年轻的新生代并不知道李宁是谁，对新生代追逐的流行时尚，李宁品牌对此是有隔膜的。

（3）品牌的个性不鲜明。在真正的消费者眼中，李宁品牌的个性是与李宁本人的形象联系在一起的，是“民族的、体育的、荣誉的”，并非是该公司最近奋力打造的“年轻的、时尚的”品牌个性。

（4）李宁品牌的产品线不断地扩张，很难搞清楚李宁品牌到底是什么概念。

李宁公司开展了大量的论证工作，经过定性和定量的研究，他们发现消费者更加看重的是运动和潜能的关系。这两者可以用一句话来概括：“一切皆有可能”。“一切皆有可能”的品牌概念就这样被挖掘出来，同时“一切皆有可能”也把“李宁”重新定位于专业体育产品品牌。

【案例思考】李宁品牌为什么要重新定位？又是如何进行重新定位的？

课堂训练 2　市场调查问卷的设计

实训目的： 让学生掌握简单的市场调查问卷的设计方法。

地　　点： 校内外相结合。

训练内容： 假若你所在的学校是一所有在校师生 1.5 万人的院校，下学期准备在校内开一家超市，请你为本超市设计一份调查问卷。

阅读资料 2——开花店，市场定位很重要

近年来，花卉消费逐渐成为庞大的市场，花卉消费群覆盖方方面面，花店需要先有定位，才会避免因面向“大众”而做不出特色。

在开花店之前，首先要做市场调研，对目前的花卉零售情况进行了解，包括现实消费者的层次、消费习惯和已有花店的分布、经营特色等；还要对潜在消费者的情况和花店业发展的态势有一个预测。应该说，不管要开的花店是大是小，对经营者都是一种全身心的投资，花一定的时间和精力了解市场，在相当程度上可以规避风险。

确定服务人群后，花店可以据此在选址、装修、店名和风格设计、花材质量、插花水平、服务特色等各个方面做出相应决策。做这些时，除了首先考虑符合统一的定位外，有几点需要注意，比如选址。对较有实力的花店，店名和店面装修的设计需要给予高度重视，一方面能给人以深刻的印象，另一方面为生意做大时开分店打下基础。在花材的质量和插花的水平上，绝对高档和低档的花店都容易保持自己的水平，但大多数的中等偏高档的花店却容易出现水平忽高忽低，要想在同类花店中脱颖而出，创出品牌，在开店之初就应该有意识、持之以恒地保证自己花卉的质量和特色。最后，对定位高档的花店来说，人员的培训绝对不能忽视，有的花店看起来很高档，但服务人员的素质并不高，这会给花店的形象大打折扣的。

当确定服务人群、花店早期建设完成后，经营活动就可以有的放矢地展开。比如宣传方面，那些为高级商务区写字楼提供用花的花店，广告可以刊登在白领阶层爱看的休闲杂志上，促销活动可以和大商场、高级酒吧、咖啡厅联合展开；面向住宅区的花店，广告可以印在散发给住户的超市宣传单上，或经常与区内的超市联合推出促销活动。总之，定位做好，许多经营活动将会变得针对性强而更有效果。

像其他服务业一样，消费越发展，服务划分得就越细。花店需要定位正是顺应目前花卉消费不断发展的潮流。在花卉消费比较成熟的香港特别行政区，花店的定位已经非常多样，甚至以花卉的用途作为区分，比如专门的结婚用花花店、丧礼用花花店等，这种趋势也可以供其他花店参考。

友情推荐

（1）杂志：《销售与市场》。

（2）杂志：《现代营销》。

第3章 制定产品开发策略

教学导航

知识重点	产品的整体性概念，产品组合，产品生命周期和各阶段的营销策略，新产品开发的过程和策略，品牌策略，包装
学习难点	产品生命周期各阶段的营销策略，品牌策略
教学方式	主要采用案例教学法和现场模拟教学法
教学场所	教室
参考学时	8个学时
推荐学习方法	通过网络及书籍等媒体了解市场新产品开发情况
学习目标	深刻理解“产品的整体性概念”、“产品生命周期”、品牌等概念；掌握产品生命周期的特点及采取的营销策略；掌握品牌策略及包装策略
考核方式	要求学生对当地一个土特产的包装进行重新设计，只要求讲解设计方案，根据方案进行评分

引例 3-1 “牛仔裤”的产生

1850 年，一个 20 岁的德国小伙子李威·斯达斯听说美国西部出现了淘金热，就按捺不住想发财的勃勃野心，随着汹涌的人流来到旧金山。当他发现发财的希望十分渺茫后开了一间杂货店，专卖日用品和一些淘金工具。

一天，李威边卖货边与一位矿工闲聊，矿工说：“你店里的帆布包真好，既不怕磨又不怕脏，瞧我买的这个包，用了半年，还是完好无损。”“老兄，包是耐用，可瞧瞧你卖的裤子，屁股都包不住了。你不能只顾挣钱呀！”李威关切地说。“不是我舍不得花钱，实在是裤子不耐穿。矿工们穿的工装裤都是棉布的，很容易磨破。瞧我们这群人，10 个有 9 个都像我这样，啥时候工装裤做得和帆布包一样结实就好了！”矿工边说边感叹。李威突然有了灵感，请裁缝用帆布为矿工赶制了一条帆布短裤。这样，世界上第一条帆布工装裤就这样诞生了。

后来，他决定放弃手头的小百货商店，改做工装裤。果然，一问世它就十分畅销。此后，李威细心地观察矿工的生活与工作特点，千方百计地改进和提高产品的质量。考虑到矿工要避免蚊虫叮咬，他就把短裤改成长裤，为了使裤袋不至于因为矿工把样品放入而裂开，特将裤子的臀部口袋由缝制改为用金属钉钉牢，又在裤子的不同部位上多加上两个口袋。这些措施，使产品日益受到矿工的欢迎，销路日广。

但李威并不因此而满足。不久他又发现，法国生产的哔叽布具有与帆布同等的耐磨力却又比帆布柔软得多，便决定改用这种面料。继而又在外形设计上下工夫，使之更为紧身，穿上后更能显露出体形美。至此，牛仔裤特有的式样形成了，“李威裤”的名声也愈来愈响了。

但由于这种裤子的式样起源于“下层社会”，“上层社会”的人们对此不屑一顾，所以在客观上影响了它的销路与形象。有鉴于此，李威又在广告宣传上狠下工夫，他利用广播、报纸大力宣传牛仔裤的美观与舒适，甚至把他的产品说成是一种“牛仔裤文化”。这些铺天盖地的宣传，把牛仔裤“庸俗”的指责打得大败而逃，首先纵横于美国市场，继而走向世界，风靡全球。

评析 从这个案例我们可以看到，一个新产品的诞生并不是我们想象的那样艰难，也许它就蕴藏于某句不经意的对话中。

产品是市场营销组合中最重要也是最基本的因素，企业在制定营销组合策略时，首先必须决定生产什么样的产品来满足目标市场需求，同时，产品策略还直接或间接地影响到其他营销组合要素。从这个意义上说，产品策略是整个营销组合策略的基石。

本章将会学习到产品策略的相关知识。

3.1 产品的整体性概念

知识分布网络

- 产品的整体性概念
  - 产品的概念与层次划分
    - 三层次划分
    - 五层次划分
  - 产品整体性概念对企业营销活动的意义
  - 产品的分类
    - 按耐用程度分
    - 按有形与否分
    - 按销售的目标对象分

引例 3-2　迷人的“苹果”

苹果公司的市值超过微软公司 1 000 多亿美元，相当于超越了一个惠普公司。近 10 年来，PC 业发生了天翻地覆的变化，并不是靠技术起家的苹果公司基本都找对了发展方向，从 PC 到消费电子产品，到互联网，再到移动互联网。乔布斯靠的不是技术导向，即通过某项技术的领先从而称霸移动互联网。他的成功更倾向于通过顾客导向，是基于对人性的了解，把握人的欲望和对需求的细节。苹果公司有着一种创新理念：将每种科技发挥到极致，既能让人们吃惊、兴奋，又知道如何使用它。“‘苹果’永远在问：这将给用户提供何种程度的便利？这将对用户有多重要？”乔布斯说。这种做法让苹果公司的文化与顾客需求很好地融为一体。

评析　为什么“苹果”很迷人？为什么“苹果”的爱好者们都疯狂追随？一个顶级产品的魅力体现在什么地方？这不仅仅是其使用价值，而是这个品牌本身所具有的品位、优雅、尊贵、时尚等元素，而在这个品牌制胜的时代，要在众多优秀的品牌中脱颖而出，仅靠功能特性已经远远不够，要赋予品牌更多人性化的因素，才能产生更大的吸引力。

3.1.1　产品的概念与层次划分

一个消费者的自白：

不要给我衣服，我要的是迷人的外表；
不要给我 MP4，我要的是随时随地享受美妙的音乐；
不要给我房子，我要的是温馨舒适的家；
请不要给我东西！

在现代市场营销学中，产品概念具有极其宽广的外延和深刻而丰富的内涵，它指通过交换而满足人们需要和欲望的任何事物，包括提供给市场、能够满足消费者或用户某一需求和欲望的任何有形物品和无形产品。典型的划分方法有下面两种。

1. 三层次划分

三层次结构产品整体模型的构建应归功于科特勒。在其著作《营销管理》（1976）中，他最早提出了三层次划分，包括核心产品、形式产品和延伸产品三个层次，如图 3-1 所示。

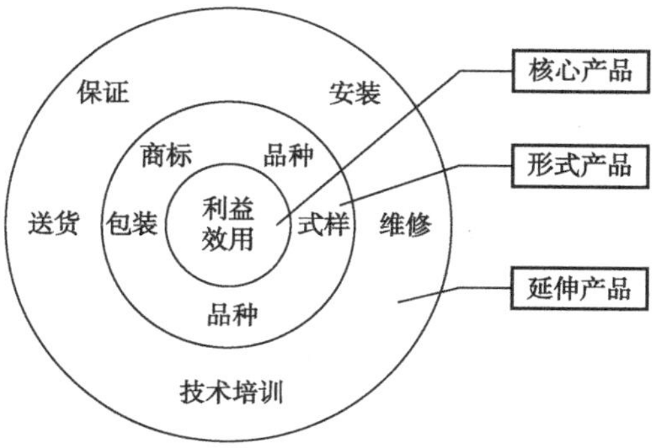

图 3-1　产品的整体性概念

1）核心产品

核心产品是指向顾客提供的产品的基本效用或利益。核心产品是消费者购买该产品的出发点和归宿点，消费者购买产品，目的不是为了获得或占有产品本身，而是追求产品的使用价值。例如：在旅馆，夜宿的旅客真正要购买的是“休息和睡眠”；顾客购买电视，真正购买的是“信息与娱乐”；顾客购买书籍，真正购买的是“知识”；顾客购买化妆品，真正购买的是“美丽”。每一款产品的存在，都应该有它的价值，这里所指的价值，是指能够满足顾客需求的核心产品部分。

2）形式产品

形式产品是指核心产品借以实现的形式或目标市场对某一需求的特定满足形式。因为核心产品只是一个抽象的概念，产品设计者必须把它转化为具体形式的产品，包括品种、式样、品质、商标及包装等。如一个旅馆的房间应包括床、浴室、毛巾、桌子、衣橱等。

由于同类产品的基本效用都是一样的。因此企业要获取竞争优势，吸引消费者购买自己的产品，就必须在产品的形态上动脑筋，满足人们对于产品除基本需要之外的延伸需要。例如通过提高质量来满足经济性的需要，通过改良外观来满足审美观念的需要，通过创立名牌来满足炫耀性的需要等。产品形态确定了产品的差异特征。

农夫山泉股份有限公司原名浙江千岛湖养生堂饮用水有限公司，成立于1996年9月。在包装方面，农夫山泉公司第一个有意识地将运动瓶盖作为大卖点推出。1998年初，养生堂公司对瓶盖的设计摆脱了以往的旋转开启方式，改用所谓“运动盖”直接拉起的开瓶法。当时这在国内饮用水包装上也是独一无二的，以致于人们以为是它的专利。运动盖这个形式产品部分对农夫山泉公司迅速崛起是功不可没的。

3）延伸产品

延伸产品是指顾客购买形式产品时，附带获得的各种利益的总和，包括产品说明书、保证、安装、维修、送货、技术培训等。这些本来并不包含在产品的内涵之中，但是由于它们是消费者在购买和使用产品时所产生的一些附加需求，企业若能很好地给予满足，就能吸引更多的消费者前来购买自己的产品，从而增加产品的市场竞争力。所以将其视做产品内涵的组成部分，会有助于提高企业对消费者的服务意识，将其作为一种应尽责任而不是额外的负担，产品附加利益增强了产品的竞争能力。

2. 五层次划分

五层次产品整体模型最早见于科特勒的《营销管理》（1984）著作中。与他的三层次模型相比，五层次模型增加了潜在产品（第五层）和期望产品（第三层），有形产品的提法代之以“一般产品”，也称为“基础产品”；附加产品层被推向第四层。据科特勒解释，五层次由内到外依次是核心产品、一般产品、期望产品、附加产品、潜在产品。核心产品是最基本的层次，是购买者真正购买的基本服务或基本利益；一般产品由核心利益转化而来；期望产品是购买者购买这种产品时通常期望和赞同的一组属性和条件；附加产品是期望产品之外的购买者欲求；潜在产品包括产品在将来可能经过的所有附加和转化，潜在产品指出了产品可能的演变，而附加产品描述的是产品中现今包括的东西。

尽管国内外学者不断地在完善产品整体概念，但随着社会的发展，人们对产品提出了新的要求，企业必须从全新的视角去审视、剖析产品整体概念。

3.1.2　产品整体概念对企业营销活动的意义

作为现代的营销人员我们应该明确，产品整体性概念是市场营销学中最基本的一个概念，掌握产品整体概念对企业营销活动具有重要的意义。

（1）产品整体性概念体现了以消费者需求为核心的现代市场营销观念，说明了企业和产品的竞争力主要取决于对消费者需求的满足程度。

（2）产品整体概念揭示了企业产品差异化可以体现在三个或五个层次的任何一个方面，为企业产品差异化战略提供了新的思路。

（3）附加产品把市场营销的产品范围扩展到劳务及其他所有的部门，为开发企业适合消费者需求的有形与无形产品、挖掘新的市场机会提供了新的思路。

（4）产品整体概念包含了重视服务的基本思想，要求企业不仅出售实体产品，应加强对不同层次购买者的各种售后服务。要努力打造核心产品，更应重视核心产品所延伸的无形方面。

产品整体概念告诉我们，产品价值的大小是由消费者裁决的，而不是由生产者决定的。要满足顾客的需求，产品整体概念的几个层次是密不可分的。一个企业的产品竞争力可以是核心产品层面，也可以是形式产品层面，也可以是延伸产品层面或潜在产品层面。也就是说，只要其中的某个层面比对手好，就具有竞争力。

思考题

产品趋于同质化的今天，怎样增强企业的竞争力？

3.1.3　产品的分类

产品的概念，具有丰富和深刻的内涵。这是由于从市场营销的角度来看，产品概念是以需要的满足为核心的，并随着需要的扩展和变化而发展，顾客需要的层次性、复杂性和多变性就决定了产品概念也是不断发展和变化的，只有从这样的角度去认识产品的概念，才能使企业真正掌握市场的主动权。市场营销人员根据产品的不同特征对产品进行分类，是为了研究出每一类型的产品所适应的营销策略，从而指导企业的营销活动。产品的分类按照不同的标准可以有不同的划分，通常情况下有以下几种分类法。

1. 按照耐用程度可以分为耐用品和非耐用品

1）耐用品

耐用品是指在一定时期内，能充分多次使用，并且使用年限长的产品。其特点表现在使用时间长，消费速度慢，重复购买频率低，单位价值高，如家电。在营销策略上，耐用品要保证较高的质量，提供更多的附加服务，需要做更多的介绍性广告。

耐用消费品由于其使用寿命长，价格也相对昂贵，消费者的购买行为表现得较为理性。其消费者的消费购买习惯如下：

（1）消费者购买时选择性大，购买决策相对复杂。

（2）消费者会仔细比较各种品牌的性能价格比，对产品品质、功效、售后服务质量，包括企业的商誉都有较高要求。

（3）消费者购买时并不就近购买，而是到规模较大、产品较集中的商场开展采购行为，而且经常货比三家。

2）非耐用品

非耐用品是指在一定时期内，只能一次或有限几次使用的产品。其特点表现为使用时间短，消费速度快，重复购买频率高，如日常生活用品。在营销策略上，非耐用品销售网点要多，价格要低，多做提示性广告，培养消费品牌偏好。

2. 按照有形与否可以分为有形产品和服务

1）有形产品

有形产品是指有一定物质实体的产品。

2）服务

服务是指用于出售或连同产品一起出售的活动、利益或满足感，如心理咨询、医疗服务、家政服务等。

3. 依据销售的目标对象（购买者的身份）及他们对产品的用途大致被分成两大类：消费品和工业品

消费品是指为了家庭和个人的消费需要而进行购买和使用的产品和服务。工业品是指为了生产和销售其他的产品或服务而购买的产品和服务。

对消费品进一步分类的话，从不同的角度出发，可以多种多样。比如，从商品的价格来划分的话，可以分成低档品、中档品和高档品；从商品的性质来划分的话，则可以分成纺织品、食品和家电产品等。通常情况下，营销人员会根据消费者在购买产品时的购买行为特征将产品分为便利品、选购品、特殊品和非渴求品等。

市场营销的核心是消费者，企业的一切经济活动要以消费者的需求为前提，因此，以消费者的购买行为为特征来划分产品的类型是符合现代营销观念的，也是合理的。

1）便利品

便利品是指顾客基本上不做购买计划，想到就购买，且购买时不用花时间比较和选择的商品。消费者要经常购买、反复购买、即时购买、就近购买、惯性购买，如肥皂、洗衣粉、手纸、牙膏、毛巾、饮料等。对便利品的营销应广设销售网点，经常做提示性广告，培养消费品牌偏好。

2）选购品

选购品是指消费者在购买过程中对功效、质量、款式、色彩、风格、品牌、价格等花较多时间进行比较的商品，其价格较高，较耐用。例如，服装、皮鞋、农具、家电产品等是典型的选购品。对选购品的营销采用选择性分销渠道，注意产品的差异化，宣传中重点提供产品的信息，突出性价比。

根据消费者的购买行为，经营选购品的企业要赋予自己的产品特色，并且不断地向消费者传达有关商品的信息，帮助消费者了解有关产品的专门知识。对选购品来说，并不要求销售网点越多越好，也用不着一定要在居民住宅区附近开设网点。在一些有名的商业中心或者声誉良好的商店内设立，销售点销售选购品能获得比较理想的销售效果，因为消费者愿意花时间去寻找这些商品。

3）特殊品

特殊品是指具有特定品牌或独具特色的商品，或对消费者具有特殊意义、特别价值的商品，消费者愿意为之付出特殊的购买努力，如收藏品、结婚戒指、特殊邮票和纪念币等。对特殊品的营销一般定价高，多采用独家经销和专门委托经销。

4）非渴求品

非渴求品是指消费者不熟悉，或虽然熟悉但不感兴趣、不主动寻求购买的商品，如环保产品、人寿保险等。对非渴求品的营销应加强广告、推销工作，使顾客对这些产品有所了解，激发顾客的购买需求，扩大销售。

3.2 产品市场生命周期

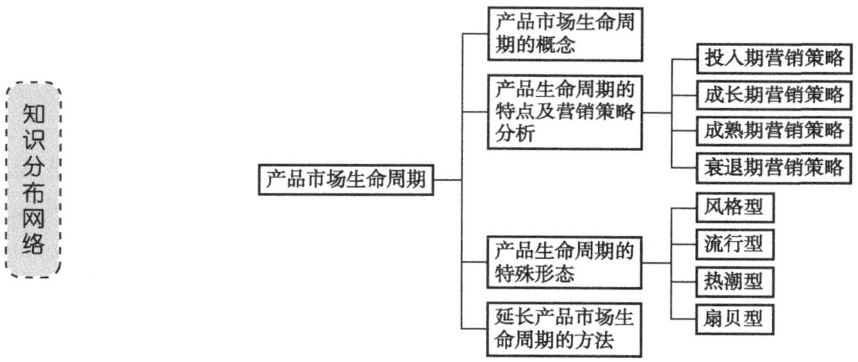

引例 3-3 “无声小狗”的生命周期

20 世纪 50 年代是美国流行旅游鞋的时代，然而 60 年代，却是美国澳尔·费林环球股份有限公司“无声小狗”猪皮便鞋风行的时代。“无声小狗”便鞋在 1957～1967 年间，各年的销售额、利润及计算的各年销售额增长率，如表 3-1 所列。

表 3-1 销售额、利润及销售额增长率

年份	销售额/万美元	环比增长率/（%）	利润/万美元
1957	1092.5	—	12.5
1958	1137.6	4.0	34.1
1959	1526.4	34.2	59.1
1960	1792.9	17.5	65.8
1961	2399.2	33.9	121.8
1962	3323.3	38.4	194.5
1963	3902.1	17.4	252.7
1964	4908.3	25.8	414.8

续表

年份	销售额/万美元	环比增长率/（%）	利润/万美元
1965	5535.7	12.8	479.7
1966	5581.3	0.83	379.6
1967	5483.9	−1.75	285.7

从三项指标情况，特别是年销售额的环比增长率看，“无声小狗”便鞋构成了一个完整的生命周期，投入期是 1957 年，成长期是 1959～1962 年，成熟期是 1963～1965 年，1966～1967 年是销售增长率剧减时期。在“无声小狗”便鞋产品市场生命周期的各个阶段，费林公司都制订了不同的营销策略。

（1）引入期。在 1957～1958 年是“无声小狗”的投入期，这个时期企业碰到的困难是知名度不高，市场占有率和销售增长率都很低。由于费林公司原来生产马皮鞋，主要卖给农民，强调结实和抗酸；而“无声小狗”强调舒适，消费对象是城市和郊区农民，因此还面临着目标市场和消费渠道的转变。费林公司制定了以下营销策略：（1）加强广告宣传，改杂志在 35 个城市发行，很有影响力；（2）加强销售渠道的建设，6 周内在发布广告的 35 个城市设立 600 个新零售点；（3）加强推销人员的培训，将集中培训的销售精英派往各个城市。

（2）成长期。从 1959 年起，“无声小狗”便鞋已经有了一定的知名度，销售额和利润逐年增加。在这一时期，费林公司制定了以下营销策略：（1）继续加大广告投入，在主流媒体发布广告；（2）不断开发新款式的产品，满足不同消费者的需求；（3）加强对经销商的管理，确定了重点经销商；（4）在价格上，由于销量大增，供不应求，提高产品价格。

（3）成熟期。从 1963 起“无声小狗”开始进入成熟期，销售额增长率趋于缓慢，费林公司加强对消费者的调查，发现消费者购买“无声小狗”的主要原因是该便鞋穿起来舒服、轻便和耐穿。费林公司制定以下营销策略：（1）加大广告宣传，确定广告诉求点为“穿上‘无声小狗’便鞋，使人行道变得更柔软”；（2）继续拓展销售渠道，发展新的零售点，此时的费林公司已经拥有 1.5 万个零售点，主要是鞋店和百货公司。

（4）衰退期。从 1966 年起，总销售量和利润剧减，竞争更加激烈，同时因为鞋子的质量很好，不易穿坏，也影响了重复购买，费林公司在购买原因调查中发现，47%的消费者因为不喜欢鞋的款式，所以不购买。在这样的情况下，费林公司面临的主要问题是如何更新产品的款式，延缓产品的衰退速度。

评析　任何产品都存在着一个市场生命周期，一个产品的生命期间内，公司需要多次修订其营销策略。这不仅仅是因为产品经济环境的变化和竞争者在不断发动新进攻，而且是因为产品在不断经历购买者兴趣与要求的新阶段，因此，公司必须制定一系列战略以适应产品生命周期的各阶段。虽然任何企业都知道许多产品是不可能永远延续下去的，但他们都希望能延长产品的生命周期和增加赢利能力。本节将学习什么是产品生命周期，产品生命周期各阶段的特征是什么，应该使用什么样的营销策略。

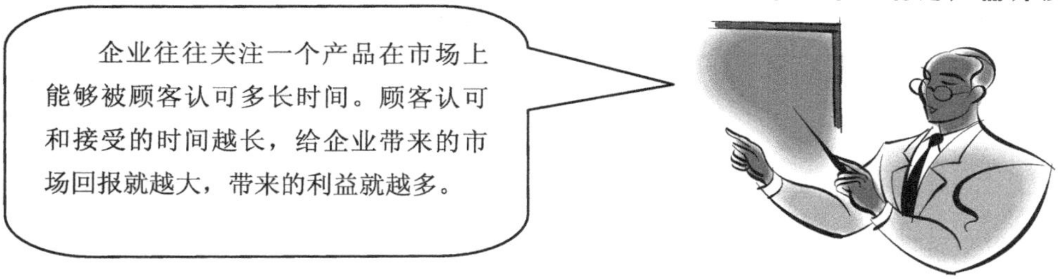

3.2.1　产品市场生命周期的概念

产品市场生命周期是指产品从研制成功投入市场开始，经过成长、成熟阶段，最终到衰退、被淘汰为止所经历的时间。例如：娃哈哈儿童营养液在 1988 年投入生产，销售量逐年上升，1993 年达到最高销售量 10 亿支，随后销量逐年下滑，到 1998 年娃哈哈儿童营养液系列产品生产基本停止，娃哈哈儿童营养液生命周期历时 10 年。

产品生命周期理论是美国哈佛大学教授费农 1966 年首次提出的。费农认为：产品生命是指市场上的营销生命，产品和人的生命一样，一般要经历形成、成长、成熟、衰退这样的周期，而这个周期在不同技术水平的国家里，发生的时间和过程是不一样的。产品“从摇篮到坟墓”的生命过程各阶段，企业、产品和市场状况等都具有不同的特征，企业只有掌握这些特征并相应采取各种市场营销策略，才可望获取较好的营销效果。

产品从进入市场到退出市场所经历的市场生命循环过程，一般经历四个阶段，即投入期、成长期、成熟期和衰退期，如图 3-2 所示。

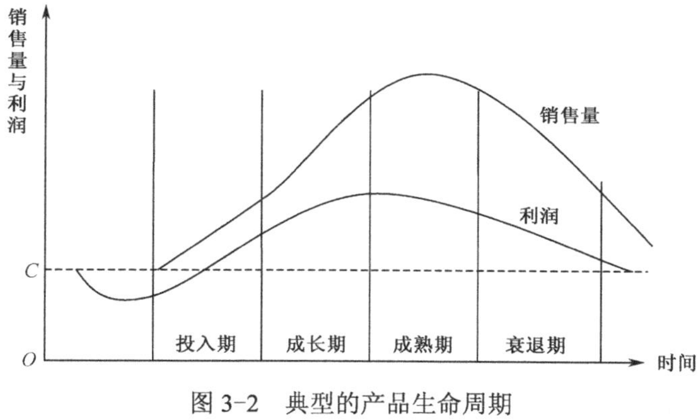

图 3-2　典型的产品生命周期

3.2.2　产品生命周期的特点及营销策略分析

研究产品生命周期的目的，是为了使企业更好地了解本企业产品的发展趋势，适时地调整营销策略和推出新产品，使企业能够在动态的市场环境中生存和发展，顺利取得有利的市场地位，如表 3-2 所示。

表 3-2　产品生命周期的特征对比

	投入期	成长期	成熟期	衰退期
产品状态	销量低、成本高、利润少	销售量急剧增加、成本下降、利润提高	销量稳定、利润最高	销售量急剧下降、成本增加、微利或亏损

续表

	投入期	成长期	成熟期	衰退期
竞争状态	竞争少	竞争白热化	竞争格局稳定、非价格竞争	竞争对手转移
消费者行为	好奇者购买	购买者开始增加	消费者迅速增加	消费者开始转移
营销策略	宣传、促销	改进、差别化	非价格竞争，开发新用途	延长、更换、转移
销售增长率	有正有负	>10%	0%～10%	<0%
普及率	1%～15%	15%～50%	50%～80%	>80%

1. 投入期

投入期又称引入期、介绍期、试销期，指产品刚投入市场销售的阶段。这段时期消费者对产品和工艺还不太了解和熟悉，质量不稳定，销售渠道和服务不适应消费者的需求，生产批量少，成本高，销量少，促销费用高，企业处于微利或者是亏损的状态。

这个时期营销突出一个“短”字，适合采用的营销策略有如下几种，如图 3-3 所示。

价格 \ 促销	高	低
高	快速撇脂策略	缓慢撇脂策略
低	快速渗透策略	缓慢渗透策略

图 3-3　投入期营销策略

（1）快速撇脂策略——采用高价格、高促销费用，以求迅速扩大销售量，取得较高的市场占有率。

当大多数潜在消费者还不了解这种新产品，而已经了解它的人急于求购，并且愿意出高价的市场环境，或者企业面临潜在竞争者的威胁时，可以优先考虑这种策略。

（2）缓慢撇脂策略——高价格、低促销费用的形式，以期得到更多的利润。

在市场面比较小、大多数消费者已熟悉该新产品，且愿意出高价，潜在竞争威胁不大的市场环境可以采用这种策略。

（3）快速渗透策略——低价格、高促销费用，迅速打入市场，取得尽可能高的市场占有率。适宜于这样的情形：市场容量很大，消费者对这种产品不熟悉，但对价格非常敏感，潜在竞争激烈，企业随着生产规模的扩大可以降低单位生产成本的情况。

（4）缓慢渗透策略——以低价格、低促销费用推出。

适宜于这样的情形：市场容量很大，消费者熟悉这种产品但对价格反应敏感，并且存在潜在竞争者的市场环境。

在产品的导入期，企业对产品的广告诉求一定要建立在让消费者认识的基础上，这也是这个阶段广告的主要任务。只有消费者对产品认可，对品牌产生依赖才会成为可能。营销专家刘永炬先生说过一句话：一个产品要让消费者认识只要 18 天的时间，这 18 天是一个产品进入市场的关键。这个时期，要让消费者认识产品、认知产品的功能。

2. 成长期

成长期指产品在市场上快速被消费者所接受，销售量激增，成本下降，企业利润迅速增长的阶段。这个阶段的营销重点突出“快”字，适合采用的营销策略有如下几种。

（1）改善产品品质，提高产品的竞争能力，满足顾客更广泛的需求，吸引更多的顾客。

（2）寻找新的细分市场。

（3）改变广告宣传的重点：从介绍产品转到建立产品形象上来，树立产品名牌，维系老顾客，吸引新顾客，使产品形象深入顾客心中。

（4）在适当的时机，可以采取降价策略，以激发那些对价格比较敏感的消费者购买。

3. 成熟期

成熟期的主要特点表现为：产品的销售量增长缓慢，逐步达到最高峰，然后缓慢下降；销售利润也从成长期的最高点开始下降；市场竞争非常激烈，各种品牌、各种款式的同类产品不断出现。

成熟期营销的重点突出一个“改”字，主要考虑的营销策略有下面三个方面。

（1）市场改进：发现产品的新用途或改变推销方式等，以使产品销售量得以扩大。

（2）产品改进：以产品自身的改变来满足顾客的不同需要，吸引有不同需求的顾客。

（3）市场营销组合改进：通过对四个市场营销组合因素加以综合改革，刺激销售量的回升。

在产品的成熟期，消费者对产品功能、品牌、价值已经完全认可，对产品的消费因素中的理性因素在减弱、感性因素在加强，消费者更加关注的是消费你的产品所带来的感受，比如说有没有更温馨的服务、能不能更显身份等。在这个时候，企业广告或促销的目的是要加强消费者对产品的依赖和对品牌的忠诚度，这样既可以迅速扩大市场份额，还能树立品牌形象，为企业更多的产品进入市场打下坚实的基础。“百事可乐”是我们非常熟悉的一个饮料品牌，目前正处于其成熟期。因而我们根本看不到“百事可乐”对产品功能诉求的广告，“百事可乐”的所有广告都在诉求青春活力，与消费者充分进行情感沟通。

4. 衰退期

衰退期的主要特点表现为：产品销售量急剧下降；利润很低甚至为零；大量的竞争者退出市场；消费者的消费习惯已发生转变等。

营销重点突出一个“转”字，主要考虑的营销策略有如下几种。

（1）继续策略：继续延用过去的策略，直到这种产品完全退出市场为止。

（2）集中策略：把企业能力和资源集中在最有利的细分市场和销售渠道上，从中获取利润。

（3）收缩策略：大幅度降低促销费用，增加目前的利润。

（4）放弃策略：当机立断退出市场，把资源转向其他获利产品。

3.2.3　产品生命周期的特殊形态

并不是每一种产品都能完整、顺利地走过生命周期的四个阶段，产品在实际运作过程中，受到外部环境和内部条件的影响，常常不能按照一般的演变程序、规划来进行，而出现一些特殊的形态。以下是几种常见的形态。

1. 风格型

风格是一种在人类生活中既基本又特点突出的表现方式。风格一旦产生，可能会延续数代，根据人们对它的兴趣而呈现出一种循环再循环的模式，时而流行，时而又可能并不流行，如图3-4所示。例如中山装、旗袍等。

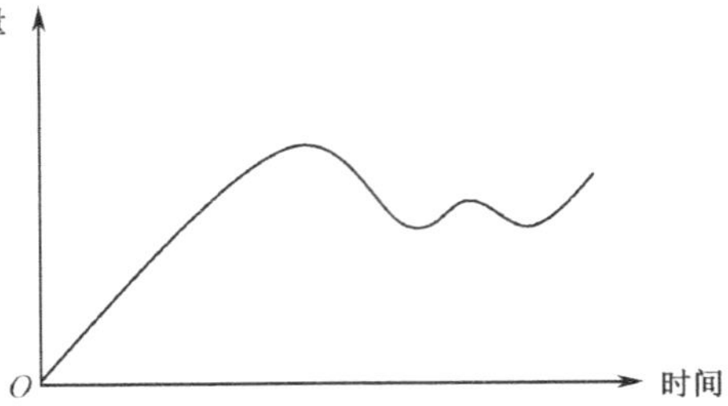

图3-4　风格型产品的生命周期

2. 流行型

它是指在某一领域里，目前为大家所接受且欢迎的风格。时尚型的产品生命周期特点是：刚上市时很少有人接纳（称之为独特阶段），但接纳人数随着时间慢慢增长（模仿阶段），终于被广泛接受（大量流行阶段），最后缓慢衰退（衰退阶段），消费者开始将注意力转向另一种更吸引他们的时尚，如图3-5所示。

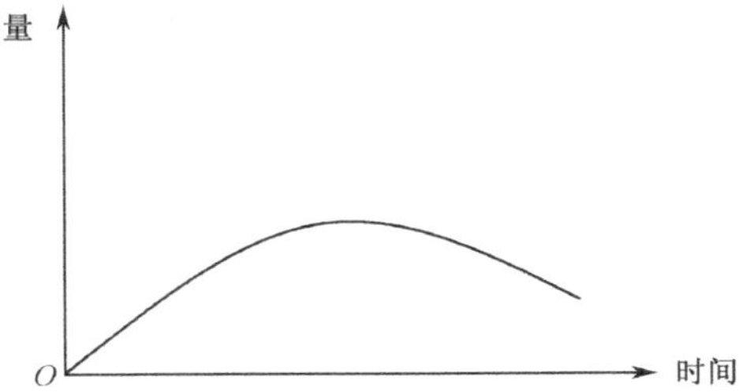

图3-5　流行型产品的生命周期

例如，每一个时代都有特定流行的服饰，而服饰也反映了当下社会的思想和文化特征，服饰和历史紧紧相连。我国60年代流行解放装、青年装、中山装、对襟衫等；70年代的服装延续了60年代的“颜色灰蓝”的干部装的特点，因此军便装是70年代前半期最流行的服饰，而随着“文革”时期的结束，以咔叽布制成的职业装、学生装等也开始重新流行；80年代的中国开始了改革开放，人们也开始了衣着上的解放，80年代流行蝙蝠衫、大垫肩、红裙子、牛仔裤等。现代的服饰更多地体现品质化、个性化的特点。

3. 热潮型

这是一种来势汹汹且很快就吸引大众注意的时尚，俗称时髦。热潮型产品的生命周期往往快速成长又快速衰退，主要是因为它只是满足人类一时的好奇心或需求，所吸引的只限于少数寻求刺激、标新立异的人，通常无法满足更强烈的需求。例如，“穿越剧”的出现引发一股热潮，但“穿越产品”的市场生命周期并不会很长，如图3-6所示。

4. 扇贝型

这种产品生命周期主要指产品进入成熟期、但尚未转入衰退期以前，就再次进入增长

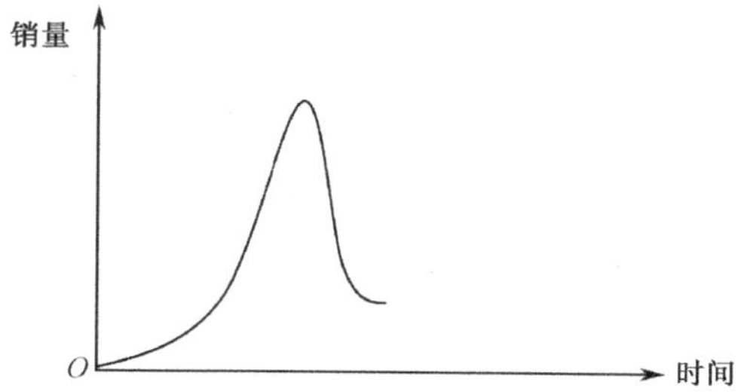

图 3-6　热潮型产品的生命周期

高潮，而且从一个高潮走向另一个高潮。一般来说，出现这种情况是发现了产品的新特性和新用途，或者重新开拓了新市场，如图 3-7 所示。

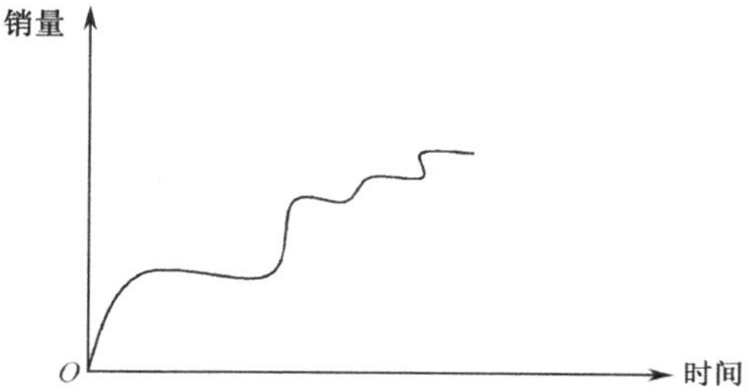

图 3-7　扇贝型产品的生命周期

例如，尼龙是美国杜邦公司开发的，在投入市场初期，只是用来制造降落伞和尼龙丝袜，到 1945 年就把尼龙扩大用途，用于纺织用的精纱，1948 年扩大到轮胎，作为轮胎的帘子布，1955 年把尼龙的用途扩大到用来做膨胀纱，1959 年把尼龙用来作为地毯纱。

3.2.4　延长产品市场生命周期的方法

产品市场生命周期会受到社会生产力发展水平、消费者需求状况和同类企业竞争状况、企业营销策略等因素的影响。现阶段由于受国际市场竞争的影响，科学技术发展速度极快，同类企业竞争激烈，产品的生命周期呈现缩短的趋势。

我们可以尝试使用以下方法来延长产品市场生命周期。

（1）加大促销力度，促使消费者增加使用频率，扩大购买；

（2）对产品性能进行改进；

（3）开拓新市场，拓展顾客群；

（4）开拓产品新的使用领域。

思考题

“五仁”月饼是我国月饼中最著名的品牌之一，因馅中有杏仁、核桃仁、花生仁、芝麻仁和瓜子仁，而取名“五仁”，同时也有圆满和谐的寓意。但这一经典月饼已连续几年遭到网友的无情吐槽。有人甚至认为“五仁”月饼太难吃应该退出月饼界。请从营销角度思考，该如何延长“五仁月饼”的市场生命周期？

3.3 产品组合的类型与策略

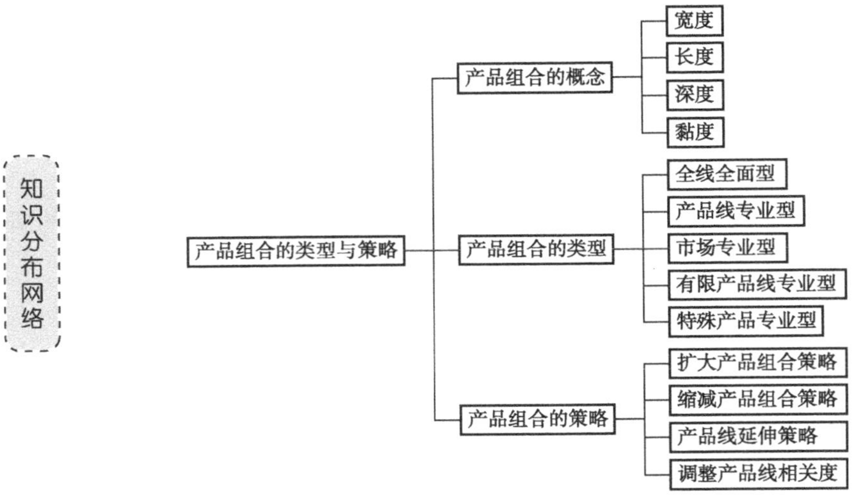

引例 3-4 耐克公司的产品组合

耐克（NIKE）公司的产品组合，最大的创新就是空前的产品多样化，有许多人甚至认为，NIKE 产品的多样化，正是公司销售利润的主要来源。耐克公司的目标是 2015 年全球收入达到 270 亿美元，累计经营现金流量超过 120 亿美元。以下分别以其产品组合的深度、广度和长度探讨其产品组合创新之处。

1）产品组合的深度创新

NIKE 产品组合的深度是同业之冠，单就球鞋推出新款的速度来说，NIKE 公司平均每年都推出 400 双以上的新款篮球鞋，而这些新款几乎占了全美每年新款篮球鞋总数的一半！而随时走进 NIKE 公司的专门店你能尽情挑选的篮球鞋类就包含至少 100 多款。不论是男是女，都可以轻易地找到适合自己的鞋子。另外，如果是比较热门的鞋款的话，NIKE 公司也会同时制造一模一样的缩小版，也就是童鞋的部分，甚至还有婴儿鞋的纪念版。

2）产品组合的广度创新

关于 NIKE 产品组合的广度部分，虽然仅仅将其产品线分为五类，但其实若将其产品细分的话，相信仅是配件这一类，我们就能把每一项都独立出来，由此可见 NIKE 产品组合的广度是相当有规模的。另外，文具类的部分也使 NIKE 和其他运动品牌有了历史性的分别。夸张的是，NIKE 公司在此市场一推出就已有了不小的占有率，这些由运动鞋延伸出来所谓的“周边商品”，相信不管在数量或是质量上，相较于同业都是不可思议的创新。

3）产品组合的长度创新

在 NIKE 产品组合的长度部分，相信在同行之中是无人能比的。《品牌周刊》的调查显示，每 10 双卖出的运动鞋中，有 8 双根本就不是买来为运动用的。不过，也许因为 NIKE 的强力洗脑，我们一直深信，如果要在运动场上表现出色，就一定需要最新、最炫的运动鞋。而这一切的一切，都必须归功于 NIKE 公司过人的产品组合长度，毕竟是他们让消费者有了更多选择的权力。（资料来源：www.baiyaninfo.com）

评析　通过上面的案例可以了解到，NIKE 公司丰富的产品组合，帮助了其品牌垄断市场的可能性。毕竟一位消费者可以从头到脚、全身上下、在每一种运动或休闲生活中，都可以选择 NIKE 品牌的物品。这是 NIKE 品牌组合的特色，也是超越一般运动产品的创新之举。

每个企业的产品有其生命周期，为了降低风险，保证赢利，企业往往不可能只生产经营单一的产品，而是需要同时生产经营多种产品，如美国光学公司生产的产品超过 3 万种，美国通用电气公司经营的产品多达 25 万种，海尔公司平均每天开发 1.3 个新产品。现代企业经营的产品往往种类繁多，但也不是越多越好。企业应该生产和经营哪些产品才是最有利的？这些产品之间有什么关系？这就是关于产品组合要研究的内容。

3.3.1　产品组合的概念

产品组合是一个企业生产经营的全部产品的构成，以及它们之间的比例关系，包括所有的产品线和产品项目。

1. 产品线

产品线是指企业经营的产品核心内容相同的一组密切相关的产品。密切相关是指产品都是针对具有同质需求的顾客，通过同一种渠道被销售出去。如一个家用电器公司，既生产电视机、录音机，又生产洗衣机、吸尘器，还生产电冰箱、空调机等。电视机、录音机、洗衣机、吸尘器、电冰箱及空调机组成了这家企业的六条产品线。这每一条产品线中产品的核心内容是相同的。

2. 产品项目

产品项目是产品线中的一个明确的产品单位。它可以依尺寸、价格、外形等属性来区分，也可以依品牌来区分，因此，有的时候，一个产品项目就是一个品牌。

公司的产品线还具有一定的宽度、长度、深度和黏度，如图 3-8 所示。

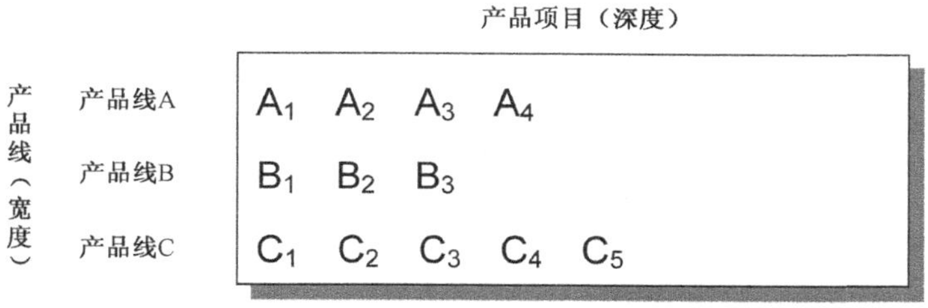

图 3-8　产品组合的宽度和深度

（1）宽度：指一个企业所拥有产品线的数量。如表 3-3 所示，宝洁公司的产品组合宽度为 6。

（2）长度：指企业各条产品线所包含的产品项目的总数。如表 3-3 所示，宝洁公司的产品组合长度为 32。

一般情况下，产品组合的长度越长，说明企业的产品品种、规格越多，由于有时候一个产品项目就是一个品牌，因此，产品组合的长度越长，企业所拥有的产品品牌也可能越多。

（3）深度：指产品线中每种产品品牌有多少花色、品种和规格。例如，宝洁公司佳洁士牙膏有 3 种规格和 2 种配方，那么，它的深度为 6。

表 3-3　宝洁公司的产品组合

	产品组合的宽度					
	清洁剂	牙膏	条状肥皂	纸尿布	纸巾	润肤露
产品线长度	象牙山 德来夫特 汰渍 快乐 奥克雪多 德希 波尔德 圭尼 伊拉	格利 佳洁士	象牙 柯克斯 洗污 佳美 爵士 保洁净 海岸 玉兰油	帮宝适 露夫	媚人 粉扑 旗帜 绝顶	奇异 诺克西玛 奥莉油 佳美 雨树 热带褐 贝蒂丝丽

（4）黏度：指各产品线的产品在最终用途、生产条件、销售渠道或其他地方相互关系的紧密程度。宝洁公司产品的最终用途有较大的相关性，又通过同一销售渠道进入市场，其黏度较大。

黏度也叫相关度，最终用途相关度大即为消费关联性（或称市场关联性）组合。如企业同时经营电脑、打印纸、电脑桌就属于消费关联性组合；生产技术的相关度是指所经营的各种产品在生产设备、原材料或工艺流程等方面具有较强的关联性，可称生产关联性组合。如企业同时生产电视机、电冰箱、洗衣机等属于生产关联性组合；销售方式的相关度一般是指各种产品在销售渠道、仓储运输、广告促销等方面相互关联，或称销售关联性组合。

产品组合的相关度与企业开展多角化经营有密切关系。相关度大的产品组合有利于企业的经营管理，容易取得好的经济效益；而产品组合的关联度较小，说明企业主要是投资型企业，风险比较分散，但管理上的难度较大。

3.3.2　产品组合的类型

根据产品组合的长度、宽度、深度和黏度的不同，可以形成不同类型的产品组合，企业应该根据自身的资源情况、利润目标，综合考虑消费者需求、竞争环境、社会效益的需要等确定企业的产品组合，常见的产品组合有以下类型。

1. 全线全面型

全线全面型指企业尽可能地增加产品组合的宽度、长度和深度，以满足整个市场的需要。整个市场有狭义和广义之分，广义指不同行业的产品市场的总体，狭义指某个行业的各个细分市场的总体。例如，红塔集团提供的产品除了烟草，还有交通能源、木业、水利水电、酒店等。

2. 产品线专业型

产品线专业型指企业专门经营某一类产品，以满足不同细分市场的需求。例如，某服装厂专门生产各类服装，包括男装、女装、童装、中老年服装等。

3. 市场专业型

市场专业型指企业向某个专业市场（某类顾客）提供其所需的各种商品。这种类型的产品组合，是以满足同一类消费者的需要而联系起来的。例如，某仪器设备公司专门经营学校实验室所需的各种仪器设备。

4. 有限产品线专业型

有限产品线专业型指企业根据自己的资源和优势，集中经营有限的或单一的产品线，以满足有限或单一的市场需求。例如，某服装厂只生产各种款式的童装，而不生产成人服装。

5. 特殊产品专业型

特殊产品专业型指企业根据自己的专长，经营某些满足特定需要的特殊产品项目。例如，某服装厂了解到部分身材较胖的消费者很难买到合适自己的服装，因而专门生产特大型号的服装，以满足这部分人的需要。

3.3.3 产品组合策略

企业在市场竞争中需要充分利用资源，不断优化产品组合，以满足企业追求利润的需要。制定产品组合策略需要考虑企业的资源、市场需求状况、竞争条件等诸多因素。常见的产品组合策略有如下几种。

1. 扩大产品组合策略

扩大产品组合策略指扩展产品组合的长度和宽度，增加产品系列和项目，扩大生产经营，以满足更多消费者的需求。扩大产品组合有利于企业充分利用现有资源，挖掘生产力，提升竞争力，更广泛地满足各种需求，占有更宽的市场面。

扩大产品组合的方式有：

（1）增加同一产品的款式和规格。例如，同一品牌的洗发液，可以增加家庭装、旅游装等，满足消费者的不同需求。

（2）同类产品扩展不同质量与不同价格。例如，茶叶公司可以根据消费者自己消费或是送礼等不同的需要，生产不同等级和包装的产品。

（3）增加相关的产品。例如，牙膏厂增加牙刷的生产经营。

（4）增加与现有产品使用同一原材料或相同技术的其他产品。例如，生产便装的服装厂向职业装扩展。

（5）增加可以获得高利润而与现有产品完全无关的产品。

通过一个明星产品延伸出一个产品家族，已经成为医药企业实现跨越式发展，做大规模体量的重要战略手段。云南白药集团，在散剂的基础上相继推出了云南白药系列产品：酊、贴膏、创可贴、胶囊、气雾剂等，并大胆向日化进军，推出云南白药牙膏，均取得不俗业绩，帮助云南白药集团向百亿规模迈进；江中制药集团生产的健胃消食片，2002 年突破 3 亿元后，又通过儿童装健胃消食片，一年实现销量翻番，达到近 7 个亿元，后续又推了一个江中消食片的保健食品，形成了一个 15 亿元左右的“健胃消食家族”；东阿阿胶集团，在阿胶块、复方阿胶浆奠定正宗阿胶品牌和老大江湖地位后，开始产品延伸，陆续开发以阿胶为原料的保健品和健康食品，助推东阿阿胶集团销售额突破 30 亿元；宛西制药厂，在仲景六味地黄丸成为品类领导者时，已经不是一个六味地黄丸在“战斗”，而是形成了一个以六味地黄丸为龙头，以桂附地黄丸、知柏地黄丸、杞菊地黄丸、明目地黄丸、麦味地黄丸等为组合的“地黄丸大家族”，实现地黄系列产品销售额近 6 亿元。云南白药集团、江中制药集团、东阿阿胶集团、宛西制药厂等的经验是“借力明星做家族，组合出击上规模”。充分利用明星产品的品牌优势和背后的核心价值，进行合理有效的品类延伸，推出相关联的系列产品，资源利用最大化，做大企业规模。

2. 缩减产品组合策略

缩减产品组合策略是指降低产品组合的宽度或深度，减少一些产品系列或产品项目，集中力量与优势生产经营一个或少数几个系列的产品或项目。缩减产品组合便于企业集中力量，实施专门化生产，更深入地满足某一类需求。较短的产品线，有利于大批量生产和销售，避免脱销。

缩减产品组合的方式有如下两种。

（1）缩减产品线，只生产经营某一个或少数几个产品系列。

（2）缩减产品项目，在一个产品系列内取消一些低利产品，尽量生产利润较高的少数几个产品系列。例如，五十铃公司曾放弃轿车市场，集中生产占优势地位的卡车。

2004 年左右，平板电视开始在中国市场崛起，从那时起，等离子电视和液晶电视的竞争就一直存在，从标清向高清，从高清到全高清，从 2D 到 3D，每一次技术升级，两大阵营都要为各自的优势摇旗呐喊一番。松下、三星、LG、日立、先锋等品牌曾经被称为“等离子五虎”，除松下公司一直在坚守之外，其他企业已经先后退出，或者仅将其用来“丰富产品线”。但在 2013 年 1 月 12 日，松下公司确认了在上海的等离子电视组装工厂已经处于关闭状态，松下公司也放弃等离子电视的研发和生产。

3. 产品线延伸策略

每一个企业的产品都有特定的市场地位，产品线延伸策略是指全部或部分地改变原有产品的市场地位，产品线延伸有向上延伸、向下延伸和双向延伸三种方式。

1）向上延伸

在市场上定位于低档产品的公司可能会打算进入高档产品市场。它们也许被高档产品较高的增长率和较高的利润率所吸引；或是为了能有机会把自己定位成完整产品线的制造商。例如，二锅头酒就是在原来低档产品的基础上向上延伸产品的。

向上延伸的决策可能有些风险。因为市场上高档产品的竞争对手不仅会固守阵地，而且还会反过来进入低档产品市场进行反击。此外，公司的销售代表和分销商可能会因为缺乏才能和培训，不能很好地为较高档次的产品市场服务。

2）向下延伸

许多公司最初位于高档市场，随后将产品线向下延伸。例如，一些亚洲的手表最初定位在高价市场，如精工和西铁城公司，随后则为低档市场推出了新的手表产品，如精工公司在亚洲市场上推出了阿尔巴牌手表，在美国市场上推出了帕萨牌手表；而西铁城公司则推出了艾得克牌手表。

公司可能出于如下原因而延伸其产品线：公司在高档产品市场上受到攻击，决定以拓展低档产品市场作为反击；公司发现高档产品市场增长缓慢；公司最初步入高档市场是为了树立质量形象，然后再向下延伸；公司增加低档的产品项目，是为了填补市场空隙，否则，其竞争对手会乘虚而入。

采取向下延伸的策略时，公司会有一些风险。新的低档产品项目也许会蚕食掉较高档的产品项目。

3）双向延伸

定位于市场中端的公司可能会决定朝上下两个方向延伸其产品线。该策略的风险是有些买主认为在两种型号之间差别不大因而会选择较低档的品种。但对于某些公司认为：顾客选择了低档品种总比转向竞争者好。

“奇瑞”是奇瑞汽车有限公司的旗下品牌，1999 年 12 月，第一辆奇瑞轿车下线。奇瑞公司是以低价的面目杀进车市里来的，其第一代产品以低价给市场带来了强烈的冲击。2001 年，奇瑞轿车正式上市，当年便以单一品牌完成销售 2.8 万辆；2002 年，奇瑞轿车产销量突破 5 万辆，成功跻身国内轿车行业“八强”之列，成为行业内公认的“车坛黑马”。2009 年 3 月 19 日，奇瑞中高端品牌发布暨首款高级轿车 G6 下线仪式在安徽芜湖举行。2010 年 3 月奇瑞公司收购了瑞典沃尔沃轿车公司。自此，奇瑞公司吹响了进军中高端市场的号角。

4. 调整产品线之间的相关程度策略

产品线之间的黏度越大，越有利于巩固企业在行业中的地位，有利于利用现有的生产条件、市场营销条件，产品组合相对较好管理并能降低单位成本；黏度较小，产品线之间的相关程度较低，则企业涉及的生产领域或行业较小，市场就会呈现出多元化的局面。

海尔公司于 1984 年创立于中国青岛。在全球 17 个国家拥有 8 万多名员工，海尔公司的用户遍布世界 100 多个国家和地区。企业的主要产品线包括：冰箱、洗衣机、冷柜、空调、彩电、热水器、厨房电器、生活小家电、手机等。从海尔公司的产品线可以看出，该企业的产品组合黏度比较大，这也是海尔公司为什么能够做大做强的原因之一。

3.4 新产品的开发

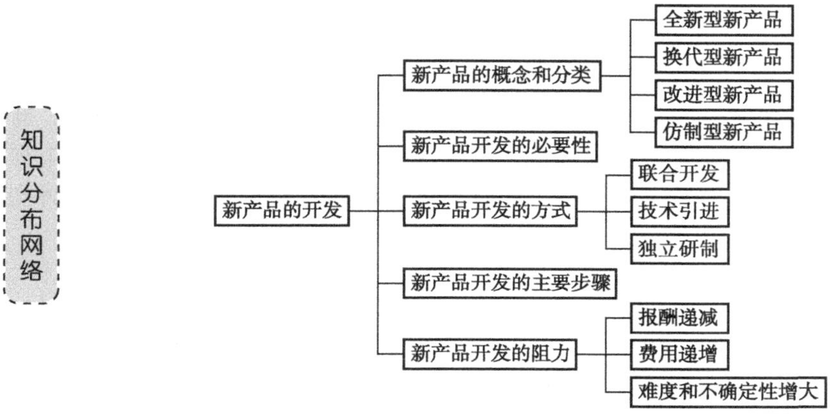

引例 3-5　新产品上市的成功率

据统计，在中国，平均新产品上市的成功率在5%以下，一般新产品持续时间约为9个月，平均一次新产品上市损失达1 500万～5 000万人民币。在美国，新产品上市成功率在40%左右，平均单次新产品上市损失约8 000万美元。在全球范围内，宝洁新产品上市的成功率达到64%。

评析　众所周知，企业制造和销售的产品是企业赖以生存和发展的基础，是企业生产系统的综合产出。企业的各种目标如市场占有率、利润等都依附于产品之上。一个企业如果有了深受市场欢迎的产品，企业就会迅速发展，否则，企业就会走下坡路，甚至遭受灭顶之灾。

任何时候，任何企业所拥有的产品优势都只是相对的、暂时的。与过去大不相同的是，在科学技术迅速发展的今天，在国际化的市场竞争日趋激烈的现代社会中，任何现存的市场份额都不是安全的，任何一个产品的寿命周期都是非常有限的。如果企业不能够源源不断地创造出新产品，那么其命运将会萎缩和死亡。本节将学习新产品开发的相关内容。

3.4.1　新产品的概念和分类

对新产品的定义可以从企业、市场和技术三个角度进行界定。对企业而言，第一次生产销售的产品都叫新产品；对市场来讲则不然，只有第一次出现的产品才叫新产品；从技术方面看，在产品的原理、结构、功能和形式上发生了改变的产品叫新产品。

市场营销意义上的新产品包括了上述三者的成分，但更注重消费者的感受与认同，它是从产品整体性概念的角度来定义的。即凡是产品整体性概念中任何一部分的创新或改进，并能给消费者带来某种新的感受、新的满足和利益的绝对新的或相对新的产品，都叫新产品。

新产品按照不同的标准有多种分类方法，常见的大致可以分为以下四种类型。

1. 全新型新产品

运用这一策略就是采用新原理、新技术、新材料、新工艺和新结构，依靠企业自己的人员和力量来开发新产品。例如：汽车、电视、电话、飞机、计算机等产品的问世，都是全新产品的诞生。

2. 换代型新产品

换代型新产品是指在原有产品的基础上，部分采用新技术、新材料、新零件、新工艺等制成的在性能、结构等方面有显著提高，适合新用途、新需要的产品。例如：电视机由黑白电视机到彩色电视机再到数字电视机，照相机由普通照相机到全自动照相机再到数码照相机等，都属于换代型新产品。

3. 改进型新产品

改进型新产品是指对原有产品在质量、结构、功能、材料、款式、包装等方面作出改进的产品。改进后的新产品质量更加优良，结构更加合理，功能更加齐全，款式更加新颖，包装更加精美，材料更加易于获得等。例如：在电冰箱上增加除霜装置、电熨斗加上蒸汽喷雾装置等，大大方便了消费者的使用。与换代产品相比，改进型新产品受技术限制较小，且成本相对较低，便于市场推广和消费者接受，但容易被竞争者模仿。

4. 仿制型新产品

仿制型新产品是指以市场上已有的产品为基础，企业经过仿制、改进并初次投入市场的产品。开发这种新产品不需要太多的资金和尖端的技术，比研制其他类型的新产品要容易得多。但企业应注意对原有产品的某些缺陷和不足加以改造，而不应全盘照抄，同时一定要注意不能违反相关法律。

3.4.2 新产品开发的必要性

1. 新产品开发是企业发展的生命线

企业同产品一样，有自己的生命周期。如果不开发新产品，则当产品走向衰落的时候，企业也同样走向衰落。所以当一种产品投放市场之后，企业就应当着手开发新的产品，使企业在任何时期都能保持稳定的增长。

新产品代替老产品是一种社会经济发展的必然现象。

2. 新产品开发是企业保持其市场竞争优势的重要条件

新产品开发是充分利用企业资源，增强企业活力的条件，现代市场上企业的竞争日趋激烈，企业要保持竞争优势，就必须不断地创新，开发新产品。

3. 新产品的开发是企业主动适应消费者变化的需要

随着生产的发展和人们生活水平的提高，消费者需求发生了极大的变化，消费结构更加多元化，消费者的选择更加多样化，产品生命周期呈现缩短趋势，企业必须不断开发新产品以满足消费者不断变化的需求。

4. 新产品开发是科学技术飞速发展的客观需要

科学技术的迅速发展导致许多高科技含量的新型产品不断出现，加快了产品更新换代的速度。企业只有不断运用新的科学技术改造自己的产品来开发新产品，才能在市场上立足。

1995 年的神户地震，使日本的面包商意识到人们对于灌装面包的需要，因为普通面包只能保存几天，但是自然灾害来临的时候，人们却需要能更长时间保鲜的食品。为此，面包商开发了灌装面包，这种面包能保持湿性和鲜性几个月，面包上把这种面包的广告语定为“只要您需要，随时为您准备着”。这种灌装面包推出后还受到了户外活动者和军队的欢迎。

3.4.3 新产品开发的方式

开发新产品的方式有很多，企业可以结合自己的实际情况进行合理地选择。以下介绍几种常见的开发方式。

1. 联合开发

企业和科研部门或者其他企业利用各自的优势，达成协议，互助协作开发新产品。这种方式可以扬长避短，资源共享，是常见的开发方式。

2. 技术引进

指企业通过购买专利、经营特许、联合经营，甚至直接购买已经开发好的新产品。这是一种引进新产品的快捷途径。

3. 独立研制

企业根据市场的需求，利用自己的技术力量和技术优势，独立进行新产品的全部研制开发工作。这种独创性的方式难度比较大，需要企业有较强的研发能力和雄厚的资金。

3.4.4 新产品开发的主要步骤

1. 提出目标，开展市场调查，构思新产品

在企业战略的基础上，提出新产品开发的目标，开展市场调查寻找更多的市场机会，并多渠道收集创意，构思新产品。主要创意来源有：消费者对现有产品的意见、专家的新科技成果、竞争对手企业产品的启发、企业内部工作人员集思广益等。

2. 评价和筛选构思

好的产品构思，只是迈出了新产品开发的第一步，企业对构思还要进行评价和筛选，筛选的目的是选出符合本企业发展目标和长远利益，并与企业资源相协调的产品构思，摒弃那些可行性小或获利较少的产品构思。

3. 产品概念的形成和测试

产品概念指用有意义的消费者术语精心表述的构思。在产品概念的形成和筛选阶段，企业不仅必须考虑目标消费群及其需求，还要考虑销量、赢利与企业研制产品的关系等方面。一个构思可以形成多个产品概念，企业必须分析每种概念对消费者的吸引程度，并选择最佳的一个。新产品概念形成后，通过概念测试，来检验产品概念是否明确、得当。

4. 确定市场营销战略

企业确定产品概念后，要制定初步的市场营销战略，主要包括：确定目标市场；确定产品的预期价格、销售渠道和营销预算；预期新产品的长期销售和利润目标等。

5. 进行商业分析

进行商业分析主要是对新产品的几个重要指标进行估算，如新产品的成本、销售量、利润、投资收益率等，以此来判断是否符合企业的目标。

6. 样品研制

通过商业分析后的新产品概念，便可进入试制实体产品阶段。

7. 产品试销

产品试销主要解决以下问题：

（1）试销地区范围的选择。

（2）试销时机和时间长短的选择。

（3）试销中所要取得的资料。

（4）试销所需要的费用。

8. 正式上市

产品正式上市主要解决以下问题：

（1）推出新产品的时机。

（2）推出新产品的地域。

（3）选择目标市场。

（4）新产品的营销策略。

新产品开发的主要步骤如图 3-9 所示。

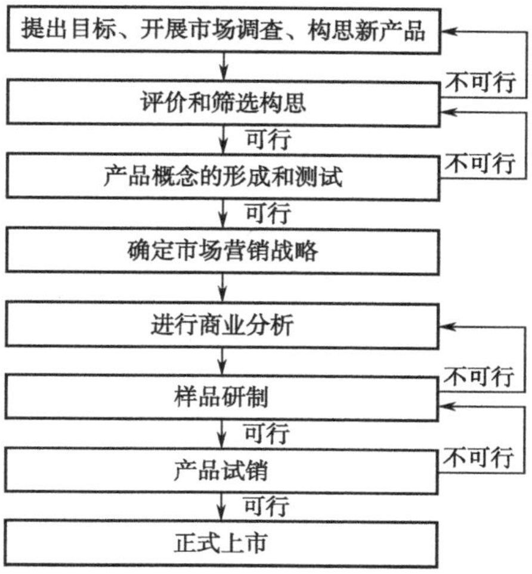

图 3-9　新产品开发的主要步骤

新书《苹果内幕》已经出版，对苹果公司的产品开发流程做了较详细的描述。

第一步：创意来自设计师。在苹果公司，设计师就是上帝，所有的产品都需符合他们的要求。苹果公司的设计师就单纯地只管设计，无需与财务部门打交道或考虑成本问题，也不用考虑设计所使用材料在生产时怎样使用。

第二步：构建公司内部的“start-up”。在新产品得到确认后，整个团队的成员都会被组织起来签订保密协议，有时甚至可能从物理上进行隔离。为了给负责这个敏感新项目的团队腾出空间，部分办公区域会被封锁或警戒。这就在公司内部有效地建立起一个仅由执行团队负责的“start-up”，并使其从整个公司的组织结构中独立出来。

第三步：确定设计进程。一旦开始产品设计，便进入执行阶段。这一步要详细描述新产品开发进程中每一步的执行文档。它详细筹划了开发的各个阶段，例如，谁负责完成，在每个阶段负责什么内容，以及在什么时候完成等。

第四步：每周进行一次产品评估。公司高层会在每周星期一仔细检查进入开发流程的产品。因为苹果公司在任何时候都只有少数产品在生产，这意味着产品的关键性决定没有一个会在超过两周的时间内做出。

第五步：EPM 绝对控制生产。在产品生产时，需要一个工程项目经理（EPM，Engineering Program Manager）和一个全球采购经理（GSM，Global Supply Manager）负责管理，这两个职位一般都由公司高层担任。二者相互协作，随时对产品改进做最快速的调整。

第六步：反复设计、生产和测试。事实证明，在苹果公司制作好产品原型后，将再次进行设计，然后再将其投入生产。这也解释了为什么有时在我们看到一些泄漏版本的产品后，却始终不见其发布，而这个过程大概会持续4～6周。

第七步：包装设计。在营销大楼里还有一片完全专注于设备包装设计的区域。在某新款 iPod 发布前的一段时间，曾经有一名员工在数月里每天花费数小时打开了数百个包装原型，做的工作紧紧是开箱体验，还有重新定义开箱流程。

第八步：制订产品发布计划。产品发布行动计划被称作“the Rules of the Road”。这是一个高度机密的文档，上面列出了产品从开发到最终发布过程中所有的重大阶段目标，且每个阶段目标都注释有主管该目标达成的直接负责人。丢失或泄漏这个文件的人将被立即解雇。

3.4.5 新产品开发的阻力

成功的新产品开发活动是企业成长的基础、腾飞的动力，这是谁都明白的事实。同时，可能局外人难以理解而更受企业家关注的是新产品开发存在的不确定性、需要花费较多的资源和时间、风险较大、来自各方面的阻力也较大的事实。因此，营销人员了解新产品开发的阻力，有助于避免冲动，制订周全的计划，促进新产品的开发。新产品开发的阻力主要来自以下几个方面。

1. 报酬递减

新产品开发的目的是获取潜在利润。全新的产品可能刺激新的需求，创造新的市场，从而获取潜在的利润。功能改进或功能提高的产品，采用新材料、新能源、新工艺的产品可能通过扩大需求、降低成本等方式来获取潜在利润。潜在利润是激发企业开发新产品的基本动力。然而随着社会经济的不断发展，当今的产品创新可能带来的利润在逐渐减少，产生新产品开发中报酬递减的趋势。

汽车大王福特公司依赖其在本世纪初创造的“T型”汽车成长壮大，并维持了福特公司近20年的辉煌发展，以至于“福特”这个名字都成为了汽车产业的代名词。而今，在汽车工业极为发达的美国、日本、欧洲等地，几乎没有一种新款式的汽车能维持两年以上的畅销，公司之间的竞争基本上可以视为是新产品的竞争。

2. 费用递增

随着科学技术进步的速度加快，为把先进的技术转化为产品而在研究与开发方面花费的费用也在急剧上升。据统计，发达国家的电子、信息处理设备以及软件、药品、航天和航空等产业，它们的研究与开发费用已经普遍占到销售额的5%～8%，个别企业更高，而且这一比例在近20年中处于上升趋势。除此之外，企业在产品开发过程中，还面临着通货膨胀、工资提高、生产率下降、资本短缺、筹资成本上升，以及政府规定的安全环境保护和能源保护方面费用不断增加的压力。这一切所导致的结果就是，产品创新的盈亏平衡点逐渐上升、新产品销售货款回收期加长、销售毛利逐渐减少。

3. 难度和不确定性增大

创新的特性之一是其存在的不确定性，包括风险的概率未知、企业外部在创新方面的进展，以及创新的经济价值未知等。事实上除此之外，新产品开发的不确定性和阻碍力还来自政府、企业内部和消费者。

思考题

为什么现在洋快餐店内出现了中式快餐？

3.5　品牌的内涵与策略

知识分布网络

- 品牌的内涵与策略
  - 品牌的概念
  - 品牌的内涵
  - 品牌的作用
    - 对企业的作用
    - 对消费者的作用
  - 品牌设计的原则
  - 品牌化策略

引例 3-6　刘翔的品牌损失

2008 年 8 月，刘翔意外退出北京奥运会 110 米跨栏比赛，此举震惊了整个国家体育场，震惊了在电视面前的观众，当然，也狠狠地震撼了那些押宝刘翔的赞助商。刘翔背后是一个巨大的品牌价值链。据估计，刘翔在 2007 年已经成为代言品牌最多的明星，有 14 个品牌，包括安利纽崔莱、VISA、伊利、耐克、交通银行、联想、中国邮政、元太、奥康、杉杉、双钱、升达、白沙、中国移动。这其中有奥运赞助商，也有非奥运赞助商，虽然奥运期间非奥运赞助商的广告被限制，但其连带效应巨大。据悉 2008 年刘翔因伤退赛造成了各赞助商共计损失 30 亿元，刘翔个人的商机损失是 10 亿元。

2012 年 8 月，伦敦奥运会田径男子 110 米栏预赛的枪声响起，中国飞人刘翔以第六小组出场，但在跨越第一栏时摔倒，刘翔最终坚持用单脚跳到了终点。巨人刘翔的悲情一跌牵动的恐怕不止是成千上亿观众的心，最憾其体肤的应该是刘翔背后的赞助商。对于拥有着 17 个广告赞助商的刘翔来说，他的摔倒关系到数十亿元人民币的商机，对于代言品牌的影响更是不言而喻。在伦敦奥运会前，刘翔代言至少 17 个品牌，包括：NIKE、可口可乐、VISA、青岛啤酒、伊利、联想、凯迪拉克、交通银行、中国邮政等。在所有人一样期盼刘翔王者归来时，他们也做好了各项突发预案。当人们还在为跌倒的刘翔惋惜时候，其代言的各品牌公司已第一时间做出反应，透过内地微博传递正面力量和信息，例如 NIKE 数分钟后就在微博上推出定制的文案“谁敢拼上所有尊严，谁敢在巅峰从头来过，哪怕会一无所获。”

评析　在产品趋于同质化的今天，如何使企业的产品区别于其他同类产品呢？产品的品牌化是一种行之有效的方法。以上案例说明，企业在品牌的营销和管理中，机会与风险共存，企业要想经营好品牌，就必须了解和掌握品牌的相关知识，才能使品牌的作用发挥出来，达到“四两拨千斤”的效果。本节将学习关于品牌的相关知识。

3.5.1 品牌的概念

品牌是指一种名称、术语、标记、符号或图案，或由它们组合，用以识别某个销售者或某群销售者的产品或服务，并使之与竞争对手的产品或服务相区别。品牌是一个集合概念，它包括品牌名称（Brand Name）和品牌标志（Brand Mark）两部分。它可能是一个有形商品的品牌（海尔、康佳或大众），也可能是一种服务（中国银行、中央电视台或中国人寿），一家商店（沃尔玛百货、农工商超市或家乐福超市），一个人（姚明、贝克汉姆或李宁），一个地方（桂林、悉尼或东京），一个组织（联合国儿童基金会、中国品牌协会或中国红十字基金会），一项权力（自由贸易、言论自由或人事任免权）。

在产品种类如此繁多的当今市场上，若没有品牌，就像一个班级的所有学生没有姓名和编号一样，是不可思议的。不仅生产者无法吸引消费者来购买自己的产品，消费者也无法根据自己的偏好，在市场上进行商品的选购。所以"指名购买"已经成了当今市场上购买大多数商品的必要形式，品牌也就确定了其不可或缺的重要地位，所以，有人认为"产品可以被竞争者模仿，但品牌则是独一无二的；产品极易迅速过时落伍，但成功的品牌却能持久不坠。"

在现实经营活动中，品牌和商标是有一定区别的，一般来说，品牌是一种泛指，凡是能够用以识别产品差异，并被市场所认识的任何名称和符号，都可称做品牌，如金华火腿、南翔小笼包、城隍庙五香豆等。但真正能成为商标的，则必须是经过正式登记注册的，受到法律保护的品牌要素，包括特定的名称、图案、文字、标志等。没有经过注册的品牌不受法律保护，所以也就难以成为独有的识别标志——商标。甚至在被他人注册之后，就不得不放弃使用。在中国，注册的商标旁一般都有®符号作为"已注册"的标志。

大家切勿把品牌、著名土特产认可为名牌。所谓名牌是指：具有较高信任度、美誉度和知名度的品牌。一般的名牌应该具有 6 个要素：拥有稳定的、持久的高质量产品和高质量服务；拥有相当的经济规模；拥有现代科学技术和自我创新的能力；实行现代企业制度和现代企业管理；具有现代品牌意识和善于进行品牌经营；形成有自己特色的企业文化。

3.5.2 品牌的内涵

品牌由于依附于某种特定的产品和企业而存在，所以通常它也就成为这种产品和企业的象征。当人们看到某一品牌时，就会联想到其所代表的产品或企业的特有品质，联想到在接受这一品牌的产品或企业时所能获得的利益和服务，这就构成了品牌的基本属性。然而由于品牌本身又是一种文字和图案，其本身所具有的文化内涵，也会使人们产生某种联想，所以品牌的内涵就变得十分复杂。通常来说，品牌的内涵可以从六个方面来认识。

1. 属性

属性是指品牌所代表的产品或企业的品质内涵，它可能代表着某种质量、功能、工艺、服务、效率或位置。

2. 利益

从消费者的角度看，他们并不是对品牌的属性简单地接受，而是从自身的角度去理解各种属性对自身所带来的利益，所以品牌在消费者的心目中，往往是不同程度的利益象征，消费者会以品牌所代表的利益大小来对品牌作出评价。

3. 价值

品牌会因其所代表的产品或企业的品质和声誉而形成不同的等级层次，从而在顾客心目中形成不同的价值，同时它也体现了企业在产品设计和推广中的某种特定的价值观。

4. 文化

品牌是一种文化的载体，其所选用的符号本身是一种显在文化，它可使人们产生同其文化背景相应的各种联想，从而决定其取舍。品牌所代表的产品或企业本身所具有的文化特征，也会在品牌中体现出来，被人们理解和认同，这是品牌的隐含文化。

5. 个性

好的品牌应具有鲜明的个性特征，其不仅在表现形式上能使人们感到独一无二，新颖突出，而且会使人们联想到某种具有鲜明个性特征的人或物，这样才能使品牌产生有效的识别功能。

6. 角色感

品牌还体现了一定的角色感，因为它往往会是某些特定的顾客群体所喜欢和选择的，从而使某些品牌成为某些特定顾客群体的角色象征。群体之外的人使用该品牌的产品会使人感到惊讶。这也就是使用者同品牌所代表的价值、文化与个性之间的适应性。

3.5.3 品牌的作用

品牌所固有的内涵，使无论对企业还是消费者都有意义非凡的作用，品牌作用的体现主要是由于品牌使产品或企业在市场上所形成的竞争力产生差异，这会使其价格和营销成本发生很大的不同。

1. 品牌对于企业的作用

（1）存储功能。品牌可以帮助企业存储声誉、形象。品牌就是一个创造、存储、再创造、再存储的经营过程。

（2）维权功能。通过注册专利和商标，品牌可以受到法律的保护，防止他人损害品牌的声誉或非法盗用品牌。

（3）增值功能。品牌是企业的一种无形资产，它所包含的价值、个性、品质等特征都能给产品带来重要的价值。即使是同样的产品，贴上不同的品牌标志，也会产生悬殊的价格。

（4）形象塑造功能。品牌是企业塑造形象、知名度和美誉度的基石，在产品同质化的今天，为企业和产品赋予个性、文化等许多特殊的意义。

（5）降低成本功能。平均而言，赢得一个新客户所花的成本是保持一个既有客户成本的 6 倍，而品牌则可以通过与顾客建立品牌偏好，有效降低宣传和新产品开发的成本。

2. 品牌对于消费者的作用

（1）识别功能。品牌可以帮助消费者辨认出品牌的制造商、产地等基本要素，从而区别于同类产品。

（2）导购功能。品牌可以帮助消费者迅速找到所需要的产品，从而减少消费者在搜寻过程中花费的时间和精力。

（3）降低购买风险功能。消费者都希望买到自己称心如意的产品，同时还希望能得到周围人的认同。选择信誉好的品牌则可以帮助降低精神风险和金钱风险。

（4）契约功能。品牌是为消费者提供稳定优质产品和服务的保障，消费者则用长期忠诚的购买回报制造商，双方最终通过品牌形成一种相互信任的契约关系。

（5）个性展现功能。品牌经过多年的发展，能积累独特的个性和丰富的内涵，而消费者可以通过购买与自己个性气质相吻合的品牌来展现自我。

3.5.4 品牌设计的原则

品牌一般包括两个部分：品牌名称和品牌标志。

（1）品牌名称是指品牌中用语言便可以完全和清楚地表达出来的部分，即名称或字词。如安踏（ANTA）、华为（HUAWEI）等的名称和字词可以通过口语明确地表达出来。

（2）品牌标志是品牌中不能用言语清楚和完整传递的部分。它是一种标志、符号和图案，消费者只有通过视觉才能完整地了解它。

品牌的命名和设计是构成企业形象的一个重要组成部分，对企业的经营效果有直接关系。一个好的品牌，包含着丰富的想像力，给人以美的享受，使人过目不忘，给品牌使用者带来竞争优势，促进产品销售；反之，一个不理想的品牌，使人觉得俗气，不愿多顾，过后就忘，甚至令人生厌，会给品牌所有者带来商品滞销之苦。因而，正确地认识品牌及其作用，合理地设计和利用品牌，是企业产品竞争策略的重要组成部分。

在品牌设计过程中，一般应遵循以下几个基本原则。

1. 简洁醒目，清晰可辨

来自心理学家的一项调查分析结果表明：人们接受到外界信息中，83%的印象通过眼睛，11%借助听觉，3.5%依赖触觉，其余的源于味觉和嗅觉。基于此，为了便于消费者认知和记忆，品牌设计的首要原则就是简洁醒目，清晰可辨，使品牌能在一瞬间吸引消费者的注意。为适应这个要求，品牌名称要易于拼读，一般不超过五个字，读起来朗朗上口，音韵动听，如“联想”“可口可乐”，品牌标志清晰，文字简练，符号色彩醒目，没有多余的装饰，使人一目了然。不宜把过长的和难以识别的字符串作为品牌名称，也不宜将呆板、缺乏特色感的符号、颜色、图案作为品牌标志。举例而言，SONY 肯定比 Panasonic 更容易被记忆。

“M”是一个极普通的字母，但通过对其施以不同的艺术加工，就可以形成表示不同商品的标志或标记。鲜艳的金黄色拱门“M”是麦当劳（McDonalds）的标记，由于它棱角圆润，色泽柔和，给人以自然亲切之感，如今，麦当劳这个“M”型标志已经出现在全世界 70 多个国家和地区数以百计的城市闹市区，成为社会公众喜爱的快餐标志。

2. 新颖独特，富有个性

品牌设计应力求构思新颖，造型美观，既要有鲜明的特点，与竞争品牌有明显的区别，又要切实反映出企业或产品的特征，暗示产品的优良属性。好的品牌要有独特的风格，不要盲目模仿他人的风格，更不要与其他的品牌雷同，应有自己的个性。

2010 年 6 月 30 日，李宁公司正式宣布更换启用“Make The Change”（来改变吧）的品牌新口号，取代原来的“一切皆有可能”。新标志以更具有国际观感的设计语言对原标志的经典元素进行了现代化表达，不但传承了原标识经典的视觉资产，还抽象了李宁本人原创的“李宁交叉”动作，以“人”字形来诠释运动价值观，新的标识线条更利落，廓形更硬朗，更富动感和力量感。

3. 容易发音，利于通用

心理学研究表明：人们的注意力很难同时容纳五个以上的要素。根据这一原理，品牌名称的设计要力求简短，容易发音。例如，我国的“乐百氏”、“娃哈哈”等品牌名称因其朗朗上口，深受儿童的喜爱。

4. 突出功能，寓意深刻

尽管品牌名称不允许直接用来表达产品性能、状态和质地，但好的品牌名称必须与产品本身有某些联系，能暗示有关产品的某些优点或特点或使人产生某些联想。例如，我国服装业的“红豆”品牌，就是一个成功的例证。“红豆”源于我国唐代诗人王维的诗，表达了人们之间的真挚感情，寓意深刻。此外，品牌名称与品牌标志协调互映，容易加深消费者和社会公众对品牌的认知和记忆。

5. 符合传统民俗，为公众喜闻乐见

由于世界各国的历史文化传统不同，语言文字不同，风俗习惯不同，价值观念不同，审美情趣不同，对于一个品牌的认知和联想也有很大差异。所以，品牌名称和品牌标志要特别注意各地区、各民族的风俗习惯、心理特征和思维模式，力避某些隐喻及不妥之处。出口商品的品牌更要予以注意，最好能针对目标市场的特点专门命名和设计，切不可将国内品牌直接变为汉语拼音文字，如果用意译或音译，要注意其在外语中的含义是否妥当。

品牌的图案、颜色也要考虑各地的风俗和爱好，不同的国家、地区对图案、颜色有不同的偏好和禁忌。比如，在捷克红三角被视为有毒的标记；土耳其是以绿色三角表示免费赠送；马来西亚人忌讳绿色，把绿色作为病患的象征。可见，品牌设计必须了解特定文化下所形成的风俗、偏好与禁忌，否则，将在营销中铸成大错。

6. 符合法律，遵循风俗

各国在法律上对品牌的标志设计都有一些约束，不允许与国旗、国徽、军队的队旗和队徽，以及一些政府和非政府组织的标志雷同。

知识链接：品牌设计禁忌

（1）不能使用本行业通用的名称和标志。

（2）不能使用直接暗示商品质量、主要原料、功能、用途等特点的文字和图形。

（3）不能使用县以上行政区划的地名作为商标。

（4）不能使用以下特殊的文字和图形：

① 同中华人民共和国的国家名称、国旗、国徽、军旗、勋章相同或者近似的。

② 同外国的国家名称、国旗、国徽、军旗相同或近似的。

③ 同“红十字”、“红新月”的标志、名称相同或近似的。

④ 带有民族歧视性的。

（5）有损于社会主义道德风尚的，如“小蜜伴大款”冰激凌。

3.5.5 品牌化策略

企业制定产品的品牌策略，需要决定是否使用品牌，是否让产品使用中间商品牌，使用什么品牌，使用多少品牌，品牌之间有什么关系等问题。

1. 是否使用品牌

企业营销人员在制定品牌化策略的时候，首先要决定是否使用品牌。有些因制造商不同时产品属性差别不大的特殊产品，如电、煤炭等；有些消费者不习惯凭商标购买的产品；还有些质量水平不高的产品为了节省广告、包装费用，降低成本和销售价格，增强产品的竞争力，往往会选择不使用品牌。但是，绝大多数的商品都会使用品牌。

2. 对使用品牌数量的决策

当企业决定使用品牌后，还必须考虑企业的大部分或全部产品是使用一个品牌还是使用多个品牌，各种产品应该分别使用怎样的品牌。

（1）统一品牌：指企业将自己所生产的全部产品都使用同一个品牌。统一品牌适用于质量水平、价格和目标市场相似的产品。其好处是：能帮助企业尽快建立品牌信誉，有利于新产品开拓市场。缺点是当一种产品出现问题时，会影响消费者对其他产品的信心和偏好。

（2）个别品牌策略：指一个企业的各种产品或产品线分别采用不同的品牌，从而将特定规格、品种或档次的商品与其他商品区分开来，多种品牌共存于一个企业。这种策略的好处是：企业的整体声誉不会受某种商品的影响，有利于满足不同细分市场的特定需求，提高市场占有率。缺点是广告宣传费用高，同时品牌过于繁多，不利于企业创立名牌，企业内部各种品牌之间也可能产生竞争。

宝洁公司就是采用个别品牌策略的精典案例。在第二次世界大战前，该公司的汰渍牌（Tide）洗衣粉畅销，1950年公司又推出了奇尔牌（Cheer）洗衣粉，至今宝洁公司已推出了9种以上品牌的洗衣粉。宝洁公司的这些品牌在相同的超级市场上相互竞争。宝洁公司利用“集团军”效应，疯狂地开拓市场，控制了大量的终端消费者，这样就占领和稳固了大量的零售渠道资源。同样，宝洁公司在牙膏、肥皂、除臭剂、尿布、咖啡等市场采用了同样的策略，同样在这些市场也取得了成功。

（3）企业名称加个别名称策略：指企业的名称和单个产品的名称相结合，在每一个品牌之前冠以公司的名称，以公司的名称表示产品的出处，以品牌名称表示产品的特点。如海尔集团的冰箱依据其目标市场的定位不同，分别命名为“海尔双王子”、“海尔小王子”、“海尔帅王子”等。

（4）分类品牌策略：指对企业的各类产品分别命名，每一类产品使用一个品牌。企业生产和销售不同类型的产品时，如果统一使用一个品牌，这些不同类的产品就容易混淆，而使用分类策略，就可以对产品进行较好的区分，使消费者能容易识别产品。如海尔集团在销售其家用电器产品时使用的是“海尔”品牌，而其产品线延伸至保健品行业时，用的却是“采力”品牌。

3. 品牌延伸策略

品牌延伸策略指运用某一成功品牌名称的声誉以推出新产品，改良产品或产品线。使成功品牌在整个产品线上扩展或延伸。品牌延伸的最大优点是可以节省介绍宣传新产品的费用，使新产品能迅速、顺利地打入市场。以美国市场而言，每年在超级市场新出现的产品约有 120～175 种，其中 40%为品牌延伸。

使用品牌延伸应注意，好的品牌延伸会使人产生品牌联想、质量联想、品牌知觉，从而鼓励消费者尝试购买，强化了品牌的核心利益。但品牌延伸也会带来负面影响，如品牌名称无法提供附加值，使消费者产生负面联想，新旧产品间缺乏联想的一致性，品牌形象受到影响，放弃品牌建立的机会等。

有消费者戏称，在消费时会有这种感觉：用洗洁精洗头，用洗衣粉洗头，用洗衣粉刷牙。这是品牌延伸出了问题。问题很多出在洗化行业，可能是生产线上的便利性和渠道上的共享性使得大家不断推出新产品，但没有考虑消费者的心理感受。早年，美国 Scott 公司最早是一家生产卫生纸的大企业，其产品舒洁卫生纸曾是美国卫生纸市场的头号品牌。但随着舒洁牌餐巾、舒洁牌纸面巾、舒洁牌婴儿纸尿布等系列产品的问世，消费者的心理发生了微妙的变化——使用舒洁餐巾纸时，总令他们想到舒洁卫生纸，由此感到非常不舒服。结果在舒洁餐巾纸推出不长时间，舒洁卫生纸的头牌地位很快被其竞争对手宝洁公司的 Charmin 牌卫生纸所取代。

思考题

你认为名牌是“炒”出来的吗？

3.6　产品的包装

知识分布网络

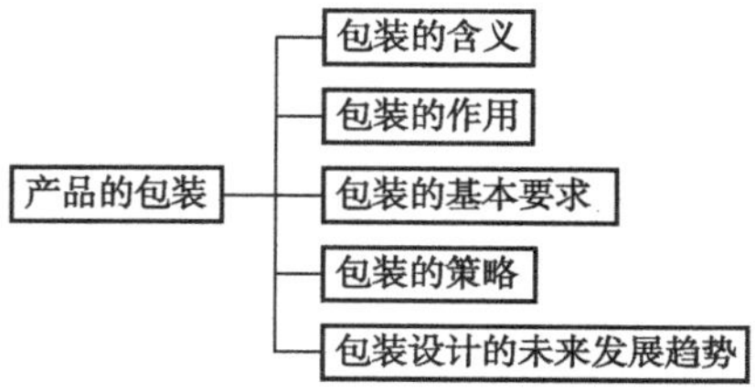

引例 3-7　一个价值 600 万美元的玻璃瓶

说起可口可乐饮料的玻璃瓶包装，至今仍为人们所称道。1898 年鲁特玻璃公司一位年轻的工人亚历山大·山姆森在同女友约会中，发现女友穿着一套筒型连衣裙，显得臀部突出，腰部和腿部纤细，非常好看。约会结束后，他突发灵感，根据女友穿着这套裙子的形象设计出一个玻璃瓶。

经过反复的修改，亚历山大·山姆森不仅将瓶子设计得非常美观，很像一位亭亭玉立的少女，他还把瓶子的容量设计成刚好一杯水的大小。瓶子试制出来之后，获得大众交口称赞。有经营意识的亚历山大·山姆森立即到专利局申请了专利。

当时，可口可乐公司的决策者坎德勒在市场上看到了亚历山大·山姆森设计的玻璃瓶后，认为非常适合作为可口可乐饮料的包装。于是他主动向亚历山大·山姆森提出购买这个瓶子的专利。经过一番讨价还价，最后可口可乐公司以 600 万美元的天价买下此专利。要知道在 100 多年前，600 万美元可是一项巨大的投资。然而实践证明可口可乐公司的这一决策是非常成功的。

亚历山大·山姆森设计的瓶子不仅美观，而且使用非常安全，易握不易滑落。更令人叫绝的是，其瓶型的中下部是扭纹型的，如同少女所穿的条纹裙子；而瓶子的中段则圆满丰硕，如同少女的臀部。此外，由于瓶子的结构是中大下小，当它盛装可口可乐时，给人感觉分量很多。采用亚历山大·山姆森设计的瓶子作为可口可乐饮料的包装以后，可口可乐饮料的销量飞速增长，在两年的时间内，销量翻了一倍。从此，采用山姆森瓶作为包装的可口可乐饮料开始畅销美国，并迅速风靡世界。600 万美元的投入，为可口可乐饮料公司带来了数以亿计的回报。

评析　包装是产品整体的一个重要组成部分，好包装会自己“说话”，不仅能保护产品，美化产品，提升产品的价值，更重要的是好的包装能给销售带来意想不到的收获。本节将学习关于包装的相关知识。

3.6.1　包装的含义

包装是产品整体的又一重要组成部分，通常指产品的容器或包装物及其设计装潢。包装可以分为三个层次：首要包装、次要包装和运输包装。

（1）首要包装是产品紧靠着的包装容器，如酒瓶。

（2）次要包装是保护首要包装的包装物，又称销售包装，如酒瓶外部的纸盒。

（3）运输包装是为了储存和运输的需要而形成的大包装。

包装也是指对某一品牌商品设计并制作容器或包扎物的一系列活动。也可以说，包装有两方面的含义：其一，包装是指为产品设计、制作包扎物的活动过程；其二，包装即是指包扎物。一般说来，商品包装应该包括商标或品牌、形状、颜色、图案和材料等要素。

此外，在产品包装上还有标签。在标签上一般都印有包装内容和产品所包含的主要成分、品牌标志、产品质量等级、生产厂家、生产日期和有效期、使用方法等。有些标签上还印有彩色图案或实物照片，以促进销售。

3.6.2 包装的作用

1. 保护产品

在分销过程中，产品会遭到损坏、污染和变质等情况，会使产品的使用价值受到影响，严重时会失去使用价值，有了完善的包装，就能保护使用价值，这是包装最基本的作用。

美国发明了一种鱼类保鲜方法，将刚捕到的鱼装入塑料袋，袋内注入混合气体（混合气体二氧化碳 60%、氧气 21%、氮气 19%），密封包装后，放在普通仓库内 4 个星期后，鱼的外观和味道都没有改变，象刚捕到的一样。

日本市场出现一种活鱼罐头，将活鱼用一种麻醉液浸泡至昏迷状态后装入罐头，两周内不会死。烹调前从罐头中取出，放入清水中 10 分钟就会苏醒。活鱼罐头携带方便、清洁卫生、味道鲜美。

缅甸一家食品厂制作出鱼虾速冻产品，该产品经真空密封杀菌处理，耐久存、卫生、可口，可替代罐头食物的速食食品。

2. 便于流通

产品的物质形态有气态、液态、固态和胶态等，它们的物理化学性质也各有不同，外形上可能有棱角、刃口等，为了运输人、保管人和使用人的安全，必须给产品合适的包装。

3. 方便消费

在超市等自助性的销售市场中，产品就是以它独特的包装来加以区别和自我表现的，便于经营者陈列、清点、售卖，也便于消费者购买、携带、消费和保管。

4. 促进销售

产品经过包装以后首先进入消费者视线的往往不是产品而是产品的包装。只有精美的包装才能引起消费者的兴趣，激发其购买动机，可以说包装是“无声的推销员”。

5. 提高价值

许多商品本身不能使人产生美感，通过精心设计的包装可美化产品，提高档次，吸引消费者的青睐，促进销售，增加收益。同时包装合理，可减少产品损耗，降低储运费用，增加企业利润。

3.6.3 包装的基本要求

（1）产品包装应根据不同的产品特点合理选择包装材料。目前，包装供应商会更加关注个性化包装、跟踪和交易要求以及最新的标签和编码技术，而包装买家则关注消费者利益和新的包装材料。材料成本是促进人们开发创新包装解决方案的主要因素。

（2）包装的结构、大小要便于产品储运，切实保护产品。特别是某些不规范的产品，应注意堆码和安全需要，合理设计包装的尺寸、形状，形成立体结构，有的产品分解包装，节省仓容。

（3）包装设计要反映企业产品工艺特点，注意消费者追求新颖、美观、方便、实用、高贵的心理，使包装与商品价值相一致。切忌过分包装，以免消费者负担过重，影响产品销售。

（4）包装要考虑顾客生活方便的需要，注重便携式包装、喷雾式包装、易开式包装、定量包装的科学设计，尽可能地方便消费者携带和使用。

（5）尊重民族与风俗习惯。不同国家和地区的消费者对文字、图案、颜色有不同的要求，在设计包装装潢时要注意这些问题。

（6）对于大包装，还应做好包装标记，标明发货人、收货人、到达地名、货物名称、等级、数量、体积等。

中秋赏月吃月饼，是中国人世代沿袭的传统民俗，人们赋予月饼吉祥、团圆的象征意义。但是最近几年，月饼生产行业出现了一些不和谐的现象。例如，有的月饼包装材料选用红木、水晶等名贵材料，大大超过月饼本身的价值，造成包装过度和浪费；有些商家在月饼盒内搭售贵重的其他物品，如手机、照相机、金银饰物、名烟名酒等，使销售价格与月饼的实际价格严重背离，出现了“天价”月饼。

月饼是传统食品，即使作为礼品，其主体也应该是食品而非包装。为了遏制月饼生产行业存在的这些问题，2005 年 9 月 6 日国家质检总局和国家标准委就发布了强制性国家标准《月饼》（GB 19855—2005），对月饼过度包装的标准问题做出明确的量化规定。

该标准中规定，月饼包装成本应不超过月饼出厂价格的 25%，单粒包装的空位应不超过单粒总容积的 35%，单粒包装与外盒包装内壁及单粒包装间的平均距离应不超过 2.5 cm。

3.6.4 包装的策略

1. 类似包装策略

类似包装策略是指企业生产经营的所有产品，在包装外形上都采取相同或相近的图案、色彩等共同的特征，使消费者通过类似的包装联想起这些商品是同一企业的产品，具有同样的质量水平。类似包装策略不仅可以节省包装设计成本，树立企业整体形象，扩大企业影响，而且还可以充分利用企业已经拥有的良好声誉，有助于消除消费者对新产品的不信任感，进而有利于带动新产品销售。它适用于质量水平相近的产品，但由于类似包装策略容易对优质产品产生不良影响，所以，对于大多数不同种类、不同档次的产品一般不宜采用这种包装策略。

2. 等级包装策略

该策略是指企业对自己生产经营的不同质量等级的产品分别设计和使用不同的包装。显然，这种依产品等级来配比设计包装的策略可以使包装质量与产品质量等级相匹配，对高档产品采用精致包装，对低档产品采用简略包装，其做法适应不同需求层次消费者的购买心理，便于消费者识别、选购商品，从而有利于全面扩大销售。当然，该策略的实施成本高于类似包装策略也是显而易见的。

3. 分类包装策略

分类包装策略是根据消费者购买目的不同，对同一种产品采用不同的包装。如购买商品用做礼品赠送亲友，则可精致包装；若购买者自己使用，则简单包装。此种包装策略的优点与等级包装策略相同。

4. 配套包装策略

配套包装策略就是指企业将几种有关联性的产品组合在同一包装物内的做法。这种策略能够节约交易时间，便于消费者购买、携带与使用，有利于扩大产品销售，还能够在将新旧产品组合在一起时，使新产品顺利进入市场。

5. 再使用包装策略

再使用包装策略也称双重用途包装策略，即指包装物在被包装的产品消费完毕后还能够用于其他用途的做法。由于这种包装策略增加了包装的用途，可以刺激消费者的购买欲望，有利于扩大产品销售，同时也可使带有商品的包装物在再使用过程中起到延伸宣传的作用。

6. 附赠品包装策略

附赠品包装策略是指在包装物内附有赠品以诱发消费者重复购买的做法。在包装物中的附赠品可以是玩具、图片，也可以是奖券。该包装策略对儿童和青少年及低收入者比较有效，这也是一种有效的营业推广方式。

7. 更新包装策略

更新包装策略就是改变原来的包装。更新包装策略是指企业包装策略随着市场需求的变化而改变的做法。当一种包装策略无效后，依据消费者的要求更换包装，实施新的包装策略，可以改变商品在消费者心目中的地位，进而收到迅速恢复企业声誉的功效。

3.6.5 包装设计的未来发展趋势

1. 绿色包装设计

经济的快速发展，加快了人类对自然生态环境的破坏；人民生活水平的提高，各种包装固体废弃物随着人们对商品需求量的增加而增多。包装所带来的环境问题日益突出，人们纷纷致力于研究新的包装材料和环保型设计方法来减少包装固体废物带来的环境问题。在包装设计上力求减少后期不易分解的材料用于包装上，尽量采用质量轻、体积小、易压碎或压扁、易分离的材料；尽量多采用不受生物及化学作用就易退化的材料，在保证包装的保护、运输、储藏和销售功能时，尽量减少材料的使用总量等。

2. 个性化包装设计

个性化包装设计是一种牵涉广泛而影响较大的设计方法，主要是针对超市、仓储式销售等因销售环境、场地的不同而采用的不同的设计方法。不论是对企业形象、产品本身还是社会效果均有较大的关联与影响。这样的商品包装在琳琅满目的货架上就很容易引起消费者的兴趣，被消费者接受。

3. 网购包装设计

随着社会进入到电子商务时代，对包装的功能提出了新的要求，随之商品的包装设计也遇到了新的问题。网络技术彻底改变了顾客的消费行为和消费方式，包装装潢的促销功能也将随之被淡化，但对商品防伪的包装设计提出更高的要求。一般的包装设计防伪技术对造假者已产生不了作用。我们可以在包装设计中采用特殊纹理的纸张、特定的颜料与包装设计工艺技术来获得特定的效果，使那些假冒伪劣商品因复制成本过高或效果不逼真，知难而退。因此包装设计的创新方法与融汇高新科技成果的印刷工业技术强强联手，追求精辟独到的原创性和独特视觉效果是未来包装设计业可持续发展的又一方向。

思考题

请关注本地区的土特产，给老师同学介绍这些特产的包装情况并提出包装建议。

创业知识——创业计划书

创业计划书是用以描述与拟创办企业相关的内部环境条件和要素特点，为业务的发展提供指示图和衡量业务进展情况的标准。通常综合了市场营销、财务、生产、人力资源等职能计划的功能。创业计划书的质量，往往会直接影响创业发起人能否找到合作伙伴、获得资金及其他政策的支持。

一般来说，创业计划书有三大部份：第一，事业本体部分，就是事业的主要内容；第二，财务数据，比如营业额、成本、利润、未来需要周转的资金等；第三，补充文件，比如专利证明、执照或证书、意向书、推荐函等。

通常一本创业计划书在前面需要写摘要或前言，接下来是创业计划书的具体章节，一般涵盖以下十个部分的内容。

（1）事业描述。必须描述所要进入的是什么行业，卖什么产品（或服务），谁是主要的客户，所属产业的生命周期是处于萌芽、成长、成熟还是衰退阶段。还有，企业要用独资还是合伙以及公司的形态，打算何时开业，营业时间有多长等。

（2）产品（服务）。需要描述你的产品和服务到底是什么，有什么特色，你的产品跟竞争者有什么差异，如果并不特别为什么顾客要买。

（3）通常首先需要界定目标市场在哪里，是既有市场的既有客户，还是在新的市场开发新客户。在确定目标之后，决定怎样上市、促销、定价等，并且做好预算。

（4）地点。一般公司对地点的选择可能影响不那么大，但是如果要开店，店面地点的选择就很重要。

（5）竞争。下列三种时候尤其要做竞争分析：一是要创业或进入一个新市场时；二是当一个新竞争者进入自己在经营的市场时；三是随时随地做竞争分析，这样最省力。

竞争分析可以从五个方向去做：谁是最接近的五大竞争者；他们的业务如何；他们与本业务相似的程度；从他们那里学到什么；如何做得比他们好。

（6）管理。中小企业98%的失败来自于管理的缺失，其中45%是因为管理缺乏竞争力。

（7）人事。要考虑现在、半年内、未来三年的人事需求，并且具体考虑需要引进哪些专业技能人才，全职或兼职，薪水如何计算，所需人事成本等。

（8）财务需求与运用。考虑融资款项的运用、营运资金周转等，并预测未来三年的损益、资产负债和现金流量。

（9）风险。不是说有人竞争就是风险，风险可能是进出口汇兑的风险、餐厅有火灾的风险等，并注意当风险来时如何应对。

（10）成长与发展。下一步要怎么样，三年后如何，这也是创业计划书所要提及的。企业是要能持续经营的，所以在规划时要能够做到多元化。

知识梳理与总结

产品是市场营销组合中最重要也是最基本的因素，产品策略是整个营销组合策略的基石，作为现代的营销人员，我们必须要理解并掌握关于产品策略的相关知识。

（1）产品是指通过交换而满足人们需要和欲望的任何东西，包括提供给市场，能够满足消费者或用户某一需求和欲望的任何有形物品和无形产品。

（2）产品整体概念有两种划分方法。三个层次：核心产品、形式产品和延伸产品；五个层次：核心产品、一般产品、期望产品、附加产品、潜在产品。作为现代的市场营销人员，我们应当树立产品整体概念的观念，只有真正了解产品整体概念的含义才能提高企业竞争力。

（3）产品生命周期是指产品从进入市场到退出市场所经历的市场生命循环过程。它一般经历四个阶段，即引入期、成长期、成熟期和衰退期。但并不是所有的产品都会经历这四个阶段，每个产品实际的生命周期曲线是不尽相同的。研究产品的生命周期是为了企业能根据产品生命周期的不断演变，能不断调整其市场营销策略。

（4）企业的产品有其生命周期，企业为了降低风险，保证赢利，往往需要同时生产经营多种产品。产品组合是一个企业生产经营的全部产品的构成，以及他们之间的比例关系，包括产品线和产品项目。产品组合通常用长度、宽度、深度、黏度来描述。常见的产品组合策略有扩大产品组合策略、缩减产品组合策略、产品线延伸策略、调整产品组合黏度策略等。

（5）品牌是用以识别某个销售者或某群销售者的产品或服务，并使之与竞争对手的产品或服务区别开来的商业名称及其标志，通常由文字、标记、符号、图案和颜色等要素或这些要素的组合构成。品牌是一个集合概念，它包括品牌名称（Brand Name）和品牌标志（Brand Mark）两部分。

（6）包装是指对某一品牌商品设计并制作容器或包扎物的一系列活动。好的包装具有保护产品、便于流通、方便消费、促进销售、提高价值等作用。

（7）创业计划书是将有关创业的想法，借由白纸黑字进行详细描述并最后落实的规划与指南。

实训项目

案例分析 5　南宁全力保护“大地飞歌”民歌节文化品牌

提起“大地飞歌”这 4 个字，在广西南宁市几乎家喻户晓，在国内外文娱界也有一定的名气。1999 年秋，首届南宁国际民歌艺术节一炮打响，在国内众多大型节庆活动中脱颖而出。随后经过几年时间的精心打造，南宁国际民歌艺术节已经成为国内知名文化品牌，在每年11月的民歌艺术节期间，壮乡首府南宁便成为文化名流和演艺明星向往的地方。因此，作为南宁国际民歌艺术节开幕式晚会及其主题曲的名称，“大地飞歌”自然也成为响当当的文化金字招牌。民歌艺术节组委会曾考虑通过注册商标来保护“大地飞歌”品牌这块无价之宝，但是组委会只是临时官方机构，在当时无法申请注册商标。即便如此，组委会还是花了5万元买下由著名作曲家徐沛东、作词家郑南联袂创作的民歌节主题曲《大地飞歌》的版权。2002年7月，专门运作南宁国际民歌艺术节的国有独资企业——南宁大地飞歌文化传播有限公司挂牌成立。9月下旬，当工作人员抱着厚厚一大叠申报材料来到南宁市工商局时，大吃一惊：有人已经捷足先登！就在不久前，南宁一个建筑商抢先申请注册“大地飞歌”商标了。并且，其注册的商标类别正是“大地飞歌”品牌最关键的第41类，即组织演出、组织体育比赛、影视节目制作等10个项目，注册的标识与民歌节的标识十分接近，而且有关申请注册材料已经送到国家商标局。“大地飞歌”商标一旦落入他人囊中，南宁国际民歌艺术节的主办者将陷入非常尴尬的局面——今后要举办民歌节，要么换招牌，要么花巨资从他人手中赎买或租用“大地飞歌”品牌。

后来，通过法律的途径把“大地飞歌”的商标追回来了。但过程非常艰辛。吃一堑，长一智。南宁国际民歌艺术节组委会立即决定，大地飞歌公司和南宁市旅游局将分别对民歌艺术节另外两个名牌项目——“东南亚风情夜”和“南宁国际旅游美食节”的名称申请商标注册，以防止类似事件再次发生。

【案例思考】你从这个案例中得到什么启发？

案例分析6　马云创业

关于网络创业，马云是很多年轻人的创业榜样，有着“中国创业教父”之称，可是有人知道吗？马云的创业故事就是从摆地摊开始的。

马云大学毕业后，在杭州电子工业学院教英语。1991年，马云和朋友成立海博翻译社（Hope的中文译音）。结果第一个月收入是700元，房租是2000元。

在大家动摇的时候，马云一个人背着个大麻袋去义乌，卖小礼品、卖鲜花、卖书、卖衣服、卖手电筒等。两年后，马云就干成了这件傻事，不仅养活了翻译社，组织了杭州第一个英语角，而且他是全院课程最多的老师。如今，“海博”是杭州最大的翻译社。

大学生初入社会要想创业真的是困难重重，一没资金，二没经验，唯一拥有就是一股闯劲，而正是这种闯劲让他们做出了一个个惊人的成绩。最近出现的在街上摆地摊卖网站的“地摊男”事件，他们正是以此来积累创业经验，把摆地摊当做创业的起点。（资料来源：网络营销人网）

【案例思考】如果你大学毕业后去创业，你会有哪些打算和具体做法？

课堂训练3　设计品牌名称

实训目的： 培养学生市场调查与策划能力；掌握新产品上市的营销要求。

地　　点： 多媒体教室

训练内容： 根据近年来月饼过度包装现象，某酒店按照强制性国家标准《月饼》推出素装月饼，强调的是月饼的质量和口味。请你为该酒店的月饼设计品牌名称。

阅读资料 3——喜羊羊之父卢永强的发家

“嫁人要嫁灰太狼，做人要做懒羊羊。”2009 年，几乎没有人不知道这句经典的网络流行语，也很少有人会不知道它的出处——中国本土动画片《喜羊羊与灰太狼》。据动漫专家保守估计，目前《喜羊羊与灰太狼》的衍生产品价值高达 10 亿元以上，有人戏称这是中国有史以来最赚钱的“羊”和“狼”。而一手创造出 10 亿元价值的就是被称为“喜羊羊之父”的广东原创动力文化传播有限公司总经理卢永强。

《喜羊羊与灰太狼》的成功缘于卢永强的动漫情结。“从小看动画片长大，而现在的奥特曼、超人、哆啦 a 梦……都是国外的产品，我一直想做中国原创的动漫。”于是，在一次机缘巧合下，卢永强放下香港著名编剧、著名词人等诸多光环，和一帮有着同样动漫梦想的年轻人开始了中国原创动漫之旅。然而事情并没有想像中的一帆风顺。

他们辛苦创作的第一部动画——《宝贝女儿好妈妈》虽取得了不俗的收视率，但广告根本卖不出去，开发出来的动画角色的搪胶玩具摆在店里无人问津。“足足苦心经营 5 年才收回成本。”卢永强感慨地说。

过程虽然很痛苦，但卢永强丝毫没有放弃对中国原创动漫的执着追求。“我们又开始重新选角色、选主题。最终选定的‘狼’和‘羊’是从公司的 10 组员工提出的动画形象里层层筛选出来的。”为了颠覆以往大家对中国动漫低幼、简单、教化的印象，卢永强给“喜羊羊”定下的最核心原则是：要欢乐，不要说教。

当时，原创动力公司与上海电视台签下了每年提供 208 集《喜羊羊与灰太狼》。相比一般一年几十集的年产量，对于年轻团队来说，意味着前所未有的压力。“那时候是白天‘猫’在楼里，吃饭都是集体外卖；晚上经常加班到半夜 12 点，50 多人一起很壮观地下班。当时办公楼的夜班保安最初都被吓到，问我们，‘你们公司是干吗的？怎么那么多人老是半夜三更才走？’”

《喜羊羊与灰太狼》终于在上海电视台炫动卡通频道播出。“当时，在头十位被国外动漫满满占据的榜单上，它以惟一的国产原创动画独放着异彩。”但是，随着《喜羊羊与灰太狼》的制作量越来越大，公司的现金流变得十分紧张。“那时，有人主动找上门，以一集几万块的价格邀请我们为国外的动画片做加工，并允诺马上有现金入账。”卢永强知道，公司里 100 多位动画师们，全都是冲着原创动画来的，没有人愿意成为外国人贴牌加工的代工厂。于是，卢永强忍痛拒绝了送上门的单子。

接下来的窘境似乎更加难熬。设计了《宝贝女儿好妈妈》、《喜羊羊与灰太狼》动画形象的设计总监的离开，让卢永强感到了前所未有的压力：“当时的局面就像一盘要输的棋局，如果放弃肯定输。想要找机会翻盘，就不能放弃。”

卢永强最终坚持了下来。他吸取《宝贝女儿好妈妈》的教训，“动漫市场只有培养出大批观众后，衍生产品才能卖出去。”卢永强说：“3 年多的时间，我们与众多知名商家结成了策略伙伴，开发生产了音像、图书等数十种动漫衍生品。”如今，《喜羊羊与灰太狼》已经创作了近 600 多集，卢永强说，只要市场接受，就要继续做下去。（来源：商标中国）

友情推荐

（1）世界经理人网“http://www.ceconline.com”。

（2）价值中国网“http://www.chinavalue.net”。

第4章 制定价格策略

教学导航

知识重点	影响产品定价的主要因素；产品定价的方法；产品定价的策略
学习难点	产品定价的方法
教学方式	主要采用案例教学法
教学场所	教室
参考学时	8个学时
推荐学习方法	一是实地考察市场，对产品定价策略的主要内容有总体认识；二是阅读理论知识，找出企业的定价目标、定价的一般方法、价格调整等知识要点；三是在课堂与任课老师交流，对定价的一般方法进行思考与分析
学习目标	让学生在了解企业定价时应考虑因素的基础上，熟悉企业的定价目标，掌握各种不同的定价方法，理解并运用企业定价的策略和技巧
考核方式	以小组为单位，让学生先创意设计新产品，然后进行定价，现场向其他同学及老师进行试销，检验价格制定得是否合理。根据学生在讨论过程中的表现给学生评定成绩

引例 4-1 “格兰仕”的降价策略

在微波炉市场上，素有“价格杀手”、“价格屠夫”称号的格兰仕公司是一个让竞争对手最为头痛的企业。它以善用降价武器、不断抢占竞争对手市场而著称。广东格兰仕集团有限公司创建于 1978 年，从 1992 年开始做家电，1998 年实现微波炉的市场占有率为“世界第一”，并跻身世界最大微波炉生产企业的行列。

格兰仕公司的价格战打得让对手胆战心惊，其显著特点就是消灭“散兵游泳”的目标十分明确。规模每上一个台阶，价格就大幅下调。当自己的规模达到 125 万台时，就把出厂价定在规模为 80 万台的企业的成本线以下；当规模达到 300 万台时，格兰仕公司又把出厂价调到规模为 200 万台的企业的成本线以下。此时，格兰仕公司还有利润，而规模低于这个限度的企业多生产一台就多亏一台。除非对手能形成显著的品质技术差异，在某一较细小的市场获得微薄利润，才能抵挡这种价格冲击。结果是一大批规模小且技术无明显差异的企业陷入了亏本的泥潭。

对于格兰仕公司而言，价格战只不过是一种表现形式，格兰仕公司选择的是总成本领先战略，这也是格兰公司仕进入微波炉行业以来始终坚持的。多年来，在众多企业竞相借助电视广告争夺“眼球注意力”的时候，格兰仕公司却极少露脸，以确保总成本领先的优势。

从格兰仕公司的起家产品微波炉来看，格兰仕公司舞动的就是“规模—降价”、“降价—规模”的双刃剑，一表一里，一阴一阳，阴阳交错，互为表里，最终格兰仕公司赢了，一跃成为微波炉全球第一的“巨无霸”。

评析 从格兰仕公司走降价策略取得的骄人业绩，让我们感受到价格这把双刃剑的魅力，也理解企业越来越重视价格策略的灵活运用给企业带来的益处。但企业不可长期使用这把“剑”，格兰仕公司用这把“剑”来打市场取得了成功，但目前格兰仕公司的整个营销战略发生了很大的改变。在这里我们不详细讨论，我们在本章的主要学习任务是企业的定价策略。

4.1 定价目标与影响定价的因素

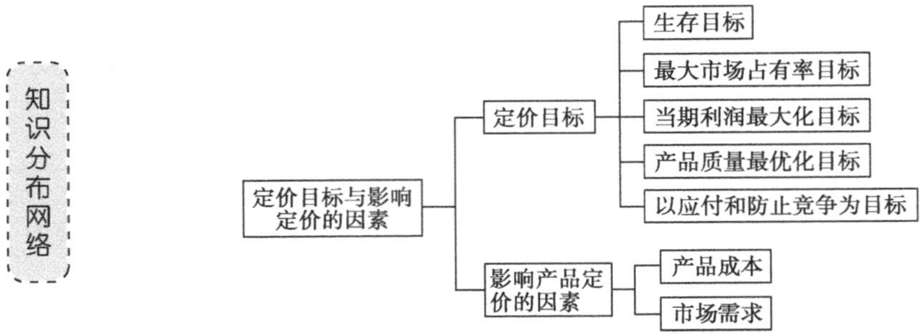

当企业开发出新产品，完成包装、品牌设计之后，就需要给这个产品制定出合适的价格。价格制定得是否合适，直接关系到销量和利润的多少，与企业营销活动的成败息息相关。企业的定价策略就是把产品定价与企业市场营销组合的其他因素巧妙地结合起来，从消费者的角度精确地衡量一个产品价值的完整过程。

4.1.1　定价目标

定价目标是企业制定价格时首先考虑的因素。每个企业的情况不一样，营销人员在制定价格策略时一定要针对总体情况来具体分析。

1. 生存目标

生存目标是企业处于不利环境中实行的一种特殊的过渡性目标。

如果企业遇上生产能力过剩、剧烈竞争或者消费者需求改变时，为避免倒闭、渡过难关，它们要把维持企业生存而不是追求利润作为其主要目标。其实，企业短期内可以亏本销售产品，只要价格能够补偿可变成本和部分固定成本。

一些刚刚进入市场的中小企业因实力不足，渠道有限，常常采用以生存为定价目标。京城第一家仓储式商场“顺天府”在开业之初，营业面积仅 170 平方米左右，经营商品只有二三百种，为在竞争激烈的京城商界生存下去，并探求一条发展中国式仓储商场的道路，“顺天府”效仿杭州金龙商厦，推出了“十点利”的定价策略，出售的全部商品的价格一律以进价的基础上加 10%毛利构成。最初的几个月，日销售额只有千元左右，商场只能惨淡经营，经营一段时间后，商品的日销售额以 2 万、3 万、6 万、7 万的速度递增，创造了同行业单位面积人均创造销售额最高的记录。但由于求生存的定价目标只能是短时期的，从长远来看，企业必须设法提高产品价格，否则经营就会难以为继。“顺天府”已深刻感受到“十点利”的压力，重新修定企业的价格策略。

2. 最大市场占有率目标

市场占有率是衡量企业营销绩效和市场竞争态势的重要指标，因为赢得最高的市场占有率之后，企业将享有最低的成本和最高的长期利润。所以，企业制定尽可能低的价格来追求市场占有率的领先地位。

如果具有下述条件之一时，企业就可考虑通过低价来实现市场占有率的提高。

（1）市场对价格高度敏感；

（2）生产与分销的单位成本会随着生产经验的积累而下降；

（3）低价能吓退现有的和潜在的竞争者。

格兰仕公司的定价策略就是最好的案例。为了达到最大的市场占有率的目标，曾说过“降价是我们的战斗机，哪里需要我们就投放到哪里。”格兰仕公司的定价目标是非常明确的，它针对市场对微波炉的价格比较敏感、成本随着产量的提高而降低的特点，采用低价策略取得了无人能敌的成功，达到了预期的效果。

3. 当期利润最大化目标

追求最大利润，几乎是所有企业的共同目标。最大利润目标就是企业在一定时期内可能并准备迅速获取最大利润的定价目标，即在一定时期内要求企业全部产品线的各种价格总体最优。但利润最大化并不等于制定最高价格，定价偏高，消费者不能接受，产品销售不畅，反而难以实现利润目标。同时，高价刺激竞争者介入和仿冒品增加，更不利于市场地位与形象。一般而言，需求价格弹性较大的产品能够做到薄利多销，所以希望实现利润最大化也可以制定低廉的价格。

2000 年 7 月上旬，麦当劳公司曾宣布其畅销产品且价格弹性较大的“圆筒雪糕”价格由 2 元降至 1 元。麦当劳公司大幅度地降低雪糕价格实现薄利多销，“圆筒雪糕”销量大增的同时，拉拢顾客消费其餐厅内的其他价格较高的产品，在这一年的夏天尽可能迅速获取最大利润，并对肯德基公司造成巨大的竞争压力。等到肯德基公司有所反应并跟进降价时，麦当劳公司已经分流了肯德基公司的部分顾客。降低“圆筒雪糕”价格真正起到当期利润最大化的作用。

4. 产品质量最优化目标

如果一个公司想树立在市场上成为产品质量领先地位的目标时，就要求用高价格来弥补高质量和研究开发的高成本。产品优质优价的同时，还应辅以相应的优质服务。

海尔公司在这方面做得非常棒。在国内厂家大打价格战时，结合产品档次和服务水平的提高，海尔公司在产品价格方面始终坚持比同行高的价格策略，不断塑造“海尔”的品牌价值，在一波又一波的价格战中，海尔公司始终没有追杀，而是保持自己的良好形象。海尔公司也成为哈佛商学院写入哈佛案例的第一个中国企业。

绿色产品为了与其他产品进行质量区别，往往根据产品质量最优化目标进行制定价格。例如，市场上的绿色产品售价相对较高，如生鲜类绿色食品，价格比同类产品高30%～50%。

5. 以应付和防止竞争为目标

这种定价目标是指企业按照竞争需要来制定价格。一般说来，企业对竞争者的行为都十分敏感，尤其是价格的状况。事实上，在市场竞争日趋激烈的形势下，企业在定价前都会仔细研究竞争对手的产品和价格情况。企业通常把对产品价格有决定影响力的竞争者和领导者的价格作为基础，并与自己的产品进行谨慎比较、权衡，然后根据企业的自身经营实力来制定企业的产品价格。

企业从有利于竞争的目标出发选择定价目标，一般有以下几种。

（1）力量较弱的企业，应采用与竞争者价格相同或略低于竞争者的价格出售产品的方法。

（2）力量较强的企业且想扩大市场占有率，可采用低于竞争者的价格出售产品的方法。

（3）资本雄厚并拥有特殊技术或产品品质优良，或能为消费者提供较多服务的企业，可采用高于竞争者的价格出售产品的方法。

（4）为防止别人加入同类产品竞争的企业在一定条件下，往往采用一开始就把价格定得很低的方法，从而迫使弱小企业退出市场或阻止对手进入市场。

2012 年的京东商城、当当网、天猫、亚马逊、易迅、苏宁易购、国美网上商城等七大电商展开的“价格战”是一场被业界冠以“史上最强的电商价格战”。不仅仅是电商们近 70 亿的投入史无前例，让价格战愈演愈烈，更如业内人士评价的：2012 年 6 月开始的价格战，是电商史上的一幕大戏，可能会引起整个商业形态的快速转型。

4.1.2 影响产品定价的因素

产品价格的上限取决于产品的市场需求水平，产品价格的下限取决于产品的成本费用，在最高价格和最低价格的范围内，企业能把产品价格定多高，则取决于竞争对手同种产品的价格水平、买卖双方的议价能力等因素的影响。影响企业定价的因素是多方面的，主要有以下几个方面。

1. 产品成本

价值通常以产品的生产成本为主要依据。因此，企业的产品生产成本是影响企业定价的重要因素，也是产品价格的最低经济界限。产品成本是企业核算盈亏的临界点，产品售价大于产品成本时企业才有可能赢利，反之则亏本。

一般情况下，企业产品的成本越高，其价格也越高；成本越低，价格也越低。企业产品的总成本除生产成本外，还包括产品在流通环节中的流通费用。工商企业都不是以个别成本去决定企业产品的价格，而是以社会平均成本为依据制定自己产品的价格，所以企业应努力降低其个别成本。如果企业个别成本低于社会平均成本，则可获得高额利润，并有充分的调价余地，企业的市场竞争力也随之增强。

2. 市场需求

当制定产品价格时，应考虑以下几方面的市场因素对定价的影响。

1）产品供求关系

通常，当某个产品供小于求时，产品价格上涨，形成卖方市场，价格可定得较高；当产品供大于求时，形成买方市场，价格可定得较低。

2）需求弹性

需求弹性是指因价格和收入等因素变动而引起的需求量的相应变动率，反映需求变动对收入变动、价格变动的敏感程度。

（1）需求收入弹性（因收入变动而引起需求相应的变动率）

需求收入弹性大的产品，一般包括耐用品、消费品、高档食品、娱乐支出等，这类产品在消费者货币收入增加时会导致对其需求量的增加。

需求收入弹性小的产品，一般包括生活必需品，这类产品在消费者货币收入增加时会导致对其需求量的增加，但增加幅度比较小。

需求收入弹性为负值的产品，意味着随着消费者货币收入的增加将导致该产品需求量的下降，如一些低档食品、低档服装等。

（2）需求价格弹性（指因价格变动而引起需求相应的变动率）

需求价格弹性用弹性系数 E 表示，该系数是需求量变动的百分比与价格变动的百分比的比值：

$$E=(\Delta Q/Q)/(\Delta P/P)$$

式中，E 为需求弹性系数；P 为原价格；Q 为原需求量；ΔP 为价格的变动量；ΔQ 为需求的变动量。

有的产品价格稍微变动，就会引起需求量发生很大变化。价格从 10 元降到 9 元，价格降低 10%，可需求量就增加 100%，需求量的变动是价格变动的 10 倍。而有的产品大幅度变动价格，而需求量变动很小。价格从 10 元降到 5 元，价格降低 50%，需求量只增加 25%，需求量的变动只是价格变动的 0.5 倍。一般来说，价格需求弹性可分为以下几种。

① $E>1$，称弹性充足，即需求量的相应变化大于价格自身变动，价格的升降与总收入的增减成反比，可采取降价策略。定价时，可通过降低价格，薄利多销以达到增加赢利的目的。

② $E<1$，称弹性不足，即需求量的相应变化小于价格自身变动，价格的升降与总收入的增减成正比，可采取提价策略。定价时，较高水平的价格往往会增加赢利，低价对需求量刺激效果不大，薄利不能多销，反而会降低收入水平。基本生活用品、生产资料商品多属于这种情况。

例如：售价 1 000 元的小机械，成本 750 元，毛利率 250÷1 000=25%；
降价 10%后售价 900 元，毛利率 150 ÷ 900=16.67%；
要弥补利润损失，25%×原销售额=16.67%×新销售额；
新销售额/原销售额=25/16.67≈1.5 倍；
（新销量×900）÷（原销量×1 000）≈1.5；新销量≈原销量×166.7；
销售量要令人惊讶地上升 66.7%才能弥补降价 10%带来的利润损失！

③$E=1$，称弹性不变，即需求量与价格等比例变化，是弹性大和弹性小的分界点。定价时，可选择实现预期赢利率的价格或选择通行的市场价格，同时把其他市场营销策略作为提高赢利的手段。

3. 市场竞争因素

企业必须考虑竞争对手的价格情况，力求制定出对竞争更有利且受欢迎的价格。市场竞争一般分为完全竞争、不完全竞争、寡头竞争和完全垄断四种情形。

（1）如果出现完全竞争，企业可采取随行就市的定价策略。例如，一些生产简单、供应来源便捷的日用小商品，对于这类商品，任何企业都不可能通过加强营销措施来提高价格，只能接受市场竞争中形成的价格。

（2）如果出现不完全竞争，企业在制定价格时，应当认真周密地分析研究竞争对手的价格和价格策略，制定针锋相对的价格措施，力争竞争的主动性。

（3）如果出现寡头竞争，企业不能随意改变价格，只能相互依存，彼此价格接近。如西方国家的汽车业、飞机制造业、钢铁业等都是寡头竞争。

（4）如果出现完全垄断，垄断企业可以控制市场价格。比如拥有资源垄断、专卖、专利产品的企业，像电信、电力、自来水等都处于垄断地位。非垄断性企业定价应十分谨慎，以防垄断者的价格报复。

4. 消费者行为

由于消费者在消费过程中会产生复杂的心理活动，并支配消费者的消费过程。因此，企业制定产品价格时，不仅应迎合不同消费者的心理，还应促使或改变消费者的行为，使其向有利于自己营销的方向转化。

例如，对冲动型和情感型的消费者，对产品价格不是十分重视，主要注重产品的质量、花色、式样等，对这类目标顾客，产品定价可视市场状况略调高价格；习惯型消费者对零售商或品牌等产生了信任或偏爱，企业定价可略高；对理智型和经济型的消费者，企业应依质量定价。

5. 国家政策法规

企业在定价过程中要充分注意考虑政府宏观调控和市场管制措施及有关法规。政府主要运用经济、法律和行政手段对经济运行进行调控，或直接对市场价格实行最高限价和最低限价的管制。

当我国煤电燃气价格不断攀升时，政府就可能会推出最高限价或经过调价审批，以保护消费者的利益，使消费者的基本生活需求得到满足；在一些重要的农产品供大于求的情况下，为了防止价格急剧下跌而造成“谷贱伤农”，政府就会制定最低限价以保护农产品生产者的利益。

除了上述主要因素外，企业定价还必须考虑企业实力的强弱、公司经营政策、分销渠道、营销组合等其他因素。企业在制定价格策略时，必须综合、充分地研究影响价格的多种因素，制定出最合理的产品价格。

4.2　产品的定价方法

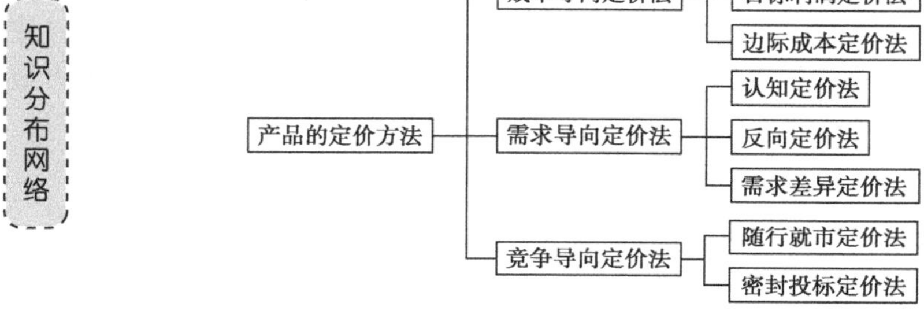

每个公司的产品定价方法不太相同。在小公司，价格大多数是由老板制定的；在大公司，定价一般由事业部经理或产品线经理来处理，但公司高层领导也会制定一些总的定价

目标和政策，下一级管理部门建议的价格要得到高层领导的批准才能实行。

企业产品价格的高低要受市场需求、成本费用和竞争状况等因素的影响和制约，而在实际定价工作中往往只侧重某一方面的因素。因此，依照不同的价格制定依据，大体上可把定价方法分为以下三大类。

4.2.1 成本导向定价法

1. 成本加成定价法

成本加成定价法，即在单位产品成本基础上加上一定比例的预期利润和税金构成价格。其基本计算公式为：

单位产品价格=（单位产品的固定成本+单位产品的变动成本）×（1+成本加成率）

定价无定式，出奇制胜，先发制人，可达到目的。

案例 4-1 一个制造商 A 产品的固定成本是 300 000 元，单位变动成本是 10 元，预计单位销售量是 50 000 个，则该制造商的产品单位成本为多少元？制造商想在销售额中有 20%的利润，该以多少价格出售产品？

解题思路： 单位成本=固定成本/预计单位销售量+单位变动成本=（300 000÷50 000）元+10 元=16 元。这时有下面两种情况。

（1）顺加法。假设制造商想在成本的基础上获得 20%的利润加成，则有：

价格=单位成本×（1+加成率）=16 元×（1+20%）=19.2 元

（2）逆加法。假设制造商想在销售额中有 20%的利润加成，则有：

价格=单位成本÷（1−加成率）=16 元÷（1−20%）=20 元

在零售企业中，百货店、杂货店一般采用逆加法来制定产品价格；而水果店、蔬菜店则多采用顺加法来定价。

如果某品牌的价格弹性低，加成率则应相对高些；如果其价格弹性高，加成率则应相对低些；如果其价格弹性不变，加成率也应保持相对稳定。

2. 目标利润定价法

目标利润定价法，即根据估计的销售收入和估计的销售量来制定价格的一种方法。其计算公式为：

单位产品价格=单位变动成本+（总固定成本+目标利润）÷预计销售量

运用这种定价方法若不能正确测算价格与销量间的关系，可能因价格过高而导致销量达不到预期水平的被动局面，企业难以实现投资回报。故此法适用于产品市场潜力很大，而需求价格弹性不大，市场占有率较高的企业或垄断企业。

案例 4-1 中，假设预计销售 50 000 个，只想保本的话，则保本点价格定位为：

固定成本／预计单位销售量+单位变动成本=（300 000 ÷ 50 000）元+10 元=16 元。

案例 4-1 中，假设预期销售量达到 50 000 个时，想赚取 200 000 元目标利润的话，价格为：单位变动成本+（总固定成本+目标利润）÷预计销售量=10 元+（300 000 元+200 000 元）÷50 000 =20 元。

利用上述公式，也可以计算保本量，如果以 20 元的价格出售上述商品，则保本销售量为：固定成本 300 000 元÷（出售价格 20 元−单位变动成本 10 元）=30 000 个。

3. 边际成本定价法

边际成本定价法，也叫边际贡献定价法，即在定价时只计算变动成本，不计算固定成本，只要定价高于变动成本，就可获得边际收益。此方法重点是在考虑变动成本的回收后尽量补偿固定成本。

其计算公式为：单位产品价格=（总的变动成本+边际贡献）÷预计销售量。

这种方法一般在竞争十分激烈、市场形势严重恶化的情况时采用。此时若制定高价将导致产品滞销积压、丢失市场，不如制定低价保市场，减少库存积压，减少企业损失。只要售价不低于变动成本，生产可以维持，如果售价低于变动成本，则生产越多亏本越多。

案例 4-1 中，单位固定成本为 300 000 元÷50 000=6 元，单位变动成本为 10 元，因此产品的单位成本为 16 元，意味着价格低于 16 元就要亏损。现在假设出现一个机会，有人愿意以 13 元的价格购买企业的产品，这时企业应不应该抓住这个机会呢?答案是，如果市场竞争激烈，企业的短期目标是生存，生产能力过剩，或者固定成本已经收回，这时可以利用边际成本定价法抓住这一机会。因为 13 元除了可以弥补 10 元的变动成本之外，还可以弥补 3 元的固定成本。

4.2.2　需求导向定价法

需求导向定价法是依据买方对产品价值的理解和需求差别来定价，而不是依据卖方的成本定价。需求导向定价法主要分为认知定价法、反向定价法和需求差异定价法。

1. 认知定价法

认知定价法，就是企业根据购买者对产品的认知价值来制定价格的一种方法。作为定价的关键，不是卖方的成本，而是买方对价值的认知。

消费者对商品价值的认知价值，是消费者根据自己对产品的功能、效用、质量、档次等多方面的印象，综合购物经验、对市场行情和同类产品的了解而对价格做出的评判，其实质是商品的效用价格比，其关键是消费者对价值的理解和认可。因此，认知定价法的关键有两点：一是充分运用各种营销策略影响和提高消费者对商品同竞争对手的同类产品相比较而言的认知价值；二是尽量准确估测购买者对商品的认知价值。若估测过高，会造成定价过高而使消费者感到企业漫天要价，从而抑制购买；若估测过低又会造成定价太低而使消费者怀疑产品的质量也不愿购买。

卡特比勒公司把其拖拉机定价为 100 000 美元，竞争者的同类产品可能定价 90 000 美元，而卡特比勒公司可能获得比竞争者更多的销售额。因为当一位潜在顾客询问卡特比勒公司的经销商为什么购买卡特比勒公司的拖拉机要多付 10 000 美元时，这个经销商回答说：

90 000 美元	仅相当于竞争者拖拉机的价格
7 000 美元	为产品优越的耐用性增收的溢价
6 000 美元	为产品优越的可靠性能增收的溢价
5 000 美元	为优质的服务增收的价值
2 000 美元	为零配件较长时期的担保增收的溢价
110 000 美元	卡特比勒拖拉机总价值的价格
-10 000 美元	折扣额
100 000 美元	最终价格

卡特比勒公司的经销商向顾客解释了为什么卡特比勒公司的拖拉机贵于竞争者。顾客认识到虽然多付了 10 000 美元的溢价，却增加了 20 000 美元的价值。他最终还是选择了卡特比勒公司的产品。

认知定价法的步骤如下：

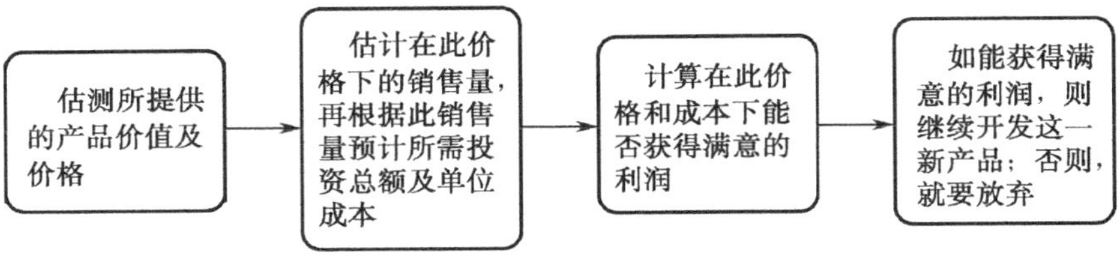

2. 反向定价法

反向定价法是指企业依据消费者能够接受的最终销售价格，逆向推算出产品的出厂价、批发价。这种定价方法不以实际成本为主要依据，而是以市场需求为定价出发点，力求使价格为消费者所接受。具体的思路是：

消费者原支付的价格→零售价、批发价、出厂价→总收入、总成本→利润总额→是否合算

在出口定价中可以用这种方法推算 FOB 价（出口净价）。假定国外市场可以接受的价格是 100 美元，减去 40%的零售商毛利，零售商的成本就是 60 美元。再减去中间经销商 15%的毛利（60×15%=9），经销商的进货成本是 51 美元。再减去 10%的关税（51×10%=5.1）得 CIF 价（到岸价）45.90 美元，再减去运费保险费 5 美元，则得到 FOB 价格为 40.90 美元。

3. 需求差异定价法

需求差异定价法是指对同一种产品，根据销售时间、销售地点、销售对象的不同制定不同的价格。

（1）因时而异。例如，月饼的销售价格在农历八月十五日前可制定得相对较高，但中秋节一过，只能大幅度降价甚至低于成本销售；节假日和旅游旺季车船票的定价比平时高；夏季销售的毛皮大衣价格较低；情人节的玫瑰花价格较高；枯水期的电费价格比丰水期的价格高等。

（2）因人而异。对老客户和新客户、长期客户和短期客户、商业客户和居民客户、男性客户和女性客户等，一种商品实行不同的价格。火车票对学生、军人与普通顾客的价格就不一样。男人购物往往重质量不重视价格，只要符合自己需求即可；女人购物往往重视价格而忽略用途。同一品牌的男性服装定价就比女性服装高。

（3）因地而异。同样的饮料，酒吧和舞厅中的售价比一般的零售商店高几倍。同一产品，在城市和农村的价格会有所不同，在国内和国外的价格会有所不同等。同一场演唱会，因前座、中座、后座的差异，价格差异也比较大。

4.2.3 竞争导向定价法

通常有两种定价方法，即随行就市定价法和投标定价法。

1. 随行就市定价法

随行就市定价法是指企业按照行业的平均现行价格水平来定价。随行就市定价法有利于与竞争者和平相处，避免因价格竞争带来的风险，保证企业获得恰当的利润。同时，市场通行价格也易于被消费者所接受，从而保证产品销路。

家乐福创益佳店是家乐福公司于 1995 年 12 月 5 日在中国内地开设的第一家分店。开业初期，它采用低价策略成功地打开了市场后，下一步便是针对主要对手来制定价格。每周三都要派出大量人员到两个主要竞争对手燕莎望京购物中心、普尔斯马特会员商店去采价（尤其是地处同一区域内的燕莎望京购物中心），然后迅速汇总，星期四晚上调整价格，迎接双休日的销售高峰。在竞争导向定价法中，它主要运用了随行就市法，它以燕莎望京购物中心的价格作为基础，只是稍微进行下调，从而既保证了价格的优势，也不致使收入过分降低。

2. 密封投标定价法

密封投标定价法即由密封投标竞争的方式确定商品价格的方法。企业定价的基点主要是以预期竞争者的价格为基础来决定产品价格。投标竞争的过程中如果报价高，利润就大，但中标机会小，失标利润为零；如果报价低，中标机会就大，但利润低。因此，企业为了中标，会将价格定得低于其他投标者，但一般不得低于边际成本，否则会亏损。即报价时既要考虑成本大小和利润水平高低，更要结合竞争者的状况和中标概率的大小，正确处理好利润与失标风险之间的关系。

以上这些定价方法不仅各自有其特点和要求，而且相互补充，在实际营销活动中，企业要全面考虑成本、需求及竞争状况而选择适宜的定价方法。

4.3 定价策略

知识分布网络

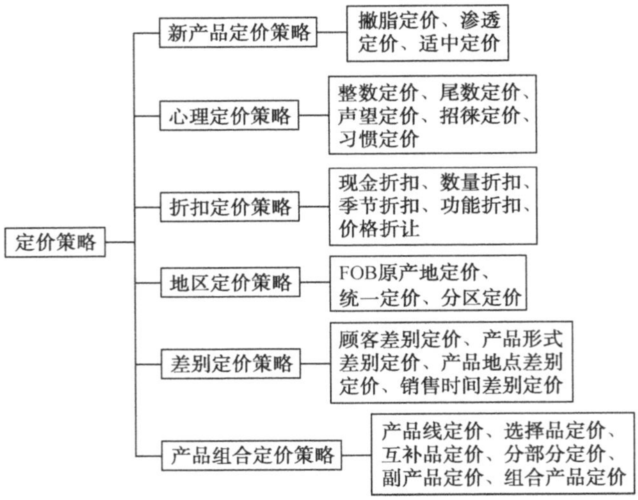

定价方法着重于确定产品的基础价格，而定价策略是根据市场中不同变化因素对产品价格的影响程度，运用不同的定价艺术与技巧，制定出适合市场变化的灵活机动的产品价格，从而实现定价目标的企业营销战术。定价策略的宗旨在于使产品的价格既能为顾客所接受，又能为企业带来较多的利润。因此，定价不仅是一门科学，更是一门艺术。

在不同的房地产项目中，由于房地产项目自身的各项品质差异很大，加之市场状况不同，每个房地产项目会根据自己的特点采取不同的价格调整策略，以引导房地产项目价格的正确发展。概括来说，房地产项目的调价策略分为以下四种。

（1）高开低走。在房地产项目的综合品质高，而市场状况不好，竞争又较为激烈的情况下，房地产项目往往采取突出房地产项目的优秀品质，高报价树立房地产项目的形象和知名度，而实际以较低成交价格争客户和市场份额的“高开低走”的策略。当然，如果市场状况好，竞争不激烈，而且项目自身规模又不大的情况下，项目完全可以采取突出房地产项目的优秀品质，大规模营造房地产项目的形象和知名度，高价报盘，高价成交，在短期内迅速获得市场认同的，制定与前一种状况完全相反的“高开高走”策略。

（2）低开高走。在房地产项目的综合品质较高，但初期优势不明显，而市场状况不好、或市场发展趋向不明朗的情况下，为取得市场认同，房地产项目可采取低价入市，根据销售工作的开展，视具体情况适时调价的“低开高走”策略，根据销售进展的好坏，决定价格的提升。当然，如果项目的确综合品质较低，市场认同感差，且市场状况不好、竞争较为激烈的情况下，房地产项目一般只能采取低报价，低价成交，制定以价格取胜的“低开低走”策略。

（3）平稳推进。在房地产项目品质一般，规模较大，各楼盘品质差距较小，而市场状况很好的情况下，有些项目也采取“平稳推进”的策略，报价符合房地产项目实际成交价，价格提升较为平稳，给客户以放心的心理满足，最终追求较好的市场业绩。

（4）波浪螺旋。实践证明，在房地产项目品质一般，规模较大，而市场发展趋势不很明朗的情况下，多数项目采取的是“波浪螺旋”的调价策略。这种调价方式是一种结合房地产市场周期波动而调整价格，发生同步的周期性价格波动的策略。调价周期以房地产市场周期、项目的销售速度和最终利润的回收作为判断标准；同时，可根据工程进度及销售情况，对提价幅度及周期进行进一步的细化调整；此外，应考虑不同楼座在销售速度上的差异，分别调整提价幅度，避免“一刀切”的做法。

4.3.1　新产品定价策略

新产品上市能否站得住脚，并给企业带来预期效益，定价策略十分重要。新产品定价策略主要有以下几种。

1. 撇脂定价策略

撇脂定价策略，即在新产品上市之初，把价格尽可能定得很高，以期在短时间内获得最大利润，就像从牛奶中撇取油脂一样，从市场内不在乎价格的顾客中，提走精华部分。

我们标新立异，细分市场，研究消费者，就是要以一个消费者肯接受的好价钱将产品卖出去！

撇脂定价策略的优点有：

（1）处于生命周期投入期的新产品，在投放到市场时采用此法，可以弥补高额的投资；

（2）高价有利于限制竞争者的加入，为以后施行降价策略留有充分的余地；

（3）可以避免因把价格定得太低而造成的失误，一旦定错了价，减价容易提价难；

（4）如果计划准备不充分或库存不足，此法可起到减缓产品流通的作用。

撇脂定价策略的缺点有：

（1）厚利易招致竞争；

（2）不适合大批量生产的情况；

（3）在新产品生命周期的投入期，该定价政策会使消费者对此产品的感知和接受过程更缓慢；

（4）这种定价政策更容易受到经济萧条的打击。

因批，撇脂定价策略作为一种短期价格策略，适用于具有独特的技术、不易仿制、有专利保护、生产能力不太可能迅速扩大等特点的新产品，同时市场上要存在高消费或时尚性需求。

例如，一位营销专业毕业生在市场闯荡几年后，创立了一个“瑶王保健中心”，保健中心的服务项目是先免费再由客户定价，但服务项目的标价是一个疗程（一个月）39 000 元起。该毕业生针对“富人”怕病怕死重保健的心理，利用具有独特的瑶医技术以及心理疗法，采用了撇脂定价策略。

2. 渗透定价策略

渗透定价策略，即在新产品投入市场时，以较低的价格吸引消费者，从而很快打开市场，就像倒入泥土的水一样，从缝隙里很快渗透到底，从而获得最大的市场份额。

渗透定价策略的优点有：

（1）能使产品迅速渗入市场，扩大市场份额，产生规模经济效益；

（2）容易获得竞争的主动权；

（3）能为公司的未来赢得广泛的忠诚用户；

（4）阻止竞争对手介入，有利于控制市场。

渗透定价策略的缺点有：

（1）新产品的利润低，收回成本周期长；

（2）如果产品的生命周期短，那么结果将会是灾难性的；

（3）如果初始定价过低，那么一旦提价，要克服客户的心理障碍可能是很困难的。

因此，渗透定价策略作为一种长期价格策略，适用于能尽快大批量生产、产品差异小、特点不突出、易仿制、技术简单、顾客对价格敏感性强的新产品。

一个小姑娘在多家美容院积累一定的工作经验后，考取了高级美容师证。在家人的帮助下，她在一个居民小区内开了一家美容院。美容院虽然不大，但在她的精心布置下充满着家的温馨。在美容院创建初期，为了生存，她将美容项目的价格定得非常低，甚至是其他美容院同类项目价格的一半。而初期，到她店里来的大多数顾客是她在原来工作过的美容院的老客户。同样的美容师、同样的产品、同样的服务，价格却是原来的一半，通过口碑相传，更多的顾客走进了她的美容院。于是小姑娘的美容院在竞争激烈的市场上生存下来了。

从上面的案例我们看出，企业在从事营销活动的过程中，面对竞争异常残酷的市场环境，企业在新产品投入市场时，以较低的价格吸引消费者，从而打开市场，进而获得更大的市场份额。

3. 适中定价策略

对于一般商品来说，价格定得过高，不利于打开市场；价格定得太低，则可能出现亏损。因此，最稳妥可靠的是将商品的价格定得比较适中。适中定价策略被称为安全定价策略，它吸取上述两种定价策略的长处，采取比撇脂定价低、比渗透定价高的适中价格，消费者有能力购买，推销商也便于推销。安全定价通常是由成本加正常利润购成的。

例如，一条牛仔裤的成本是 80 元，根据服装行业的一般利润水平，期待每条牛仔裤能获 20 元的利润，那么，这条牛仔裤的安全价格为 100 元。这种策略的优点是风险小，在正常情况下目标利润可如期实现；缺点是比较保守，容易失去高额利润或高市场份额的机会。

4.3.2 心理定价策略

心理定价策略，即根据顾客的不同心理，采取不同定价技巧的策略。常见的心理定价策略有以下 5 种。

1. 整数定价

整数定价是将产品价格采取合零凑整的办法，企业有意将产品价格定为整数， 以显示产品具有一定质量，这样给人以高档的感觉。整数定价多用于价格较贵的耐用品或礼品，以及消费者不太了解的产品，对于价格较贵的高档产品，顾客对质量较为重视，往往把价格高低当做衡量产品质量的标准之一，所谓“一分钱一分货”的感觉，从而有利于销售。炫耀性商品、贵重物品、价格较高的耐用品，车、房、名贵礼品等，适合整数定价。

例如，10 万左右车的定价一般不会为 99 999 元，因为购车是消费者家里大件物品的置办，消费者不会在乎几元钱。如果定价为 100 008 元，就会比 99 999 元要高一个档次，消费者能显示其地位、身份，满足其心理需要。

2. 尾数定价

利用消费者数字认知的某种心理，尽可能在价格的数字上不进位，而保留零头，消费者会认为这种价格经过精确计算，购买不会吃亏，从而产生信任感。同时，价格虽离整数仅相差几分或几角钱，但给人一种低一位的感觉，符合消费者求廉的心理愿望。这种策略通常适用于基本生活用品。

例如，你经常可见换季打折衣服：现价 49 元！商家为什么不定价为 50 元呢？因为一元之差，却让消费者觉得商品的性价比高了许多。如果定价为 50 元，它的十位数是“5”，而定价 49 元，它的十位数是“4”，给人感觉价格差了十元。

3. 声望定价

声望定价是利用顾客“一分钱一分货”和仰慕名牌商品或名店的声望所产生的某种心理，制定高于其他同类产品的价格。顾客购买名牌产品不仅仅是为了消费，还要显示他们的身份和地位。因此，豪华轿车、高档手表、名牌时装、名人字画、珠宝古董等，在消费者心目中享有极高的声望和地位，价格越高，心理满足的程度也越高，价格定得如果偏低，反而不能满足消费者的心理需要。

摩托罗拉、诺基亚等公司的移动手机进入中国市场时，一开始就定价 20 000 元左右人民币，便是一种典型的声望定价。德国的奔驰轿车、瑞士的莱克司手表、巴黎里约时装中心的服装，以及我国的一些国产精品也多采用这种定价方式。

4. 招徕定价

指零售商利用部分顾客求廉心理，特意将几种商品的价格定得较低，以吸引顾客到商店来，借机带动其他商品的销售，以扩大销售业绩。采用此策略的关键是“特价品”必须是大多数顾客熟悉且日常生活必需、购买频率较高的商品，“特价品”的数量也要适宜，既不可太多，也不可太少。来看看某超市生鲜食品的招徕定价。

据媒体报道，超市经营生鲜食品的成本很高，对冷库、冰柜等设备的前期投入非常大，加之商品损耗大等因素，所以，生鲜食品的利润很薄，个别的（如活鸡、活鱼宰杀）根本不赚钱。一业内人士则透露，蔬果类商品的毛利只有 3%～5%。但为什么超市不通过提价增加利润呢？某大型超市生鲜部经理道出了真相：“生鲜有集聚人气、稳定消费群体的作用。对家庭来说，生鲜食品是每日必需的。主妇前往超市买菜时，肯定也会顺带买一些卫生纸、洗衣粉之类的商品，无形中带动了其他商品的销售。”

5. 习惯定价

某些商品需要经常、重复地购买，因此这类商品的价格在消费者心理上已经“定格”，成为一种习惯性的价格。许多商品尤其是家庭日常生活用品，在市场上已经形成了一个习惯价格。消费者已经习惯于消费这种商品时，只愿付出这么大的代价。对这些商品的定价，一般应依照消费者的习惯确定，不要随便改变价格，以免引起顾客的反感。

某高校市场营销专业的老师组织学生在校门附近，开了一家学生实习超市。因为学校免交租金和水电费，所以超市商品的价格都较周围便利店低。学生们热情高涨，信心满满。但一位大妈的购买行为让他们有些费解：她连着几天到超市逛，可就是没买任何物品。店长于是与她进行沟通。大妈的话让他们吃惊不小：“这种包装的盐在任何超市都是卖 3 元，你们为什么只卖 2.5 元，是不是有什么问题？你们超市商品的进货渠道正规吗？”经历这个小插曲后，实习学生意识到自己的定价策略出现了问题。于是，经过调查，实习超市对消费者经常、重复地购买部分商品的价格，调整为与其他卖场同样的价格。

4.3.3 折扣定价

企业为了鼓励顾客及早付清货款、大量购买、淡季购买或配合促销，常常给予顾客一定的价格折扣和折让。折扣定价的形式有以下 5 种。

1. 现金折扣

又称销售折扣，这是企业给那些在规定时间期限内付清货款的顾客的一种减价。例如，顾客在 30 天内必须付清货款，如果 10 天内付清货款，则给以 2%的折扣；20 天内付清货款，给予 1%的折扣。采用现金折扣可以减少企业的收账费用，鼓励消费者及时付款，加速资金周转，避免坏账、呆账。

2. 数量折扣

这种折扣是企业给那些大量购买某种产品的顾客的一种减价，以鼓励顾客购买更多的物品。例如，顾客购买某种产品 100 单位以下，每单位 10 元；购买 100 单位以上，每单位 9 元。这是鼓励和吸引顾客长期大量购买的一种定价策略。

3. 季节折扣

这种价格折扣是企业给那些购买过季商品的顾客的一种减价，以鼓励顾客提前购买或在淡季购买，使企业的生产和销售在一年四季保持相对稳定。例如，啤酒生产企业对在冬季进货的客户给予大幅度让利，羽绒服生产企业则为夏季购买其产品的客户提供较大折扣。

4. 功能折扣

功能折扣又叫交易折扣。功能折扣是制造商给某些批发商或零售商的一种额外折扣，促使他们执行某种市场交易功能（如推销、储存、服务）。

某机械企业产品的零售价格为 500 元，如给予零售商的折扣是 25%，给予批发商的折扣是在给零售商价格的基础上再给 20%，则企业商对零售商的销售价格为 500×（1−25%）=375 元，企业对批发商的销售价格为 375×（1−20%）=300 元。

5. 价格折让

价格折让分为以旧换新折让和促销折让两种。例如，一个新热水器标价为 350 元，商家允许顾客以旧热水器折价 80 元购买，只需付给 270 元，这叫做以旧换新折让。如果经销商同意参加制造商的促销活动，则制造商卖给经销商的物品可以打折扣，这叫做促销折让。

沃尔玛公司能够迅速发展，除了正确的战略定位以外，也得益于其首创的“折价销售”策略。每家沃尔玛商店都贴有“天天廉价”的大标语。同一种商品在沃尔玛商场比其他商店要便宜。沃尔玛公司提倡的是低成本、低费用结构、低价格的经营思想。低廉的价格、可靠的质量是沃尔玛公司的一大竞争优势，吸引了一批又一批的顾客。

4.3.4 地区定价策略

商品的产地与消费者的购买地之间必然存在着一定的空间距离，在商品的交易过程中，为了完成商品的实体转移，或多或少地会发生一些费用，如运输、仓储、装卸、整理、保险等费用。这部分费用由谁承担及如何承担，是企业销售过程中必须面对的一个问题，不同的费用处理方式会直接影响到企业的最终产品定价，也就形成了不同的地区定价策略。地区定价策略一般有 FOB 原产地定价、统一定价、分区定价、基点定价等。

1. FOB 原产地定价

FOB 原产地定价即卖方负责在约定的地点（如车站、码头、机场等）将货物运到买方指定的运输工具上（如卡车、火车、船舶、飞机等）交货，并承担此前的一切风险和费用。交货后的一切风险和费用包括运费则由买方承担。这一价格在国际贸易中称为**离岸价格**，简称 FOB。

广东某制鞋厂向美国一公司出口功夫鞋 30 000 双，每双售价 FOB 深圳蛇口港：2.75 美元。这一价格指的是该鞋厂负责将 30 000 双功夫鞋运送到深圳蛇口港的货船上，并负责运送到船上以前的一切费用，而美方则需要承担从深圳蛇口港到美国销售地的全部费用。

2. 统一定价

这种定价方法与产地定价相反，完全没有地区差价。企业对不同地区顾客实行统一价格，按照相同的厂价加上相同的运费即平均运费计算，实际上是让近处的顾客承担了部分远方买主的运费，对近处的顾客不利，但很受远方买主的欢迎，并且便于计算，如我国邮资定价。

目前我国邮政的信函资费就采取统一运送定价。平信分本埠和外埠，按首重和续重计收资费，首重 100 克以内的普通信函每重 20 克本埠为 0.80 元，外埠为 1.20 元；续重在 101～200 克的普通信函每重 100 克本埠为 1.20 元，外埠为 3.00 元。

3. 分区定价

这种形式介于前二者之间，是企业把全国（或某些地区）分为若干价格区，对于卖给不同价格区顾客的某种产品，分别制定不同的地区价格。距离企业远的价格区，价格定得较高；距离企业近的价格区，价格定得较低。在各个价格区范围内实行一个价。

4. 基点定价

基点定价即企业选定某些城市作为定价基点，然后按一定的厂价加上从基点城市到顾客所在地的运费来定价。有些企业为了提高灵活性，选定多个基点城市，按照最近的基点计算运费，这样有利于生产企业市场的扩大。

4.3.5 差别定价策略

差别定价策略是指企业按照两种或两种以上不反映成本费用的比例差异的价格销售某种产品或服务。下面是移动通信行业差别定价的例子。

中国移动公司明确地针对不同顾客，采取不同的价格策略。中国移动公司的神州行品牌，2013年5月1日推出神州行本地套餐和神州行长途套餐两种不同方式，针对不同客户本地套餐分18、28、38元三档，长途套餐分18、28、38、48元四档。针对中高端用户，中国移动公司推出全球通上网套餐、全球通商旅套餐、全球通本地套餐三种方式，可分别满足高流量上网、经常漫游和主要在本地通话的顾客需求，每种套餐又分为多个资费档次，分别适合于不同通信数量的顾客。

差别定价策略主要有以下几种形式。

1. 顾客差别定价

顾客差别定价是指企业按照不同的价格把同一产品或服务卖给不同的顾客。这种定价策略是根据具体情况灵活掌握价格，差别对待，同时也表明顾客的需求强度和商品知识有所不同。

许多博物馆和展览馆对学生给予价格优惠；公园对晨练的人给予优惠价格；我国火车客运票价对军人、劳模、学生给予价格优惠；电力部门对工商企业和居民用电分别制定了不同的价格。

2. 产品形式差别定价

产品形式差别定价是指企业对不同型号或形式的产品分别制定不同的价格。

奥运会期间，标有奥运会标志的衣服比没有标志的衣服价格高；又如香烟中软硬包装不同的香烟赋予不同的价格；某超市里“喜之郎”果冻布丁散装价格为每千克25元，但装在塑料玩具小背包或塑料玩具坦克里，600克就分别卖了23元和28元。

3. 产品地点差别定价

产品地点差别定价是指企业对于处在不同位置的产品或服务分别制定不同的价格，即使这些产品或服务的成本费用没有任何差异。

体育馆的座位，虽然前后排的成本费用都一样，但由于观赏效果有所不同，因而制定不同的价格。

4. 销售时间差别定价

销售时间差别定价是指企业对于不同季节、不同时期甚至不同重点的产品或服务分别制定不同的价格。

旅游服务企业在淡季和旺季的收费不同；长途电话在不同的时间收费不同；电影院、KTV、网吧等娱乐场所晚场和白天的定价不同。

4.3.6 产品组合定价策略

当企业同时经营多种产品时，定价需着眼于整个产品组合的利润实现最大化，而不是单个产品。具体的做法有以下几种。

1. 产品线定价

产品线定价是指企业对属于同一产品线的某一大类产品进行定价。在进行产品线定价时，要区分两种情况。一是同一产品线中的各个产品有大致相同的目标市场，这样它们之间的价格就应当有较大的关联性。

宝洁公司在中国市场的洗发水产品线，包含了“飘柔”、“潘婷”、“海飞丝”等多个品牌，它们的主要目标客户群体都是城市内中高收入的消费者。尽管使用了不同的品牌，宝洁公司仍然将这些产品的价格都定得比较接近，而不会将某一品牌的价格定得比其他品牌低很多，以保证宝洁产品的高品质的名牌形象。

另一种情况是相同产品线中的各项产品有不同的目标市场，这时各产品间价格的关联性相对较弱，企业只要针对不同目标市场的情况及产品的成本情况对相应的产品进行定价，而无须过多考虑各产品之间的价格差异。

森达集团的皮鞋生产线同时提供“森达”和“好人缘”两个不同品牌，它们分别代表高档和中档两个不同的等级，两类产品的价格差距恰恰反映了不同目标市场特征。

2. 选择品定价

许多企业在提供主要产品的同时，还会附带一些可供选择的其他产品。

饭店的顾客除了订购饭菜外也买酒类。许多饭店的酒类品价格很高，而食品的价格相对较低。食品收入可以弥补食品的成本和饭店其他成本，而酒类品则可以带来更多利润。这就是为什么服务员极力建议顾客买饮料的原因。也有的饭店会将酒类品价格定得较低，而对食品制定高价，以吸引爱饮酒的消费者。

3. 互补品定价

当企业同时生产与主要产品一起使用的附属或补充产品时，可以有意识降低弹性大、购买频率低的商品价格，同时提高弹性小、购买频率高的商品价格。

例如，销售打印机时不妨定价稍低，把墨盒和纸张的价格提高。因为打印机是一次性购买，墨盒和纸张却是长期消费品。

4. 分部分定价

企业经常将原本可以以整体形式销售的产品分拆开来出售，并对不同的产品组件单独定价，这些分拆开来的产品组件在功能上往往具有一定的互补性。

吉列公司在销售剃须刀时将刀架和刀片分开定价。此外，还有一些汽车生产企业，它们首先为消费者提供一种只具有基本设备的车型，同时还提供电动门窗、安全气囊、真皮座椅等可以提高汽车舒适度的选购设施，消费者如果希望安装这些设施，必须支付相应的额外价款。

分部分定价在服务行业也得到了较为广泛的运用。服务性企业经常收取一笔固定费用，再加上可变的使用费用。例如，游乐园一般先收门票费，如果游玩园内的多个游玩项目时，就要再交费。

5. 副产品定价

在生产加工食用肉类、石油产品和其他化学产品过程中，常常有副产品。如果这些副产品对某些顾客群具有价值，必须根据其价值定价。如果副产品的收入多，将使公司更易于为其主要产品制定较低价格，以便在市场上增加竞争力。

6. 组合产品定价

企业经常以某一价格出售一组产品，例如，化妆品、计算机、家具、厨具等公司，他们为顾客提供一系列的活动方案。这一组产品的价格低于单独购买其中每一产品的费用的总和。因为顾客可能并不打算购买其中所有的产品，所以这一组合的价格必须有较大的降幅，以此来推动顾客的购买。

某省中国移动公司的收费套餐的“花式”共有 7 种，月租费较低的是 30 元和 98 元两种，比较高一些的有 568 元和 788 元两种，而属中间状态的有 168 元、268 元和 388 元这三种。缴纳月租费的“档次”不同，所被“赠与”的免费通话时间也是差别很大，总的原则是：月租费缴得越多，“被赠”的时间就长，“折扣”越大。月租费缴 30 元的，每月“被赠”的通话时间是 48 分钟；而月租费缴 788 元的，每月“被赠”的通话时间达 2 588 分钟。

该省的中国移动公司推出的收费套餐新话费方案，定价既运用了心理定价策略中的尾数定价策略，如 98 元、788 元、388 元等；又运用了如意定价策略，如绝大多数定价尾数和“赠与”的免费通话时间的尾数都为“8”，以使消费者从价格数字上获得美好的联想，招徕顾客，促进销售。

思考题

请调查当地中国移动公司和中国联通公司近期推出的资费套餐情况，分析它们分别使用了哪些定价方法？

4.4　价格调整策略

知识分布网络

- 价格调整策略
  - 企业降价
  - 企业提升
  - 市场各方对价格调整的反应

引例 4-2　茅台酒的"价格升降运动"

历史资料显示，2003 年 10 月份，茅台公司将高度茅台酒从 218 元提高到 268 元，涨幅达 23%，而低度茅台酒的提价幅度则高达 34%。第二轮提价是在 2006 年，53 度茅台酒出厂价从 268 元涨至 308 元，低度茅台酒均价也从 198 元涨至 228 元，年份酒更是涨幅高达 30%以上。2007 年 1 月上旬，市场上茅台酒零售价从 328 元涨到 450 元以上。2011 年，53 度的飞天茅台酒的价格已经涨到了 2 300 元，近 10 年时间，茅台酒的涨幅超过 945%。

2012 年春节过后，在全国各地的商场超市中，茅台酒、五粮液酒的价格均有不同的下调，其中，茅台酒的跌幅巨大，部分地区的降价幅度超过 400 元/瓶，而春节前还在上演缺货且价格在 2 300 元左右/瓶的飞天茅台酒，春节后回到了 1 800～1 900 元/瓶，有的地方还到了 1 600 元/瓶。在高端白酒市场，茅台酒一直都是行业的价格风向标，此次高端产品价格的变化必然影响二三线白酒市场，紧接着二三线白酒市场就出现普遍降价的现象。

评析　企业处在一个不断变化的环境之中，为了生存和发展，有时候根据市场需求变化需主动降价或提价，有时候又需对竞争者的调价做出适当的反应。

价格战是一种资格，不是所有企业都有资格打价格战。

4.4.1　企业降价策略

1. 企业降价的条件

企业面临以下情况时，应该考虑降价，以应对竞争的需要：

（1）过剩的生产能力。

（2）面临强有力的价格竞争导致本企业的市场份额正在下降。

（3）实施低成本策略进行降价争取或巩固市场领先者地位。

（4）发动降价来扩大市场份额，依靠销量的剧增来降低成本。

（5）在经济衰退时期被迫降价，维持生存。

宝洁公司和联合利华公司这两个巨头之间，在产品品质、品牌影响力等方面在中国市场是不相上下，两者之间的战火不断。

联合利华公司通过对业务的调整和收缩后，销售力量得以统一，洗衣粉的生产规模和能力也得到提高。经过一系列有效的经营措施使得洗衣粉的成本大幅下降，为联合利华公司进攻宝洁公司创造了极好的机会。联合利华公司的降价不但使得它得以取代宝洁公司在中国市场的行业老大的地位，令宝洁公司的销售量急转直下。此时，摆在宝洁公司面前的出路似乎只剩下两条，要么紧守品牌阵营，要么降价反击，以期夺回失去的顾客份额。在利益最大化的原则下，宝洁公司最终选择了第二条道路“降价反击”。于是宝洁公司首先从洗衣粉开刀大幅度降价，矛头直指联合利华公司的“奥妙”系列。

从那以后，宝洁公司与联合利华公司之间的竞争格局即产生了质的变化，也就是由过去的以品牌竞争为导向转变成为以价格为导向。在市场终端双方的促销不断，变相降价不断。

从这个案例我们知道，宝洁公司是在面临联合利华公司强有力的价格竞争、导致本企业的市场份额正在下降的情况下，被迫实施企业降价的。

2. 企业降价的后果

一是消费者会认为低价格产品的质量低于售价高的竞争者产品的质量。

二是低价能提高市场占有率，但是不能提高顾客的忠诚，顾客会向另一个价格更低的其他公司流失。

三是会受到实力强劲的对手的降价报复，因为强劲的竞争者更能降价并能持续更长时间。

3. 常用的几种降价方法

降价最简单的方式是将产品的目录价格直接调低，但是企业更多地会采取一些间接手段来降低价格，因为通过间接手段降价，会为企业以后的价格调整提供较大的活动空间。

常用的间接降价的方式有以下几种：

（1）实行价格折扣，如数量折扣、现金折扣、津贴等。

（2）采用营业推广方式。此时产品的标价不变，只是在销售时赠送商品或购物券，或实行有奖销售，允许顾客分期付款或赊销等。

（3）增加产品价值。在产品标价不变的情况下增加产品的附加价值，如提高产品质量，改进产品性能；提供免费送货及安装服务；延长产品的免费保修服务期；免费提供技术培训等。

4.4.2 企业提价策略

虽然提价会引起消费者、经销商和企业推销人员的不满，但是一个成功的提价可以使企业的利润大大增加。

1. 企业提价的条件

（1）由于通货膨胀，物价上涨，企业的成本费用提高，迫使企业不得不提价以确保获取目标利润。

（2）企业产品供不应求，不能满足市场的需要。此时，企业可以适度提价。

（3）同行业之间竞争者少或替代品少。

近几年，每当幼儿园开学时，家长们都会埋怨学费又涨了，特别是民办幼儿园。而幼儿园负责人表示，物价上涨了，办学成本增加，学费上涨是无奈之举。

不管是因为何种原因涨价，都要做好消费量的沟通工作，否则只能引来怨声载道。以下介绍几种提价的技巧。

2. 常用的几种提价方法

（1）采用推迟报价：公司决定到产品制成或者交货时才制定最终价格。生产周期长的产业，如工业建筑和重型设备制造业等采用延缓报价定价法相当普遍。

（2）使用价格自动调整条款：公司规定顾客在合同期内根据选定的某个价格指数来计算调整价格。

（3）分项定价：保持产品价格不变，但将原来提供的附加产品从产品整体中分解出来，另行定价。

（4）减少价格折扣：公司减少常用的现金和数量折扣，指示其销售人员不可为了争取生意不按目录价格报价。

（5）保持价格不变，而采用更便宜的材料或配件作替代品，或采用廉价的包装材料，或减少产品的功能、服务和分量等。

3. 化解顾客对提价的不满的技巧

一般来说，顾客能够容忍有规律地小幅提价，而不能容忍大幅度涨价。当企业涨价后，要不留下“价格骗子”的坏印象，可以采用以下方法：

（1）事前给价格上涨一个合理的解释。

（2）提价前让顾客知道。这样顾客可以有所准备，事先多沟通以避免冲击。

（3）学会使用不引人注目的价格策略。如取消现金折扣、销售折扣、限量供应削减产量，并搭配销售一些低利润的产品，对以前的免费服务进行收费。

（4）采用合同或投标条款调整价格。这种政策使你能按以前的规定自动涨价。

4.4.3　市场各方对调价的反应

1. 顾客对调价的反应

企业无论是提价还是降价，都会影响顾客、竞争者、经销商和供应商的态度，而且政府对企业调价也不会不关心，其中顾客的反应是最直接的。

顾客对降价可能有以下看法：

（1）产品样式老了，将被新产品代替。

（2）产品有缺点，销售不畅。

（3）企业财务困难，难以继续经营。

（4）价格还要进一步下跌。

（5）产品质量下降了。

顾客对提价的可能反应有以下几种：

（1）产品很畅销，不赶快买就买不到了。

（2）产品很有价值。

（3）卖主想赚取更多利润。

因此企业应密切关注顾客对调价的反应，及时做出价格的进一步调整。

2. 竞争者对调价的反应

竞争者对调价的反应，也是企业改变价格时要考虑的重要因素。竞争者的反应主要有以下几种类型：

（1）相向式反应。你提价，他提价；你降价他也降价。这样一致的行为，对企业影响不太大，不会导致严重的后果。企业坚持合理的营销策略，不会失掉市场和减少市场份额。

（2）逆向式反应。你提价，他降价或维持原价不变；你降价，他提价或维持原价不变。这种相互冲突的行为，影响很严重，竞争者的目的也十分清楚，就是乘机争夺市场。对此，企业要进行调查分析，首先要摸清竞争者的具体目的，其次要估计竞争者的实力，再次要了解市场的竞争格局。

（3）交叉式反应。众多竞争者对企业调价反应不一，有相向的，有逆向的，有不变的，情况错综复杂。企业在不得不进行价格调整时注意提高产品的质量，加强广告宣传，保持分销渠道畅通等。

3. 企业对竞争者调价的反应及对策

在异质市场上，对于竞争者的调价，企业做出反应的自由度很大。而在同质产品市场上，企业如果认为提价有好处，也可以跟进；如果企业不提价，那么竞争者的价格最终也会降下来。而如果竞争者降价，企业也只能降价，否则顾客会转而去购买竞争者价格较低的产品。

1）了解竞争者的调价相关信息

面对竞争者的调价，企业在做出反应前，应对下列问题进行调查和分析研究：

（1）为什么竞争者要调价？

（2）竞争者的调价是长期的还是临时的措施？

（3）如果企业对此不做出反应，会对企业的市场占有率和利润产生什么影响？

（4）其他企业对竞争者的调价是否会做出反应？这又会对企业产生什么影响？

（5）对企业可能做出的每一种反应，竞争者和其他企业又会有什么反应？

2）企业的应对策略

企业总是经常受到其他企业以争夺市场占有率为目的而发动的挑衅性降价的攻击。

当竞争者的产品质量、性能等方面与企业的产品没有差异时，竞争者产品的低价有利于其市场份额的扩大。在这种时候，企业可以选择的对策主要有以下几种。

（1）维持原来的价格。如果企业认为降价会导致企业利润大幅减少，或认为企业顾客的忠诚度会使竞争者市场份额的增加极为有限时，可能采取这一策略。但如果由于竞争者市场份额增加而出现其竞争信心增强、企业顾客忠诚度减弱、企业员工士气动摇等情况，那么这一策略可能会使企业陷入困境。

（2）维持原价并采用非价格手段（如改进产品、增加服务）进行反攻。

（3）追随降价并维护产品所提供的价值。如果企业不降价将会导致市场份额大幅度下降，而要恢复原有的市场份额将付出更大的代价，企业应该采取这个策略。

（4）提价并提出新品牌来围攻竞争对手的降价品牌。这将贬低竞争对手降价品牌的市场定位，提升企业原有的品牌定位，也是一种有效的价格竞争手段。

（5）推出更廉价的产品进行竞争。企业可以在市场占有率正在下降时，在对价格很敏感的细分市场上采取这种策略。

竞争者发动的价格竞争通常是经过周密策划的，留给企业做出反应的时间很短。因此，企业应该建立有效的营销信息系统，加强对竞争者的有关信息的搜集，以便对竞争者可能的调价行动做出正确的预测。同时最好事先制定反应程序，到时按程序处理，提高反应的灵活性和有效性。

创业知识——我国大学生就业创业政策

国务院办公厅关于做好 2014 年全国普通高等学校毕业生就业创业工作的通知（摘录）

1）高度重视高校毕业生就业创业工作

高校毕业生是国家宝贵的人才资源。做好高校毕业生的就业创业工作，对于保持就业形势稳定，促进经济社会健康发展具有重要意义。要多方位拓宽就业渠道，结合产业转型升级开发更多适合高校毕业生的就业岗位，尤其要加快发展就业吸纳能力强的服务业，着力发展研发设计、现代物流、融资租赁、检验检测等对高校毕业生需求比较集中的生产性服务业，同时加快发展各类生活性服务业，拓展新领域，发展新业态，不断提高服务业从业人员的比重。要充分发挥市场配置人力资源的决定性作用，着力改革创新，完善政策措施，强化就业创业服务，改善就业创业环境，引导高校毕业生转变就业观念，力争实现高校毕业生就业和创业比例都有所提高，确保高校毕业生就业形势稳定。

2）鼓励高校毕业生到城乡基层就业

各地区要结合城镇化进程和公共服务均等化要求，充分挖掘教育、劳动就业、社会保障、医疗卫生、住房保障、社会工作、文化体育及残疾人服务、农技推广等基层公共管理和服务领域的就业潜力，吸纳高校毕业生就业。

3）鼓励小型微型企业吸纳高校毕业生就业

各地区、各有关部门要认真落实《国务院关于进一步支持小型微型企业健康发展的意见》（国发〔2012〕14 号），为小型微型企业发展创造良好环境，推动小型微型企业在转型升级过程中创造更多岗位吸纳高校毕业生就业。对小型微型企业新招用毕业年度高校毕业生，签订 1 年以上劳动合同并按时足额缴纳社会保险费的，给予 1 年的社会保险补贴，政策执行期限截至 2015 年年底。科技型小型微型企业招收毕业年度高校毕业生达到一定比例的，可申请最高不超过 200 万元的小额担保贷款，并享受财政贴息。对小型微型企业新招用高校毕业生按规定开展岗前培训的，各地要根据当地物价水平，适当提高培训费补贴标准。

4）实施大学生创业引领计划

2014年至2017年，在全国范围内实施大学生创业引领计划。通过提供创业服务，落实创业扶持政策，提升创业能力，帮助和扶持更多高校毕业生自主创业，逐步提高高校毕业生创业比例。各地要采取措施，确保符合条件的高校毕业生都能得到创业指导、创业培训、工商登记、融资服务、税收优惠、场地扶持等各项服务和政策优惠。各高校要广泛开展创新创业教育，将创业教育课程纳入学分管理，有关部门要研发适合高校毕业生特点的创业培训课程，根据需求开展创业培训，提升高校毕业生创业意识和创业能力。各地公共就业人才服务机构要为自主创业的高校毕业生做好人事代理、档案保管、社会保险办理和接续、职称评定、权益保障等服务。

各地区、各有关部门要进一步落实和完善工商登记、场地支持、税费减免等各项创业扶持政策。拓宽高校毕业生创办企业出资方式，简化工商注册登记手续。鼓励各地充分利用现有资源建设大学生创业园、创业孵化基地和小企业创业基地，为高校毕业生提供创业经营场所支持。对高校毕业生创办的小型微型企业，按规定落实好减半征收企业所得税、月销售额不超过2万元的暂免征收增值税和营业税等税收优惠政策。对从事个体经营的高校毕业生和毕业年度内的高校毕业生，按规定享受相关税收优惠政策。留学回国的高校毕业生自主创业，符合条件的，可享受现行高校毕业生创业扶持政策。

各银行业金融机构要积极探索和创新符合高校毕业生创业实际需求特点的金融产品和服务方式，本着风险可控和方便高校毕业生享受政策的原则，降低贷款门槛，优化贷款审批流程，提升贷款审批效率。要通过进一步完善抵押、质押、联保、保证和信用贷款等多种方式，多途径为高校毕业生解决反担保难问题，切实落实银行贷款和财政贴息。在电子商务网络平台开办“网店”的高校毕业生，可享受小额担保贷款和贴息政策。充分发挥中小企业发展专项资金的积极作用，推动改善创业环境。鼓励企业、行业协会、群团组织、天使投资人等以多种方式向自主创业大学生提供资金支持，设立重点面向扶持高校毕业生创业的天使投资和创业投资基金。对支持创业早期企业的投资，符合条件的，可享受创业投资企业相关企业所得税优惠政策。

5）深入实施离校未就业高校毕业生就业促进计划

各地区要将离校未就业高校毕业生全部纳入公共就业人才服务范围，采取有效措施，力争使每一名有就业意愿的未就业高校毕业生在毕业半年内都能实现就业或参加到就业准备活动中。各有关部门、各高校要密切协作，做好未就业高校毕业生离校前后信息衔接和服务接续，切实保证服务不断线。

6）加强就业指导、就业服务和就业援助

各地区、各有关部门、各高校要根据高校毕业生特点和求职需求，创新服务方式，改进服务措施，提高服务质量，促进更多的高校毕业生通过市场实现就业。加强网络信息服务，建立健全全国公共就业信息服务平台，加快招聘信息全国联网，更多开展网络招聘，为用人单位招聘和高校毕业生求职提供高效便捷的就业信息服务。积极开展公共就业人才服务进校园活动，为高校毕业生送政策、送指导、送信息，特别是要让高校毕业生知晓获取就业政策和岗位信息的渠道。

7）进一步创造公平的就业环境

各地区、各有关部门要积极采取措施，促进就业公平。用人单位招聘不得设置民族、种族、性别、宗教信仰等歧视性条件，不得将院校作为限制性条件。省会及以下城市用人单位招聘应届毕业生不得将户籍作为限制性条件。高校毕业生到小型微型企业就业、自主创业的，其档案可由当地市、县一级的公共就业人才服务机构免费保管。办理高校毕业生档案转递手续，转正定级表、调整改派手续不再作为接收审核档案的必备材料。

8）推动创新高校人才培养机制

各高校自 2014 年起要发布高校毕业生就业质量年度报告，完善就业与招生计划、人才培养、经费拨款、院校设置的联动机制，充分听取行业主管部门、经济部门、就业部门以及有关行业组织的意见，促进人才培养更好地适应经济社会发展需要。

9）加大宣传工作力度

教育部门和高校要将就业创业政策宣传到每一名高校毕业生，引导高校毕业生转变就业观念，以积极向上的心态走向社会，先就业、再择业，在平凡的岗位上创造不平凡的业绩。要在充分利用报纸、广播、电视等传统媒体的基础上，积极探索使用微博、微信、手机客户端等新媒体，深入解读促进高校毕业生就业创业的各项优惠政策。同时，密切关注舆情动态，及时了解和回应社会关切，掌握舆论主导权。

10）加强对高校毕业生就业创业工作的组织领导

各地要将高校毕业生就业工作列入政府政绩考核内容，进一步健全政府促进就业责任制度，在制定经济社会发展规划、调整产业结构和产业布局时，把高校毕业生就业作为重要目标予以考虑。要切实加大就业专项资金的投入力度，确保各项促进高校毕业生就业创业政策落到实处。就业工作联席会议成员单位要切实履行职责，加强协作配合，共同做好高校毕业生就业创业工作。各地区、各有关部门要按照本通知精神，制定具体措施，切实抓好贯彻落实。（资料来自：全国大学生创业服务网）

知识梳理与总结

价格策略的制定与执行是否恰当，与企业营销活动的成败息息相关。所以，我们必须要掌握好如何制定价格的策略。

（1）企业在灵活运用价格策略时，必须充分考虑影响价格变动的各种因素。影响产品定价的因素主要有：产品成本因素、产品供求因素、市场竞争因素、消费者行为因素、国家政策法规因素等。

（2）企业的定价目标主要有：以维持生存为定价目标；以当期利润最大化为定价目标；以市场占有率最大化为定价目标；以产品质量最优化为定价目标；以应付和防止竞争为目标。

（3）依照不同的价格制定依据，产品定价方法大体上可分为：成本导向定价法、需求导向定价法、竞争导向定价法。

（4）新产品定价策略主要有撇脂价格策略、渗透价格策略、适中价格策略。

（5）心理定价策略有整数定价策略、尾数定价策略、声望定价策略、招徕定价策略、习惯定价策略。

（6）折扣定价策略的类型有现金折扣、数量折扣、季节折扣、功能折扣、价格折让等。

（7）价格调整策略有降价和提价两种方式。企业为了生存和发展，既要根据市场需求变化适时主动降价或提价，又要对竞争者的调价做出适当的反应。

（8）需要及时了解我国的大学生就业与创业政策。

实训项目

案例分析7　先增值、后提价

上海蟹都汇水产有限公司定价的方法值得我们学习，他们在方方面面的细节上让消费者感受到价值的提升。

（1）采用专业的采购团队。由具有十多年螃蟹采购经验的人员组成，在进货上保证了高品质。

（2）改变包装。针对螃蟹因包装的欠缺容易死在运输途中和包装不漂亮，送人显得没档次的问题，企业花了几百万元研发包装，使螃蟹在封闭的包装里边可以安全地活过5天。同时，包装也从简单的纸盒，变成了各种各样的礼盒、手提篮，在包装上采用了小包装、中包装、大包装、多种规格，既满足了顾客不同的需要，也让顾客对价格更容易接受。

（3）改变产品命名策略。以前螃蟹都叫很普通的名字，现在，蟹王、蟹后、至尊等不同的档次，锁定不同的客户，提供不一样的产品和服务。

（4）其他方面。螃蟹还需好的佐料配才能充分发挥美味，企业找到镇江万源酱醋有限公司，一起研发螃蟹专用的醋。螃蟹比较腥，特别是凉了之后的螃蟹非常腥，于是他们专门找了上海的知名厨师，研制了一种药包去除腥气。螃蟹大，不容易吃，他们为顾客准备了专用钳子；螃蟹吃了胃寒，他们特制了姜茶和专用黄酒。

由于在各种细节上的价值创新，让顾客感受到价值的明显提升，企业就可以理直气壮地给产品定一个不错的价格！

【案例思考】该企业为什么可以理直气壮地地提价？你从中得到什么启示？

课堂训练4　价格方案策划

实训目的： 培养学生理论联系实际的能力；养成学以致用的习惯；掌握定价方法与运用技巧。

地　　点： 多媒体教室。

训练内容： 某公司开发了一种饲料添加剂产品并拥有专利，定价78元每单位，利润高达200%。产品上市不久，竞争对手就推出了另外命名的竞争性产品，价格却低到了50元每单位。该公司希望通过该产品树立企业科技创新的形象，但却面临降价的压力，请学生为该公司策划一个价格应对方案。

阅读资料 4　夏季开一家刨冰店

随着人们生活水平的提高和生活观念的更新，休闲娱乐已成为现代人们生活的重要组成部分。炎热的夏季，人们都燥热难耐，刨冰饮料正是绝妙的夏季休闲饮品，夏季市场极为广阔。

刨冰机将冰块刨成冰花，巧妙地与花生仁、核桃仁、葡萄干、桂圆、荔枝、苹果、香蕉、草莓等各类水果汁和果肉融合在一起，即成刨冰饮料，外观晶莹剔透、玲珑亮丽、美味绝伦，可根据消费者的需求调制出几十种风味的刨冰饮料，满足不同消费者的爱好。

这门生意成本低，利润高，每杯成本约为 0.2～2 元，售价可定为 1.5～10 元。铺面只要 15～20 m^2 即可，最好是在繁华地段，当然也可露天营业。所需设备：刨冰机一台，冰箱或冰柜一台，普通桌椅，玻璃杯、一次性塑（纸）杯（供客户带走），人员 1～2 名就够了，流动资金只需 100～200 元，一天营业额可达 200～500 元，利润为 150～400 元。做刨冰生意，最要紧的就是刨冰卫生、清爽、口感好。

友情推荐

（1）中国价格信息网“http://www.chinaprice.gov.cn”。

（2）李践，定价定天下. 北京：中信出版社

第5章 制定渠道策略

教学导航

知识重点	分销渠道的类型；中间商的类型及其选择标准；分销渠道的选择；渠道管理
学习难点	分销渠道的类型；窜货管理
教学方式	主要采用案例教学法
教学场所	教室
参考学时	8个学时
推荐学习方法	一是走进市场并与不同渠道成员交流，启发思考：分销渠道作为营销活动的一个环节有什么作用？二是理论学习：对影响分销渠道选择的因素、中间商、分销渠道管理等知识重点掌握；三是课堂讨论：为什么要对分销渠道进行管理？如何进行管理？
学习目标	深刻理解分销渠道的类型，掌握中间商的选择技巧，注意正确选择合适的分销渠道，重点掌握窜货管理的方法
考核方式	要求学生分小组收集不同品类产品常用的渠道策略

引例 5-1　解酒产品的销售渠道

到目前为止，醒酒、解酒类产品在市场上不少于六十个，不过，遗憾的是虽有海王金樽通过强势的广告传播把市场照亮，但其他几六十多个醒酒产品却没能拥有一片属于自己的"艳阳天"，而是在挣扎中度日如年，有的甚至面临着项目要中止运作。为什么会这样呢？

目前，绝大多数醒酒产品走的销售渠道是药店，即多数厂家把醒酒产品当做药品或保健品来卖。但是，多数醒酒产品并没有获得药品或保健品的批文，实际上其产品属于食品或固体饮料。但是，由于一开始海王金樽主要是在药店销售的，所以大多数跟风者也一样跟着走药店。现实销售说明，这不是正确的选择——药店只是醒酒产品可以选择的销售渠道之一，而且非最佳的销售渠道。另外，餐饮渠道虽然酒水流通量大，但是真正喝醉的往往不多，而且，更重要的是，碍于面子等原因，即使喝醉了，也很少有人主动在餐饮渠道购买解酒类的东西。

真正最有潜力的是酒吧、KTV、夜总会等夜场，在这些场所，喝酒是最纯粹的娱乐，而且，到这些地方来玩的朋友，就是为了买醉的，喝酒比较放得开。某品牌醒酒的宣传口号是："继续喝？一片清零，从头来过！"。在入场处、洗手间门口重点宣传，很多中途去洗手间吐酒的，往往看过这句话后就直接去买了。49 元两片的定价，在任何人清醒的时候，都不会觉得很便宜，但在喝晕了的人那里，懒得去想，十分痛快。而且，有一大半的人都不要那一元找零，极个别的给一百也不要找零。该产品的销售渠道找对了，销售的结果是喜人的。

评析　从以上案例可以看出，企业仅有适销对路的产品尚不能打开市场，还需通过适当的渠道来使产品顺利方便地送达到消费者手中。传统的营销渠道策略正面临着现代营销渠道变革的冲击，渠道大战正在上演，渠道管理越来越受到营销人员的关注！

本章我们将会学习到市场营销企业的分销渠道策略的相关知识。

5.1　分销渠道的概念与模式

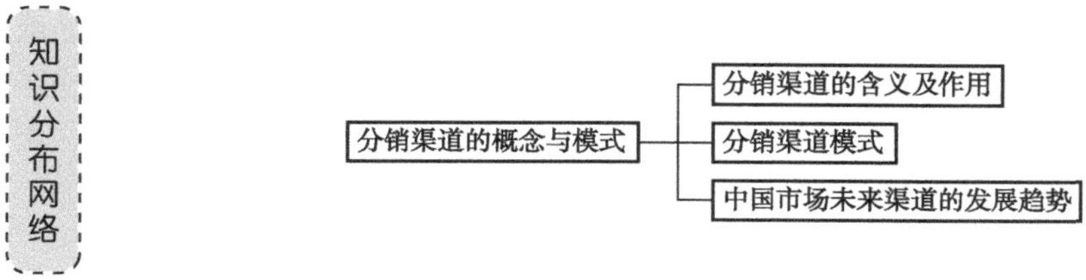

5.1.1　分销渠道的含义及作用

1. 分销渠道的含义

分销渠道与市场营销渠道的内涵是有区别的。市场营销渠道是指配合在一起生产、分销和消费某一个生产者的产品和服务的所有企业和个人。它包括某一种产品供、产、销过程中的所有有关的企业和个人，如供应商、生产者、经销中间商、代理中间商、辅助商以及最终消费者或用户。而分销渠道不包括供应商、辅助商。所谓分销渠道就是指负责产品或服务从生产者向消费者或用户转移所有权或帮助所有权转移的一切组织和个人。生产者和消费者分别处于分销渠道的两个端点，作为商品的提供者和接收者。绝大部分商品从生产者到达消费者手中需要经过一系列的中介机构——中间商。生产者、中间商、消费者因商品的流动而连接起来，被形象地称为渠道成员，如图 5-1 所示。

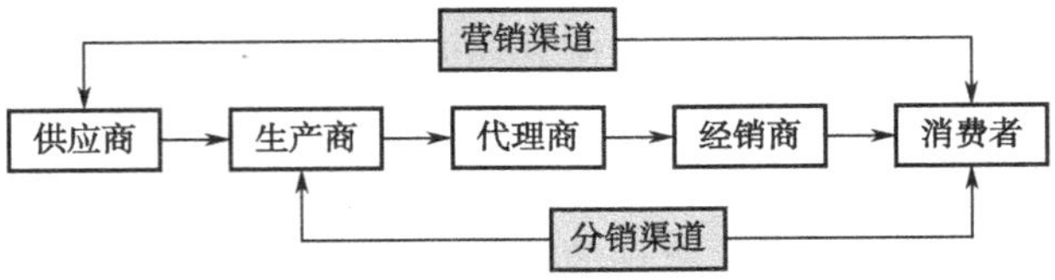

图 5-1　营销渠道与分销渠道的区别

2. 分销渠道的作用

产品在分销渠道中流动，我们可以看到其中存在几种以物质或非物质形态运动的“流”。同时，我们还发现一些企业如银行、保险公司、运输公司、仓储公司、广告公司以及其他机构（如海关、商检局等）虽不在渠道之中，或不介入商品所有权的转移过程，但与渠道运行有着密切的联系。我们下面把分销渠道的五个流程：商流、物流、信息流、货币流和促销流的关系呈现出来。

（1）商流。产品从生产领域向消费领域转移过程中所实现的产品所有权由一个机构向另一个机构的实际转移。商流是销售活动的基本前提。

（2）物流。产品从生产领域向消费领域转移过程中的一系列产品实体的运动。它从实质上保证了产品由生产领域向消费领域的安全转移。

（3）信息流。产品从生产领域向消费领域转移过程中的一切信息收集、传递和处理活动。其运转方向是双向的。

（4）货币流。产品从生产领域向消费领域转移过程中，由于交易活动所引发的货币运动。它一般是与商流的方向相反，而且在其运动中需要金融中介的参与。

（5）促销流。产品从生产领域向消费领域转移过程中，生产者通过广告公司或其他宣传媒体向中间商及其顾客所进行的一切促销努力。

分销渠道的基本功能是实现产品从生产者向消费者用户的转移。它消除了产品或服务与使用者之间的差距与矛盾，减少了交易次数，提高了流通效率，搜集与传播顾客的信息，促进销售，实现商品所有权的转移，承担了商品的储存、运输、分类、包装、资金融通等市场风险，帮助企业开拓市场。

5.1.2　分销渠道的模式

产品分销渠道可根据其渠道层次的数目来划分类型，确定模式。在产品从制造商向消费者转移的过程中，任何一个对产品拥有所有权或负有推销责任的机构，都成为一个渠道层次。渠道层次的多少决定了渠道的具体模式。由于产品的消费目的与购买特点等具有差异性，形成了消费品市场的分销渠道和产业市场的分销渠道这两种基本模式。每一种基本模式中又存在具体的分销渠道模式，如图 5-2 所示。

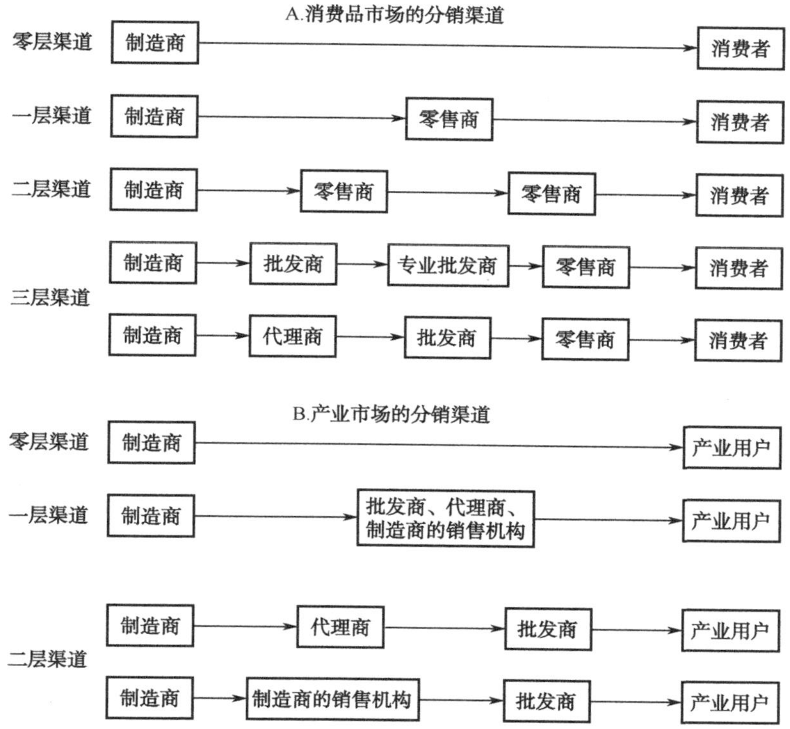

图 5-2　分销渠道的两种模式

1. 直接渠道和间接渠道

按商品在交易过程中是否经过中介环节，可以分为直接渠道和间接渠道。直接渠道是指生产企业不通过流通领域的中间环节，将产品直接卖给消费者。间接渠道是指商品从生产者转移至消费者或用户手中经过若干中间商的分销渠道。

零层渠道通常叫做直接市场营销渠道。直接市场营销渠道是指产品从制造商流向最后消费者的过程中不经过任何中间商转手的市场营销渠道。制造商直接销售的主要方式有上门推销、产品展示会、邮寄销售、电视直销、网上直销和生产者自设商店等。

一层渠道是指包括一种类型的中间商。在消费品市场，这个中介机构通常是零售商；在产业市场则可能是代理商或经纪人。

二层渠道是指包括两种类型的中间商。在消费品市场通常指批发商和零售商；在产业市场则可能是代理商和批发商。

三层渠道是指包括三种类型的中间商。在消费品市场上通常有一个专业批发商处于大批发商与零售商之间，即专业批发商向大批发商进货，再卖给无法直接从大批发商进货的小零售商；或是制造商通过代理商将产品批给批发商、零售商。

更多层次的市场分销渠道虽然存在，但不多见。从制造商的角度来看，渠道层次越多越难控制，出现的矛盾和问题也会越多。

每个企业的经营战略不同，渠道策略也会有所区别。美国戴尔电脑公司所采用的直销模式让该企业显得与众不同。让我们来分析一下美国戴尔电脑公司采用的渠道模式。

美国戴尔电脑公司经过 20 多年的努力，从 1 000 美元起家发展为年营业额达 400 多亿美元的全球性大企业。他们取胜的主要原因是因为拥有一个更好的商业模式——“戴尔直销”模式。“戴尔直销模式”的具体内容如下。

戴尔公司根据顾客的订单装配产品，然后直接将产品寄送到顾客手中。这个模式的要义就是抛开传统商业销售链的中间商和零售商环节，节省了成本，降低了产品价格。归纳起来有以下主要特点。

（1）按单生产。戴尔公司根据顾客通过网站和电话下的订单来组装产品，这使顾客有充分的自由来选择自己喜欢的产品配置。公司则根据订单订购配件，无须囤积大量的配件，不用占用大量资金。

（2）直接与顾客建立联系。戴尔公司通过直销与顾客建立了直接联系，不仅节省了产品通过中间环节销售所浪费的时间和成本，还可以更直接、更好地了解顾客的需求，并培养一个稳定的顾客群体。

（3）高效的流程，降低成本。戴尔公司通过建立一个超高效的供应链和生产流程管理，大大地降低了生产成本。

（4）产品技术的标准化。戴尔公司经营的技术产品多是标准化的成熟产品，因此该公司总是能让顾客分享到有关行业进行大量技术投资和研发而取得的最新成果。

低成本一直是戴尔公司的生存法则，也是“戴尔直销模式”的核心，而低成本必须通过高效率来实现。戴尔公司的生产和销售流程，以其精确管理、流水般顺畅和超高效率而著称，有效地将成本控制在最低水平。力求精简是戴尔公司提高效率的主要做法。公司把电话销售流程分解成简单的 8 个步骤，其自动生产线全天候运转，配件从生产线的一端送进来，不到两小时就变成成品从另一端出去，然后直接运往客户服务中心。戴尔公司在简化流程方面拥有 550 项专利。分析家们普遍认为，这些专利也正是其他公司无法真正复制貌似简单的“戴尔直销模式”的最主要原因。

2. 长渠道和短渠道

分销渠道的长度也就是分销渠道中的中间商层级数量的多少。如果用中间商的级数来表示渠道的长度，级数越多，表明渠道越长，反之表明渠道越短。

长渠道的优点是：渠道长、分布密、触角多，能有效地覆盖市场，从而扩大产品销售，有利于商品远购远销。长渠道的缺点是：由于环节多，销售费用增加，不利于生产者及时获得市场情报，迅速占领市场。适合用长渠道销售产品的情况是：产品不易腐、不易损、价格低、选择性不强、技术要求不高；市场相对分散，各市场需求量较小；企业销售能力较弱或者增加的收入不能够补偿多花费的销售费用。

短渠道的优点是：有利于加速商品流通，增加产品竞争力；有利于减少产品损耗，节约产品流通费用；有利于开展售后服务，加强生产商与中间商之间的密切联系。短渠道的缺点是：因为减少了流通环节，厂家要承担大部分或全部渠道功能，必须具备足够的资源方可使用短渠道；市场覆盖面较窄。一般来说，适合用短渠道销售产品的情况是：笨重及大件的产品、易损易腐产品、价格昂贵的产品、非标准化的专用性产品、技术复杂程度高的产品、新上市产品、耐用品、销售地理范围较小的产品、顾客一次性购买批量较大的产品、生产商财力雄厚生产的产品等。

下面来看看国产手机与“洋”手机在二十世纪九十年代的渠道之争。

相对而言，“洋”手机采用的是长渠道。像诺基亚、摩托罗拉等“洋”手机普遍在中国选十家左右的全国代理商，这些“洋”手机厂家只与这些代理商发生交易，双方一手交钱、一手交货。交易一结束，“洋”手机厂家只负责广告和公关等活动，而把手机产品再分派到下级经销商、零售商终端的促销、品牌维护、市场开拓等，都由这些代理商来组织和管理。这种长渠道也会由于渠道成员众多而把厂家让给渠道的利润摊薄。经过层层盘剥，到底层的经销商、零售商将获利无几。渠道成员“视利如命”，一旦利润不多，更不会把厂家和上一级代理商所分派下来的促销、品牌维护等终端工作做到位，导致终端空虚！

国产手机抓住“洋”手机的弱点，进行了反击，主要策略如下。

第一招：自建渠道。攻入“洋”手机的空虚市场区域，在二三线城市安营扎寨，建立自己的“革命根据地”。波导公司首当其冲，迅速建立了可达县一级甚至乡镇一级的营销网络。

第二招：终端拦截。国产手机一方面派出数以千计甚至万计的促销员进驻终端卖场，他们不厌其烦地向每一个顾客“强力”推销自己厂家的品牌，同时他们还帮助零售店的营业员推介手机。据有关调查显示，只有 30%的消费者是某种品牌的忠实捍卫者，剩下的都是“可以改变”的。这 70%的消费者的购买往往取决于促销员的销售能力了。

第三招：售后服务同行，解除经销商的后顾之忧。

我国手机生产制造起步于 1998 年，当年国产品牌手机销量只占全国市场的 2%左右，工信部电信研究院发布的《移动终端白皮书》显示，到 2011 年末，本土品牌在国内移动终端出货量中的占比已经提升到七成以上。据中国互联网络信息中心（CNNIC）发布的第 32 次调查报告称：2013 年 6 月，中国已成为智能手机出货量最大的市场，中国国产 Android 手机品牌正在逐步占领国内外市场，与国外品牌抢食市场份额。

3. 宽渠道和窄渠道

分销渠道的宽度也就是分销渠道中每一流通层级中的中间商的数量多少。如果用每一级中间商的数量来表示渠道的宽度，数量越多，表明渠道越宽，反之则表明渠道越窄。饮料类产品采用的宽渠道图例，如图 5-3 所示。

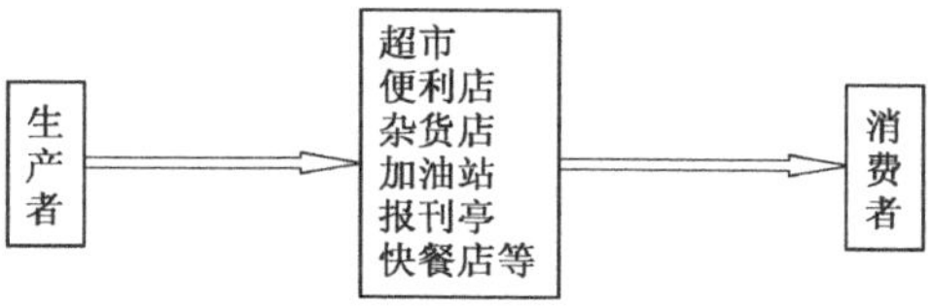

图 5-3 饮料类产品宽渠道分销模式

可口可乐公司和百事可乐公司销售饮料时就选择了宽渠道，单单零售商这个层级中就拥有成千上万的零售商（超市、便利店、杂货店、加油站、报刊亭、快餐店、网吧等）。可口可乐公司和百事可乐公司这样像毛细血管一样的分销渠道，显然是其他品牌饮料无法比拟的。

而娃哈哈公司更注重和本土经销商共同成长和创造一个双赢的营销格局——联销体。所谓“联销体”基本构架为：总部——各省区分公司——特约一级批发商——特约二级批发商——二级批发商——三级批发商——零售终端。这些来自 30 个省区、10 000 多人的经销商构成了娃哈哈公司的一张销售大网，娃哈哈全系列的产品正是通过这个密如蛛网的“通路”遍布神州大地。

任何一种渠道方式都不能达到十全十美。宽渠道范围广，广大消费者可以随时、随地买到企业的产品，而且可以造成中间商之间的竞争。但由于同类型的中间商数目多，使中间商推销企业的产品不专一，不愿为企业付出更多的费用。另外，在宽营销渠道下，生产企业和中间商之间的关系松散，使得在交易时中间商会不断变化。

窄渠道一般是生产者在中间环节上只选择一家中间商为之推销产品。窄营销渠道的使用范围较窄，适用于销售技术性强、生产批量小的商品，生产企业只选择那些熟悉本企业产品技术性能的中间商经销自己的产品。如劳力士手表在营销中选择了窄渠道，在零售商这个层级中就只选择某个珠宝店推销商品。劳力士手表采用窄渠道分销模式，如图5-4所示。

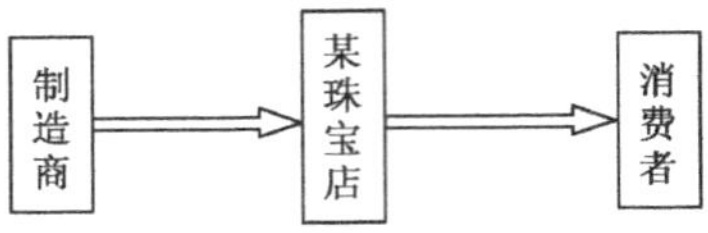

图5-4 劳力士手表窄渠道分销模式

窄渠道的优点是生产企业和中间商之间的关系密切，相互间有较强的依附关系，销售和生产相互促进。不足的是风险较大，一旦双方关系出现变化，便会影响生产或销售。

企业必须决定每个渠道层次使用多少中间商，即决定渠道的宽窄。渠道的宽窄体现在以下三种中间商的选择策略，如图5-5所示。

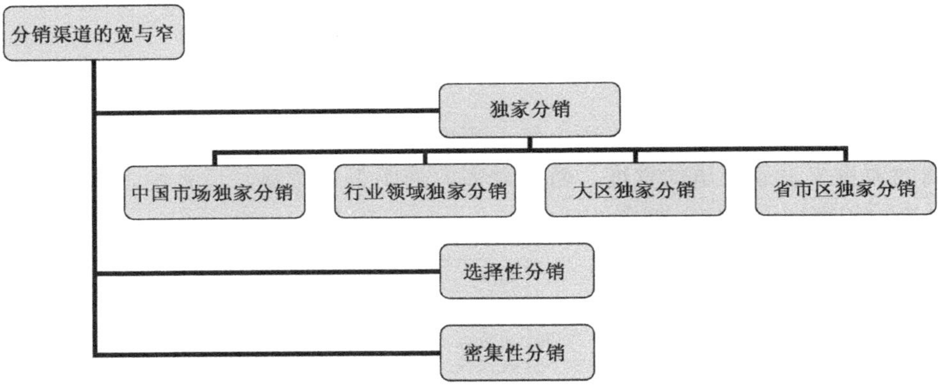

图5-5 分销渠道的宽与窄

1）独家分销

独家分销指制造商在某一地区严格地选择一家最适合的中间商经营本公司产品或服务。通常双方协商签订独家分销合同。规定独家分销商不得经营竞争品牌，它适用于制造商想对分销商进行有效的控制。这种策略适用于一些名牌和奢侈品，如汽车、家用电器、时装等。

美国通用公司针对汽车市场的竞争状况，首先创立了独家代理的销售渠道。在一个城市、一个地区，甚至是一个国家只选择一家代理商，由他独家经营通用公司的产品。这一渠道模式使通用公司和代理商均获得了理想的收益，并为通用公司取得世界汽车的霸主地位奠定了基础。

独家分销在形式上主要有以下几种模式。

（1）中国市场独家分销，主要是境外企业寻求开拓中国内地市场的常用办法，也为国内企业采用。尽管这种渠道分销模式极其缺乏稳定性，但这种分销方式一直有企业使用。

2007 年 8 月 16 日下午，美国第三大 PC 厂商 Gateway 公司与中国最大的 IT 分销商神州数码公司在北京举行签约仪式，宣布 Gateway 公司正式进入中国，神州数码公司成为 Gateway 产品在中国市场的独家经销商。乐百氏集团公开拍卖“生命核能”中国市场总经销权、哈慈集团公开拍卖 V26 中国市场总经销权、古井贡酒拍卖中国市场独家总经销权……

要不要把偌大的“中国市场”放到一个“篮子”里？谁也不敢给出正确的答案，只能是具体情况要具体分析。

（2）某个行业领域内独家分销。例如，四川省泸州市邮政局受省邮政局委托，与四川郎酒集团有限责任公司签订了经销协议书，获得郎酒集团公司系列酒产品在全国邮政系统内部的总经销权。

（3）大区独家分销。把整个中国市场划分为几大片区，把每个片区产品经销权交给一家企业。国内很多企业采用过这种渠道开展营销活动。如神舟电脑公司，从原来的主要“店面直销”模式逐渐转变为大区域独家分销的模式。

（4）省市区独家分销。目前，制造商采用最多的就是这种独家分销模式，但目前有渠道重心进一步下沉的趋势，总经销权向市县级移动，既能调动经销商的积极性，又能完善市场布局，增强渠道的可控制性。

2）选择性分销

选择性分销是通过精心挑选愿意经销本公司产品的少数几家中间商。选择性分销市场覆盖面较宽，有利于实施市场控制和节约成本。一些有较高信誉的公司大多都利用选择性分销方式来寻找和选择经销商。消费品中的选购品（如时装、鞋帽、家用电器等）适合选择性分销。新产品开发的试销阶段也适宜采取选择性分销。

3）密集性分销

密集性分销是尽可能多地使用经销商来销售本企业的商品或劳务，以求迅速进入目标市场或扩大市场的策略。一些日用小商品、生活必需品（如糖果、饼干、牙膏、肥皂、香烟、通用小工具等）和工业品中的通用机具，多采用宽渠道的密集性分销。

在咽喉药市场上，广西的金嗓子集团 2014 年以 8 亿元的年销售收入和 30%以上的市场份额稳居市场龙头老大的位子。该集团的金嗓子喉宝已进入旅游点、机场、车站、商场、药店等便利店，渗透到千家万户。金嗓子集团选择的就是宽渠道的密集性分销。

以上三种分销渠道策略，应根据企业自身和产品市场的变化情况灵活运用。例如，企业在产品处在生命周期的不同阶段，其分销渠道策略也应随其发生变化。

（1）在产品的投入期，消费者对新产品不了解，企业可采取选择性分销策略，选择几家有影响的中间商经销自己的新产品；

（2）到了产品的成长期或成熟期，大部分消费者对产品已有所了解，企业可采取密集性分销策略，扩大市场面，全面打开市场；

（3）当产品处于衰退期，企业则可缩小销售面，以待产品的更新换代。

4. 单渠道与多渠道

单渠道是指制造商采用同一类型渠道分销生产的产品，渠道比较单一。

多渠道是指制造商根据不同层次或地区消费者的情况，选用不同类型的分销渠道。

多渠道

某公司生产的白酒属于中高档，价格共有三个档次：50 元左右，80 元左右和 180 元左右。刚开始在全国开拓市场，只做酒店，渠道单一，白酒销售很不理想。后来公司领导决策层最后有了这样的共识——仅仅一个渠道对于一个品牌的成长是远远不够的。

单渠道只可以是产品发展过程中的一个阶段，任何一个品牌的产品想要在区域市场站稳脚跟，都必须通过多渠道铺货，全面开花。虽然说中高档白酒的主要销售渠道是酒店，但是批发渠道还是具有一定的生命力和价值。另外，终端卖场的作用日益突出。因此在白酒区域市场推广中，这个企业采取的策略——先进入餐饮渠道，在获得消费者认可之后，再进入商场、超市渠道，然后进入批零渠道。后来，该公司白酒的销售主要在酒店，其他还在批发、超市卖场、名酒专营店等渠道上的也遍地开花，销售不断红火起来。

5.1.3 中国市场未来渠道的发展趋势

1. 渠道扁平化

渠道扁平化也是营销渠道发展的一个重要趋势。渠道扁平化，简单地说就是减少中间环节，使产品经过尽可能短的渠道与消费者见面。通过扁平化厂家可以降低渠道的运营成本，从而有可能为终端零售商提供更低的价格，使本厂家的产品更具竞争力。

例如，海尔公司自己组建立工贸公司，海尔工贸公司就相当于总代理商，取代了经销商角色，直接向百货店和零售店供货。百货店和零售店是其中主要的分销力量；香港嘉顿公司成立独资的贸易公司，负责经销商的权责，直接管理终端的零售店和大卖场，缩短了渠道的长度，提高了企业的利润率；宝洁公司也跨过中间商直接将超市零售终端作为直供客户。

2. 由实体渠道转变为电子渠道

随着互联网营销的普及和移动互联网的到来，以及消费者互联网消费行为习惯的形成，未来中国渠道的发展将由实体渠道转变为电子渠道。电子渠道将在不久的将来取代以自建和他建为主体的实体渠道。渠道的主要模式为：自助销售终端、外呼中心、互联网购物、电子商务、视频购物、电视购物、互动电视等；其中互联网购物和电视购物已成为许多网民购物的固定渠道之一。目前大多数企业已自建电子商务平台，以适应渠道的变革。

3. 直销渠道蓄势待发

在直接渠道方面，由于直销所固有的一些优点，很多厂家对直销形式越来越重视。雅

芳公司、安利公司这些世界级的直销巨头早已进入中国市场，通过这些年的探索已取得相当好的业绩。以安利公司为例，它的纽崔莱系列保健品已经成为国内保健品市场的第一品牌。而本土的直销企业，如天津天狮集团，也在这些年的发展中积累了丰富的经验并取得了不错的业绩。如何更好地利用已有的销售网点和销售人员，如何进一步拓展业务，如何面对竞争对手的挑战则成了直销企业不得不考虑的问题。而对于那些正计划进入直销行业的企业来说，如何选择并运用适合的直销模式，不被传销人员所利用，则成为他们要解决的当务之急。

4. 渠道一体化

随着渠道的不断发展变化，渠道商和厂家之间发生的纠纷越来越多，伴随而来的则是一浪高过一浪的“一体化”呼声。国际市场的发展也说明了这种一体化的发展趋势。当今多数西方企业都拥有 30 个以上的联盟，其中世界 500 强企业更是达到了平均每家约 60 个主要联盟的程度。从长远发展看，处在同一产业链条中的厂家和商家是相互制约、谁也离不开谁的，是在共同创造价值的。因此，渠道一体化将是企业不可回避的重要问题，而问题的关键在于如何在这种一体化的进程中找到合适的方式，协调好厂商之间的利益分配。

5. “一对一”营销模式

就是公司可以和顾客对话，之后在一对一的基础上将产品、服务和信息专门化，即厂家让顾客自行设计自己的产品，厂家提供顾客需求的差别化的个人产品。

总之，未来渠道的发展态势将会越来越多样化，各种渠道模式将会并存发展，渠道发展的最终模式将由顾客和市场所决定。

思考题

（1）“分销渠道层次越多，越难控制”是否标志着分销渠道的层次越少越好？

（2）哪些产品适合直接渠道？

5.2 中间商的概念与类型

相信大家经常会听到“经销商”、“批发商”、“零售商”、“代理商”等词汇，那你是否了解它的真正含义以及它们之间的联系？在本节里我们将讲解这些知识。

5.2.1 中间商的含义及作用

1. 中间商的含义

从产品到达消费者的过程中，因为我们希望扩大市场，我们的能力有限，就必须借助中间商的力量。中间商是指介于生产者和消费者之间，专门从事组织或参与商品流通业务，促进交易行为完成的企业和个人，如图 5-6 所示。

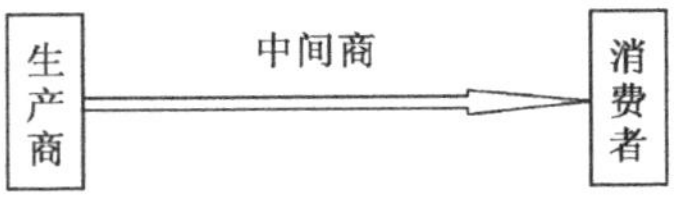

图 5-6　中间商示意

2. 中间商的作用

对于企业来说，渠道的选择永远没有最好的，只有最合适的。其渠道的层级也是因为市场的需要而存在的。美国生产的产品，我们在北京就能买得到，这就是通过渠道来完成的。对于大件的电器产品来说，企业可以在北京直接设立专卖店，但是无法承受在所有的中小城市都这么做，所以这就需要利用渠道来完成。对于饮料、食品等快速消费品说，设计专卖店铺显然也是不可行的。这些快速消费品的利润很低，从广州运到北京，其运费的加价就已经使企业无法和当地的同类产品进行竞争。所以这些低利润的产品都有其运送半径，超过运送半径，倒不如在当地建厂更为划算。在这个半径空间中，企业可以利用中间商把市场做深做透；而在这个半径的边缘位置，企业在产品利润和市场控制上就可能存在问题。中间商的作用如下：

（1）促成商品交换。中间商作为生产者和消费者之间的流通中介，促成商品交换。

（2）简化了交易。例如，有 3 家制造商，每家都向 3 个消费者出售自己的产品，总计要发生“3×3=9”笔交易。而如果有一个中间商介入，则只需发生“3+3=6”笔交易。由于中间商的介入，减少了交易次数，节约了交易成本。

（3）扩大交易范围。中间商是专门化的市场营销组织，熟悉市场，市场信息灵通，接触面广，从而为生产者联系到更多的消费者。

（4）加快商品流转速度，保证市场供应，减少生产者的商品占有资金。

（5）沟通信息。中间商连接产销双方，最了解市场状况，掌握市场信息，可以随时向生产企业和消费者传达信息，使产品适销对路，既可以避免生产的盲目性，又能指导消费。

5.2.2 中间商的类型

依据中间商在商品流通过程中是否取得商品的所有权，中间商可分为经销商和代理中间商。

1. 经销商

经销商是从事商品交易业务，在商品买卖过程中拥有商品所有权的中间商。按商品销售对象的不同，经销商又可分为批发商和零售商，如表 5-1 所示。

表 5-1　批发商、零售商的特点、作用和类型对比

名称	批　发　商	零　售　商
概念	不直接服务于消费者，而是将产品或服务卖给零售商或工业用户的中间商	将产品或服务直接销售给最终消费者的中间商

续表

名称	批　发　商	零　售　商
特点	① 不直接与消费者打交道； ② 不注意促销、店址选择和装饰； ③ 业务量大； ④ 覆盖地区广	① 零售商数目多； ② 经营形态变化大； ③ 分布广，布点多； ④ 业务活动受季节的影响大
作用	① 连接作用； ② 推销和促销； ③ 运输和储存； ④ 融资作用； ⑤ 信息沟通； ⑥ 咨询服务； ⑦ 分担风险	① 出售货品； ② 提供销售情况； ③ 反映货品的意见； ④ 提供货品； ⑤ 提供选购意见； ⑥ 提供售后服务
类型	① 完全职能批发商：提供存货、推销人员、顾客信贷、送货及协助管理等全面服务。主要包括向零售商服务的批发中间商和为制造商服务的工业分销商； ② 有限职能批发商：只提供有限服务。主要包括现金交易批发商、卡车批发商、直送批发商、专柜寄售批发商、生产者合作和邮购批发商等 6 类	① 店铺零售商：包括百货商店、超级市场、便利商店、折扣商店、专业商店、仓储式商场、超级商店和样品目录展示室； ② 无店铺零售商：直接销售、自动售货、购物服务、直邮营销、电话营销、电视营销和网络营销

1）批发商

批发是指将物品或服务销售给为了再生产或转卖而购买的个人或组织所发生的一切活动。批发商是指主要从事批发活动的企业。

对生产者来说，通过批发商的购买，减少产品库存，加速周转；批发商可以凭借自己的资金实力，为生产者解决部分生产资金；批发商可以为生产者提供市场信息，帮助生产者促销产品。

对零售商来说，批发商可为零售商组合产品的花色、规格，便于其配齐品种；批发商通过产品的加工、整理、分类和包装，方便零售商进货、勤进快销；批发商利用自身的仓储设施储存产品，减轻零售商存货负担；批发商还可为零售商提供各种支持，帮助其开展营销业务。

2）零售商

零售商是直接面向最终消费者销售商品或提供相关服务的企业或个人，是分销渠道的最终环节和出口。零售商处在商品流通的最终环节，直接为广大消费者服务；零售商的交易对象是最终消费者，交易结束后，商品脱离流通领域，进入消费领域；零售商销售产品的数量比较少，但销售频率高；零售商的数量多，分布广。

零售商一般按业态进行分类，零售业态总体上分为有店铺零售和无店铺零售。有店铺零售是有固定进行商品陈列和销售所需要的场所和空间，并且消费者的购买行为主要在这一场所内完成的零售业态。无店铺零售是不通过店铺销售，由厂家或商家直接将商品递送给消费者的零售业态。目前国内外的零售商根据其经营特征可分为如下几种类型：

（1）专业商店。这是专门经营某一类商品，或专门经营具有连带性的几类商品，或专门为特殊消费对象经营特殊需要商品的商店，如钟表店、眼镜店、妇女用品商店、体育用品商店、文化用品商店等。专业商店的经营要求具有较高的专业知识和操作技能，销售与服务密切结合，能提供周到的服务。

（2）百货公司（或商场）。这是一种大型零售商店，分门别类地销售品种繁多的商品。其特点是经营范围广，商品类别多，花色品种齐全，能满足消费者多方面的购买需要。

（3）超级市场。也叫自选商场。其特点是由顾客自取自选，自我服务，定量包装，预先标价，顾客出门时一次交款，因而可以节约售货时间，节约商店人力和费用，避免或减少顾客与售货员的矛盾。

（4）购物中心。这是一种由多家商店组合而成的大型商品服务中心，一般设在公共建筑物内，以一家或数家百货商店、超级市场为骨干，由各类专业商店、书店、餐馆、旅馆、银行、影院等组合而成，融购物、服务和娱乐休闲于一体。

（5）连锁店。它是由多家出售同类商品的零售商店组成的一种规模较大的联合经营组织。其特点是由中心组织统一向生产者进货（选购商品），以较大的订购批量，获得最大的价格优惠；采取薄利多销的方针，争取顾客；商品价格经常浮动，有竞争对手时便减价争取顾客，无竞争对手时则提价争取多赢利。

（6）邮购商店。它主要是通过向消费者寄送商品目录来吸引顾客邮购商品。

此外，还有很多形式的零售商，诸如便利店、折扣商店、自动售货机、街头摊贩、外汇商店等。

2. 代理中间商

代理商是从事商品交易业务，接受生产者委托，但不拥有商品所有权的中间商。代理中间商又分为代理商和经纪人，如表5-2所示。

表5-2 代理商、经纪人的特点和类型对比

名称	概 念	特 点	类 型
代理商	不拥有所经营商品的所有权，受委托代理商品采购和销售业务，从代理业务中获得一定佣金的中间商	① 不发生独立的购销行为； ② 对产品不具有所有权； ③ 不承担市场风险； ④ 有广泛的社会关系； ⑤ 信息灵通	① 企业代理商； ② 销售代理商； ③ 采购代理商
经纪人	为买卖双方撮合从中取得佣金的人	① 无商品所有权； ⑧ 无现成的货物； ③ 不承担市场风险； ④ 为买卖双方提供产品、价格和一般的市场信息	① 房地产经纪人； ② 保险经纪人； ③ 证券经纪人等

3. 经销商与代理商的区别

经销商与代理商的区别可以用表5-3简单表述。

表 5-3　经销商与代理商的区别

名称	理论上的区别	实务上的区别
经销商	经销的双方是一种买卖关系	经销商以买卖商品为专业，为应付客户需要，需配备适当的库存，而且自己多半拥有销售组织
	经销商以自己的名义从事销售	经销商一般是自己承担售后服务
	经销商的收入是买卖差价收入	发生索赔事件时，经销商一般是自己承担
代理商	代理的双方是一种代理关系	代理商则多半只有样品而无存货，依订单进货
	代理商以厂家的名义从事销售	代理商则一般在合同中标明不负责售后服务责任
	代理商的收入是佣金收入	代理商则一般在合同中标明不负责索赔责任

5.2.3　选择中间商所要考虑的因素

1. 市场覆盖范围

企业所选定的中间商必须与其所确定的目标市场相一致，那就是要考虑分销商的经营范围所包括的地区和分销商的销售对象，是否分别和企业产品预期销售地区、潜在顾客一致，这是最基本的条件，因为生产企业希望所选的分销商能打入自己选定的目标市场。如专门生产高档服装的制造商，应选择有名的服装商店，或选择大型的综合商厦设立专柜销售。

2. 中间商的声誉、信用和规模

在目前市场游戏规则不是很健全的情况下，中间商的声誉、信用显得尤为重要。它不仅直接影响货款回收，还直接关系到市场的网络支持。一旦中间商中途有变，企业会欲进无力，欲退不能。重新开发市场往往需要付出更大的成本。企业一般都会选择规模大的中间商经销其产品。

3. 中间商的历史经验和经营表现

许多企业在选择分销商时很看重历史经验，往往会认真考察其一贯的表现和赢利记录。若中间商以往的经营状况不佳，则将其纳入营销渠道的风险就大。而且，经营某种商品的历史和成功经验是中间商自身优势的另一个来源。

4. 中间商的职工素质及服务能力

如果中间商在销售商品的过程中能够向顾客提供比较充分的技术服务与咨询指导，具有懂技术、善经营、会推销的营销职工队伍，则适宜选择这个中间商；否则不宜选用。

5. 中间商的财务能力

生产企业倾向于选择资金雄厚、财务状况良好的分销商，这样可以有还款保证，还可能在财务上给生产企业一些帮助，从而有助于扩大产品生产和销路。

6. 中间商的地理区域优势

分销商理想的位置应该是顾客流量大的地点。批发商的选择则要考虑他所处的位置是否有利于产品的储运，通常以交通枢纽为宜。

7. 中间商的储存、运输设备条件

选择的中间商要具备经营本企业产品的必要的仓库、运输车辆等储运设施设备。

8. 中间商经营产品的结构

一般认为如果经销商经销的产品组合丰富多样，竞争优势非常明显，则有利于企业的市场开拓。

9. 中间商的合作态度

企业选择的中间商应是对企业产品销售抱有积极的合作态度的。分销商与企业合作得好，会积极主动地推销产品，也不至于提出一些不切实际的经销或代销要求和条件。否则，应及时放弃那些要求条件过高的中间商。

10. 中间商的营销管理水平和营销能力

如果中间商的企业经营管理井然有序，办事效率高，显然推销能力就强，产品销售业绩就好；否则，就难以使产品占领市场。下面我们一起来看看九阳公司是如何选择经销商的。

济南九阳电器有限公司设立于 1993 年下半年，起步资金仅有数千元，1994 年 12 月份推出产品豆浆机后，市场连年大幅度扩大，公司已发展成全国最大的家用豆浆机生产厂家。

九阳公司根据自身情况和产品特点采用了地区总经销制，以地级城市为单位，在确定目标市场后，选择一家经销商作为该地独家总经销，为达到立足长远做市场、做品牌、共同发展的目标，九阳公司对选择总经销商提出了较严格的要求。

（1）总经销商要具有对公司和产品的认同感，具有合作的态度，具有敬业精神，这是选择的首要条件。九阳公司的销售人员注意在帮助经销商分析认识企业的发展前景和产品的市场潜力，培养经销商的这种认同感方面做工作。

（2）总经销商要具备经营和市场开拓能力，具有较强的批发零售能力。这涉及到经销商是否具备一定的业务联系面，分销通路是否顺畅，人员素质高低及促销能力的强弱。企业选择总经销商，就是要利用其开拓市场、扩散产品的能力。

（3）总经销商要具备一定的实力。实力是销售网点正常运营、实现企业营销模式的保证，但是要求实力并不是一味地求强求大。九阳公司在如何评价经销商实力上，采用一种辩证的标准，即只要符合九阳公司的产品市场需要，能够保证公司产品的正常经营即可，并不要求资金最多。

（4）总经销商现有经营范围与公司一致，有较好的经营场所。如经营家电、厨房设备的经销商，顾客的购买意向相对集中，易于带动公司产品的销售。九阳公司要求总经销商设立九阳产品专卖店，由九阳公司统一制作店头标志，对维护公司及经销商的形象产生了积极的作用。

九阳公司与其经销商的关系，不是简单地立足于产品买卖的关系，而是一种伙伴关系，谋求的是共创市场，共同发展。因而公司在制定营销策略时，注意保证经销商的利益，注重的是利益均衡，解除经销商的疑虑。从九阳公司选择经销商的案例里，我们知道

按照选择的标准去选择中间商，对企业开拓市场及维护厂商关系发挥着很大的作用。

思考题

面对沃尔玛等公司的冲击，我国本土的连锁经营零售商下一步应该什么走？

5.3　渠道选择

知识分布网络

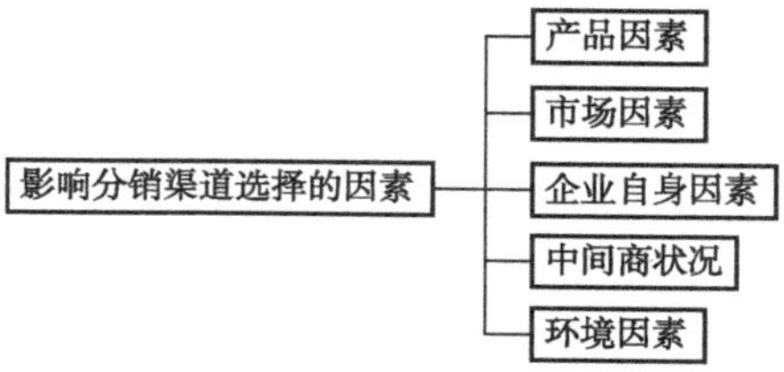

引例 5-2　海尔空调的渠道开发

海尔空调成为美国第二大著名零售渠道塔吉特（Target）的独家家用空调供应商，这是该渠道对欧美、日韩等二十多个国际知名品牌进行对比、筛选后做出的最终选择。业内人士表示，能够在竞争激烈的美国市场成为当地主流渠道的独家空调供应商，彰显出海尔空调领先的全球化实力，意味着在与欧美、日韩企业的市场角逐中，中国家电企业已经占据了主动权。

美国市场的产品准入制度向来以严格著称，不符合当地产品检测标准的产品根本无法进入。以沃尔玛超市为例，供应产品进入卖场之前须接受从产前到产中、验货共七十余项指标的检测，整个流程繁复严苛。因此，海尔空调能够成功进入美国十大主流销售渠道，甚至成为这些渠道的独家供应商，恰恰印证了其卓越的产品品质及领先的产品竞争实力。

凭借领先的品质及时尚的外观，海尔空调不仅成功进入了全美排名前十的主流渠道，还成为当地消费者购买空调的首选品牌。相关数据显示，海尔空调已连续四年位列美国空调品牌前三甲，并在纽约创下了 7 小时售出 7 000 台的纪录。而在美国第一大零售渠道沃尔玛超市，海尔空调和当地品牌 GE 各占 50%的家用空调市场份额，成为唯一能够和欧美大牌空调品牌相抗衡的企业。

评析　分销渠道选择的好坏很大程度上决定了企业营销的成败，谁掌握了主动权，谁就取得了终端的胜利。海尔公司在这方面做得非常成功：由海尔公司发起制定的美国首个移动室内空调器推荐性标准在美国正式实施，海尔公司成为美国市场空调行业标准的制定者。与此同时，海尔公司在日本成立了变频空调研发中心，这也是中国家电企业在日本成立的首个变频空调研发中心，该中心将被打造成业内最大、最专业的变频技术研发中心。种种迹象表明，以海尔公司为代表的中国空调企业正成为产业格局发展的主导者。

是不是其他的企业也可以同海尔公司一样选择渠道吗？下面我们来共同分析生产企业在选择分销渠道时应该考虑的各种因素。影响分销渠道选择的主要因素，如图 5-7 所示。

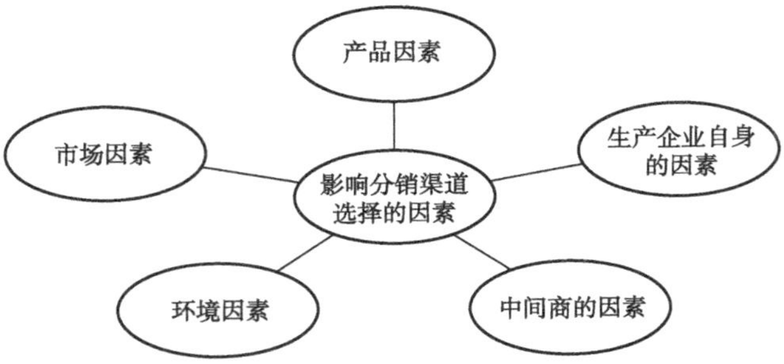

图 5-7　影响分销渠道选择的因素

5.3.1　产品因素

生产商在选择中间商时，首先要考虑产品的以下特性：

（1）产品的性质。如有的产品易毁或易腐烂，产品有效期短。这些产品应尽量减少中间商，采取尽可能短的分销渠道甚至专用渠道，尽快送到消费者手中。还有一些体积大、份量重、移动不便的商品，适宜选择最短的分销渠道。

（2）产品的价值。一般来说，产品的价值越高，越倾向于减少流通环节，否则会造成销售价格的提高，从而影响销量，这对生产企业和消费者都不利。而价值较低的产品，则通常采用多环节的间接分销渠道来拓展市场。

（3）产品的技术。对于技术性强、专用性强的商品或需要专门复杂的技术服务与维修的产品，应使用直接渠道，采取产销见面的直接销售，将产品直接销售给用户，向用户提供专门技术标准的产品和及时良好的技术服务。

（4）定制品和标准品。定制品一般由产需双方直接商讨规格、质量、式样等技术条件，不宜由中间商销售。标准品具有明确的质量标准、规格和式样，分销渠道可长可短。

（5）产品的新旧。许多新产品在试销阶段需要大量的售后服务工作，加上市场需求不稳定，商业利润低，中间商往往不愿意经销，迫使生产企业组织自己的推销队伍，直接与消费者见面，推介新产品和收集用户意见。

（6）产品的季节性。季节性强的商品，为了尽快销售出去，可考虑利用中间商来进行分销。

随着社会的发展，个性化消费的趋势越来越明显，那些需要高附加值服务的商品也以选择直接渠道为宜，如表 5-4 所示。

表 5-4　产品因素对分销渠道选择的影响

产品因素	产品属性	渠道短	渠道长	举例说明
产品的单位价格	高	√		大型机械设备
	低		√	日用品
产品的体积与重量	大、重	√		大型机械设备
	小、轻		√	日用品
产品的易腐性和易毁性	强	√		鲜活产品
	弱		√	衣物

续表

产品因素	产品属性	渠道短	渠道长	举例说明
产品的技术与服务要求	高	√		医疗设备
	低		√	日用品
产品的标准化	高		√	小配件、日用品
	低	√		设计项目
产品专用性	高	√		医疗设备
	低		√	日用品

5.3.2　市场因素

渠道的选择还要受市场因素的影响，主要表现在以下几个方面。

（1）目标市场范围。目标市场范围越大，渠道相应越长越宽。

（2）购买量的大小。对于一次购买量小、购买频率高的商品，适宜选择长渠道。反之，一次购买量大、购买频率低的，则宜选择短渠道。

（3）顾客集中程度。某些商品的消费者分布比较集中，适合直接销售；反之，适合间接销售。工业品用户相对集中，适合直接渠道销售。生活消费品顾客数目多且分散，流通成本偏高时，就需要较多层次的中间商来建立分销渠道。

（4）顾客的购买习惯。顾客对各类消费品的购买习惯，如可接受的价格、购买场所偏好、对服务的要求等，都会影响到企业的渠道选择。如消费品中的便利品，消费者对这类商品的购买表现为购买频率高，希望能随时随地买到，所以这类商品的制造商只能通过批发商，最后由为数众多的中小型零售商销售给消费者。

（5）竞争状况。在一般情况下，应尽量避免与竞争者采用相同或者相近的分销渠道，除非自己的产品有独特的地方。

市场的规模越大，位置越集中，顾客一次购买量大，可采取直销或短渠道；反之，当对日用品，顾客习惯现买现用，所以选择大量且分布广泛的零售中间商。对高端产品，顾客往往要在充分了解信息做出选择后才会购买，这时渠道就不必长。另外，随着顾客消费习惯的改变，市场潜力的变化，企业也要适时地调整自己的分销渠道，这样在优胜劣汰的市场环境中才能获得较快发展。

5.3.3　生产企业自身的因素

（1）生产企业自身的资源条件。如果生产企业自身的规模越大、财力越雄厚、声誉越高，则可以建立自己的销售网点，或选择短渠道策略。

（2）经营能力与管理经验。如果企业具备市场营销所需的人才、设施、技术和经验，具有经营能力和管理渠道的经验，则应选择直接渠道或短渠道；反之，则必须借助中间商，选择间接分销渠道。

（3）服务能力。如果生产企业有能力为最终消费者提供很多服务项目，如维修、安装调试、广告宣传等，则可以取消一些中间环节。

5.3.4 中间商的因素

（1）中间商对生产商的态度和要求。

（2）中间商的规模。如果大型零售商多、进货批量大，则生产者可以直接跟零售商交易，此时使用短渠道策略。

（3）中间商提供服务的能力。如果中间商开拓市场的能力和提供服务的能力高，就应该使用长渠道策略。

5.3.5 环境因素

渠道选择还要考虑到政治、经济、科技、法律、文化等因素。如整个社会的经济形势好、发展快，分销渠道的选择余地大；在经济萧条时，市场需求下降，生产者要控制销售费用，降低售价，常常减少流通环节，使渠道变短变窄。如一些国家实施医药、烟酒专卖制度，对这些产品的分销渠道就必须依法选择，其分销自由度大大下降。某些按国家政策如专卖制度、反垄断法规、进出口规定等应严格管理的商品或计划分配的商品，企业无权自销和自行委托销售。此外，随着电子信息和互联网技术的发展，电子商务逐步成为许多企业的渠道选择。

下面，让我们一起来为一家新的床上用品公司进行渠道设计。

公司基本情况：前身是一家面料厂，目前，改制为一家生产、销售高档床上用品和布艺饰品的公司。

考虑的主要问题：什么样的渠道最适合销售高档床上用品？什么样的渠道最适合新品牌床上用品的企业状况？什么样的渠道在保持稳定性的同时，也便于企业日后的渠道改进？什么样的渠道最能尽快出成绩？

遇到的难题：行业内的现有代理商很分散，高端产品的代理商非常少；作为新公司，自营的投资费用太大，短时间铺货到位也很难；进商场超市，除了会遇到进门难的问题，对于新品牌，交易成本会很高；搞特许经营，企业不仅没有管理经验，也缺乏品牌影响力。

思考解决问题的方向：先考虑品牌因素，作为高端产品，势必要树立“高端”形象，所以就不是所有的渠道都适合推该品牌；其次考虑渠道管理经验问题，该品牌没有太多分销管理经验，短时间也不可能形成驾御多渠道的管理能力，找到适合的渠道才是明智的；最后要考虑的是成效问题，要尽快见到‘产出’，自然要规避那些风险大、投入大的渠道。

渠道设计方案：第一，在第一个年度，作为一家初涉床上用品行业的新企业，该公司将圈定在全国 30 个中心城市内，寻找行业内有零售管理经验的经销商，以代理制方式由其将产品推进重点商场，这一时期，不做其他形式的渠道建立和开展深度分销。第二，总部成立“店中店”项目组，以支持在条件成熟的商场内建立“家纺世界”。通过时尚类主流商场的集中展示和其他公关活动，迅速扩大该品牌知名度和影响力。第三，在第二个年度的前期，在区域建立“销售服务中心”，辅助现有代理商，发展下游主要二级城市的业务，同时，以大中型商场为主，加大零售终端的服务投入。第二个年度后期，将启动“专卖店”计划，在保证现有代理商“商场业务”的同时，依靠相对成熟的管理团队和品牌影响，寻找社会投资者，建立特许加盟体系。专卖店渠道将与代理商业务并列，由区域销售服务中心来管理平衡。

5.4　渠道管理

知识分布网络

- 渠道管理
  - 渠道管理的内容
  - 渠道冲突管理
  - 窜货管理

引例 5-3　两只老虎

两个人在丛林中露营，突然看到一只老虎。

其中一个赶紧穿跑鞋，另外一人说：“别穿鞋了！你真以为穿上鞋子能跑得过老虎吗？”

准备穿鞋的那个人说：“我不需要跑得比老虎快，我只要跑得比你快就行了”。

评析　这个故事揭示了这样一个道理：行业生存空间很窄，胜者为王，败者为寇，谁先跑出第一步，谁的生存概率就大一些；谁能首先投身“渠道革命”，强化渠道管理，谁就会淘得第一桶金。接下来，让我们再来学习渠道管理的相关内容。

5.4.1　渠道管理的内容

> **没有伞的孩子必须努力奔跑，没有背景，就奔前景！**

在渠道确定后，企业还要对渠道进行管理。分销渠道管理，主要是指对间接分销渠道中的成员的管理，即对中间商的管理。渠道能力是厂商渠道竞争力的体现，是打造品牌资产的基石，如何有效地对渠道市场进行管理对各商家来说不仅是一门学问，同时也是在激烈的市场竞争中克敌制胜的有效手段。渠道管理主要包括协调渠道成员的利益冲突，激励渠道成员，评估渠道成员，调整渠道成员等内容。

1. 协调渠道成员的利益冲突

目前，在大多数硬件厂商的渠道模式中，一个区域内会存在多家代理商，在同一区域中分食一块奶酪，磕磕碰碰是难免的。因此，厂商作为规则的制定者和裁判，如何去平衡和协调各代理商的利益是一件很头疼且各方都非常关注的事情。从某种角度来看，渠道之间的利益冲突是必然的，我们努力的目标不是完全消灭冲突，而是规范冲突，使之保持在合理的范围内，起到良性的刺激竞争的作用。所以，我们的愿望是减少恶性冲突，保持良性竞争，鼓励一种竞争合作的状态，共同培育市场和品牌。

2. 激励渠道成员

激励渠道成员，调动他们的积极性，使其具有良好的表现，是渠道管理的重要任务。中间商是独立经营者，为了实现自身目标，它会采取一些必要的有效措施。当生产者满足了中间商的要求时，它会积极扮演好产品销售和顾客购买代理的双重角色；当生产者不能满足中间商要求时，它会转向销售其他生产商的商品。一般说来，生产商激励渠道成员的方式有以下三种。

1）合作

合作是指当中间商比较依赖生产商时，生产商往往会采用较高的利润、特殊优惠等正面激励和减少提供服务、终止双方关系等消极制裁措施相结合的办法。合作方式采取直接激励的方法，直接激励往往借助于物质的刺激，给予中间商附加利益，如较高的毛利、特殊优惠、各种奖金、返利、合作性广告补贴、陈列津贴及推销竞赛等，这是一种授之以鱼的做法。

2）合伙

合伙是指生产商致力于和中间商建立长期的合伙关系，他们会共同从市场覆盖面、市场开发、产品供应、技术支持、市场信息等方面来衡量。一些老于世故的企业往往试图与经销商建立长期的合伙关系。这就要求制造商必须深入了解他能从经销商那里得到些什么，以及经销商可从制造商那里获得些什么。制造商希望经销商能同意制定的政策，并根据遵守政策的具体程度确定付酬办法。

例如，某企业不直接付给经销商25%销售佣金，而是按下列标准支付：如果保持适当的存货，则付5%；如果能达到销售配额，则再付给5%；如果能有效地为顾客服务，则再付5%；如果能及时报告最终顾客的购买水平，则再付5%；如果能对应收账款进行适当管理，则再付5%。

3）分销规划

分销规划是生产商和中间商之间最先进的联系方法，旨在建立一个有计划的、专业管理的纵向营销系统，把二者的需要有机地结合起来。合伙和分销规划方式使用间接激励的方法。间接激励着眼于对中间商长期激励，帮助他们提高管理效率。制造企业建立一个有计划的、专业管理的纵向营销系统，把制造商和分销商双方的需要结合起来。制造商的任务是分析分销商的各种需要，制定推销方案，帮助经销商的经营达到最佳水平。制造商和分销商联合制定销售目标、存货水平、铺面空间和商品陈列方式、销售培训要求，以及广告促销计划等。例如，过去经销商可能认为之所以能赚钱是因为他与购买者站在一起共同对抗制造商的结果，而现在他可能认为之所以能赚钱是因为他与销售者站在一起。

我国家电行业的一些企业在间接激励的实践方面走得更远。如美的集团送经销商去上MBA，与新加坡及香港特区的大学合作，把美的集团的经销商送去强化培训，真正学到许多东西，实实在在地提高水平，这是厂家给经销商的一份长远利益。有的企业甚至直接向分销商输出经理人，切实帮助他们提高管理水平。

宝洁公司创立和推行的“助销模式”更是充满了神秘色彩和神奇魅力，被誉为宝洁公司营销战无不胜的“秘密武器”。该“助销模式”是宝洁公司旨在通过人、财、物、技术、管理资源的投入，帮助经销商发展生意、拓展业务、管理市场的一种渠道运作理念和销售管理模式。宝洁公司的“助销模式”在运作上要求包括：维护市场秩序，保证经销商按照品牌意志行事；协助经销商开发市场，拓宽市场活动空间；提供专业销售培训，为经销商提供技术支持；提供通路费用支持，协助经销商进入重点难点市场，占领市场“制高点”；

提供促销赠品，用于鼓励客户进货、联络感情及向消费者促销；访问客户，了解市场，充分把握消费者的需求信息，充分沟通，搞好客情关系。例如，宝洁公司指派了20名经理与沃尔玛公司总部进行合作，一起探讨减少合作成本和共同减少损失的方法。结果，宝洁公司建立了定制化的订单过程和自动库存补偿程序，它使零售合伙人的库存降到最低点。

在有些情况下，正面激励并非总是有效，这时需要一些负面强化激励。中间商如果不能很好合作的话，可以减少毛利、放慢供货，甚至终止合作关系。在分销商对制造商高度依赖的条件下，这种方法尤其有效。

3. 评估渠道成员

生产者除了选择和激励渠道成员外，还必须定期评估他们的绩效。企业根据自己的营销目标，制定对中间商的工作绩效进行考核的办法，这通常包括：积极性、销售额、增长率、市场占有率、平均存货水平、回款速度、宣传推广、服务水平、顾客满意度等。对企业有较大影响的中间商，往往应成为企业合作的重点；对于绩效一般或低于企业要求的中间商，要找原因及补救办法，必要时，也可剔除绩效差的中间商来保证渠道的效能。评估渠道成员应遵循经济性原则、发展性原则、适应性原则和合作性原则。

4. 调整渠道成员

渠道的建成，仅是产品迈向消费者的第一步。随着市场容量、消费者需求和产品寿命周期的变化，企业需要对渠道动态地进行调整，重新选择目标市场、细分市场与产品再定位，适当地进行中间商的增减，整合优化配置与渠道创新等，常用以下三种方法。

（1）增减渠道宽度。当发现现有的渠道过少，不能使产品有效抵达目标市场而影响了产品的销路时，则应增加新的渠道，即增加同一层次的中间商数目；反之，则应减少、缩小渠道宽度。

（2）增减渠道长度。当制造商在某目标市场上只通过增减个别中间商不能解决根本问题时，就会采取增减某一特定分销渠道。效率低下，分销不力，对渠道整体运作有较大影响的中间商应以剔除，如有必要可另选合适的中间商加入。如某饮料公司发现其经销商只注意成年人市场而忽视儿童市场时，为了促进儿童饮料市场的开发，就可能增加一条新的分销渠道。当企业产品市场扩大时，而中间商销售范围变化不大，就可以增长渠道。

（3）调整整个渠道的结构。渠道是为营销服务的，当企业原有的渠道产生严重矛盾冲突或不能满足市场需要时，或企业调整战略目标、营销组合发生重大变化时，就需要对渠道进行重新设计和组建。实际上，由于市场竞争激烈，生产者往往需要对整个分销模式进行调整，通过多种渠道模式将相同的产品送到不同的市场。

春兰集团是中国最早生产空调的厂家之一。1997年之前，春兰集团采用的是“受控代理制”，这种制度主要是协调一些超大型代理商的销售范围和销售政策，通过他们再往下面进行强行分销，俗称“大户制”。“受控代理制”的好处是厂家省心省力，缺陷是对大户过度依赖，导致厂家对市场反应迟钝，以及经销商执行厂家的策略迟钝，甚至混乱。因此，春兰集团从1997年开始果断地进行将“受控代理制”向“终端制”的变革。变革虽然困难重重，但春兰集团仍坚定不移地坚持执行这一变革，2001年春兰集团已经建设了59家办事处、1 000多家专卖店，以及由春兰集团管理的6 000多名导购员队伍。“终端制”的成功建设拉近了春兰空调与消费者的距离，对市场掌控和反应能力有了脱胎换骨的变化。当2000年空调市场竞争白热化时，春兰空调能够第一个对海信空调降价做出反击。2013年春兰集团实现9.67亿元的营业收入。

紫光集团曾对渠道进行整合。针对北京及华北地区代理商过多的情况，紫光集团笔记本电脑事业部规定从1999年起，北京的代理商数量限制在10家。每家代理必须完成一定的销售数量，否则将代理商降格为经销商，而经销商不享受紫光集团的市场特别支持。此外，紫光集团还对北京地区的经销商们的经营业绩及合作意向进行综合评估，通过筛选和进一步寻找有实力的代理商，进一步增加代理商的综合实力。对于精选出的代理商的管理力度和支持力度都比以前有所增强。这些代理商被紫光集团授予“授权特约代理”的称号。2013年紫光集团实现85.2亿元的营业收入。

思考题

激励不足和激励过度有什么不利之处？

5.4.2 渠道冲突管理

1. 渠道冲突类型

渠道冲突有如下3种类型。

1）横向渠道冲突

横向渠道冲突是指渠道中同一层次的渠道成员之间发生的冲突，如同级批发商或者同级零售商之间的冲突，表现为窜货、压价销售等。

2）纵向渠道冲突

纵向渠道冲突是指经销商与渠道上游的厂家或与下游的客户（二级批发商或终端零售商等）的冲突，具体表现为：与厂家在代理区域划分、经销权限和销售政策等重大问题上的冲突；平时市场运作中问题处理不当引起的冲突，如在市场秩序维护和市场推广执行中，双方的责任与利益失衡；与下游客户在应收账款、配送服务和库存处理上的冲突。

3）多渠道冲突

多渠道冲突是指厂家建立了两条或两条以上的渠道，向同一市场销售产品而发生的不同渠道之间的冲突。现实中，这种冲突主要表现为新兴渠道对传统分销渠道的冲击。

请看雅芳公司在渠道建设过程中的四次摇摆。

1990年，雅芳公司进入中国市场，投资2795万美元，与广州化妆品厂合资成立广州雅芳有限公司。由此，雅芳公司为中国市场带来了直销这种全新的销售模式和思想。雅芳公司一心欲在中国大陆拓展版图，推广已成熟的商业模式。而在1998年，中国政府颁布《禁止传销条例》，规定直销公司必须要开设店铺。也正是在这一年，高寿康出任雅芳公司中国区总裁。面对中国全面禁止传销的挑战。他采取传统的零售渠道销售，一度扭转严峻形势，专卖店在2004年扩张到6000家，2003年销售额达到24亿元人民币。

2006年，雅芳公司在获得了第一张直销牌照之后，业绩显颓势。获得直销牌照的雅芳公司，开始了渠道模式上的又一次转型，即由专卖店转向“专卖店+直销”的混搭模式。

2008 年，雅芳公司的直销员队伍扩充到 60 万人，但是 6 000 家店铺的规模一直未有减少。60 万直销员与 6000 家店铺，争市场，夺客户，矛盾逐渐凸显。2010 年 4 月，奥多内兹替换高寿康，开始了全直销转型；5 月 7 日，雅芳公司向经销商发布了《关于中国雅芳直销发展的声明》，砍掉原来的经销商和专卖店渠道，转向完全直销。自那时起，雅芳公司与其经销商、专卖店之间的矛盾冲突就不断上演。雅芳公司的全直销模式，令经销商深感压力和不满。一位经销商说："这是想甩掉我们这些专卖店，满大街都是直销员，谁还到专卖店买产品？"计划尚未完成，奥多内兹已经下台。在摇摆不定的混合模式下，雅芳公司在中国市场的业绩一直疲软。2013 年元月雅芳公司中国区总裁林展宏提出"专注零售"战略而开始第四次渠道调整，加强对专卖店和百货专柜的支持力度，但并没有放弃直销渠道模式，但最终能否取得成功有待于市场的检验。

雅芳公司在中国遇到的最大问题，本质上是商业模式和渠道建设的问题，专卖店与直销员两种渠道的冲突导致价格体系的矛盾。但无论最后选择是专卖店和直销员，雅芳公司都应该早做了断，反复的商业模式和渠道变更，只会让雅芳公司和它的渠道成员更受伤。

2. 化解渠道冲突的对策

低水平的渠道冲突对分销效率没有太大影响，但高水平的渠道冲突可能导致渠道崩溃，所以应尽可能坚决化解高水平的渠道冲突。化解渠道冲突的积极对策有以下四种。

（1）做好渠道成员的沟通工作。如何促成渠道成员之间的相互理解、相互信赖乃至紧密合作，是渠道冲突管理工作的一个重要方面。

（2）激励分销商。激励分销商的措施有：开展促销活动、资金资助，协助分销商搞好经营管理、提供情报，与分销商结成长期的伙伴关系等。

（3）建立长期合作关系。精明的企业常会与分销商建立长期的合作关系，既可以激励分销商，又可以有效化解渠道冲突，把分销商的利益与企业的利益有机地捆绑在一起。

（4）建立产销战略联盟。所谓产销战略联盟，是指从企业的长远发展角度考虑，制造商与分销商之间通过签订协议的方式，形成风险利益联盟体。管理渠道冲突最有效的方法就是设法让渠道成员建立产销战略联盟。

除了以上谈到的积极对策以外，要解决渠道冲突，还有以下消极的方法。

（1）谈判。谈判的目的在于停止成员间的冲突。谈判是渠道成员讨价还价的一个方法。在谈判过程中，成员之间互相让步，从而避免冲突发生。

（2）调解。有效的调解可以消除误解，澄清事实，保持对方的接触，寻求达成共识的可能的基础，促使双方同意某些提议，监督协议的实施。

（3）仲裁。仲裁可以是强制的或自愿的。强制性的程序是：双方必须按照法律规定服从于第三方，由他做出最终和综合性的决定。而自愿仲裁的程序是：双方自愿服从于第三方，由他做出最终和综合的决定。

（4）法律手段。当冲突通过谈判、劝说等途径无效时，为了保证渠道畅通，就要通过诉诸法律的手段来强制解决。

（5）清除渠道成员。对于不遵守游戏规则、屡教不改的渠道成员，就必须采用清除渠道成员的办法了。

5.4.3 窜货管理

窜货问题是所有企业面临的共同难题，被称为分销渠道的一个“顽疾”。娃哈哈集团的产品没有高的技术含量，不存在技术壁垒，却步步领先，为什么？这与其牢不可破的分销网络密切相关。那么，娃哈哈集团是怎样整治分销渠道的这个“顽疾”的呢？其实，从娃哈哈集团的管理制度上和实际操作中，我们可以看出娃哈哈集团手握着对窜货极具杀伤力的以下“十把利剑”。

（1）实行双赢的联销体制度。娃哈哈集团在全国31个省市选择了1 000多家能控制一方的经销商，组成了几乎覆盖中国每一个乡镇的联合销售体系。

（2）实行级差价格体系。娃哈哈集团根据区域的不同情况，分别制定了总经销价、一批价、二批价、三批价和零售价，在销售的各个环节上形成严格合理的价差梯度，使每一层次、每一环节的经销商都能通过销售产品取得相应的利润，保证各个环节有序的利益分配，从而在价格上堵住了窜货的源头。

（3）建立科学稳固的经销商制度。娃哈哈集团对经销商的选取和管理十分严格。在合同中明确加入了“禁止跨区销售”的条款，将经销商的销售活动严格限定在自己的市场区域范围之内，并将年终给各地经销商的返利与是否发生窜货结合起来。

（4）全面的激励措施。娃哈哈集团各区域分公司都有专业人员指导经销商，参与具体销售工作；各分公司派人帮助经销商管理铺货、理货及广告促销等业务。

（5）产品包装区域差别化。娃哈哈集团和经销商签订的合同中给特约经销商限定了严格的销售区域，实行区域责任制。发往每一个区域的产品都在包装上打上了一个编号，编号和出厂日期印在一起，根本不能被撕掉或更改，除非更换包装。企业营销人员一旦发现了窜货，可以迅速追踪产品的来源，为企业处理窜货事件提供真凭实据。

（6）企业控制促销费用。娃哈哈集团经常开展促销活动，但促销费用完全由娃哈哈集团自己掌控，从不让经销商和公司营销人员经手操作，减少经销商和企业的营销人员从促销费用中拿出一部分钱用于低价窜货把销量做上去的现象发生。

（7）与经销商建立深厚的感情。娃哈哈集团和经销商的关系是非常融洽的，感情是深厚的，有许多经销商都是与娃哈哈集团一起成长起来的。

（8）注重营销队伍的培养。娃哈哈集团非常注重营销队伍的建设和培养：严格人员招聘、选拔和培训制度；在企业中营造一种有利于人才发挥所长的文化氛围；制定合理的绩效评估和奖罚制度；实施关心人、理解人、体贴人的情感管理。

（9）制定严明的奖罚制度。面对窜货行为，娃哈哈集团有严明的惩罚制度，并将相关条款写入合同内容。娃哈哈集团对越区销售行为严惩不贷，绝不讲任何情面。例如，年底时，对于没有遵守协议的销售商，公司将扣除经销商的保证金用以支付违约损失，情节严重的甚至取消经销资格。在保证金的约束和公司严厉的处罚下，经销商绝不敢轻举妄动。

（10）成立反窜货机构。娃哈哈集团专门成立了一个反窜货机构，反窜货人员经常检查巡视各地市场，及时发现问题并会同企业各相关部门及时解决。

以上案例告诉我们窜货管理是营销取得成功的一个非常重要的环节，接下来我们将学习到窜货管理的主要内容。

1. 窜货现象的种类

窜货，又称为倒货、冲货，也就是产品跨区销售，是渠道冲突的典型表现形式。根据窜货的表现形式及其影响的危害程度，可以把窜货分为以下几类。

1）自然性窜货

自然性窜货是指经销商在获取正常利润的同时，无意识地向辖区以外的市场倾销产品的行为。这种窜货在市场上是不可避免的，同种商品只要存在市场分割从而导致价格存在地区差异，或者只要在不同市场的畅销程度不同，就必然产生地区间的流动。它主要表现为相邻辖区的边界附近互相窜货，或是在流通型市场上，产品随物流走向而倾销到其他地区。

2）良性窜货

良性窜货是指企业在市场开发初期，有意或无意地选择了流通性较强的市场中的经销商，使其产品流向非重要经营区域或空白市场的现象。在市场开发初期，良性窜货对企业是有好处的。一方面，在空白市场上企业无须投入，就提高了知名度；另一方面，企业不但可以增加销售量，还可以节省运输成本。

3）恶性窜货

恶性窜货是指为获取非正常利润，经销商蓄意向辖区以外的市场倾销产品的行为。经销商向辖区以外倾销产品通常是以价格为手段，主要是以低于厂家规定的价格向非辖区销货，以加大自己的出货量拿到厂家所规定的销售奖励或达到其他的目的。恶性窜货给企业造成的危害是巨大的，它扰乱企业整个营销的价格体系，引发经销商之间的价格战，降低产品的通路利润，使得经销商对产品失去信心，丧失经营产品的积极性甚至最终放弃经销此种产品；混乱的价格将导致企业的产品、品牌、信誉失去消费者的信任和支持，从而导致企业的衰败和破产。曾经红极一时的“三株”口服液的倒闭原因之一就是恶性窜货。

经销商销售假冒伪劣产品是另一种更为恶劣的窜货类型。假冒伪劣产品以其超低的价格、巨大的利润空间诱惑着经销商铤而走险。经销商往往将假冒伪劣产品与正规渠道的产品混合在一起销售，挤占正规产品的市场份额，或者直接低于市场价进行低价倾销，打击了其他经销商对此种产品的信心。

从上面可以看到，不是所有的窜货现象都具有危害性，也不是所有的窜货现象都应该加以制止。根据以往的销售经验表明：没有窜货的销售是不红火的销售，大量窜货的销售是很危险的销售。适量的窜货会形成一种红红火火的热烈销售的局面，这样有利于提高产品的市场占有率和品牌知名度，同时需要严加防范、制止和打击的是恶性窜货。

知识链接：何谓“倾销”？

倾销是指在正常的贸易过程中，用低于正常价值出口商品的行为。它已经或有可能给进口国生产相同产品的行业或企业造成损害，因而受到进口国的反对。

2. 窜货现象的原因分析

窜货现象产生的原因是多种多样的，但根源还是在于利益驱动和人为因素。具体说有以下原因。

1）经销（代理）商选择不当

窜货往往离不开经销（代理）商的参与，因此在选择经销（代理）商时必须慎重考虑。经销或代理商选择不当有两种情况：一种是独家与多家选择不当；二是代理或经销商资格审查不严。

2）价格体系混乱

目前，许多企业在产品定价上仍然采用传统的“三级批发制”来定价，即总经销价（出厂价）、一批价、二批价、三批价，最后加个建议零售价。这种价格体系中每一个阶梯都有一定的折扣，如果折扣设计不合理，将导致利润空间非常大，只要市场与市场之间有一定的价格差，且价格差超过货物运费时，窜货就极有可能发生。

3）企业盲目为经销商定销售指标

如果销售任务指标太高，目标奖励又十分诱人，往往导致经销商铤而走险，为了完成年度销量任务而窜货，市场秩序产生极度混乱。

4）管理制度有漏洞

管理制度的漏洞包括返利、奖励制度偏颇，区域价格设计不合理，没有窜货方面的惩罚制度，出了问题无法可依等。

5）企业的一些营销人员鼓励经销商违规

营销人员的收入是与销售业绩挂钩的。因此，一些企业的营销人员或市场代表为了自己的个人利益，多拿提成，置企业的销售政策于不顾，鼓励经销商违规操作，甚至与经销商狼狈为奸，共同牟取私利。

6）抛售滞销品和处理品

一些企业为了蝇头小利，对积压货物不予退货，让经销商自行处理。经销商置企业信誉和消费者利益于不顾，将积压过期的甚至变质的产品在市场上出售，严重扰乱了市场，对企业的品牌造成了恶劣的影响。

7）竞争对手恶意造成的窜货

有时竞争对手为了破坏市场用窜货作为工具，通过某种途径获取你企业的产品，然后再低价抛向市场。

3. 治理窜货现象的对策

1）加强自身销售队伍和外部中间商队伍的建设与管理

企业自身销售队伍建设一方面要严格招聘、培训制度，另一方面还要设计合理的考核、激励制度。经销或代理商队伍的建设也要在选择上下大工夫，绝不让不合格的经销商或代理商滥竽充数。

2）堵住制度上的漏洞

既要防止制度缺失，更要防止制度不合理。例如，要严格窜货的处罚规定，销售目标要在调查的基础上做到切实可行，建立合理的差价体系等。

3）签订不窜货乱价协议

协议是一种合同，一旦签订就等于双方达成契约，如有违反就可以追究责任，为加大处罚力度提供法律依据。例如，奥普电器公司为防止浴霸窜货，与经销商签订了《防窜货市场保护协议》和《控价协议》，明确双方的责权利，较好地维护了市场秩序。

4）归口管理，权责分明

企业分销渠道管理应该由一个部门负责。多头负责，令出多门，容易导致市场的混乱。

5）加强销售通路监控与管理

第一，要时刻观察销售终端，及时发现问题；第二，信息渠道要畅通，充分利用受窜货危害中间商的反馈信息；第三，出了问题，及时严肃处理。

6）包装区域差异化

厂家对销往不同地区的相同的产品采取不同的包装，可以在一定程度上控制窜货。主要措施有：给予不同的编码、外包装印刷条形码、文字识别、采用不同颜色的商标或不同颜色的外包装等。

思考题

你认为我国游戏软件市场该如何控制窜货？

创业知识——经营选址

1）了解商圈情况

调查分析店铺的销售范围、来店顾客的特性及其居住环境的地理位置等；一般来说，客流量较大的场所有城市的商业中心、火车站、长途汽车站、公交站点附近、商业步行街、大学校园门口、人气旺盛的旅游景点、大型批发市场门口和大中型居民区等；但在具体选择铺位时，应注意商圈内的竞争对手不易过多，最好同类商品专营商店不要超过三家。

2）明确主营商品与目标消费群

营业地点的选择与主营商品和潜在客户群息息相关，各行各业均有不同的特性和消费对象，商业繁华区并不是唯一的选择。经营者在开店选址时，要对自营的产品及目标消费群体有一个清醒的认识，知己知彼方可制胜。

3）选择适宜的店铺面积

店铺投资与一般物业投资有所不同，各种业态的租户对店铺的面积需求不一样。如果一味追求小面积，那么店铺所能承受的业态将相当有限，店铺使用的灵活性会大打折扣，无形中为将来店铺出租或转租增加了一定难度。

4）选择合适的店铺地址

店铺选址一定要注意周围的人流量、交通状况以及周围居民和单位的情况。对经营小型店铺的创业者来说，客流的大小直接影响到收入的多少。因此，选择地理位置优越的商家投资收益较高，但好地段也意味着价格较高，竞争激烈。相对而言，社区商铺与沿街店铺的客流量稳定，投资回报平稳。至于郊区住宅的配套商铺客源已经固定，必须从经营上多下工夫。

5）考虑店铺地址的性价比

不同的地理位置、周边环境、交通条件、建筑结构的店面，铺位的价格会有很大出入。对创业者来说，应考虑整个店铺的性价比问题。对进驻商业广场的创业者来说，铺位的租金价格很重要，但整个商场的经营管理更为重要。

6）考虑所选店铺地址的发展前景

并不是所有的好地点都一定好赚钱，有时遇到市政规划，冷僻之地也有可能变成热闹的地段，所以，许多正在开发中的地段却有着极大的投资空间。因此，创业者在选址时要眼光放远些，多了解该地区将来的发展情况。当然，除了关注市政规划外，还要注意该地区未来同业竞争的情况。

7）签订租用合同

当创业者选择并确定了店铺地址后，就要与房东或业主签订明晰的店铺产权关系合同。一般店铺产权至少可使（租）用 5 年，为了达成压低房租的目的，至少应签订 5 年甚至更长的租赁期限。除了谈妥租金外，还要注意谈妥有关的附加条件，以便节省不少开支。比如是否可正常通水、通电和通电话，是否可对店面的房顶、地板和墙壁等做基本的修缮，是否要添置或维修水电设施等。另外，关于基础设施等应在合同中事先约定，避免未来与房东产生不必要的纠纷。

知识梳理与总结

营销渠道的设计和管理在企业经营过程中的地位越来越重要，我们必须要对这些进行深入的研究。

（1）分销渠道是指产品从制造商（生产者）向消费者或用户转移过程中取得产品所有权或帮助转移所有权的组织或个人。

（2）分销渠道的起点是制造商（生产者），终点是消费者或用户，中间环节包括经销商（因为他们取得所有权）和代理中间商（因为他们帮助转移所有权）。

（3）中间商是指制造商与最终顾客（消费者或用户）之间参与交易业务，促使买卖行为发生和实现的经济组织和个人。

（4）影响分销渠道选择的因素主要有产品因素、市场因素、企业因素、中间商因素、环境因素等，企业应根据产品市场营销的需要选择分销渠道。

（5）在渠道确定后，企业还要对渠道进行管理。分销渠道管理，主要是指对间接分销渠道中的成员的管理，即对中间商的管理。渠道管理主要包括协调渠道成员利益冲突、激励渠道成员、评估渠道成员、调整渠道成员等内容。

（6）渠道冲突是渠道成员之间不可避免发生的，窜货是渠道冲突的典型表现形式，加大对窜货的管理是实施分销渠道策略的重要环节。解决窜货的管理对策有：加强自身销售队伍和外部中间商队伍的建设与管理；堵住制度上的漏洞；签订不窜货乱价协议；归口管理，权责分明；加强销售通路监控与管理；包装区域差异化。

（7）经营选址要了解商圈情况，明确主营商品与目标消费群，选择适宜的店铺面积，选择合适的店铺地址，考虑店铺地址的性价比，考虑所选店铺地址的发展前景，要与房东或业主签订明晰的店铺产权关系合同。

实训项目

案例分析 8　乐华彩电渠道激变酿悲剧

乐华彩电是中国彩电业的一匹黑马，曾创下过年销售额达 30 亿元的记录。但在 2002 年，乐华公司却经历了一场快速的渠道变革，结果令人深思。

2001 年 11 月，乐华公司将彩电定位于低端市场，决定步 TCL 公司后尘进入农村市场，“一县一点”铺设销售网络，在全国共组成了 30 个分公司、上百个销售点，试图以低价格迅速扩大市场份额。在彩电业利润越来越薄的情况下，乐华公司大规模扩张自建渠道，公司营运成本急剧增加，利润锐减。资料显示，相对于 2001 年 18 亿元的彩电销售额，其渠道营运费用就高达 2.7 亿元；乐华公司深陷渠道困境之中，难以自拔。然而，2002 年的彩电市场已不再是仅靠价格就能激起波澜的平静湖面。经过多年的价格战，彩电业的大企业优势已经相当稳固，品牌优势、技术优势已经成为企业能否采取高价策略的决定要素。而长期以来，作为二线品牌，消费者对乐华品牌并不非常认同；不断用技术支撑，提出新概念产品，也不是乐华公司的能力所及，高价策略并不为消费者所接受。提价无望，减少渠道环节、增加利润成了乐华公司的惟一选择。2002 年 5 月，乐华公司掀起了一场急风暴雨般的彩电产品渠道革命。改革措施主要有以下三条。

1）全面推行“代理制”

为了完成从渠道自营制到代理制的根本转变，乐华公司首先对企业结构进行了调整，乐华公司一口气砍掉旗下 30 多家分公司以及办事处，原有的各地分公司改为营销管理中心，职能变得十分单一：给代理商提供技术支持、售后服务和品牌支持，以及提供大型促销方案的策划和实施指导等。

2）现款现货

乐华公司重新选择经销商，但要求经销商提货必须付现款。

3）利用新兴家电连锁渠道

乐华公司曾经预料到“现款现货”不会非常顺利，所以要同时借助国内新出现的强力家电连锁终端进行销售，例如国美电器、大中电器，继而争取专业代理商加盟。

乐华公司的渠道激进变革很快让自己尝到了苦果。新的经销商网络迟迟没有发挥作用，像国美、苏宁这样的家电连锁终端主要集中在一二类城市，在这些城市中间，乐华彩电因为不具备强大品牌、对消费者的吸引力不强，因此其销售额直线下降。同时，由于在撤销各地分公司时，也大量裁撤了售后服务人员，致使正常的售后服务不能提供。2002 年 9 月，乐华彩电国内销售收入还不到 100 万元。（资料来源：北京大学《市场营销学 60 例》案例精选）

【案例思考】根据所提供的资料分析，为什么乐华公司的渠道改革没有成功？

课堂训练5　渠道设计

实训目的： 培养学生的创新能力。
地　　点： 多媒体教室。
训练内容： 首先要求学生分组提出生产新产品的创意，然后要求学生设计新产品的销售渠道。

阅读资料5——餐厅选址的成与败

在北京双安商场对面华星影院北侧有一个店址，总面积约200多平方米，过去3年时间内有3个品牌栽在这里。此店址周围集中了麦当劳、肯德基、吉野家、永和大王、半亩园等多个快餐品牌，店址前人流量很大，但却成了多个快餐品牌的“滑铁卢”。据了解，2007年“面爱面”从这里撤走后由一家日式快餐店接手，2008年初后转手给“埃斯特比萨”，不到一年经营者又变成了“元盛元”。从目前该店经常在用餐高峰期有人在门前用小喇叭招徕顾客可见生意并不好。为什么短时间里有这么多品牌栽在这里呢？

经过调查发现，店址前以步行进出居民小区的居民为主，用餐高峰期时会有部分上班族和逛街购物者前来找餐厅吃饭，此外在马路对面会有往来于双安商场和当代商城之间的逛街购物者和换乘公交的人穿行。这就是该店址的客流特征。

前述开店不成功的各品牌有一个共同的特点就是价位较高，人均消费超过15元，平均约20元。在这个价位上，白领上班族和中高档商场的顾客是重度消费者。对居民来说20元吃一碗面或盖饭不如吃正餐，对多数学生而言经常花20元吃快餐太奢侈了，而且这些品牌对他们的吸引力远没有肯德基、麦当劳品牌大，因此在这个价位上居民和学生并不是重度消费者。快餐的辐射范围很小，顾客主要来自半径500米范围之内。此店址距离商场和写字楼较远，使逛街购物者和上班族前来消费很不方便。店址前有大量的居民和学生客流，但他们的价格能力又较低。这使得该店址前虽然客流量很大，但实际上却面临有效客流不足的局面。

通过这个例子可以知道，快餐企业选址时一定要知道自己的顾客是谁及他们主要在哪里出现，顾客消费能力是最重要的区分标准。不能以商圈的特征来类推店址的特征，商圈提供的是一个大环境，只有店址周围的小环境对一个快餐店才有意义。如果把自己的店开在远离目标顾客的地方，最终必死无疑。（来源：中国吃网）

友情推荐

（1）渠道网“http://www.qudao.com”。
（2）渠道网络“http://www.qudaowangluo.com”。

第6章 制定促销策略

教学导航

知识重点	促销组合，人员推销，广告，公共关系，营业推广
学习难点	促销组合，人员推销
教学方式	主要采用案例教学法和现场模拟教学法
教学场所	教室
参考学时	8个学时
推荐学习方法	阅读与促销相关的书籍，收集相关的促销案例
学习目标	让学生了解促销组合的基本方式和方法，了解每种促销方式的优缺点，掌握促销策略的运用
考核方式	根据上课的时间，安排学生为某企业节日促销进行策划，并参与企业的节日促销活动。根据学生策划方案及现场促销表现评定成绩

引例6-1　屈臣氏超市的促销活动

屈臣氏超市的促销活动算得上是零售界中最复杂的，不但次数频繁，而且流程复杂，内容繁多。策划部门、采购部门、行政部门、配送部门、营运部门都围绕着这个主题运作。各种促销活动每15天一期，促销招数层出不穷，主要有如下几种。

招数1：超值换购。在每一期的促销活动中，屈臣氏超市都会推出3个以上的超值商品，在顾客一次性购物满50元，另多加10元即可任意选其中一件商品，这些超值商品通常会选择屈臣氏集团的自有品牌，所以能在实现低价位的同时又可以保证利润。

招数2：独家优惠。这是屈臣氏超市经常使用的一种促销手段，他们在寻找促销商品时，经常避开其他商家，别开花样，给顾客更多新鲜感，也可以提高顾客忠诚度。

招数3：买就送。买一送一、买二送一、买四送二、买大送小；送商品、送赠品、送礼品、送购物券、送抽奖券，促销方式非常灵活多变。

招数4：加量不加价。这主要是针对屈臣氏集团的自有品牌产品，经常会推出加量不加价的包装，用鲜明的标签标示，面膜、橄榄油、化妆棉等是经常使用的，对消费者非常有吸引力。

招数5：优惠券。屈臣氏超市经常会在促销宣传手册或者报纸海报上出现优惠券，在购买指定产品时，可以给予一定金额的购买优惠，省5元到几十元都有。

招数6：套装优惠。屈臣氏超市经常会向生产厂家定制专供的套装商品，以优惠的价格向顾客销售，如资生堂、曼秀雷敦、旁氏、玉兰油等厂商都会常做一些带赠品的套装，屈臣氏集团的自有品牌也经常会推出套装优惠，而且促销力度很大。

招数7：震撼低价。屈臣氏超市经常推出系列震撼低价商品，这些商品以非常优惠的价格销售，并且规定每个店铺必须陈列在店铺最前面、最显眼的位置，以吸引顾客。

招数8：剪角优惠券。例如，在指定促销期内，一次性购物满60元（或者100元），剪下促销宣传海报的剪角，可以抵6元（或者10元）使用，相当于额外再获得九折优惠。

招数9：购某个系列产品满88元送赠品。例如购护肤产品满88元、或购屈臣氏品牌产品满88元，或购食品满88元，送屈臣氏手拎袋或纸手帕等活动。

招数10：购物2件，额外9折优惠。购指定的同一商品2件，额外享受9折优惠，例如买营养水一支要60元，买2支的话，就一共收108元。

招数11：赠送礼品。屈臣氏超市经常也会举行一些赠送礼品的促销活动，一种是供应商本身提供的礼品促销活动，另外一种是屈臣氏超市自己举行的促销活动，如赠送自有品牌试用装。

招数12：VIP会员卡。屈臣氏超市在2006年9月开始推出自己的会员卡，顾客只需去屈臣氏门店填写申请表格，就可立即办理屈臣氏贵宾卡，办卡时收一定的工本费。屈臣氏超市会每两周推出数十件贵宾独享折扣商品，每次消费有积分。（资料来源：中国广告人网站）

评析　大量的实践证明，现代企业要想在日益激烈的市场竞争中取胜，不仅要努力开发适销对路的产品，制定具有吸引力和竞争力的价格、选择合理的分销渠道，更应该做好销售促进工作，比竞争对手更快捷、更有效地将本企业有关的产品和服务信息传递给目标顾客，促进其产生购买意愿和行动。

好的促销往往能对产品的推广起到事半功倍的作用。业界人士将促销比喻为“商品销售的临门一脚”，可见促销对市场营销工作的重要性。据统计，消费者计划性消费仅占30%～40%，而冲动性消费则占到 60%～70%。促销可以凭借各种促销工具来吸引消费者，进而形成购买动机。通过促销，可以聚集人气，吸引客流，提高销售额，提升企业的品牌形象。在国内市场上，促销是符合本土策略及国内市场行情的一种重要策略，企业在市场营销中，应该将促销上升到战略高度上来。本章我们将学习如何制定促销策略。

6.1　促销的基本工具

6.1.1　促销的含义

促销是指企业利用各种有效的方法和手段，使消费者了解和注意企业的产品，激发消费者的购买欲望，并促使其实现购买行为的活动。我们可以从以下几个方面理解促销的含义。

（1）促销的目的是促成和推动销售量的扩大。促销活动是企业的经济活动，其最终的目的还是追求企业的经济效益。

（2）促销的任务是信息沟通，达成促销目的的主要手段是通过信息传播。产品进入市场或即将进入市场时，企业通过促销手段及时向中间商和消费者传递信息，引起社会公众的注意，把众多分散的消费者与企业联系起来，便于消费者选择购买，成为现实买主。

（3）促销是一种辅助手段，本身并不能取代营销的功能。特别是有些促销手段追求的是短期的销售目标，所以促销不能取代营销的功能。

6.1.2　促销的方式

企业的促销活动种类繁多，主要分为两大类：人员推销与非人员推销，具体说来可以分为四种方式，即人员推销、广告、营业推广和公共关系。这四种方式各有特点，即可单独使用，也可组合使用，如图 6-1 所示。

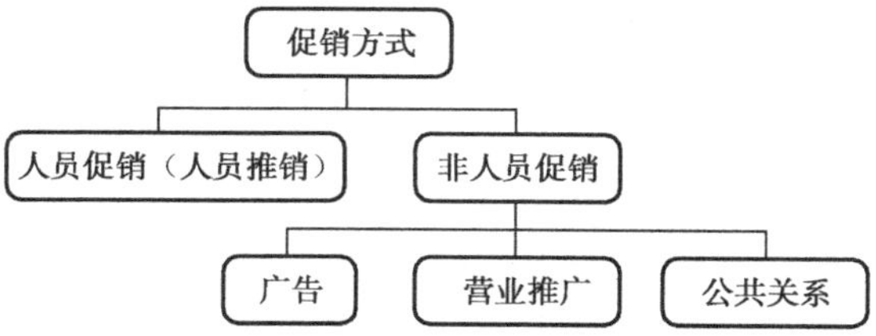

图 6-1　促销方式构成

（1）人员推销：指企业派出人员或委托推销人员，亲自向目标顾客对商品或服务进行介绍、推广宣传和销售。

（2）广告：是指工商企业通过一定的媒介物，公开而广泛地向社会介绍企业的营销形式和产品品种、规格、质量、性能、特点、使用方法，以及服务信息的一种宣传方式。

（3）公共关系：是指工商企业通过种种活动使社会各界公众了解本企业，以取得他们的信赖和好感，从而为企业创造一种良好的舆论环境和社会环境。

（4）营业推广：是指工商企业在短期内采取一些刺激性的手段，来鼓励消费者购买的一种营销活动。

促销组合形式的比较如表6-1所示。

表6-1　促销组合形式的比较

	人员推销	广　告	公共关系	营业推广
沟通方式	双方	单向	双向	单向
促销功效	与用户建立合作伙伴关系	提高产品的知名度	树立良好的公众形象	短时期内提升销售量
时效性	中长期	中长期	长期	短期
特征	直接信息沟通，反馈及时，可当面促成交易	传播速度快，涵盖面广，形象生动，渗透力强	提高企业及其产品的声誉，传达力较强，费用节省	激发购买兴趣，促成用户立即采取购买行为
局限	占用人员多	不能立即成交	见效慢，可控性低	引起用户误会或猜疑

除了以上的促销方式外，企业在营销实践中要不断探索新的促销方式，联合促销也越来越受到消费者的欢迎和企业的认可。

知识链接：联合促销

联合促销是指两个以上的企业或品牌合作开展促销活动。这种做法的最大好处是可以使联合体内的各成员以较少费用获得较大的促销效果，联合促销有时能达到单独促销无法达到的目的。

6.1.3　促销组合

促销组合是指企业在促销活动中，为实现以最低的促销费用达到更好的整体促销效果，对人员推销、广告、公共关系和营业推广等促销方式实行综合运用所形成的有机整体。

1．对促销组合的理解

（1）促销组合必须是包含上述四种形式中的两种或两种以上手段的综合运用。组合是为了达到单一促销方式无法达到的效果，如在营业推广活动中，如果没有广告的配合就很难让更多的消费者接受到相关的信息，如表6-2、表6-3所示。

表6-2　促销组合在消费过程中的影响力

	认识	兴趣	评价	试用	采购
广告	A	A	C	D	D
公共关系	A	A	B	B	D

续表

	认识	兴趣	评价	试用	采购
人员推销	E	E	A	A	A
营业推广	B	B	B	A	A
说明：A：成效显著　B：使人满意　C：成效一般　D：成效不佳　E：单独采用时成本过高					

表 6-3　促销工具的功能比较

	知名度	试用	重复购买	忠诚度	品牌转换	增加购买量	建立形象
广告	△					×	△
公共关系	△				×		△
人员推销	×		△	△			
营销推广		△	△	×	△	△	×
说明：“△”表示影响力强　“×”表示影响力弱							

（2）必须作用于选定的目标市场。目标明确才能有的放矢，进行促销组合决策前，营销人员必须要明确促销活动的目标市场。

（3）具有很强的可变性。促销组合本身具有很强的可变性，营销人员应该了解各种促销方式的功能，才能针对不同的促销目标制定不同的促销组合。

正确地选择促销组合，是促销能否成功的关键。消费者在购买一项产品之前，会经过一个连续的消费分析过程：认识—兴趣—评价—试用—采用。“促销组合”的各个工具，在其中会产生不同的影响。

2．促销组合各部分的关系

（1）广告着眼于信息的大面积和快速传播，是促销组合中用来传播产品信息、树立企业形象、激发消费需求的重要工具。既适用于长期目标，也适用于短期目标；既适用于大企业，也适用于中小企业，是促销组合中的主力。

（2）公共关系着眼于树立形象、沟通关系，是公共宣传的有效工具。但由于它既为营销目标服务，又为企业整体目标服务，所以在促销组合中一般处于辅助地位。

（3）营业推广着眼于刺激需求、增加购买，是短期促销的有效工具。

（4）人员推销着眼于信息的双向沟通和面对面的情感交流，是信息单向沟通所不能取代的。

我们来学习某国际知名橄榄油品牌进入中国市场所采用的促销策略。

该品牌把目标对象定位为职场“三高人群”（高学历、高职位、高收入），具体的促销策略有以下三个方面。

（1）通过选用北京大学某女博士做为产品代言人等活动在社会上引起了强烈的反响，《人民日报》、《北京青年报》、中央电视台、凤凰卫视等媒体竞相报道，可谓是“社会意义和商业效益兼备”，从而使该品牌采用最低的广告成本，将品牌最大限度地传播出去。

（2）派出经过培训、训练有素的导购人员，向消费者演示该商品的使用情况和使用效果。

（3）淡季时利用父亲节在广州市做促销时，选择了清华大学某男博士担任橄榄油的厨房大使。此次男博士下厨房，一方面由于博士身份的特殊性，颠覆了男博士在人们心目中的形象，吸引众多消费者前来观看，形成良好的促销效果；另一方面，在借父亲节的氛围塑造好男人、好父亲的形象，与节日完美匹配，从而形成了良好的促销氛围。同时，博士本身所代表的学识、修养会与消费者心中对于知识的敬仰产生共鸣，大大增强产品的吸引力和可信度。这次营销达到了消费者与厂商良性互动的效果，消费者对厂商的感情不断升华，甚至活动临近结束时，出现了一位妙龄女郎突然跑上前去，将一束娇艳的玫瑰献给了博士，全场欢呼四起。

此次活动，无论是品牌传播还是轰动效应方面，都可谓是收效俱佳，一轮活动下来，该品牌橄榄油的销售额迅速激增。伴随着该强大的品牌影响力和营销系统的支持，也引得各地的经销商不断要求加盟，使总部和加盟商最终达成双赢。

3．促销组合策略

促销组合策略是根据产品特点和经营目标的要求，有计划地综合运用各种有效的促销手段所形成的一种整体的促销措施。不同的促销组合，形成不同的促销策略。如果从促销活动动作的方向来区分，则所有的促销策略都可以归结为两种基本的类型：拉式促销策略和推式促销策略。

1）“拉”式促销策略

企业通过树立良好的企业形象、品牌形象与产品形象，使消费者产生需求，零售商转而向批发商、批发商转而向生产商订货的一种有方向性的链式系统。在“拉”式促销策略中，广告、公共关系、营业推广是其主要手段，而人员推销只是辅助，示意图如图 6-2 所示。

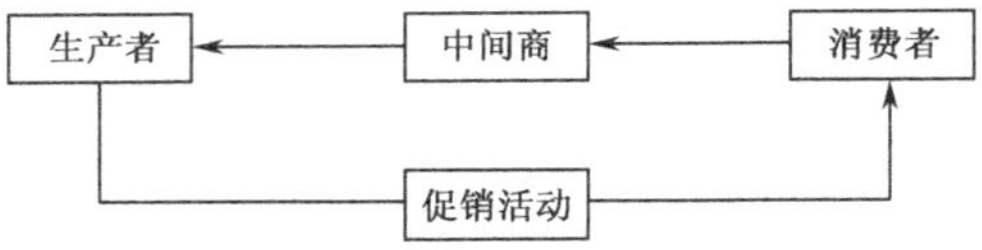

图 6-2 “拉”式促销策略

在下列情况下，适宜以拉式促销策略为主：

（1）产品的市场很大，多属便利品。

（2）产品的信息需以最快速度告知消费者。

（3）对产品的原始需求已显示有利趋向，市场需求日渐升高。

（4）产品具有差异化的优势，富有特色。

（5）产品具有隐藏性质，需告知消费者。

（6）产品能够激起情感性购买动机。经过展示、报道的刺激，顾客会迅速采取购买行为。

（7）企业拥有充足的资金，有力量支持广告活动计划。

2）“推”式促销策略

“推”式促销策略是企业通过促销努力将产品由生产商推销给批发商、批发商转而向零售商、零售商转而向消费者推销商品的一种与“拉”式逆方向的链式系统。在“推”式促销策略中人员推销是其主要手段，辅之以广告、公共关系和营业推广，示意图如图 6-3 所示。

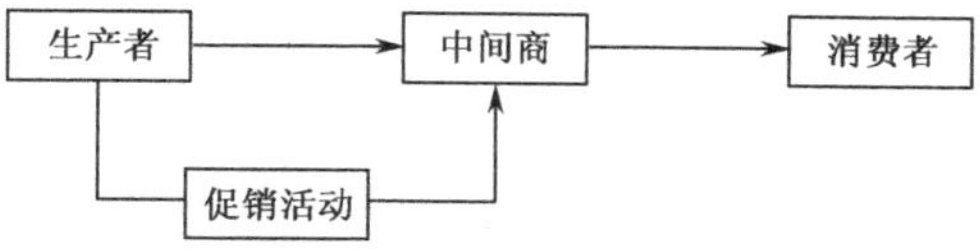

图 6-3 “推”式促销策

在下列情况下，适宜以“推”式促销策略为主：

（1）企业规模小或无足够的资金推行完善的广告计划。

（2）市场比较集中，渠道短，销售力量强。

（3）产品单位价值高，如特殊品、选购品。

（4）企业与中间商、消费者的关系有待改善。

（5）产品性能及使用方法需做示范。

（6）需要经常维修或需退换。

4．影响促销组合策略的因素

由于各种促销方式各有优缺点，因此我们在制定促销组合策略的时候，要根据客观实际的需要，充分地考虑以下因素。

1）促销的目标

企业的促销往往包含着很多具体的目标，如提高企业产品的知名度和美誉度、扩大产品的销售量和提高市场份额等。各种促销方式在实现不同促销目标的作用不尽相同，所以在制定促销组合时要首先明确促销的目标。

2）产品类型

不同类型的产品，消费者的购买要求和习惯不同，需要采取的促销组合也不同。一般来说，消费品比工业品更多地使用广告，工业品则更注重人员推销。

3）产品生命周期

在产品市场生命周期的不同阶段，促销的目标不同，要相应地选择不同的促销组合，如表 6-4 所示。

表 6-4　产品市场生命周期不同阶段的促销组合

产品生命周期	促销重点和目标	促销的主要方式
导入期	认识和了解产品，寻找早期试用者	广告和营业推广，针对经销商时采用人员推销
成长期	增进兴趣与偏爱	改变广告形式
成熟期	增进兴趣与偏爱	人员推广不可忽视，使用广告的提醒作用
衰退期	促成信任购买	营业推广为主，使用广告提醒
生命周期各阶段	消除不满意感	改变广告内容，利用公共关系

4）市场状况

对不同的市场需要，应采取不同的促销组合。首先根据市场的地理位置和范围的大小采用不同的促销组合。规模小、距离近的本地市场，应以人员推销为主，而在全国市场至国际市场进行促销，应多采用广告和公共关系宣传。其次，要根据不同的市场类型采用不同的促销策略。消费品市场的买主多而分散，不可能由推销人员去广泛地个别接触，主要靠广告宣传介绍、产品包装说明及商品陈列等吸引顾客。工业品市场的用户数量少而购买量却较大，多使用人员推销。

5）促销预算

不同的促销方式需要不同的促销费用，增加促销费用有利于扩大销售，但同时也增加了销售成本。理想的促销组合追求的是能以较低的促销费用带来较高利润。究竟应该以多少费用用于促销活动，是营销管理方面的一个难题。不同行业、不同竞争格局或同一行业的不同企业和产品，为促销活动支出的费用差别比较悬殊。例如，在美国化妆品行业中，促销费用最高的可达营业额的 30%～50%；而在机械行业，促销费用只占营业额的 15%～20%。

山东某酒厂原是一家小型国有企业，1995 年斥巨资夺得中央电视台 1996 年黄金时段广告“标王”，一鸣惊人，各大媒体争相报道，销售额直线上升。为了进一步扩大销售量，该酒厂又以 3.2 亿巨资夺得 1997 年黄金时段广告“标王”，其广告费用占销售收入的 1/3。过量的资金投入促销使厂家的其他环节资金短缺，运转不灵，后被媒体披露利用兑水假酒来供应市场，从此一蹶不振。

思考题

工业品公司为什么把大部分资金用于人员推销？

6.1.4 促销效果评价

每天都有不同的促销活动在进行着，但是到底能给企业带来什么呢？我们将如何去评价促销的效果？先请看以下案例。

K 品牌男鞋的 A 市专卖店，推出为期 7 天的“庆开业全场五折，进店就送礼，免费试穿”活动，活动前期发放了 2 万份宣传彩页，在市区两条主干道上悬挂上百条过街条幅。据悉，K 品牌 A 市专卖店专门为此次活动准备了 10 双皮鞋试穿和 500 套市场价为 15 元的套装鞋油作为礼品。

活动开始了，在店门口电声乐队震耳欲聋的乐声中，在川流不息的客流中，K 品牌专卖店创造了开业当天销售 54 双、预定 10 双、7 天共销售 262 双的销售纪录。

热热闹闹的开业活动过去以后，K 品牌皮鞋 A 市经销商一算账，减去 4.8 折的进货成本、宣传费用、房租、营业员工资等费用，不但分文未赚，反而亏了 5 000 多元。更令人苦恼的是，试穿的皮鞋都被穿得变了形，由于店内人员太多，营业员忙不过来，还丢失了 4 双鞋。

接着出现了下面的促销后遗症现象。

顾客：“你们的鞋不是五折吗？”

营业员："对不起，先生。我们前几天开业促销活动确实是全场五折，现在活动时间已经过去了，所以恢复原价。"

顾客："哦，那你们现在几折？"

营业员："不好意思，先生。我们是品牌皮鞋，全国统一零售价，不打折的。"

顾客："这样，那，我再看看吧……"

这样的情景在我们的身边每天以不同的形式、不同的场合、不同的时间、在不同的行业里重复着、充斥着。此次 K 品牌皮鞋 A 市专卖店的营销活动确实吸引了大量的人来到店里，却发现他们不是来购物的，而是来索要礼品的，大部分并不是潜在的购买者。对真正能够经常购买 400 元以上皮鞋的消费者来说，价格并不是影响购买决策的主要因素，一盒实际价值只有 3 元的鞋油自然"刺激"不起购买欲望。由这次营销活动的内容看，K 品牌皮鞋似乎没有明确的目的。销量、知名度、认知度似乎都想借助此次活动得到提升，结果只是销量得到了提升，针对提高知名度和认知度的营销活动并没有到达目标人群，因此也不会得到有效提升。反而因真正的潜在购买者对购物环境的不满使本就为零的满意度跌为负数，从长期的品牌建设来看，K 品牌皮鞋此举无疑是得不偿失的。

以上的促销活动让我们看到，看似轰轰烈烈的活动，最终却是很不划算的。那么我们应该怎样去评价一个促销活动，总结每一次促销的经验，寻找不足，为今后积累经验呢？从量化的角度看，评价促销活动有以下三种方法。

1．对促销前后的市场份额进行对比

这是最常用的促销效果分析法，即用促销之前、之后和实施过程中的销售量变化（市场占有率对比）来衡量促销效果。通常会有以下三种形态。

形态一：如图 6-4 所示，促销期间的市场占有率上升较大，促销刚过会有所下降，促销后长期市场占有率有增长明显。这是效果较为理想的促销活动，这种促销活动吸引了新的试用者，也刺激了现有顾客购买更多的产品。在产品品质较好、促销前有许多消费者尚不知道该品牌的情况下，很容易产生这种效果。

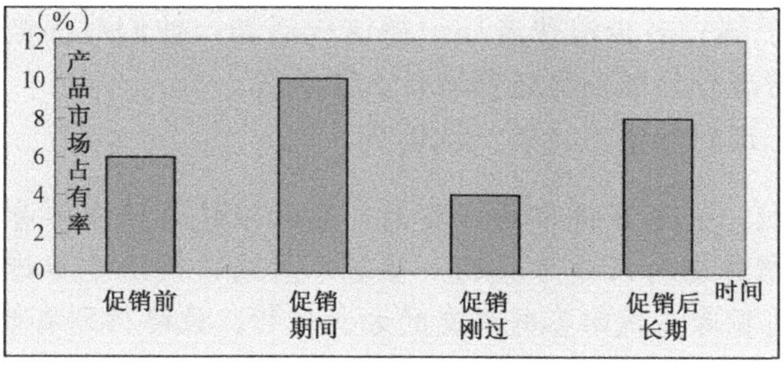

图 6-4　形态一

形态二：如图 6-5 所示，促销期间的市场占有率上升较大，促销刚过后下降非常明显，促销后长期市场占有率与促销前对比没有多大变化。这种促销可以视为无效促销，表明在促销期间，主要的购买者仍是老顾客，他们受促销的影响改变了购买的时间，而并没有吸引新的购买者。

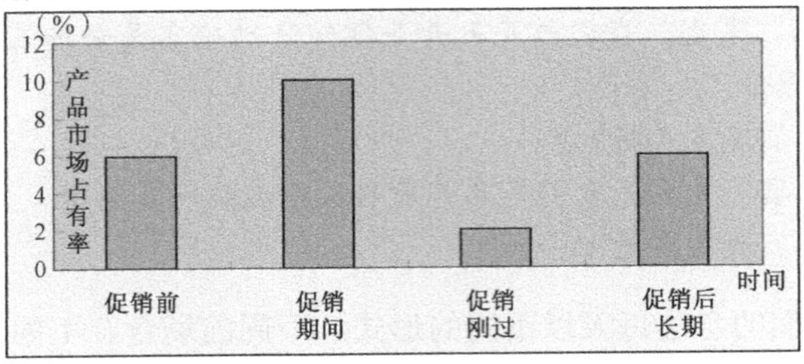

图 6-5　形态二

形态三：如图 6-6 所示，促销期间的市场占有率上升很少或基本没有改变，促销刚过又恢复原来的水平，促销后长期市场占有率逐步下降。这种情况说明该产品基本上处于市场生命周期的衰退期，促销只能减缓衰退的速度，但无法改变衰退的趋势，营销人员应该认真地从成本费用和促销前后的利润比较来进行分析对比，以科学地决定是否需要促销。

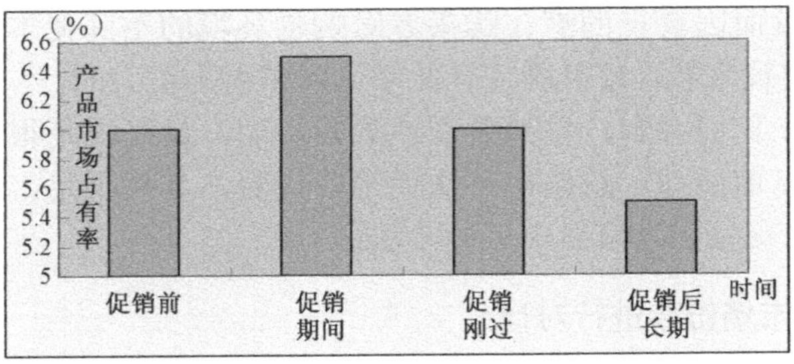

图 6-6　形态三

2. 通过实验进行比较

确定在不同的情况下开展实验，来验证促销的效果如何，根据实验的最后结果确定各项促销活动的实施策略。

3. 进行市场调查

通过市场调查，了解有多少消费者还记得这次活动，他们对促销产品的看法如何，以及这次促销活动对消费者今后的商品选择有什么影响等。

下面的案例就是车市对促销方式的一次调查。

车市竞争日益激烈，为了赢得市场，各大厂商和经销商使出浑身解数，促销方式层出不穷。为进一步了解消费者对促销方式的一些基本看法，网上车市进行了一次调查，调查通过网上发布问卷、消费者在线回答并提交的方式进行，最终得到有效问卷 1 141 份。

调查显示，近 80%的消费者表示最喜欢直接降价这种促销方式。因为与其他促销方式相比，降价给消费者带来的利益最大、最直接。这表明车价仍是影响消费者购车最重要的因素，能够左右消费者购车计划。超出 20%的消费者最认同承诺差价补偿、延长保修时间、送售后服务和降低零配件价格等促销方式。少量消费者把送保险、送油票和送装饰这些促销方式放在首位。这反映了消费者购车心态的日益成熟，部分消费者开始将关注的焦点从价格转移到售后服务上来，而且这些促销方式也有相当的成效。

6.2　人员推销

知识分布网络

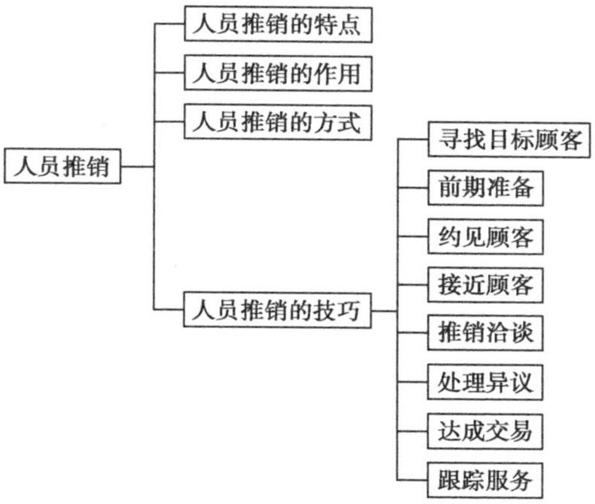

引例 6-2　李嘉诚的第一桶“金”

据有关资料统计，世界上超过 90％的巨富是从推销人员干起的，很多大公司的高层管理人员也都有过做推销人员的经历。华人首富李嘉诚，出生在广东潮安县一个书香门第之家，11 岁读完小学就辍学在舅舅的中南钟表公司做杂工。后来，他到一家五金厂做推销人员，挑着铁桶沿街推销，靠着一双“铁板脚”，走遍了香港的每个角落。李嘉诚凭着坚忍不拔的毅力，建立了销售网络，赢得了顾客的信赖，也深受老板器重。再后来，李嘉诚开始推销塑胶产品，他勤奋又肯动脑筋，很快在工作中大显身手，业绩突出，20 岁就被提拔为业务经理，并为自己淘得第一桶“金”。与此同时也练就了企业家的才能，为今后构建其庞大的企业帝国奠定了坚实的基础。

评析　以上案例说明，只要你认准了目标，能抓住机遇，坚持不懈地做下去，推销可以成就你的人生。

本节里我们将学习到人员推销的相关知识和技巧。推销技巧也是营销人员应该具备的一项基本技能。

6.2.1　人员推销的特点

人员推销的核心问题是说服，即说服目标顾客，使其接受推销的产品或服务。与非人员推销相比具有以下特点。

（1）人员推销具有极大的灵活性。销售人员在推销访问过程中可以亲眼观察到顾客对推销陈述和推销方式行为的反应，并揣摩其购买心理的变化过程，因而能立即根据顾客情绪及心理变化有针对性地改变推销方式，以适应各个顾客的行为和需要，最终达成交易。

（2）人员推销的针对性强。通过推销人员与消费者的直接接触，将目标顾客从消费者中分离出来，能可靠地发掘推销对象，把推销努力集中于目标顾客身上，避免了许多无效劳动。

（3）人员推销注重人际关系，有利于顾客同销售人员之间建立友谊。销售人员代表企业利益，同时也代表着顾客的利益，他们一般都知道，满足顾客需要是保证销售达成的关键。因此销售人员往往愿意在多方面为顾客提供服务，帮助他们解决消费问题。同时，在交往的过程中，双方极有可能建立起友谊关系。

（4）人员推销有利于促成及时购买。人员推销的直接性，极大地缩短了从促销活动到采取购买行为之间的时间间隔，通过推销人员的现场说服和解答工作，使顾客的种种问题迎刃而解，可以促使顾客立即采取购买行为。

（5）人员推销存在推销成本较高、影响范围有限、难寻找优秀推销员等缺点。在市场范围广阔而买主又较为分散的状态下，人员推销的总成本和单位成本都很高。而且人员推销是以口头方式与顾客进行沟通的，未借助各种媒介，这直接制约了人员推销信息传递的辐射面。据美国学者的调查，在许多企业里，人员推销费用是一项最大的经费开支，通常占企业纯销售额的8%～15%，而广告费用开支占1%～3%。

6.2.2 人员推销的作用

人员推销的作用是多层次的，主要表现在以下几个方面。

（1）开发市场。推销人员不仅服务现有顾客，还积极寻找和开发潜在顾客，努力开拓市场。

（2）沟通信息。推销人员是企业重要的信息通道，他们将企业和产品的信息传递给顾客，同时也将顾客的意见和要求反馈回企业，从而为企业的营销活动提供决策依据。

（3）促成交易。推销人员与顾客直接接触，向顾客推荐产品、解答顾客的疑问，从而促成交易。

（4）提供服务。推销人员除了售前介绍产品，售后还要善于帮助顾客熟悉产品性能、解决一般的技术问题，提供完善的售前、售中、售后服务。

（5）稳定关系。推销人员在和顾客交往的过程中，可以通过当面交流，帮助顾客解决问题，树立信誉，培养感情，从而建立起稳定的客户关系。

6.2.3 人员推销的方式

（1）单个推销人员对单个顾客：即一对一的推销活动，一个推销人员每次亲自向一个现实顾客或潜在顾客推介产品。

（2）单个销售人员对一组顾客：即单个销售人员与目标顾客群体接触，如一个销售人员面对客户的一个订货采购小组，向他们推荐一种或几种产品。

（3）销售小组对一组顾客：销售小组通常由企业有关部门的主管人员、推销人员、技术人员等组成，他们将面对客户的一个规模较大、专业性较强的订货小组进行产品销售，主要适用于工业产品的销售。

（4）推销会议：销售人员会同本企业有关部门人员一起，以业务洽谈会的形式向所有或部分顾客推销产品。

（5）产品研讨会：销售人员与企业技术人员一起，以产品技术研讨的形式向买方技术人员讲解某项技术的最新发展情况，介绍相关产品的知识及其应用，其目的并不在于即刻达成交易，而是重在增进顾客的技术知识，培养顾客对本企业的认识和偏好。

6.2.4　人员推销的技巧

人员推销的工作流程如图 6-7 所示。以下我们按人员推销的工作流程讲解推销技巧。

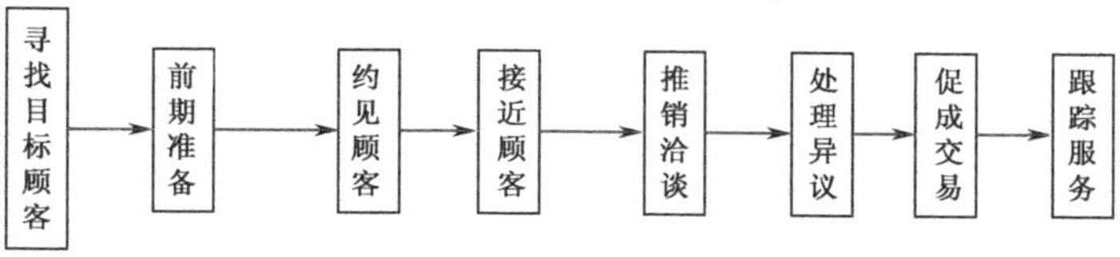

图 6-7　人员推销的工作流程

1．寻找目标顾客

寻找目标顾客往往是一个推销人员销售活动的开端。只有选择恰当的客户，才有可能顺利地完成推销工作。在寻找目标顾客时，不能大海捞针般地盲目寻找，必须先确定客户的范围。俗话说得好，推销人员最重要的本事就是要“眼观六路”。

但并不是每一个推销人员天生都具有“火眼金睛”，有的推销人员形象地把寻找目标顾客的过程分为“疯狗期”、“绵羊期”和“猎豹期”三个阶段。所谓“疯狗期”，即推销人员行走于大街上，见人便“咬”，或穿梭于写字楼间，见门就敲，这一阶段可谓事倍功半，往往收效不大。大约过了 3 天以后，初时的兴奋与激情也便告一段落，逐渐进入“绵羊期”。顾名思义，这一阶段是很温和的阶段，推销人员整天坐在诸如肯德基、麦当劳快餐店等休闲场所，守株待兔。又过了 5 天以后，心情平静，静思己过，于是理出头绪，进入“猎豹期”，即有计划、有目的地准确寻找目标。

下面让我们来一起学习寻找目标顾客的方法。

1）地毯式访问法

地毯式访问法是指推销人员通过普遍地、逐一地访问某特定地区内的住户和单位，然后从中确定自己客户的方法。它是在推销人员寻找客户时，对某一地区的推销对象不明确或无法确定的情况下所采取的一种方法。这种方法关键在于区域的确定。地毯式访问法可以采用推销人员亲自上门、邮件发送、电话，与其他促销活动结合进行的方式展开。

地毯式访问法的接触面广、信息量大，各种意见、需求和客户反应都可能收集到，是分析市场的一种较好方法，但费时、费力，带有较大的盲目性；更为严峻的是，随着经济的发展，人们对住宅、隐私越来越重视，这种逐户寻访法的实施面临着越来越大的难度。

2）“中心开花”寻找法

某推销人员欲到南方山区的一个城市推销该企业生产的新药品，但他所面临的销售地区地广人稀。整个地区的大、小医院和药店有四百多家，若按传统的地毯式访问法，要几个月时间才能拜访完。他没有这样做。因为他找到了一个相当好的合作伙伴，一个该地有名的外科主治医师，退休前曾是管理全区各乡镇医院院长的负责人。该外科主治医师将前往该地区所有院长参加的一个学习讲座。在学习班结束后，由主治医师组织这些院长听取了该推销人员对新产品特点的详细讲解。后来，经过这位主治医师的大力推荐，二十几位院长每人下了 5 箱的订单。这些院长回到乡镇，在每月开一次全乡、镇各村、屯卫生所大夫的例会。在例会上，他们又向各村、屯医生推荐了这种新产品，他们所订的货很快就分散到了各地。结果是全地区的四百多家医药单位同时使用了这种产品，全区大部分患者都了解了这种药，企业却没有花一分钱的广告费。

该案例中的推销人员借用了一个核心人物——该地有名的外科主治医师的力量，使得推销工作事半功倍，这种方法被称为“中心开花”寻找法。“中心开花”寻找法是指推销人员在某一特定范围内，先寻找有较大影响力的中心人物成为客户或得到他的支持，并通过中心人物来影响该范围内的其他人成为客户的方法。“中心开花”寻找法依据的是社会学中的“顺从”原理，人们对于在自己心目中有一定威望的人物是信服并愿意顺从的，所以，推销人员可以通过争取这些具有影响力的特殊客户来产生连锁效应。

“中心开花”寻找法通过找到“中心人物”，产生“一石多鸟”的效果。推销人员只是对中心人物进行寻找和重点劝说，避免了重复推销洽谈。但“中心人物”一般都较难接近，而且过多地依赖于“中心人物”往往会使推销进程减速，一旦“中心人物”食言，整个推销过程会输得很惨。所以在运用这种方法时，特别注意要选好中心人物，并争取得到他的支持。

3）“耳目”寻找法

“耳目”寻找法就是指推销人员通过委托有关人士来寻找准客户的方法。一个推销人员要想跑遍全国所有地方去寻找客户，开展推销，无论从主观上还是从客观上来说，都是不现实的。对于一个企业来说，也是不可能派成千上万的推销人员奔赴全国各个角落去推销的。因此，利用“耳目”来挖掘准客户，拓展市场，是一种行之有效的方法。推销人员的“耳目”可以来自同行、本系统内、对口行业，也可以从竞争对手处寻找，还可以聘请兼职信息员。

“耳目”寻找法由于很多事情由“耳目”协助来完成，所以较为省时省力。如果过分依赖“耳目”，会使推销人员养成惰性。另外，对“耳目”奖励的尺度不宜把握，如果公司没有相关政策，推销人员很难保证每次交易的公平性。

所以在运用这种方法时要注意加强对推销助手的选拔和制定对助手的管理制度，注意加强与助手之间的联系，以及对助手进行有关产品及销售技巧的传授。不仅要对“耳目”以利诱导，更要注意以情感化。山西的推销员李某对该方法运用得炉火纯青，让我们来学习一下他是如何运用这种方法的。

李某是山西某鼓风机厂的推销人员，在销售工作中，他除了自己积极工作外，把一半的精力都放在培养“耳目”上。他把自己的名片送给每位“耳目”，上面印有自己的姓名、地址、联系电话及经销的鼓风机品种。对于重点“耳目”，他还要定期通过电话、通信等方式加强联系，寄送新产品目录、说明书，有时还专门拜访。他和电机厂、标准件厂、矿机厂、化肥厂、机床厂等兄弟单位的推销人员联手推销，就是你帮他推销标准件，他帮你销售鼓风机。对于矿山、锅炉厂等单位重点部门的“耳目”，他更是采取重点培养的办法，经常书信往来，有时还上门联系，带点家乡的土特产品让“耳目”们尝尝。这样，时间长了，他就与“耳目”们建立了比较牢固的感情基础。这几年他通过“耳目”销售的鼓风机每年都占自己销售量的70%以上。

从上面的案例可以看出，李某的“耳目”寻找法有效且又容易掌握，关键是要形成自己的一套办法。

4）广告开拓寻找法

广告开拓寻找法是指推销人员利用广告媒体把产品或服务的信息广而告之，吸引广告的受众前来询问或购买商品的一种寻找客户的方法。这种方法的基本步骤是：

（1）向目标客户群发送广告；

（2）吸引客户上门展开业务活动或者接受反馈后展开业务活动。

广告开拓寻找法的优点是：传播面广而操作简便，相对于地毯式访问法更加省时省力。其缺点是需要支付广告费用，针对性和及时反馈性不强。

5）网络寻找法

网络寻找法是指推销人员利用互联网来寻找客户的方法。推销人员可以在网络上发布信息广告，以此来寻找客户。

网络寻找法具有以下优点：

（1）覆盖面广。随着互联网的高速发展，网络成为许多人生活的重要部分。据统计，目前中国每半年的互联网用户以 200%的速度增长。网络广告成为商家宣传自己产品，维护品牌形象最直接、最有效的手段。

（2）针对性强。在互联网上发送产品信息不受发布地域和时间的限制，更易于对主要消费群进行宣传。

（3）更富创意。在互联网上发布产品信息可以更有创意，感官性强。互联网广告以多媒体、超文本格式为载体，图文并茂地传送许多感官信息，使受众能身临其境感受商品或服务。

（4）节省费用降低成本。推销人员可以足不出户就把产品的相关信息通过电子邮箱等形式发送给相关的客户，这样节省了大量的出差时间和费用。

（5）使沟通变得简单。对于那些不善与人打交道的推销人员，互联网将会成为他们的得力助手。他们可以省掉与人直接面对的尴尬，而利用互联网的优势间接“侃侃而谈”。

网络寻找法具有以下缺点：

（1）要求推销人员必须具备一定的计算机网络知识。

（2）要求购买你产品的客户具有一定的计算机网络知识。

（3）要求推销人员具有很强的身份识别能力。因为计算机网络很容易掩盖客户的真实身份，所以这就需要销售人员具有很强的鉴别能力。

6）连锁介绍法

连锁介绍法是推销人员请求现有客户介绍潜在客户的方法。在推销过程中，一些客户可以提供与其消费需要相同、购买力相近的新的潜在客户，使推销人员发现新的推销目标和对象。

香港特区的推销界有一句名言：“亲戚、朋友是生意的扶手棍。”在第一次推销时，不知道客户在哪里，首先从亲戚、朋友入手，不失为一个好方法。人们常说：“龙交龙，凤交凤。”由于职业关系，许多亲戚、朋友认识的人，都是具有相同职业的人。需要注意的是，利用连锁介绍法寻找新的客户，关键是推销人员要取信于现有客户，也就是说要培养最基本的客户。我们知道，连锁介绍法主要是借助于现有客户的各种社会关系，而现有客户并没有介绍新客户的义务。此外，现有客户因为与被介绍者有着共同的社会联系和利害关系，所以他们往往是团结一致、相互负责的。

由于房地产这一商品有着不可移动的特性，连锁介绍法成为推销房地产商品极为有效的方法。房地产推销人员应该十分重视这一方法，绝不能只知道抓住眼前客户，而忘了请他们推荐几个未来的客户。在直销业中这种方法非常有效地被运用来壮大自己的销售队伍。

7）会议寻找法

会议寻找法就是推销人员利用参加各种会议的机会来寻找客户的方法。如参加各种博览会、展评会、订货会、供货会、物资交流会、技术交流会等，也包括各界人士联谊会、亲朋好友的生日宴会、新婚宴会等。推销人员应尽可能地参加这些社会性会议，在这些会议上开阔眼界，广交各界人士，建立广泛的社会关系网，从而得到更多的客户来源。

8）资料查询寻找法

资料查询寻找法就是通过查询各种资料来寻找客户的方法。通过查阅资料寻找客户，既能保证一定的可靠性，也减小了工作量，提高了工作效率，同时也可以最大限度地减少业务工作的盲目性和客户的抵触情绪。更重要的是，可以开展先期的客户研究，了解客户的特点、状况，提出适当的客户活动与针对性策略等。一些有经验的推销人员，在出发和接触客户之前，往往会通过大量的资料研究对客户做出非常充分的了解和判断。运用这种方法，要求推销人员要有很强的信息处理能力。

需要注意的是资料的时效性和可靠性。此外，注意对资料（行业或者客户）的日积月累往往更能有效地展开工作。推销人员经常利用的资料有：有关政府部门提供的资料，有关行业和协会的资料，国家和地区的统计资料，企业黄页，工商企业目录和产品目录，电视、报纸、杂志、互联网等大众媒体，客户发布的消息，产品介绍，企业内刊等。

9）市场咨询寻找法

市场咨询寻找法是指推销人员通过向信息服务公司、国家有关部门、相关专家进行咨询，获得有关资料，从而寻找客户的方法。

目前，我国咨询业的发展迅速，咨询公司的数量很多，推销人员只需要花一定的咨询费，就可以得到许多重要的资料，并从中发现自己的准客户。除了专业的咨询公司，推销人员还可以向国家有关部门（如工商局、财政局、税务局、统计局、商业局、工业局等）咨询，获得有关的资料。此外，推销人员还要善于寻求专家的帮助，通过向专家咨询，了解市场信息，寻找到合适的准客户。一般来说，利用市场咨询寻找法寻找客户方便迅速、费用较低，并可以充分利用专家的优势，对市场进行正确的分析。该方法比较适合于重大项目推销中客户的寻找和在一些地区及行业中难以确定准客户时的寻找。但有时通过这种方法得到的信息不一定准确，因为市场复杂多变，信息的来源受主、客观的影响很大。

10）电话寻找法

所谓电话寻找法，就是指利用电信技术和受过培训的人员，针对可能的潜在客户群进行有计划的、可衡量的市场营销沟通。运用电话寻找潜在客户的方法可以在短时间内接触到分布在广阔地区内的大量潜在客户。

寻找潜在客户的方法非常多，但没有任何一种方法能够普遍适用，没有任何一种方法可以确保你一定成功。作为销售人员，你需要不断地进行总结，只有不断地总结，你才能找到一套适合自己的方法。

2．前期准备

对于已经确定的目标顾客，应该了解拟拜访顾客的背景信息，一般包括其性格、爱好，购买消费史、目前需求等。在了解客户背景的基础上制定相应的推销面谈计划，准备得越充分，推销成功的可能性就越大。具体内容包括如下四个方面。

1）了解客户的情况

在初次见面前，推销人员可以通过个人观察和向同事、其他客户、其他厂家推销人员、上司征询等途径，来初步了解即将见面的客户，做到知己知彼。推销人员的目标客户，在实际工作中主要有两类：一类是生活消费者，即个人和家庭，称为个体客户；一类是社会集团消费者，即单位和社会团体，称为团体客户。营销专家乔尔·拉斐尔森说："在上门推销前，你要尽可能地弄清客户的情况，你在这类调查中所花去的每一个小时，都将会使你给客户留下深刻的印象，从而有助于你的成功。"

2）制订拜访计划

拜访计划主要包括拜访时间的安排和场所的选择等。拜访时间的安排和场所的选择应依据客户的习惯、生活规律和职业等确定，注意不要和客户的工作、生活发生冲突，以免引起客户的反感。

3）带齐必备的推销工具

我国台湾省企业界流传的一句话是："推销工具犹如侠士之剑。"凡是能促进销售的资料，都应带上。推销工具的准备工作包括以下四个方面：

（1）产品目录、样品、幻灯片、录像带、照片、手提电脑等，以便于向客户直接展示商品的实物形态，有助于吸引客户的注意力，促使客户直观感受商品。

（2）各种宣传资料，包括广告、说明书、价格表、检验报告、鉴定证书、有关剪报等，它可以帮助推销人员增强说服的效果。

（3）各种票据、印章、订货单、合同文本等，以便一旦达成交易，随时办理有关手续，不至于贻误时机。

（4）其他物品，如名片（或身份证）、手表、笔、记事本、介绍信、计算器、纸巾、打火机、小梳子等，这些物品对推销人员来说都是极具重要性的辅助用具。但有些推销人员认为这些小事微不足道，好像可有可无，结果不但给客户一个不够专业的形象，甚至还出了洋相。

4）做好心理准备

有人说，对推销人员而言，推销成绩的取得，推销洽谈成功的因素，有 98%是信心，2%才是技术。这虽然对"信心"的作用有夸大之嫌，但说明了在推销准备阶段做好心理准备和在推销洽谈过程中保持好积极心态的重要性。

3．约见顾客

约见内容主要取决于接近和面谈的需要，同时，因推销人员与客户之间的关系不同，约见内容也有所区别。推销人员应该依据每一次推销拜访活动的特点来确定具体的约见内容，充分考虑有关客户的各方面情况。一般来说，约见顾客的内容主要包括以下四个方面。

1）约见对象

约见对象是指对达成交易具有决策权威、对销售活动具有较大影响的人。一般来说，推销人员在开始约见前就已经选定了拜访对象，或因无法直接约见拜访对象，而需要先和他们的下属或接待人员接触。

2）约见事由

约见客户要有充分的拜访理由，使对方感到有必要会见或必须接受会见。虽然推销拜访的最终目的是达成交易，但具体到每次拜访，却由于推销活动的进展与具体情况不同，约见客户的目的和事由也不尽相同。

约见客户的理由可以是：提供企业或产品资料信息、销售商品、市场调查、售后服务、赠送样品、休闲娱乐等。除此之外，推销人员还可以利用走访用户、代传口信等理由，不失时机地约见客户。

3）约见时间

约见时间的安排，直接关系到接近客户甚至整个推销工作的成败。约见时间确定的基本规则应是尽量为客户着想，根据有效选择法确定最佳的约见时间。何谓最佳的约见时间呢？以下的建议可供参考。

（1）客户刚开张营业，正需要产品或服务的时候。

（2）对方遇到喜事的时候，如晋升提拔、获得某种奖励时。

（3）节假日时，或者碰上对方厂庆纪念、大楼奠基、工程竣工之际。

（4）客户遇到暂时困难，急需帮助的时候。

（5）客户对原来合作的商家有意见，或对你的竞争对手不满意的时候。

（6）下雨、下雪时，别的推销人员很少出门的时候。

4）约见地点

约见地点的选择要视具体情况而定，它应与约见对象、约见目的、约见时间和接近方式相适应。选择约见地点的基本原则是方便客户，有利于推销。从现代推销实践看，家庭推销和办公室推销仍然是主要的推销方式。一般来说，下述场所可供推销人员选择约见地点时参考。

（1）工作地点。如果推销对象为法人团体，工作场所一般是最佳地点。

（2）居住地点。如果推销对象为个体客户，约见地点一般是客户的住所。

（3）社交场所。利用各种社交活动，借机约见客户。

（4）公共场所。这显得比较随意，主要适合于老客户之间。

5）约见方式

做好约见的准备工作后，就应该具体实施与客户的约见过程。承担与客户约见信息载体的就是约见方式。目前常用的约见方式主要有五种。

（1）电话约见：电话约见是现代推销活动中常用的约见方式，它的好处在于迅速及时、灵活方便，能够及时反馈客户的意见和要求，是一种效率极高的约见方式。缺点是由于推销人员与客户没有直接见面，客户占主动地位，推销人员处于被动地位，容易遭到客户的推脱和拒绝；费用也比较高，受推销地区电信条件的限制。

获得电话约见成功的关键是推销人员必须懂得打电话的技巧：精心设计开场白，激起对方足够的兴趣或好奇心，使他们希望继续交谈；约见事由的叙述要充分，言辞简洁，坚定连贯；态度要诚恳，语气平缓。

（2）信函约见：信函约见就是销售人员利用个人书信、单位公函、会议通知、普通明信片或电子邮件约见客户的一种联系方法。在电话没有普及的地区，信函约见仍是一种常见的约见形式。它的优点是适用面广、费用较低，可以畅通无阻地进入客户的办公室或住所，避免了推销人员用其他方式约见客户时遇到的层层人为阻碍，也不需电话约见时的机智对答。此外，信函约见的传播媒体是文字，便于推销人员畅所欲言，表达出口头语言难以表达的种种难言之隐和言外之意，可以让客户细细体会。缺点是花费时间较长，信息反馈率低。

（3）当面约见：当面约见就是指推销人员对客户进行当面联系约见的一种常见的方法。它的优点是简便易行，及时有效，推销人员可以通过见面观察客户，与之交流感情。有经验的推销人员会给客户留下美好的印象，使客户愉快地接受约见。缺点是效率低，比较容易出错，一旦当面约见遭到客户拒绝后，推销人员便处于被动局面。此外，这种方式存在着一定的地理限制。

（4）委托约见：委托约见是推销人员委托第三者（受托人）约见客户的一种方法。受托人一般都是与约见对象本人有一定社会关系或社会交往的人，如秘书、同事、同学、亲属、邻居等。它的优点是能够克服某些客户对陌生人的戒备心理，有利于清除推销障碍，获得客户的真实信息。缺点是推销人员处于被动地位，容易引起误约，贻误战机。

（5）广告约见：在约见对象不明确或对象太多的情况下，推销人员可利用各种传播媒介进行广告约见，有意购买的客户在接到信息后会主动来接触推销人员。用这种方法约见准客户，覆盖面广，效率高；但缺点是针对性较差，在约见对象较少的情况下，平均约见成本高。

4．接近顾客

接近准备和约见工作完成以后，推销工作就进入了推销人员直接接近推销对象的阶段。心理学研究表明，人们在见面的 10 秒钟后就会对对方做出许多判断。因此，推销人员要抓住这宝贵的瞬间，运用一定的表现技巧，以一种恰当的风度出现，给客户留下美好的第一印象。

成功推销法则：推销自己，比推销产品更重要。

1）介绍接近法

介绍接近法是指推销人员通过自我介绍或他人介绍来接近拜访对象的方法。

他人介绍是借助第三者或合作伙伴的介绍来达到让客户了解自己的目的。其形式可以通过打电话、写信函字条或当面介绍等，可以迅速缩短推销人员与客户之间的心理距离，效果要好于自我介绍。

2）产品接近法

这是推销人员利用推销产品引起准客户的注意和兴趣，进而转入面谈的一种接近方法。它最大的特点是用过硬的产品做无声的介绍，来达到接近客户的目的。

产品接近法一般适用于一些有形的、轻巧的、便于携带的产品，而且这些产品应具备一定的特色，质地优良，否则难以吸引客户。例如，服饰、车、眼镜、手表等等物品都适合使用产品接近法。

3）利益接近法

急功近利是一些现代人的通性，迅速地告诉客户推销会给他带来哪些重大利益，是引起客户注意、达到接近目的的一个好方法。

例如，一个家教培训中心的客服人员这样告诉家长："您工作忙，没关系，我们可以到学校帮您接孩子到我们培训中心，让专人辅导孩子做作业，让孩子吃上营养餐，安排英语口语训练。您只要晚上 9 点钟之前来接孩子就行了。平均每天的费用并不贵，约 50 元，免去了您及孩子的很多烦恼。"

利益接近法迎合了大多数客户的求利心态，有时一些客户不明真相，认识不到推销给自身带来的利益，推销人员恰恰抓住了这一要害问题予以点明，突出了推销重点和产品优势，有助于很快达到接近客户的目的。采用利益接近法必须实事求是，不要夸大，更不可无中生有，欺骗客户。

4）问题接近法

这是推销人员利用直接提问来引起客户的注意和兴趣，引导客户去思考，从而顺利地转入推销面谈的接近方法。下面介绍问题接近法的一些应用实例。

一位保险推销人员向客户推销一种少儿险时说："您知道目前一个小孩从出生到上大学要花费多少钱吗？"引起了客户的注意。

一位美容顾问问顾客："您知道为什么自己的皮肤总是状况不断吗？"美容顾问首先向顾客传递正确的美容知识，引起顾客的兴趣，再在顾客的咨询下推荐产品。这样，可以消除顾客对美容顾问直接推销产品的反感情绪。

运用问题接近法要注意，提问应抓住客户最关心的问题，或是客户感兴趣的方面，要明确具体，切忌漫无边际，使客户摸不着头绪，也不可提出容易引起分歧的话题。

5）表演接近法

这种方法是利用各种戏剧性表演技法来展示产品的特点，或者利用各种机会把自己的兴趣爱好与客户的爱好形成共同点，如以棋会友等，引起客户的注意和兴趣，进而转入面谈的方法。这是一种比较传统的推销接近方法，推销人员用夸张性的手法来展示产品的特点，从而达到接近客户的目的。

例如，一位消防用品推销人员与准客户见面后，并不急于开口说话，而是从提包里拿出一件防火衣，将其装入一个大纸袋里，然后用火点燃纸袋，等纸袋烧完后，纸袋里面的衣服仍然完好如初。这一夸张的演示，使客户产生了极大的兴趣，没费多少口舌，这位推销人员便拿到了订单。

6）求教接近法

这是利用向准客户请教问题的机会来接近对方的方法。一般的人都有向别人显示自己才学的愿望，推销人员正是通过给客户提供这样的机会来接近客户，在向对方讨教某一方面的问题，引起对方的话题和兴趣之后，提出推销要求，进行推销宣传，往往收到较好的效果。

7）赞美接近法

这是推销人员利用赞美之词博得客户好感以达到接近目的的方法。人的天性都是喜欢别人赞美的，赞美是处理心情的最佳方式。在现实生活中每个人都有值得赞美之处，推销人员应善于发现对方的"闪光点"，恭维一番，缓和气氛，使对方打开心扉。赞美点可以从工作状况、健康、美貌、事业、孩子身上来找。

综合使用赞美接近法与求教接近法的效果会更好。下面的例子很好地说明了这一点。

一位推销人员想让她的产品进入当地一个大型超市。这天她走进了超市副总的办公室，在自我介绍后，她说："我今天主要想来请教一些关于营销策划方面的问题。因为这段时间我发现你们超市重新启动的广告策划做得特别好，我多方打听才知道这是您的杰作，您看我还把每期报纸广告剪下来了。"这位军人出身的超市副总见有人欣赏他的作品，顿时来了精神，与这位推销人员长谈了近两个小时。会谈的结果是，这位懂得赞美加请教的销售人员公司的产品很顺利地进入了这家大型超市。

8）送礼接近法

推销人员接近客户的时间十分短暂，利用赠送小礼品的方法来接近对方，以引起客户的注意和兴趣，效果也非常明显。例如，在日常生活中，我们发现许多上门来的推销人员为了很快与对方熟识，往往借助递给对方一支香烟缩短双方的距离，这就是最常见、最典型的送礼接近法。

在推销过程中，推销人员向客户赠送适当的礼品，是为了表示祝贺、慰问、感激之情，并不是为了满足某人的欲望或显示自己的富有。所以在选择礼品时，应挑选一些纪念意义强、具有一定特色又美观实用的物品，最佳方法是"投其所好"，或者尽量与自己推销产品有关。

9）调查接近法

推销人员可以利用调查的机会接近客户，这种方法隐蔽了直接推销产品这一目的，比较容易被客户接受。它也是在实际中很容易操作的方法。

以下是一位汽车销售人员接近客户的心得体会。

当一个客户走进汽车展厅前三分钟的时候，绝大多数的客户首先希望自己（注意，是自己，不需要销售顾问干预）可以先看一下展厅内的汽车。当客户的目光聚焦的不是汽车的时候，他们是在寻找可以提供帮助的销售顾问；另外，当他们拉开车门、打开车盖时，这些都是信号，是需要销售顾问出动的信号。

以上这些行为提示我们，在客户刚走进车行的前三分钟还不是接近他们的时候，你可以打招呼、问候，并留下一些时间让他们自己先随便看看，或者留一个口信："您先看着，有问题我随时过来。”初次沟通的要点——初步降低客户的戒备，逐渐缩短双方的距离，逐渐向汽车话题转换。成熟的销售人员非常清楚，与陌生客户开始沟通的时候，一般不先说与车有关的事情。可以谈刚结束的车展，还可以谈任何让客户感觉舒服的话题，不那么直接，不是以成交为导向的任何话题。比如，可以说说与客户一起来的孩子，也可以说说客户开的车，或者客户开来的车的车牌等。所有这些话题的目的就是为了初步降低客户的戒备，逐渐缩短双方的距离，逐渐向汽车话题转换。这前三分钟也是递交名片的好时候，也是你记住与客户同来的所有人名字的好时候。

5. 推销洽谈

推销洽谈是一门针对性很强的学问，需要推销人员在推销洽谈中，针对不同的推销产品和推销对象采取不同的洽谈方法和技巧，以激发客户的购买欲望，促使其采取购买行动。当客户提出问题的时候，推销人员可以用纯语言的方式——提示法去说明，也可以采用演示法来说服客户。

1）提示法

提示法是指推销人员用语言形式向客户说明产品的优点，提示客户购买推销产品的一种洽谈方法。从提示的角度划分，可以把提示法分为直接提示法和间接提示法；从提示的切入点划分，可以把提示法分为积极提示法、消极提示法、联想提示法、明星提示法等。

（1）直接提示法

直接提示法是指推销人员直接向客户传递商品信息并直接劝说客户采取购买行为的一种提示法。

① 对于不识货的准客户，推销人员应采取直接提示法，以帮助准客户认识推销的产品。

② 对于想购买便宜货的准客户，推销人员应着重于价格提示。例如，“这件衣服前两天还是正价，今天开始搞店庆促销，减价 40%，十分优惠，欲购从速！”

③ 对于注重产品性能和质量的准客户，推销人员就可直接提示。例如，“您要寻找的正是这种产品，这种产品保证质量，使用方便，厂家实行三包，符合你们的要求，存货不多，需要的话请立即办理。”

④ 对于犹豫不决或购买信心不足的准客户，推销人员则可以提示客户：“您要买时装。您看，这种款式刚刚流行，试试吧！”待客户试穿后又说：“大小肥瘦就像为您量身定做的一样，太好了，还犹豫什么！”

⑤ 对于求名心重的准客户，推销人员则可提示：“本产品是获奖的优质产品”或“本产品是成功人士钟情的名牌产品”，并出示获奖证明。

⑥ 对于老客户或熟人可以采用直接提示法，这样可以节省推销时间。

（2）间接提示法

间接提示法是指推销人员采用举证等方法委婉劝说客户购买商品的一种提示法。在实际的推销活动中，客户往往存在着一种对立的购买产品的心理压力，这种心理压力有可能使客户在推销洽谈中故意制造一些推销障碍。如果推销人员不直接提出自己的观点，而是通过间接提示让准客户自己做决定，这就有利于客户的心理减压。

例如，一位洗衣机推销人员为了消除购买者的疑虑，使对方从不同的产品比较中增强对自己推销的产品的信心，说："您提到××牌洗衣机，请您向购买了该牌子洗衣机的用户了解一下，也许您就明白是怎么一回事了。"

这位推销人员并没有直接去批评竞争对手，又不与准客户争论，而是让准客户自己去联想，自己做出购买决定。

运用间接提示法显得推销人员不"急功近利"，但这种方法往往会延迟达成交易的时间。此外，由于间接提示中的信息等不一定在推销现场，一旦客户认真起来，要求推销人员给予证实的话，可能会给提示带来困难。

（3）积极提示法

积极提示法是指推销人员运用积极的语言劝说客户购买产品的一种提示方法。

（4）消极提示法

消极提示法是指推销人员运用反面、消极的提示来告诉客户不购买会带来的后果，以此来刺激客户立即采取购买行为。

同一个提示内容，既可以从积极方面去提示，也可以从消极方面去提示。一般来说，积极提示可产生正效应，消极提示则产生负效应。请看下面的例子。

"欢迎各位乘坐本公司的高级游览车观光，我们保证大家会感到既舒适又安全！"

这是积极提示舒适、安全的提示方法，一般会收到明显的效果。换一种说法，效果可能完全不一样。

"欢迎您乘坐本公司的高级游览车观光，我们保证大家不会感到不舒适，也不会发生意外事故！"

这就是消极提示，客户听了这些话，也许会产生不舒服和发生事故的可怕联想，从而会拒绝此类旅游服务。

但消极提示法的作用并不一定都是消极的，在某种特定的推销环境中，有时也可以产生积极的心理效应，间接刺激了准客户的购买动机。

例如，"先生，请允许我看看您的汽车轮胎。哎呀，不太妙哇！这轮胎已经不行了，还是赶快换掉吧！要不然会出事的。"这是十分明显的消极提示。它帮助准客户发现问题，提示了问题的严重性，引起准客户的高度重视，为了防止事故，准客户很自然就接受推销人员的意见。

（5）联想提示法

联想提示法是指推销人员通过向客户提示或描述与推销有关的情景，使客户产生某种联想，进而刺激客户购买欲望的洽谈方法。有些人也称它为"催眠法"。当然这种催眠不是依靠药物而是凭借语言的功力。

例如，"王小姐，这套衣服太适合你了，你穿上后显然更青春可爱，相信你男朋友看到后肯定会看呆了！"

"刘总，你真是太有眼光了，这是我们楼盘中设计得最高雅的一套房子。我敢保证，您家人会非常支持你的决策！"

联想提示法要求推销人员善于运用语言的艺术去表达、去描绘商品的特点和性能，也不能过分夸张，这样才能打动客户、感染客户，让客户觉得贴切可信。

（6）明星提示法

明星提示法是指推销人员利用“名人效应”来激发客户采取购买行为。例如，“这本书是著名经济学家××推荐出版的作品，其中他提出了许多独特的见解”。

这就是利用经济学专家的声望推销经济类书刊的提示。实践证明，在洽谈中运用明星提示法，把企业的产品与明星结合进来，能吸引客户的注意，提升产品的市场定位，减少推销说服的时间和精力。但此提示法最好不要滥用，否则它能产生的效果就会下降。如果明星在客户心中的定位与客户的要求不符合或者相反，更会产生明显的反作用力。

2）演示法

演示法是指推销人员通过一定的道具来展示有形商品特性的一种方法。在推销访问的开始阶段，为了引起客户的注意，推销人员往往利用语言抽象地介绍商品的某种特性。然而，“耳听为虚，眼见为实”，客户不会轻易相信推销人员对产品的介绍，要说服客户，推销人员就需要用一定的方式向客户证明你的产品确实具有你所说的优点。推销专家们认为，证明的方法通常采用示范法，推销人员通过演示或示范让客户亲眼看到产品的特性或优点，对方的兴趣便会油然而生。具体演示方法包括了产品演示法、行动演示法、体验演示法、文字演示法、图片演示法等。

（1）产品演示法

产品演示法是指推销人员直接演示商品的使用方法或通过一定方式的表演来突出产品的特色，以此来说服客户购买商品的办法。

这种方法被很多商家采用，特别是安利公司。我们在超市购买日常用品时一般是凭着自己对商品的认识或是依靠媒体广告的介绍去判断它的好坏。但安利公司在销售它的日用品时，已形成了自己的风格，每个推销人员可以在公司买到一本产品演示的手册，手册上会告诉你每种产品如何向客户演示，有的产品还介绍有几种演示的方法。所以，当你有机会接触到安利公司的推销人员时，你会发现，他的口才还不如自己，为什么他会做得如此成功。既然如此，那些口才不太好的同学就不应该自卑，而应该好好利用这种“眼见为实”的推销方法。

（2）行动演示法

行动演示法是指推销人员通过比较夸张的表演来展示产品特性的一种演示法。行动演示法的主角是推销人员。

例如，兜售洗涤剂的推销人员，先往自己穿的衣服上倒上墨汁，然后当场敷上洗涤剂冲洗干净，使人不得不相信洗涤剂的去污性能；一个起重机推销人员，为了向客户说明起重机操作简便省力，让一个小学生在众多的客户面前现场操作起重机。

由于行动演示法相对而言比较夸张，所以对于现场促销比较有效，可以吸引客户关注，也能在短期内刺激消费，起到良好的促销效果。

（3）体验演示法

体验演示法就是在推销过程中让客户亲自接触，体会商品的利益与好处，它是产品演示法和行动演示法的结合与细分，体验演示法的主角是客户。

例如，在预售房屋时，房地产商都会不惜本钱地装修设计一间样品房，让参观的客户看到房子的全貌，触摸到室内的装修，并带着客户亲身体会住进房子的感受。

推销洽谈是一种双向沟通的过程，能否让客户亲自参与演示活动及客户是否有体会，决定了体验演示法的成功与否。体验演示法就是一种可以让客户亲自动手、亲自动口、亲自操作、亲身体会的，使客户需求获得最大满足的洽谈方法。

（4）文字演示法

文字演示法是指推销人员利用文字资料，包括公司印制的产品介绍宣传单、板纸上对本公司产品的报道、相关产品知识的介绍资料来说服客户购买产品的一种洽谈方法。在不能或不便直接演示推销产品的情况下，推销人员可采用这种方法。

文字演示法可以传递大量企业和产品的相关信息，既能省去推销人员进行推销提示的重复劳动，又能节省说明时间，同时也有利于准客户通过重点阅读和快速阅读，更准确和更全面地掌握推销人员所提供的推销信息。产品性能简介和使用说明书、产品价目表、产品证明文件、报刊杂志等文字材料，是这种演示方法十分适宜和有效的工具。

（5）图片演示法

图片演示法是指推销人员在推销过程中利用各种图片资料来说服客户采取购买行为的一种演示法。这些图片可以由公司提供也可以自己制作，图片的展示可以通过纸质也可以通过计算机等工具。

图片演示法可以比较生动形象地传递企业、产品的信息，很容易让客户身临其境，所以一般来说效果不错。

西蒙内尔在一家食品批发公司做冰激凌推销人员时，曾结合自己的特点，并充分考虑到客户的需求和思考方式，别出心裁地自制了一种推销的用具——“推销相簿”。

西蒙内尔在记事本里贴上几年来在这里批发食品的上百家零售店的彩色照片，记录着这些零售店的冰柜、橱窗、门面等一系列的变化，还贴有零售店的老板及家人、售货员笑逐颜开的照片，并附有他们的留言。在交易过程中，他经常把相簿拿给客户欣赏，并尽心尽力地回答客户提出的各种问题，生意在不知不觉中就做成了。这本“推销相簿”在西蒙内尔的成功史中扮演了十分重要的角色。

推销实践证明，如果推销人员准备有促进推销的小工具，更能吸引客户，激发他们的兴趣和好奇心，引发他们的购买欲。一个皮包里装满推销工具的推销人员，一定能对客户提出的问题给予令人满意的回答，客户也会因此而信任产品并放心购买。

6．处理异议

客户的异议具有两重性，它既是推销的障碍，也是成交的信号。在推销活动中，客户异议的产生也是必然的，推销人员对此应有正确的态度和清醒的认识，具体做法常有下面四种。

成功推销名言：你的声誉可能是你最有价值的财富。

1）要鼓励客户提出异议

有异议表明客户对产品感兴趣，有异议意味着有成交的希望。推销人员通过对客户异议的分析可以了解对方的心理，知道他为何不买，从而按病施方，对症下药。而对客户异议的圆满答复，则有助于交易的成功。

2）认真倾听客户异议

倾听客户异议，一方面表明推销人员对客户的重视和尊重；另一方面，可以促使客户发表意见。所以，推销人员应对客户的谈话表现出极大的兴趣和热情。当客户谈话时，应注视客户，神情要专注，不要中途插话，试图辩解。推销人员倾听客户异议，关键是要从语言、表情、动作等方面分析其真实异议。

3）正确对待客户的提问

客户在谈话中，可能会提出一系列问题，要求推销人员回答。对此，推销人员一般不应回避，而应该准确回答，否则会引起客户更大的异议。但是，准确回答不等于正确回答，在洽谈中正确的答复不一定是最好的，推销人员应该知道哪些该说、哪些不该说，所以推销人员要掌握回答客户提问的技巧，同时要求推销人员具备较强的应变能力。

4）不要与客户争辩

这是处理推销障碍的人际关系原则。通过许多案例证明要使交易成功，推销人员必须要掌握的一项重要原则就是：交易中不宜争辩。在许多推销人员的实践中，由于辩论往往会挫伤客户的自尊心，辩论中推销人员的胜利往往会导致客户购买行为的终止。所以，对于客户的异议，推销人员应保持镇静、耐心、忍耐，应时刻牢记，自己是向客户推销商品的，达成交易才是目的。永不争辩是要求推销人员应该通过间接的、迂回的方式，而不是针锋相对的方式，采用客户能够接受的态度和方法来处理客户异议。

以下是处理常见异议的方法。

1）如何处理价格异议

（1）加法处理法。加法处理法就是告诉你的客户，购买你的产品不仅能享受到一般产品的基本功能，还能得到更多的附加利益。重点谈购买产品能给对方带来的增值。

例如，一位保险推销人员对他的客户说："您是一位很有经济头脑的人，您肯定知道理财四等分法，就是存款、股票、债券、保险各四分之一。存款无风险，但危难时一分钱只能做一分钱用；股票回报率高，但风险大；债券较妥当，可不一定好买。现在我向你推荐一种更好的理财方法，就是投保我公司推出'××保险'，它集保险保障与投资理财于一身，方便家庭经济生活规划……"

又如，一位售楼小姐告诉她的客户"它不仅位置佳，价格差不多是同地段房价的一半，而且升值潜力大，用于自住或出租，都是再合适不过的了。"

（2）减法处理法。如果客户又欲购买又总在与你讨价还价，你不妨用减法处理法去试试。例如，一位汽车推销人员无奈地对他的客户说："我可以按你说的低价卖给你，但是我需要把其中的音响设置给拆下来，否则我就对不起它的设计者精心地打造它了。"

（3）除法处理法。如果你一次给客户报产品的总价格，客户很难马上接受，那你可以用除法处理法将时间分解。例如，保险推销人员对张先生说：“这份保障很高有 20 万元，而保费却很低，一天只有 7 元多，您想，一天存 7 元，到 40 年后您取回 × × 万元，正好老夫妻到全国周游一番，这之前还有 20 万元的保障……”

也可将数量分解，缩小标价的单位。例如，你告诉对方一两茶叶的价格而不是一斤茶叶的价格。

（4）对比处理法。如果你的产品有价格优势，那么你就可以自信地利用对比方法，告诉客户你的产品与同类产品相比是非常优惠了。

2）如何处理产品异议

（1）现场示范。其实很多商家采用这种方法来向客户展示自己产品的特色，特别是一些鲜为人知的新产品。一位经营木炭制品生意的老板为了让客户相信她的木炭有净化空气的保健作用，就在店前进行现场示范。这种方法看似老式，但效果却不错。不过推销人员在做示范前一定要做好充分的准备，甚至要进行多次演习。

（2）现身说法。很多推销人员在销售产品时，采用举证法劝说客户，但最好的办法还是现身说法。你如果能够很详细地告诉客户使用的感受，这更有感染力和说服力。一位瘦身专家说，为了更好地推广瘦身项目，身体不算胖的他居然按着方案试着“瘦身”训练了半个月，一看到效果，他马上“抽身”。

（3）邀请考察。如果条件允许，你可尝试把客户邀请到你的公司或产品生产线，让他亲眼看到你们公司生产的产品是放心产品，用“身临其境”的办法让客户“流连忘返”。现在一些生产厂家，如青岛啤酒厂，允许他的主要客户群——大学生到其公司参观生产线并免费品尝，参观完后的效果是在这些大学生心里就只有“青岛啤酒”了。

（4）鼓励试用。如果你的产品质量好、效果比较明显，试用的成本并不高，那你可放下包袱鼓励客户试用产品，这比现场示范和现身说法来得更直观。

3）如何处理需求异议

（1）传播产品相关知识。作为推销人员应该充分认识到人的需求是相对的，是可以创造的，是可以被引导的。所以，如果对方说不需要某产品时，你第一件要做的事不是去判断这异议是否真实，而是设法去传播多一些的商品知识给客户。当然，如果太直接或者太急迫时效果会不佳，那你可以很自然地把一些相关资料留下给客户，让他们从文字或图片中寻找自己想要的东西，特别是针对一些文化层次比较高的知识分子，这种沟通的方式会更委婉。因为这些人不喜欢别人去说教自己。

（2）举例说明。推销人员还可举例说明，最好的例证是客户身边认识的人，这样他们更方便求证产品的真实使用效果。

4）如何处理财力异议

（1）针对客户的具体情况推荐合适价位的产品。如果客户认为你现在所推荐产品的价格太高难以接受，在经过尽力洽谈后仍不能达成交易，那就不必再坚持，你可试着推荐其他低价位的产品给客户，并把前后推荐的产品进行对比，然后再让客户自己去权衡、去拿主意。

（2）建议客户采用分期付款或延期付款等方法。贝蒂·哈德曼是亚特兰大市的房地产经纪人。哈德曼强调，今天的房地产经纪人必须对贷款有所了解，知道什么样的房地产可以获得什么样的贷款是一件很重要的事。所以，房地产经纪人要随时注意金融市场的变化，才能为客户提供适当的融资建议。

5）如何处理权力异议

（1）激将法。提醒客户其实他（或她）都是独立的个体，买这样的商品他们完全可以自己做主。

例如，一位销售化妆品的推销人员对她的朋友说："你每个月赚的钱与你爱人的不相上下，为什么购买化妆品都要征询他的意见，你可能认为这是尊重他，但他也许会认为你是个没主见的女人。我劝你今后购买这种小东西自己做主就行了……"

又如，当你见某企业工会主席犹豫不决时，你可以说："其实在其他的单位里，这样的事都是由工会主席来决定的……"

（2）退让法。如果在推销过程中顾客确实很为难，那推销人员也不能空手而归，要想办法从客户口中了解更多的信息，例如联络方式、准备购买时间、单位采购这类商品的负责人等。

7. 达成交易

所谓成交方法是指推销人员用来启发客户做出购买决定，促成客户购买推销产品的推销技术与技巧。常用的成交方法有下列几种。

1）请求成交法

请求成交法又称为直接成交法或是"快刀斩乱麻法"，是推销人员向客户主动提出成交要求，直接要求客户购买推销产品的一种方法。使用请求成交法的时机有以下几种。

（1）客户是老客户。推销人员了解老客户的需要，而老客户也曾接受过推销人员的产品，因此老客户一般不会反感推销人员的直接请求。例如，面对老客户，你可以很轻松地说："瞧，我必须得说实话，我需要您的生意。"

（2）客户对推销的产品有好感，也流露出购买的意向，可又一时拿不定主意或不愿主动提出成交的要求，推销人员这时就可以用请求成交法来促成交易："既然没有什么问题，我看现在就把合同订下来吧。"

（3）有时候客户对推销的产品表示有兴趣，但思想上还没有意识到成交的问题，这时推销人员在回答了他们的提问或详细地介绍产品之后，就可以提出请求，让客户意识到该考虑购买的问题了，如"该说的我都说了，您应该同意购买了吧？"

请求成交法充分地利用了各种成交机会，可以快速地促成交易；可以节省销售时间，提高工作效率；可以体现一个推销人员灵活机动、主动进取的销售精神。

请求成交法如果应用得时机不当，可能会给客户造成压力，破坏成交的气氛，反而使客户产生一种抵触情绪，还有可能使推销人员失去成交的主动权。

2）假定成交法

假定成交法也可以称为假设成交法，是指推销人员在假定客户已经接受销售建议，同意购买的基础上，通过提出一些具体的成交问题，直接要求客户购买推销产品的一种方法。

例如，“经理，我打电话给厂里安排马上送货。”这时，如果客户让推销人员打电话，就意味着成交了，尽管客户没有明确提出订货。

“黄总，既然您很满意，那么就这样定了，我明天给您送货。”推销人员看准了成交时机，假定客户已购买，用假定成交法提示成交要求。

假定成交法可以节省时间，提高销售效率。因为它是暗示成交，可以适当地减轻客户的成交压力。

假定成交法如果使用得不当，也会使客户形成心理压力，破坏成交气氛，不利于客户自由选择，不利于促成交易。

3）选择成交法

选择成交法就是直接向客户提出若干购买的方案，并要求客户选择一种购买的方法。选择成交法的特点，就是不直接向客户提出易遭拒绝的问题“要不要”，而是让客户在买多与买少，买这与买那之间选择，不论客户如何选择，结果都是成交。

某商场休息室里经营咖啡和牛奶，刚开始服务员总是问客户：“先生，喝咖啡吗？”或者是：“先生，喝牛奶吗？”其销售额平平。后来，老板要求服务员换另外一种提问方式：“先生，喝咖啡还是牛奶？”结果销售额大增。究其原因在于，第一种提问方式容易得到否定回答，而后一种是选择式，在大多数情况下，客户会选择其中一种。

选择成交法既调动了客户的积极性，又控制了客户决策的范围。它可以减轻客户的心理压力，制造良好的成交气氛。从表面上看，选择成交法似乎把成交的主动权交给了客户，而事实上只是让客户在一定的范围内进行选择，可以有效地促成交易。向客户提出选择时，尽量避免向客户提出太多的方案，最好的方案就是两项，最多不要超过三项，否则你不能够达到尽快成交的目的。

4）小点成交法

许多准客户即使有意购买，也不喜欢迅速签下订单，他总要东挑西拣，在产品颜色、规格、式样、交货日期等方面不停地打转。这时，聪明的推销人员就要改变策略，暂时不谈订单的问题，转而热情地帮对方挑选颜色、规格、式样、交货日期等，一旦上述问题解决，你的订单也就落实了。这样的成交方法叫小点成交法。

某办公用品推销人员到某办公室去推销碎纸机。办公室主任在听完产品介绍后摆弄起样品来，自言自语道：“东西倒挺合适，只是办公室这些小青年毛手毛脚的，只怕没用两天就坏了。”推销人员一听，马上接着说：“这样好了，明天我把货运来的时候，顺便把碎纸机的使用方法和注意事项给大家讲讲，这是我的名片，如果在使用过程中出现故障，请随时与我联系，我们负责维修。主任，如果没有其他问题，我们就这么定了？”办公室主任很快地接受了推销人员的建议。

推销人员在假定客户已经做出购买决定的前提下，就碎纸机的使用与维修与客户达成了协议，从而避开了重大的成交问题，使客户轻松地接受了成交。

使用小点成交法的注意事项：应针对客户的购买动机，选择适当的成交小点；要避免直接提示客户比较敏感的重大问题。

小点成交法以假定成交法作为理论基础。推销人员假定只要小点成交，也就是大点成交。小点成交法是一种试探成交，要求推销人员直接促成小点成交，间接促成大点成交。

5）优惠成交法

优惠成交法又称为让步成交法，是指推销人员通过提供优惠的条件促使客户立即购买的一种方法。例如，“张总，我们这段时间有一个促销活动，如果您现在购买我们的产品，我们可以给您提供免费培训，还有 3 年免费维修。”这就叫附加价值，附加价值是价值的一种提升，所以又称为让步成交法，也就是提供优惠的政策。

优惠成交法是对客户的一种让步，主要满足客户的求利心理动机。求利心理动机是促成交易的一种动力。优惠成交法正是利用这一点，直接向客户提示成交优惠条件，诱使客户成交。

6）保证成交法

保证成交法是指推销人员直接向客户提出成交保证，使客户立即成交的一种方法。所谓成交保证就是指推销人员对客户所允诺的担负交易后的某种行为。例如，“您放心，这个机器我们 5 月 1 日前给您送到，全程的安装由我亲自来监督。等没有问题以后，我再向总经理报告。”“您放心，您这个服务完全是由我负责，我在公司已经有 5 年的时间了。我们有很多客户，他们都是接受我的服务。”让客户感觉你是直接参与的，这是保证成交法。

当产品的单价过高、缴纳的金额比较大、风险比较大、客户对此种产品并不是十分了解、对其特性质量也没有把握、产生心理障碍犹豫不决时，推销人员应该向客户提出保证，以增强其信心。

保证成交法可以消除客户成交的心理障碍，增强其成交信心，同时可以增强推销人员的说服力及感染力，有利于推销人员妥善处理有关成交的异议。但如果企业没有相应的保证条件，兑现不了保证就不能使用保证成交法，以免失去推销机会，引起客户反感乃至纠纷，反而有碍交易的达成。

7）从众成交法

推销人员可以利用客户的从众心理，用一部分客户去影响另一部分客户。社会心理学研究表明，从众行为是一种普遍的社会心理现象。客户之间的相互影响和相互说服力，可能要大于推销人员的说服力。利用客户的从众心理促成交易，是一种最简单的方法。

例如，在一间办公室里，推销人员拿着样品对客户说：“陈经理，这种生榨果汁今年很受消费者的喜欢，本市好几家大酒店都订了我们的货，如果贵酒店也愿意经销的话，我们可以每天送货上门。”

但如果遇到个性较强的、喜欢自我表现的客户，这种方法会引起客户的反从众心理。他们会反感：“别人是别人，跟我无关。”所以，使用从众成交法时要针对客户的心理，选择和使用具有代表性和权威性的客户；讲究职业道德，不能利用虚假的成交信息来欺骗客户。

8）最后机会成交法

最后成交法是指推销人员直接向客户提示最后的成交机会，从而促使客户立即购买推销产品的一种方法。这种方法的实质在于推销人员通过提示最后成交机会，利用最后机会所产生的心理效应，增强成交的说服力。越是得不到、买不到的东西，人们就越想得到它、买到它，推销人员可利用这种“怕买不到”的心理来促成订单。

例如，在某商店里，客户拿着衣服看了又看，犹豫了半天都下不了决心购买。这时，推销人员对她说：“这个品牌衣服的促销活动到今天结束，过了今天，您就拿不到这个优惠价格了。”

在最后成交机会面前，人们往往由犹豫变得果断。最后机会成交法可以在客户心理上产生一种“机会效应”，把客户的心理压力变成一种成交动力，促使客户主动提出成交。但是，滥用最后机会成交法，有可能失去客户对推销人员的信任，并影响企业的信誉。

9）无可奈何法

在你费尽口舌、使出浑身解数都无效，眼看这笔生意做不成时，不妨试试无可奈何法。例如，“黄主任，虽然我知道我们的产品绝对适合您，可我的能力太差，嘴太笨，无法说服您，我认输了！不过，在我告辞之前，耽误您几分钟时间，请您指出我的不足，让我有机会改正，好吗？”像这种谦卑请教的话语，不但很容易满足对方的虚荣心，而且会消除彼此之间的对抗情绪。这时，你们仿佛已不是推销与被推销的关系，他会一边指点你、一边鼓励你，为了给你打气，有时会给你一张意料之外的订单。

以上是一些常用的成交方法与技巧。在实际推销工作中，推销人员要抓住有利的成交时机，看准成交信号，针对不同的推销对象，灵活运用各种成交技术，及时有效地达成交易，以实现推销目标。

8．跟踪服务

达成交易后，并不意味着推销工作的结束，而应看做新的推销工作的开始。因此，各种后续工作必须及时跟上，如备货、送货、配套服务及售后服务等。这些工作的妥善处理，不仅有利于企业同目标顾客建立长期稳固的购销关系，而且可以吸引新的顾客。

思考题

你是如何理解“推销是从被顾客拒绝开始”这句话的？

6.3　广告

知识分布网络

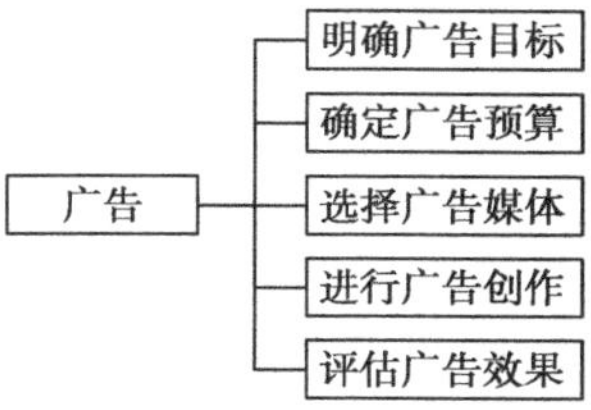

引例 6-3　加多宝公司冠名“中国好声音”

2012 年夏天最火的电视综艺节目当属浙江卫视的《中国好声音》，开播第四期时，收视率已经位居同时段第一。与此相伴随，《中国好声音》的商业价值也被充分挖掘，除了加多宝公司以 6 000 万巨资冠名，栏目广告也从最开始的 15 秒 15 万飙升到 15 秒 50 万。加多宝公司的冠名显然不止“加个名字”那样简单：除了主持人频繁重复的“绕口令广告”之外，现场大屏幕上、舞台地面上、评委座位旁边、选手入场的大门上……“加多宝”的标识和产品几乎无所不在。四期节目之后，加多宝公司认为这笔支出达 6 000 万的营销统筹是成功的。2013 年，加多宝公司以 2 亿元再次获得《中国好声音》的独家冠名权，2014 年以 2.5 亿又一次冠名《中国好声音》。

评析　如果把《中国好声音》比作一家公司，导演的工作就是搭建一个舞台，引入“最好的商业模式”，说服那些苛刻的投资商过来“砸钱”，并让一个嘴皮子快得不得了、脑子反应神速的人充当公关经理。之后，他还需要找到如同每个选手那样好的“员工”，让他们保持最佳工作状态，并生产出最有卖点的产品——好声音。当然，为了把控什么是“最好的”，还需要更懂行的“产品经理”作为合伙人——四位评委导师。《中国好声音》的商业模式是成功的，加多宝公司的“砸钱”也是有成效的。

我们在前面提到的“砸钱”其实是指广告投入。广告是指工商企业通过一定的媒介物，公开而广泛地向社会介绍企业的营销形式或产品品种、规格、质量、性能、特点、使用方法，以及劳务信息的一种宣传方式。现代营销不仅要求企业为目标顾客开发优良产品，还要求企业必须与现实的和潜在的顾客、零售商、供应商进行有效沟通，需要通过广告等传播方式把产品的信息情况传达到消费者。在现代社会，广告作为一种经济现象，无处不在，无时不有。广告在商品经济中具有不可忽视的、沟通产销的媒介作用，这是广告的总职能。

6.3.1　明确广告目标

为什么要做广告？广告应达到什么效果？要回答这个问题，我们首先要了解什么是广告目标。

广告目标是企业广告活动的指导方向。企业的广告目标，取决于企业的整个营销目标。但企业在实现其整个营销目标的过程中，又可以分为若干个不同的阶段，在每一个阶段，广告起着不同的作用，有着不同的目标。归纳起来各企业的广告目标可以分为三种类型。

（1）传递信息。企业进行广告的实质是实现企业与顾客之间的信息沟通，企业通过信息的传递，向目标沟通对象提供各种市场信息，顾客通过收集信息，达到购买的目的。例如，向市场提供有关新产品上市的信息，向市场提供新产品的使用方法等。这类广告的目的在于激发顾客对产品的基本需求。

（2）诱导购买。顾客往往很难区分各种商品之间在特性、用途等方面的差异，这会影响购买行为的产生。通过广告活动建立起顾客对本企业产品的品牌偏好，有助于顾客建立对产品的信心，最终实现购买行为。广告诱导购买目的的宗旨是引导顾客建立起对产品的选择性需求，排斥竞争对手的产品。

（3）提醒使用。广告的提醒使用目标是为了加深顾客对处于生命周期成熟阶段的产品的印象，避免遗忘。它能促使顾客对具有明显使用周期，或已经建立起较高品牌知名度的产品的注意，提醒顾客要注意本企业的品牌和产品。

广告是企业市场营销活动整体中的一部分，所以市场营销人员在确定广告目标的时候要注意与企业整体目标相符合。广告是一种付费较高的促销工具，广告的目标还应该是清楚明确，切实可行，可以测量的。

例如，某企业对某一品牌产品的营销目标是将销售量提高 20%，而为实现这一目标服务的广告目标是：提高品牌知名度 70%以上，提高品牌认知 6%，提高品牌偏好 30%，提高尝试购买 35%以上，品牌忠诚度（再购买率）达到 20%。

知识链接：什么是品牌知名度?

品牌知名度是指潜在购买者认识到或记起某一品牌是某类产品的能力。它涉及产品类别与品牌的联系。

6.3.2　确定广告预算

确定广告目标后，企业就要开始制定广告预算，也就是确定在广告活动上花费多少资金、花费在哪里等。企业在制定广告预算的时候要充分考虑产品的市场生命周期、目标市场的范围及消费潜力大小、市场竞争状况、销售目标、企业的财务条件等。

1．广告预算的制定方法

1）销售百分比法

即企业按照销售额（销售实绩或预计销售额）或单位产品费用的一定百分比来计算和决定广告开支。例如，汽车公司一般是以每辆汽车预估价格的某一固定比率作为广告预算的基础；石油公司则一般以每升汽油价格的某一固定比率作为广告预算的基础；百货公司一般以预计销售额的某一固定百分比作为广告预算。

销售百分比的优点是：简单易行，在产品定价时就考虑固定的比率作为广告在单位产品上的分摊。缺点是：将销售的结果作为广告预算的依据，从而忽略了很多因素，特别是没有考虑广告也是一种投资，有时候需要先投资才能有回报。例如，市场前景很好的产品，因为受广告预算的限制，导致产品不能被广大消费者认识和接受，失去了最好的推广时机。

2）竞争对抗法

竞争对抗法指企业比照竞争者的广告开支来决定广告开支的多少，以保持竞争上的优势。例如，某企业调查到其竞争对手 2014 年的广告预算为 100 万元，于是也把自己下一年的广告预算确定为 100 万元。这种方法的好处是：保持企业在广告方面的竞争实力。但是有时候不能与企业的整体战略协调起来，不能反映企业的真实情况，而且容易引起盲目竞争，加剧广告竞争。

3）量力而行法

量力而行法指支付广告费用要考虑企业的能力，用企业财务可能提供的广告支出来决定广告的预算。这种方法简单易行，但也存在反果为因的问题。产品销售不畅的时候，企业更加需要通过加大广告的支出预算来扭转局面。

4）目标任务法

目标任务法是依据广告计划的目标和任务来决定广告的预算，是一种比较有效的广告预算方式。目标任务法的前提是先确定广告目标，然后在依据目标的要求分别确定完成目标的各项广告的途径和花费，再将各项费用汇总，形成广告预算。这种方法将资金投入和目标的实现结合在一起，目标明确，方向清楚，避免了因果颠倒和盲目性的弊端。缺点是没有从成本的观点出发来考虑某一广告目标是否值得追求的问题。

6.3.3 选择广告媒体

广告媒体即传递广告信息的载体。广告媒体可分为大众传播媒体和企业自办媒体两大类。大众传播媒体包括报纸、杂志、广播、电视四种，是广告信息传递的主要工具，被称为“四大广告媒体”。企业自办媒体是企业自己制作的广告媒体，主要有户外广告、交通流动广告、邮寄广告、网络广告、售点广告、灯光广告、包装广告等。

1. 常见的广告媒体

（1）报纸广告。报纸广告覆盖面广，读者稳定，传递信息及时，便于剪贴存查。 主要缺陷是印刷不精美，时效短，报纸的读者不一定对报纸广告感兴趣。选择报纸媒体要重点考虑报纸的发行范围和阅读对象、广告主的产品特点、企业的市场覆盖面、目标顾客群等因素。

（2）杂志广告。杂志广告具有明确的宣传对象，权威性强，可长期保存，有利于提高重复阅读率，印刷精美，善于表达产品的质地。主要不足是发行周期长，灵活性较差，传播不及时，制作成本比较高。

（3）广播广告。广播广告的信息传播及时、迅速，通过语言和音响效果表达广告的效果，可以给听众留下一个清晰的印象。其缺点是依靠声音传播的广告信息转瞬即逝，不易保存。

（4）电视广告。电视广告的覆盖面广、收视率高，集文字、人物、视频、音响、艺术等于一身，具有比较强的感染力，形式多种多样，但受到时间的限制，重复性高，收费比较昂贵，制作复杂，被动接受信息等。

上述广告媒体的优缺点对比如表 6-5 所示。

表 6-5 四大广告媒体的优缺点对比

媒体	优 点	局 限 性
报纸	灵活、及时、覆盖面大、可信度高	保存性差，复制质量低，传阅少
电视	综合视觉、听觉和动作，感染力强，到达率高	绝对成本高，干扰多，暴露时间短，观众选择性差
广播	大众宣传，成本低，选择性高	收费结构不规范，暴露时间短，效果差
杂志	可选择性强，权威性强，复制质量高，保存期长，传阅者多	广告截止日期长，无法保证版面

（5）户外广告。户外广告媒体泛指设置在建筑物外面或公共场所的，以视觉传达方式

为主传播广告信息的广告媒体。

有调查统计，户外广告关注度排名中，路牌广告的客户关注度得分最高；公共交通广告和户外电视广告的客户关注度居中；霓虹灯地产广告和灯箱广告的客户关注度略低，如图 6-9 所示。

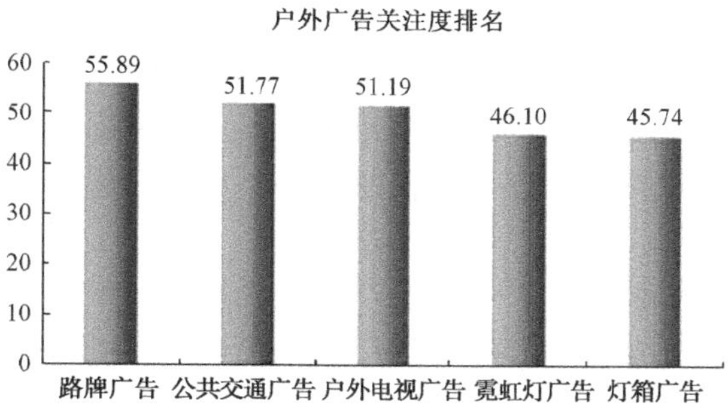

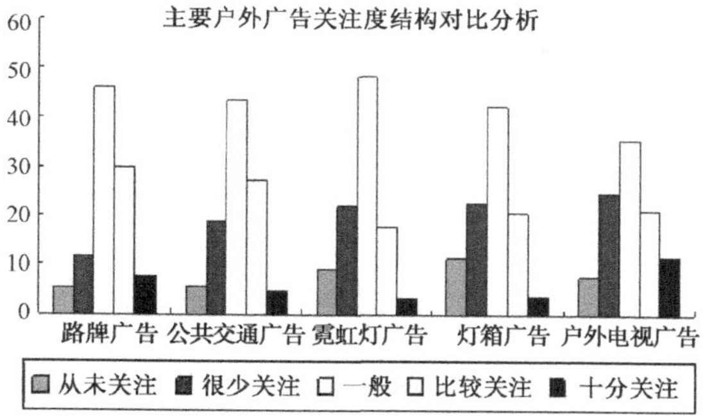

图 6-9　户外广告关注度排名及结构对比分析

调研数据显示被访者中，路牌广告、公共交通广告、霓虹灯广告的“比较关注”比例较高，而路牌广告、户外电视广告两种方式则“十分关注”的比例要高些。

（6）交通广告。交通广告是指交通工具内外壁上的广告，它的制作简单，费用低廉，由于交通工具的流动性，决定了该广告媒体的宣传面较为广泛。这类广告制作时一定要醒目，文字内容要简介，突出主题才能保证广告效果。

（7）邮寄广告。邮寄广告是通过邮寄的方式发放产品的说明书、价目表等，它可以根据产品和目标市场的特点，准确地选择广告对象，可以深入地介绍某种产品的特点，而且制作费用低廉。它的不足是市场的范围有限。

（8）网络广告。网络是一种新型的广告媒体，其广告特点是信息传播速度快、受众广、成本低、针对性强、具有交互性等，而且不受时间、版面的限制，但网络广告的效果与制作水平有待进一步提高，广告创意、管理和服务能力与工商企业的期望有不小的差距。随着我国电子商务的快速发展，网络广告必将在经济生活中占据越来越重要的角色。

（9）售点广告。即 POP（Point of Purchase Advertising）广告，意为销售点或购物场所广告。POP 广告围绕销售点现场内外的各种设施做媒体，有明确的诱导动机，旨在吸引消费者，唤起消费者的购买欲，具有无声却十分直观的推销效力。它可直接影响销售业绩，是完成购买阶段任务的主要推销工具，如图 6-10 所示。

图 6-10　售点广告

一项关于 POP 广告对超市营业额影响的调查表明，端架的陈列、定位的陈列（如特价品、新产品、推荐品等）有 POP 广告时，可增加 5%的营业额；具体的商品促销有 POP 广告可增加 23%的营业额；如果有 POP 标示，大量陈列的商品可增加 42%的营业额。

2．选择广告媒体

广告媒体的选择是实现广告目标的重要保证，媒体选择的失败不仅导致广告费用的浪费，也直接影响产品销售，甚至错失产品销售良机。选择广告媒体必须充分考虑以下因素。

（1）广告目标。企业希望达到的目标不同，选择的媒体类型也会不同。如果强调时间，希望在短时间内将广告信息传送出去，那么电视和报纸是最佳的选择；如果是说服性为主，可以采用报纸和杂志等。

（2）产品性质。不同的产品对广告传播效果的要求是不一样的，科技含量高的产品需要对产品进行专业化的说明，可以采用信函或在专业的杂志上刊登广告。需要体现产品的外观和生动形象的广告，还可以采用电视广告、网络广告。

（3）消费者习惯。消费者习惯也是媒体选择所要考虑的重要因素。例如，少年儿童用的商品，往往受影视节目时间段放映的广告的影响；而退休的老年人，对健康类的书报特别有兴趣。

（4）媒体特性。企业选择媒体应该与企业的整体营销战略一致，媒体的范围应当与企业的市场范围一致，充分考虑媒体的传播范围、传播速度和影响力。

（5）媒体成本。广告是一种付费的促销方式，需要在选择不同媒体的时候，认真核算其成本，保证以最小的投入获得最大的产出。广告成本包括媒体价格和广告作品设计制作费。同一类型的广告媒体也因租用时间和位置的不同而有不同的收费标准。电视广告在黄金时间播放和一般时间播放其收费标准相差甚远；报纸广告则因知名度高低、发行范围大小、版面大小及位置差异也有所不同。

（6）国家的法律法规。选择广告媒体应该在国家法律法规允许的范围内。

3．确定广告排期

确定广告排期就是合理安排各广告媒体发布的顺序、频次和时间。在广告预算的约束下，实现成本效用的最大化。

（1）持续式排期。持续式排期就是在整个活动推广期间持续发布广告信息，这种方法的优点是广告一直出现在消费者面前，涵盖整个购买周期，有利于积累广告效果。缺点是可能导致投放量较低，竞争对手可能在某些期间加重广告量而取胜。持续式排期适应于销售周期不明显的产品，如商品房、汽车等大件商品，牙膏、洗发液等日用品，户外媒体广告一般采用持续式排期。

（2）跳跃式排期。跳跃式排期又称波浪式或间歇式排期，指广告发布安排随产品销售周期性变化而变化。这种排期的优点是能选择最佳时机投放，缺点是空档过久会造成遗忘，给对手留下攻击机会空隙。跳跃式排期适合于季节性产品和服务，如空调、服装等。

例如，某家用电扇厂制定 2014 年广告排期时考虑到在消费旺季前和消费旺季中投入广告效果最好，因此，广告的宏观安排是 4～8 月份，每月预算分配如下：4 月 30%，5 月 25%，6 月 25%，7 月 10%，8 月 10%。

（3）脉动式排期。脉动式排期是持续排式期和跳跃式排期的结合，是降低持续排期广告预算和规避受众记忆度降低的有效手段。这种排期的优点是在广告的持续性暴露过程中，根据产品销售淡旺季和市场竞争的需要，合理安排广告发布时间。这种排期适合全年都有销售且销售量在某些阶段比较大、比较有规律、对预算要求较高的产品，如轿车、酒类、旅游服务等。

6.3.4 进行广告创作

1．广告创意

广告创意就是创意人员根据广告主的营销目标和策略，对抽象的产品诉求概念予以具体形象表现的创造性思维活动。广告创意是广告活动的重要环节，好的广告创意能使广告更好地引起受众的注意，节省广告费用。美国广告大师大卫·奥格威指出："要吸引受众的注意力，同时让他们来购买你的产品，非要有好的点子不可。除非你的广告有好的点子，不然它就像很快被黑夜吞噬的船只。"

广告创意的内容包括两个方面：一是广告诉求，二是广告表现。广告诉求是指通过广告向消费者传达什么样的信息，即"说什么"；广告表现是指通过相应的表现手法，将广告诉求有效地表达出来，即"怎么说"。

广告创意=创异+创益。创异就是使广告标新立异、与众不同；创益就是使广告产生效益。这个公式揭示了广告创意的本质属性，广告担负着促进产品销售的职能，只有通过与众不同，才能引起受众的注意，从而产生效益。

美国广告大师奥格威曾应邀为哈撒韦牌衬衫策划一个广告活动方案。他承诺，要使哈撒韦牌衬衫的销路比当时占领市场的箭牌衬衫更好。可是，箭牌衬衫的广告费支出是 200 万美元，而哈撒韦牌的广告费只有 3 万美元。在这种不利的条件下，奥格威认为要使哈撒韦牌衬衫一举成名，关键是要有新的创意，赋予衬衫与众不同的设计格调，标新立异。奥格威为广告设计了多种方案，最终选定了一个为英俊的男模特戴上一只眼罩的创意方案，这个创意看似简单，却因为能够赋予广告以独特的个性，从而从众多的广告中脱颖而出，使哈撒韦牌衬衫的销量大增，一举成为知名的服装品牌，与著名的箭牌衬衫并驾齐驱。

2．广告创作

1）广告文案创作

广告文案是广告作品中（产品包装说明除外）全部的语言文字部分，通过语言或文字两种符号来体现。广告文案由标题、广告语、正文、随文四个部分组成。在进行广告文案创作时，语言要求简明扼要、打动人心、通俗易懂。请看以下的流行广告小集锦。

为了她的节日，献上您纯金般的心！（首饰）
三十六计走为上！（鞋）
盛满青春的秘密！（女士提包）
"口服"，"心服"！（饮料）
"闲"妻良母（洗衣机）
口不服，心服（楚天舒护心贴）

大石化小，小石化了！（治结石病）
水往高处流（潜水电泵）
家中有金福，全家有口福！（金福食品）
冲一冲，好轻松！（淋浴器）
在你忙得不可开交时……（食品罐头）
臭名远扬，香飘万里（臭豆腐）
百衣百顺（电熨斗）

2）平面广告创作

平面广告由文案、图形、色彩、编排等要素构成，在进行平面广告创作时，要注意视觉元素之间的面积对比，图像之间的质感对比，点、线、面的对比，色彩与明暗的对比，位置的对比与协调，使画面主次分明，体现画面的节奏感和个性。

3）电视广告创作

电视广告是广告信息高度集中和浓缩的广告，兼有报纸、广播和电影等广告媒体的视听特征，以声、像、色兼备，听、视、读并举为优势，受到众多广告主的青睐。电视广告的制作包括现场拍摄、室内拍摄和计算机制作等专业环节。

6.3.5 评估广告效果

有一位著名的广告人曾经说过一句名言："我的另一半广告费被浪费掉了，但却不知道被浪费到哪里去了。"由于广告是一项付费很高的促销手段，需要对其效果进行评价。要根据广告的目标、广告的支出水平等多方面进行全面的比较和测评，以提高广告的实际效益。

1．广告效果的特点

（1）时间推移性。人们由根本不了解产品，到逐步通过广告的作用认识产品，对产品产生兴趣，喜爱产品，最终促使顾客购买产品，从而达到广告的效果。这是一个循序渐进的过程，从最初做广告到广告效果的产生有一段时间的间隔，这体现了广告效果的时间推移性。

（2）积累效果性。广告效果一旦在人们心目中形成了印象，就会保持一段时间，不会突然消失。因此，广告效果的评价绝不是某次广告和这次广告效果的简单因果关系。如果顾客今后还有需要，会继续显示其对某种产品的钟情。例如，某电子产品的目标受众是上班族，因该产品在大学校园长期广泛地传播，使产品品牌在大学生的潜意识中慢慢积累沉淀下来，这种潜意识的品牌形象就有可能影响他们将来上班后的购买行为。

（3）间接效果性。是指由广告引发的需求有延伸作用，或者是对同类产品但不同品牌的需求，或者出现对相关产品的系列化需求。认识广告效果的这种间接效果性的特点，有助于企业合理安排广告费用的支出规模和广告的时机。

2．广告效果的评估指标

广告效果的评估是指运用科学的方法，对广告活动全过程的每个工作环节进行鉴定，并评价其质量和效果。广告效果的评估主要有两个指标：销售指标和传播指标。

（1）销售指标：广告的最终目的是促进销售的增加。广告实施后，销售是否增加，增加的程度如何，以此来作为测评广告效果的指标，即销售指标。

（2）传播指标：广告传播效果是指某一特定的广告信息作用于受众所产生的心理反应和行为倾向的效果，包括广告到达率，广告传播作用于受众心理系统后引起的心理变化，受众对广告内容的知晓、理解、偏爱，以及在心理变化的基础上引起的购买行为的倾向。以传播效果作为衡量广告效果的指标，即为传播指标。

3．广告效果与费用检查

当你意识到你的广告效果并不理想，却不知道广告费如何支出了，请从以下几个方面进行检查。

（1）广告定位是否清楚。定位不清的直接后果是目标消费群体模糊，进而导致广告诉求方向紊乱，什么都想说，什么都没说清楚，主次不分，重点不明，或者诉求对象主次颠倒，或者根本就是棍扫一大片，期望打着什么是什么。

（2）广告诉求是否明确。产品要具有销售的生命，就必须给它确定一个与众不同的卖点，并有明确的诉求，引导、激发消费者。当然，卖点的与众不同，并不在于刻意求新求奇，最重要的是要把产品本身最具特色的优势说出来，带给消费者实实在在的利益需求点。缺乏价值和利益的卖点诉求是不成功的。

（3）媒体组合是否有效。整合营销传播策略既是一种资源整合策略，也是一种有效的媒体整合策略，“整”是根本，“合”是手段，没有有效的资源“整”，就不可能实现最佳的媒体传播组“合”。但现实是，整合营销传播策略流于形式，很多企业把几种媒体的简单相加等同于整合营销传播，根本不考虑媒体和目标消费群体的吻合度，基本使用的是“撒网式媒体传播法”，电视、报纸、电台、户外、网络等蜂拥而上，全面撒网，反正你也跑不掉，但往往是需要的看不到，不需要的天天见。

（4）广告表现是否明了。广告如何表现当然应该是策划公司或策划人的责任，但要反映企业的市场营销策略，如果创意作品过多地追求一种艺术的成就，而不是销售的成果，很多作品你根本无法理解或者你要转过几道弯去理解，不是抽象派就是印象派，以艺术的眼光去看绝对是佳作，以营销的眼光去看就是次品，这样的广告表现就是失败的。

6.4 建立良好的公共关系

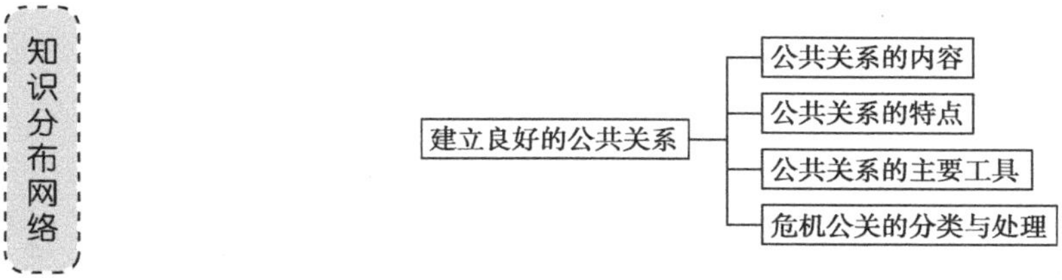

引例 6-4　美国强生公司的危机公关

1982 年 10 月，美国芝加哥地区有人因服用含氰化物的泰诺药片中毒死亡，社会舆论哗然，死亡人数最初报道为 3 人，但最终被传为 200 多人（实际为 7 人），导致恐慌情绪蔓延。面对这场危机，强生公司做出迅速反应，采取有力举措。首先，其 CEO 詹姆斯·伯尔组成了危机公关团队。虽然强生公司很快证实此次事件并非公司生产环节导致，但是坚守“生命安全至上，企业财产次之”的信条，在全国范围内紧急召回并销毁 3 100 万瓶泰诺，损失高达 1 亿美元。一周以内，公司停止一切泰诺产品的广告，转而播放提醒公众停止使用泰诺的公告。同时，伯尔在电视媒体和新闻发布会上频频道歉。尽管警方调查显示此事为有人在药店里投毒所致，但是强生公司依然对受害者家属进行了赔偿。事件平息后，强生公司在止痛药市场的份额一度从 37%下降到 7%。为了重建品牌，强生公司在美国第一个使用美国食品和药物监督局建议的新型“抗污染包装”，避免类似投毒事件的发生。同时，强生公司为客户提供 25%的折扣，并派 2 250 名销售人员在全国范围内重新巩固客户关系。凭借这些快速、坦诚的努力，强生公司在事后五个月就收复了事前 70%的市场份额。

评析　试想一下，如果强生公司当时在查明生产环节没有漏洞之后就拒绝召回泰诺药品，并声称“国家刑法禁止投毒，但是现在有人投了毒，那我怎么办？”，恐怕会遭到民众的更大抵触。“生命安全至上，企业财产次之”，强生公司看似吃了一个哑巴亏，但是却履行了承诺，捍卫了品牌，从长远来看，赢得了更大的市场。“小利靠计，大利靠德”，此语值得我们营销人深思。

6.4.1　公共关系的内容

企业公共关系（简称公共）作为一种特殊的促销形式，包含了以下具体的内容：

（1）企业公共关系是指企业与其相关的社会公众的相互关系。这些社会公众主要包括：供应商、中间商、消费者、竞争者、信贷机构、保险机构、政府部门、新闻传媒等。企业不是孤立的经济组织，而是社会大家庭的一分子，建立公共关系就是要同社会公众有良好的社会联系。

（2）企业形象是企业公共关系的核心。企业公共关系的一切措施，都是围绕着建立良好的企业形象来进行的。企业形象一般是指社会公众对企业的综合评价，表明企业在社会公众心目中的印象和价值。企业一旦有了良好的企业形象，就能增强企业的竞争能力。

（3）企业公共关系的最终目的是促进商品的销售，提高市场占有率。从表面上看，企业公共关系好像仅仅是为了树立企业形象，但是从本质上看，公关关系的最终目的还是促进商品的销售。作为一种促销的重要方式，公共关系必须经历一个树立企业形象的环节，企业首先推销了自身，从而促进自身商品的销售。

6.4.2　公共关系的特点

作为隐性的促销方式，建立公共关系更注重长期目标，其特点主要有以下几种：

（1）可信度高。相对于广告，大多数受众会认为公共关系报道比较客观可信。

（2）传达力强。公共关系活动中的宣传报道大多是以新闻形式出现的，受众关注的概率和兴趣较大，传达能力更强。

（3）具有戏剧性。公共关系的活动和报道可使企业和产品戏剧化，具有趣味性，引人入胜。

（4）成本低廉。从投入产出比来看，公共关系是所有促销方式中成本最低的，如企业提供一个有新闻价值的活动，传媒会争相报道，并且能产生较大的轰动效应。

6.4.3　公共关系的主要工具

1．新闻报道

新闻是以第三者的名义通过大众媒体传播的特定信息。与广告、人员推销的自我宣传方式相比较，新闻对大众的影响力要大得多，是公关关系的主要工具。采用新闻的方法，往往要求企业的公共关系人员掌握新闻的知识和规律，并且要和新闻界保持良好的联系。在公共关系活动中，新闻一般可以从以下几个方面入手：

（1）召开新闻发布会和记者招待会，向新闻界通报企业的情况，提供新闻素材。邀请新闻记者参观企业，为其采访提供方便。新闻记者通过亲自参观企业，往往能挖掘出许多可供报道的新闻材料。

（2）企业人员撰写新闻稿件寄给新闻单位，这种方式命中率比较低，要求企业掌握新闻的基本规律和要求。

（3）创造新闻素材，吸引新闻媒介的注意。这种方法难度比较高，要求企业的公共关系人员有丰富的知识和经验，而且需要企业决策层的支持。

2．广告

在公共关系活动中，利用广告形式来树立良好的企业形象或向公众传播必要的信息。公共关系中的广告主要有以下几种。

（1）形象广告。以树立企业形象为目的的广告。企业向公众展示企业实力、社会责任感和使命感的广告，通过同消费者和广告受众进行深层的交流，增强企业的知名度和美誉度，产生对企业及其产品的信赖感。企业形象广告是一项长期复杂的系统工程，应有计划、分阶段地实施宣传。国外众多知名企业，都是将企业形象广告作为一项长期的无形资产投资来经营，每年制订相当比例的投入计划，长年在权威性媒体作形象广告。国内的海尔、康佳、长虹、金利来、奥妮、娃哈哈等集团，都是靠恒久性广告建立起企业知名度和美誉度的。

（2）声明广告。表明企业对某些事件的立场、态度的广告。通常有两种情况，一是对企业不利的事件，但企业自身并无过错。二是一些重要的必须使公众迅速知晓的事件，如企业更名、迁移、更换商标和包装等。

（3）致歉广告。向公众表示歉意，以取得公众谅解和好感的广告。该广告形式有利于展示本企业敢于承担社会责任和有错必改的公正态度和信誉形象。例如：光明乳业集团 2012 年 9 月 29 日曾在《人民日报》刊登公开致歉信，就公司连续发生的多起产品质量事件，向全国消费者道歉。同时表示公司已成立质量安全监督小组，正实施包括完善组织保障、排查管理流程、建立问责制、完善产品监查体系、加强冷链配送管理、强化全员责任意识等六项整改措施。

（4）祝贺广告。在与本企业有密切关系的企业或单位举办重大活动时表示祝贺的广告。祝贺广告的事件选取一定要和企业有密切的关系，吸引受众的关注，切不可牵强附会。例如，高考结束后，某市理科高考状元袁某在“一家亲喜糖铺”购买庆贺喜糖分发给亲友。喜糖铺为此在店门上方打出“热烈祝贺我市高考状元在我店购买喜糖”的庆贺广告。

（5）活动广告。为配合企业所开展的各项公共关系活动而发布的广告。例如，开展企业的庆典活动等，这些公共关系活动往往需要广告的配合，才能达到较好的效果。如图 6-11 所示为某商场开业活动广告示例。

（6）公益广告。企业为了获得公众的好感、表现社会责任而进行的有关维护社会公共利益的广告宣传。公益广告通常由政府有关部门来做，广告公司和部分企业也参与了公益广告的资助，或完全由它们办理。它们在做公益广告的同时也借此提高了企业的形象，向社会展示了企业的理念，使公益广告能很好地成为企业与社会公众沟通的渠道之一。如图 6-12 所示为某基金会公益广告示例。

图 6-11　开业活动广告

图 6-12　公益广告

3．演讲

由企业领导人利用新闻媒介或其他宣传工具向公众发表演讲，介绍企业的发展，阐述企业对某些问题的看法，或者回答各种问题，也是提高企业知名度、树立企业形象的方法之一。例如，近年来，新东方教育科技集团董事长俞敏洪及其领衔的新东方创业团队已在全国多所高校举行上百场免费励志演讲，被誉为当下中国青年大学生和创业者的“心灵导师”、“精神领袖”。这些演讲活动为宣传企业的教育理念，推荐企业的培训项目起到了非常好的促销效果。

4．公益服务活动

指企业投入一定的精力、金钱和时间在一些有益于社会的公共事业、慈善事业、福利事业方面，以体现企业的社会责任，增加公众的好感，提高企业的知名度。例如，某企业为资助贫困生开展义卖、义演、发动员工捐款等活动。再如，诺基亚公司继“回收一部手机，传递一份爱心”活动之后，再度携手北京邮政，在 2012 年发起了主题为“回收一部废弃手机，开启一种绿色生活”的环保公益活动。作为诺基亚公司一直持续的“绿箱子环保计划”的一部分，该活动旨在以更贴近生活、贴近百姓的方式，倡导大家以实际行动积极支持环保，同时践行一种绿色的生活方式。

5．书面资料

指编写制作各种书面资料，向各类公众广泛散发和寄送，以加深其对企业及产品或服务的了解，影响其观念和态度，增加对企业的好感。例如，某眼镜公司印制了 5 万份爱眼护眼手册免费发放给广大中小学生。

6．事件

事件既可以是企业特意安排和准备的，也可以是抓住机会策划的，目的在于吸引新闻媒介和公众注意的事情和活动，事件可以通过以下两个方面进行。

（1）巧抓事件。通过浏览新闻媒体报道的消息或顾客、经销商、企业员工所反映的情况，抓住一些与本企业及产品或服务有关联的消息，采取某些措施使公众关注该事件，利用公众对该事件的注意和兴趣，从而提高本企业的知名度和美誉度。一般来说，轰动事件、有争议的辩论、重大体育赛事等都是很好的公共关系推广机会。例如：中日两国是相邻的邻居，在历史上有千丝万缕的历史渊源，但却因日本少数人引起的钓鱼岛争端再次引发了中日两国的摩擦，不满、批评尘嚣直上。很多商家打出“爱国”牌促销活动，倡导国人反对日货支持国货。

（2）制造事件。由企业自行构思可以作为事件的题材，将其发展成为事件来达到引起公众关注、提高企业知名度、树立企业形象的目的。此类营销策略称为“事件营销”。在国内，“事件营销”早已存在。例如，茅台集团在世界博览会上摔酒瓶使茅台酒走上了世界，张瑞敏用大锤砸海尔牌冰箱被人津津乐道等等，这些事情无不跟事件营销有关。

7．视听资料

指企业设计制作电影、录像片、幻灯片、录音带、电脑多媒体软件、电脑 CD 光盘等视听资料，用在各种公共场合播放。例如，某企业制作了企业的宣传光盘，在各种展销会中播放，同时还送给各大媒体，以便他们从中挑选和剪辑用于新闻宣传的信息。

8．企业形象识别媒体

指公关部门参与企业 CI（企业形象识别）战略决策，充分利用企业形象识别媒体，体现和传播良好的企业形象。例如，大多数装修公司为了提升企业形象，要求装修工作人员一律穿着统一的制服，装修工作人员在工作期间出入时，同时也是在为企业做宣传。

知识链接：超市货架生动化

所谓超市货架生动化，是指超市以货架为主要载体，以商品陈列、售点广告和价格标签为主要手段，吸引顾客并促成其购买冲动的行为或活动。

6.4.4　危机公关的分类与处理

在 2011 年“3·15”特别行动中，中央电视台曝光了双汇集团“瘦肉精”养猪一事。瘦肉精可以增加动物的瘦肉量使肉品提早上市、降低成本。但瘦肉精有着较强的毒性，长期使用有可能导致染色体畸变，诱发恶性肿瘤。双汇集团为此付出的代价就是一个月内损失超过 100 多亿元，对于品牌形象伤害带来的经济损失无法计量。让我们来看看双汇集团是如何处理这个危机并吸取教训：

（1）2011 年 3 月 15 日：中央电视台曝光济源双汇食品有限公司收购“瘦肉精”猪肉，当天下午双汇集团旗下上市公司双汇发展封住跌停，双汇集团表示正在调查济源“瘦肉精”事件。

（2）2011 年 3 月 16 日：双汇集团发布致歉声明，同时责令济源公司停产自查。

（3）2011 年 3 月 17 日：双汇集团再就“瘦肉精”事件发布声明，称将召回济源双汇公司生产并在市场上流通的产品，对济源双汇公司总经理、主管副总经理、采购部长、品管部长予以免职。

（4）2011 年 3 月 20 日：河南省食品安全领导小组办公室通报，济源市政府在全市 7 家双汇连锁店和 59 家双汇冷鲜肉专营店封存猪肉 1 878 公斤，抽样 46 个，其中 6 个被检出“瘦肉精”。

（5）2011 年 3 月 23 日：双汇集团紧急召开 4 000 多人规模的全国经销商视频会议，以应对下架危机，希望能重新启动市场。

（6）2011 年 3 月 25 日：双汇集团再次召开了全国供应商视频会议，试图安抚处境艰难的供应商。

（7）2011 年 3 月 31 日：在河南漯河召开“万人职工大会”，集团董事长万隆再次向消费者致歉，“万人大会”参会人员包括双汇集团所有管理层、漯河本部职工、经销商、部分新闻媒体。集团董事长万隆代表管理层向消费者再次致歉，并对曝光“瘦肉精”事件的中央电视台等媒体也表达了感谢，期望继续得到在场的经销商、供应商、投资者以及金融部门的支持。

……

俗话说“智者千虑，必有一失”，这一点对于处在激烈竞争中的现代企业，哪怕是世界知名企业也不例外。任何企业都可能遇上突发和意想不到的情况，这些突发事件会破坏企业的形象，使企业的生存和发展面临一场危机，如果不能有效地化解，将会使企业受到长期乃至永久的影响。

1．危机公关的含义

所谓危机公关，是指当企业遭遇突发事件或重大事故，其正常的生产经营活动受到影响，特别是原有的良好的企业形象受到破坏时，如何从公共关系的角度来应对、处理危机，以使企业以尽可能低的成本度过营销危机的公关活动。

2．企业营销危机的分类

企业营销危机产生的原因一般有两种：一是企业内部的危机，包括内部产品或服务的危机、内部管理、经营危机；二是企业环境变化而导致的危机，包括社会环境和自然环境变化导致的危机。企业在进行危机公关时应该分清是什么原因导致的危机，本着预防为主，诚实应急的原则进行处理。

3．危机公关的处理技巧

1）重在预防，防患未然

预防是对付危机最好的方法。预防危机的发生，关键是建立一套完善的预警和处理机制，尽可能地避开风险或把危机迅速地消灭在萌芽状态。

英美的很多企业经常通过调查分析，及早发现引发危机的线索和原因，预测将要遇到的问题和危机发生的基本情况，从而制定多种可供选择的应变营销方案。同时，许多公司还通过加强培训，树立员工的危机意识，提高企业应对危机的能力。总结这些公司的成功经验，有如下几个共同之处：组建公关危机管理小组，建立危机警报体系，制定危机管理细则，定期进行危机演习，及时关注宏观环境的变化。

2）临危不乱，积极主动

潜伏性和意外性是危机的重要特点。企业面对突如其来的危机，应该做到临危不乱，乱则无法看清危机实质，乱则无法有效地进行整体公关。企业要牢牢抓住危机实质，尽快分析危机产生的原因，无论面对哪种性质、类型及起因的危机事件，企业都应主动积极地进行处理。即使起因在受害者一方，也应首先消除危机时间所造成的直接危害，以积极的态度去赢得时间，以正确的措施赢得顾客，创造妥善处理危机的良好氛围。

3）以诚相待，妥善处理

任何危机的发生都会使公众产生种种猜测和怀疑。面对危机，企业只有开诚布公地说明事情的原委、诚恳地接受批评才能淡化矛盾、转化危机。危机发生后，正确、全面地处理好与受害者、新闻界、主管部门、经销商的关系和企业内部等的关系也是十分重要的。

4）消除隐患，维护形象

危机公关既要着眼于对当前企业危机事件本身的处理，又要立足于企业形象的塑造，不能头痛医头、脚痛医脚，要从彻底、全面、整体的高度来进行危机公关，正确获得多重效果和长期效益。公关活动在危机管理中的作用是维护企业的信誉，这是危机管理的出发点和归宿。危机的发生肯定会对企业的信誉带来一定的影响，使企业形象受到一定程度的损害。因此，尽管最后危机得到妥善的解决，但并不意味着危机的结束。企业要特别做好危机公关的善后工作，要采取必要的措施，通过大量细致入微的工作来弥补危机造成的各种损失，从根本上改变公众对企业的不良印象，恢复和重建良好公众形象。只有当企业的公众形象重新建立之际，企业才能真正谈得上转危为安，危机公关才能画上完满的句号。

4．新媒体时代的企业危机公关处理策略

随着新媒体时代的到来，微信、微博等在人们的日常生活中扮演着越来越重要的作用。新媒体的应用加速了信息传播的速度，助推了危机。任何人有意或者无意的一篇博客文章、一条微信息都有可能给企业酿成重大灾祸。新媒体的出现给企业提供了一个新平台的同时，也为企业舆情监控带来了巨大的挑战。在这个互联网络快速发展的时代，传播方式变了，社会参与的方式也变了，危机公关的处理方式不得不变。在新媒体环境下，企业危机公关的处理策略可以尝试以下方式。

1）长期发展策略

（1）加强企业自身的品牌建设，通过新媒体树立良好的企业形象。

（2）与业界的意见领袖及有重要影响力的网络媒体建立良好的关系，提高品牌在其心中的认识程度与美誉度。

（3）建立全面的危机预警机制，强化网络媒体的监控，实施预警机制。

2）即时处理策略

（1）第一时间把握话语权，通过网络快速表明立场。基于新媒体环境下的秒新闻，及时的话语权把控显得十分重要，企业必须以最快的速度通过各种方式站出来，利用各类平台发出权威声音，表明立场，紧紧把握信息的走向。在新媒体环境下的危机处理，速度就是一切。

（2）主动引入网络上的权威。与意见领袖及时沟通让他们用自己的影响力声援自己的产品、品牌。

（3）通过技术手段处理网络上的企业负面信息。在搜索引擎上做文章，屏蔽信息或者变化排序。这是一个纯技术手段，避免事情的进一步恶化，对付那些恶搞的绰绰有余。

6.5 开展营业推广活动

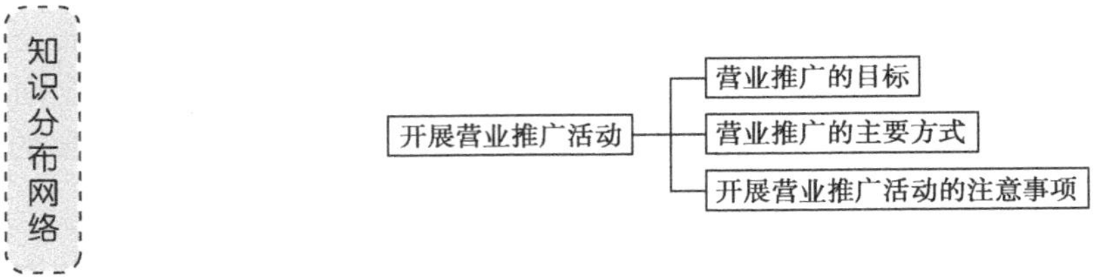

引例6-5 开学临近，商家促销抢商机

伴随着新学期的到来，各大学开学在即，那些经过寒窗苦读即将跨进大学校门的新生们，开始忙着为自己的大学生活做准备。“开学经济”急剧升温，名牌书包、时尚文具、品牌电脑，学子们的“装备”变得越来越“精良”。其中，智能手机、笔记本电脑等数码产品已经成了必选的潮流装备。书店内教辅读物更是让人眼花缭乱……降价打折、幸运抽奖，商家使出了种种招数进行促销，吸引学生和家长的眼球。有些商场开展的促销方式如下。

（1）数码卖场：“凭高考准考证购买即可获赠豪礼”。

（2）文具超市：“开学啦！新学期，新装备，第2件半价”。

（3）手机专卖店：“本店设有学生机专柜，学生持录取通知书、学生证购买手机可享受优惠”。

……

相信各位同学对这种促销方式非常熟悉，但该方式与前面所学的人员推销、广告、公共关系有什么不同呢？“开学经济”主要采用的是短期促销手段，称为“营业推广”促销方式。本节我们将学习如何开展营业推广活动。营业推广是在短期内刺激消费者和经销商的一种促销措施，是人员推销和广告的一种补充手段。与其他促销工具相比较，营业推广具有时效性、刺激性、多样性和直接性的特征。

6.5.1 营业推广的目标

营业推广的目标要服从企业市场营销目标，具体目标将随着目标市场类型的不同而有所变化，主要通过下面两种方法来确定。

1．从环节上分

（1）针对消费者而言，营业推广的目标包括：促使老顾客更多地使用这种产品；吸引新顾客试用这种产品；争夺其他品牌的顾客等。

（2）针对中间商而言，营业推广的目标包括：鼓励中间商大量进货，增加商品贮存，特别是季节性产品；鼓励中间商持续地经营本企业产品，建立稳固的产销关系等。

（3）针对推销人员而言，营业推广的目标包括：鼓励推销人员大力推销新产品，开拓新市场，寻找更多的潜在客户，大力推销积压产品等。

2．从内容上

（1）保持现有顾客，使老顾客产生惠顾动机，稳定产品销量。

（2）促使现有顾客大量购买，在现有顾客基础上扩大销量。

（3）吸引潜在顾客，通过有效刺激使潜在顾客转变为现实顾客。

（4）强化产品使用的频率和功能，扩大产品销量。

（5）强化产品品牌，以优秀的品质扩大产品销量。

6.5.2　营业推广的主要方式

1．对消费者的营业推广

（1）赠送样品。指向预期的老顾客免费赠送样品，开展供中间商和消费者试用的销售促进活动。如送样品到家，在商店中散发样品，将样品附在其他产品包装中或附在广告中。这种方式在介绍新产品时是比较有效的，同时也是比较昂贵的方式。

很多著名的企业在赠送样品时都获得了理想的推广效果，例如，宝洁公司的飘柔洗发护发液进入广州市场时，向广州市 81 万市民赠送样品试用，3 个星期后，飘柔洗发液的知名度已达 94%，销量迅速见涨。李力为了推销某品牌口香糖，按电话簿上的地址，一口气给 150 万户家庭送了 6 万块口香糖。孩子们吃完了都吵着还要，家长只好再购买，该品牌口香糖在当地的销量一下子就大增。

（2）折价券。折价券是生产企业或零售店发放的，作为持券人在指定的地点购买商品时享受折价或其他优惠的凭证。这种折价券可以直接寄给消费者，也可以附在其他产品或广告中。

肯德基公司与麦当劳公司的折价券之争由来已久，他们将折价券以套餐优惠、折价优惠、学生优惠等折价方式，通过免费派送的途径送给消费者。虽然这些折价券上都标明有效期，但是他们很快就会推出新一轮的折价券，只是优惠的内容有所变化。折价券已经成为肯德基及类似快餐企业作为吸引顾客就餐、培养忠实顾客的常规市场工具。

据国外的统计，约有 65%的折价券兑现者都是第一次使用该产品。然而，一项关于我国折价券使用的调查表明，我国至少有 90%以上的折价券未能引起消费者的购买兴趣，滥用、不用折价券的现象十分普遍。

（3）赠礼品。赠礼品也称赠奖促销，指生产厂家为了奖励或刺激消费者购买其产品而向消费者免费赠送礼品或奖品。例如，对购买隐形眼镜的消费者赠送护理液。

（4）交易印花。零售店以积分交易印花的方式作为促销手段，积够一定的印花可在零售店兑换自己喜欢的赠品，以刺激消费者对本品牌的购买量。采用这种方式时应该注意，当赠品的选择余地较大时，消费者参与的积极性才会比较高。

例如，国庆期间，某百货公司为了鼓励消费者更多地消费，采用交易印花的促销方式，每消费 100 元可以获得一枚印花，不同的印花可以兑换不同的礼品。为了突出礼品，特意在入口处设立了礼品专柜，琳琅满目的礼品能激起消费者的消费欲望。

（5）现场示范表演。在销售现场用示范表演的方法，介绍新产品的用途及使用方法，增加顾客对新产品的了解，刺激其购买。

例如，火车上的推销员常常会向乘客们推销他们的小商品，最常用的方式就是现场演示表演，一个小陀螺在他的示范表演下显得非常的有趣，一双袜子被他用针划过后依然完好无损，乘客常常为此掏了腰包。

（6）特价销售。为度过某些销售淡季或某些特定节日，厂家或零售商往往会开展一些优惠酬宾、折扣让利等活动，在原价基础上全面减价销售，以刺激消费者购买。

例如，春节过后，各服装商场对冬装纷纷打折，希望通过打折能将即将过季的服装销售出去，减少库存风险，使资金能良好的运转。

（7）消费信贷。通过赊销、分期付款等方式推动商品或服务的销售，顾客不用支付现金或只支付部分现金即可取得商品的使用权。对商品房、汽车等大件特殊商品，消费信贷有明显的促销作用。

（8）产品展销。通过参与和举办各种形式的商品展销，突出、集中、重点介绍商品，配合以特惠零售价，能有效刺激消费者购买。

（9）竞赛、游戏。这是通过组织让消费者参与的有关活动，让消费者有某种机会去赢得一些东西，如现金、旅游或商品，作为他们运气和努力的回报。

2. 对中间商的营业推广

对中间商的营业推广的目的是为了促使中间商积极经销本企业的产品，主要方式有：

（1）交易折扣。为了刺激、鼓励中间商购买或大批量地购买本企业的产品，对中间商第一次购买和购买数量较多的给予一定的折扣优惠，购买数量越大，折扣越多。折扣可以直接支付，也可以从付款金额中扣除，还可以赠送产品作为折扣。

（2）推广津贴。这是生产企业为了感谢中间商促销企业的产品而给予的一种报酬，具体有广告津贴、展销津贴、陈列津贴、宣传物津贴等，以此可以鼓励中间商积极推销企业的产品。

（3）销售竞赛。为了推动经销商努力推销产品，由生产商在所有经销本企业产品的经销商中发起销售本企业产品的竞赛，获胜者可以获得生产企业给予的现金或实物奖励。

3. 选择营业推广方式时要考虑的因素

（1）推广目标。不同的推广目标决定不同的推广方法。

（2）竞争条件。企业面临竞争者的数量、实力，以及采用的手段，是选择推广方法时必然要考虑的。

（3）经济环境。经济环境较好与经济环境不景气时对推广方法的选择也存在着很大差别。

（4）推广预算。用于营业推广的预算费用往往决定了推广方法的选择。

6.5.3　开展营业推广活动注意事项

1．激励政策

对营业推广对象的激励规模，要根据费用与效果的最优比例来确定。要获得促销活动的成功，一定规模的激励是必要的，关键是找出最佳的激励规模。激励规模要依据费用最低、效率最高的原则来确定。只要促销工具选择适当，有一定的激励规模就可以了，如果激励规模过大，虽然仍会促使销售额上升而产生较多的销售利润，但效率将相对递减。例如，企业选择一种或几种刚上市的新产品实行有奖销售，效果可能不错，但如果所有经营品种都这样做，就可能得不偿失了。

2．激励对象

促销是面向目标市场的每一个人还是有选择的某一部分人，这种范围控制有多大，哪类人是主攻目标，这些选择的正确与否会直接影响到促销的最终效果。通常，某种赠送礼品可能只送给那些寄回产品包装物的购买者；抽奖可能限定在某一范围内，而不允许企业员工的家属或一定年龄以下的人参加。企业在选择激励对象时，要尽量限制那些不可能成为长期顾客的人参加，如发放以购物凭证为依据的奖券就是鼓励已经购买这种商品的顾客，限制没有买过此商品的人。当然，限制面不能太窄，否则又会导致只有大部分品牌忠诚者或喜欢优惠的消费者才有可能参与，不利于目标顾客范围的扩大。

某连锁店为了增加知名度和营业额，定制了一批台历作为赠品。该连锁企业在门头海报上写明“进店即赠送精美台历一本”，结果引来很多小朋友和老人排队领取台历，真正的目标顾客却因为拥挤去了其他地方消费，营业额不但没有增加，反而有所下降。后来调整为消费满 100 元赠送精美台历一本，把台历发给了真正的顾客。

3．送达方式

企业营销人员还必须研究通过什么送达方式才能激励对象来参与，从而达到理想的效果。企业要根据激励对象，以及每一种渠道方法的成本和效率来选择送达方式。例如，赠送试用样品可用这些方式来配送：邮寄、通过经特别训练的人挨户分发、通过牛奶配送员或其他地区性的路线送货人员分送、促销人员店内发送、附于其他产品包装上。每种方法各有其优点，企业应该从费用与效果的关系角度仔细斟酌，反复权衡选择最佳的送达方式。

某软件公司专门从事证券分析软件的经营，为了提高知名度、扩大影响力，长期聘请资深分析师为客户做讲座。刚开始的时候印刷传单到证券公司作为附件发放，效果并不理想，后来专门设计了精美的邀请函，请证券公司营业员对开户后的顾客赠送，果然受到欢迎，后来的讲座场场爆满。

4．时机的选择

具体的推广活动日程的安排也是值得研究的问题。一般来讲，推广时机的选择应根据消费需求时间的特点结合企业的市场营销战略来定，同时应注意与生产、分销、促销的时机和日程协调一致。在不同地区搞营业推广活动应与地区营销人员一起根据整个地区的营销战略来研究与决定。

近年来，根据日期上数字的象形及谐音来命名的“网络数字节”正得到越来越多人追捧，数字节，是网友在数字象形、谐音基础上，赋予其特别意义的网络节日。这些节日也成为商家做促销活动的有利时机。

最囧节：2 月 22 日。这个节日来源于一个常被用来形容一个人很傻或很不给力的字“2”。2012 年 2 月 22 日，农历正月二十，星期二，这个有着 7 个数字“2”的一天被网友们评为了充满“杯具”（悲剧）和“洗具”（喜剧）的“最囧节”。

迷糊节：3 月 4 日、7 月 8 日。这两天也因单字与“颠三倒四”、“乱七八糟”谐音，而被统称为“迷糊节”。

网络情人节：5 月 20 日。这一天与“我爱你”谐音，于是网友们便发起创立了“网络情人节”。

示爱节：9 月 12 日。这一天的谐音是“就要爱”，意在鼓励暗恋者大胆说出心中爱意。

萝莉节：10 月 11 日。“萝莉”是指那些身着华丽洋装、嗓音稚嫩、相貌甜美的可爱少女。萝莉的英文是“Loli”，该单词与阿拉伯数字 10 和 11 合起来神似，即 1011=loli，所以，网友们把 10 月 11 日当做萝莉节。

光棍节：11 月 11 日。这一天，4 个阿拉伯数字“1”形似四根光滑的棍子，这个日子便被定为“光棍节”，也有网友赋予“11 • 11”光棍节新的概念：一夫一妻、一生一世。

世纪示爱日：2012 年 12 月 12 日。这一天因其数字“20121212”谐音“爱我，要爱，要爱，要爱”被网友称为“本世纪最有爱的日子”。

5．活动期限

任何营业推广方式在施行时都必须规定一定的期限，不宜过长或过短。如果营业推广活动的期间过短，可能使一些潜在顾客错过参与到营业推广活动中来而达不到预期的效果。如果持续时间过长，又会引起开支过大和损失刺激购买的力量，并容易使企业产品在顾客心目中降低身价。具体活动时间期限应综合考虑产品的特点、消费者购买习惯、促销目标、竞争者策略及其他因素，按照实际需求而定。

思考题

应该如何促销电影票？

创业知识——企业登记注册

企业登记注册是国家建立现代企业制度，建立企业的正常市场进入制度，确认企业的法人资格或营业资格，行使国家管理经济职能的一项行政监督管理制度。它在企业进行登记申请并由工商行政机构进行审核批准后进行。

它是对企业法人资格依法确认的具体反映，是企业合法经营的依据，它具有法律效力，企业在核定的登记注册事项的范围内，从事生产经营，依法享有民事权利，承担民事义务，受到法律保护。它分为企业法人登记注册事项与企业营业登记注册事项。

企业法人登记注册事项主要有：名称、住所、经营场所、法定代表人、经济性质、经营范围、经营方式、注册资金、从业人数、经营期限、分支机构等。

企业营业登记注册事项主要有：名称、地址、负责人、经营范围、经营方式、经济性质、隶属关系、资金数额等。

当企业的选址确定、资金筹集到位后，就要到工商管理部门办理企业登记注册手续了。不同类型的企业其成立的要求不尽相同，首先我们要明确自己所开办的是哪种类型的企业，然后再根据工商管理部门（当地的工商局）的相关要求办理企业登记注册手续。

知识梳理与总结

促销是市场营销组合的基本要素。人员推销、广告、公共关系和营业推广是促销的四种基本方式。这四种方式各有特点，既可单独使用，也可组合使用。

（1）人员推销指企业派出人员或委托推销人员，亲自向目标顾客对商品或服务进行介绍、推广宣传和销售。

（2）广告是指工商企业通过一定的媒介物，公开而广泛地向社会介绍企业的营销形式和产品品种、规格、质量、性能、特点、使用方法及劳务信息的一种宣传方式。

（3）公共关系是指工商企业通过种种活动使社会各界公众了解本企业，以取得他们的信赖和好感，从而为企业创造一种良好的舆论环境和社会环境。

（4）营业推广是指工商企业在短期内采取一些刺激性的手段来鼓励消费者购买的一种营销活动。

（5）当企业的选址确定、资金筹集到位后，就要到工商管理部门办理企业登记注册手续。

实训项目

案例分析 9　选房头奖竟是毛驴

2009 年 5 月初，沈阳某楼盘启动仪式现场，众多选房者参与了抽奖，最终大奖露出真面目，是一头毛驴。抽奖现场，抽到毛驴的老先生不知道是不是为这样新奇的大奖感到高兴还是无可奈何，虽然笑得合不拢嘴，但是却头疼不知道该将毛驴“下榻”在哪里，如何喂养。开发商在现场大谈驴文化，声称“‘驴子诚恳、敬业、务实、快乐’，这种性格与他们崇尚的‘快乐地产’概念不谋而合。”

【案例思考】该房地产开发商采取“选房头奖是毛驴”的方式是否达到了促销效果？

课堂训练6　收集整理促销方法

实训目的：让学生进一步掌握促销的方法。

地　　点：校外、教室。

训练内容：让学生先分为小组，然后抽签决定每个小组分别收集整理电视、手机、电脑、服饰等商品常用的促销手段，最后要求每组派代表将收集整理的促销方法与老师和同学们分享。

阅读资料6——马化腾创业

马化腾，1971年10月出生于广东潮阳。现任腾讯公司执行董事、董事会主席兼本公司首席执行官（CEO），是公司主要创办人之一。

马化腾从深圳大学毕业后，流落在一些中小公司打工。一次偶然的机会，马化腾接触了ICQ，一个以色列人开发的即时聊天工具，马化腾觉得ICQ这个东西很好，好到可以做PC机之间的传呼机。马化腾觉得ICQ能够在电脑上提供即时信息功能就有一个很大的缺点，ICQ版本没有中文的，用起来很不方便。于是马化腾就想搞一个中文的ICQ，马上叫上几个朋友成立了一个公司，仿照ICQ搞一个中国的ICQ，在1999年2月正式推出第一版即时聊天测试软件QQ。

当然，刚开始腾讯公司的日子非常艰难，没有钱来买服务器，而市场上ICQ的中文版——OICQ特别受欢迎，下载的人特别多。2000年是OICQ的冬天，也是腾讯公司的冬天，第一次网络泡沫席卷了整个中国互联网，企业资金比较艰难。在2000年4月腾讯公司推出了移动QQ。

QQ不知道自己的赢利点到底在哪里？注册资源是很多，有什么用呢？难道QQ只能向申请QQ号码的用户收取可怜的一点注册费吗？（有一段时间QQ上，申请号码要收费，就是QQ最艰难的见证。）这个时候，有风投公司砸钱帮助腾讯公司在香港特区上市了。腾讯公司于2004年6月上市后，马化腾的个人身价迅速飙升，达17亿港币！马化腾在模仿间不经意地打造了一个庞大的QQ帝国，改变了中国人沟通的方式，手机、电话、E-mail还有QQ成了大部分中国人必备的工具，甚至有许多人可以不用手机、不用E-mail，可是万万不能没有QQ。据IT之家数据，截止2014年9月15日，腾讯公司总市值达到1 476亿美元，在全球互联网公司中排名第五。

友情推荐

（1）杂志：《创业家》。

（2）杂志：《市场营销案例》。

第7章 市场营销新知识

教学导航

知识重点	绿色营销，关系营销，服务营销
学习难点	整合营销，体验营销，文化营销，饥饿营销
教学方式	主要采用案例教学法
教学场所	教室
参考学时	8个学时
推荐学习方法	阅读与现代营销新知识相关的书籍
学习目标	让学生在掌握传统营销知识的基础上，了解新的营销知识，为今后从事营销创新起着观念引导作用
考核方式	让学生选取自己感兴趣的营销方式，收集营销案例在课堂上与师生们分享，根据学生收集案例的情况及课堂表现评定成绩

引例 7-1　海尔集团坚持"敲门"

海尔集团副总裁周云杰讲了这样一个故事。

一位欧洲经销商要海尔集团开发 5 种适合欧洲消费者需求的冰箱产品。为了满足客户要求，海尔集团科研人员主动开发了 5 个系列，25 种产品。那位经销商本来只想向一个国家出口，结果这 25 种产品全要了，分别向欧洲不同的国家出口。看到海尔人这种开发速度和市场意识，他还将原准备给其他厂家开发的新产品告诉海尔集团，表示两个月后回来看样机。结果第二天他临走时，海尔集团的科研人员已连夜把样机准备好了。望着眼里布满血丝的海尔集团科研人员，那位经销商当场说，"我想起了 25 年前的飞利浦……"

谈起如何占领市场，海尔集团首席执行官张瑞敏做了一个形象的比喻："我们总是在不断地敲门，这扇门敲不开就换一扇敲。机遇就是这样，突然有一天门开了，就抓住这个机遇了，我们就进去了。没抓住机遇的企业，往往要么是从来不敲门，要么是敲不开就放弃了，还怪门太紧。他们和我们的最大不同在于：门后没有目标——市场。"张瑞敏认为失败的企业要么是没有坚持敲下去，要么就是连门都找不到。

评析　过往的百年，是营销领域从孕育、生长到大发展的百年，是营销管理思想不断创新与丰富的百年。在营销领域差不多，每隔十年就会产生创新的思想、创新的做法，营销思想的创新是营销领域前进的动力和知识源泉。营销理念就好比一个人的人生观，它时刻在有意识、无意识地决定着个人的营销行为。因此，具备正确的营销理念，对营销从业者的事业成功至关重要。

本章里我们将会学习到现代营销新的理念及新的营销方式，我们力争像海尔人一样用不同的方式去敲开不同的营销大门。

7.1　绿色营销

绿色营销观念萌生于 1960 年初，是在生态环境不断恶化与消费者环保意识不断增强的情况下提出的一种新的营销观念。"绿色"的中心意思是保护地球生态环境，促进人与自然、社会经济与生态环境的和谐关系，确保人类的永续生存和社会经济的永续发展。随着人们对环保的要求越来越高，人们日益向往人居与自然的和谐，于是"绿色营销"热在全球悄然兴起。20 世纪 90 年代以来，绿色营销风靡全球，使企业营销步入了集企业责任与社会责任为一体的理性化的高级阶段。绿色营销是 21 世纪营销发展的主流，实现绿色市场营销战略是当今实施可持续发展战略的必然要求，也是企业在新形势下生存和发展的必然道路。

7.1.1　绿色营销的含义

所谓绿色营销，是指企业在营销活动中，谋求消费者利益、企业利益、社会利益和生态利益的统一，既要充分满足消费者需求，实现企业利润目标，也要充分注意自然生态平衡的一种新型营销观念和活动。企业对产品的创意、设计和生产，以及定价与促销的策划与实施等，都要以保护生态环境为前提，力求减少或避免环境污染，保护和节约自然资源，维护人类社会的长远利益，实现经济与市场的可持续发展。

归纳起来，绿色营销的宗旨如下：

（1）节约材料耗费，保护资源。

（2）确保产品安全、卫生和方便，以利于人们身心健康和生活品质提升。

（3）引导绿色消费，培养人们的绿色意识，优化人们的生存环境。

知识链接：何谓“可持续发展”？

所谓“可持续发展”是指通过发展经济、保护环境、控制人口等，走一条人口、经济、社会、环境和资源相互协调，既能满足当代人的要求，又不对后代人的发展构成危害的发展道路，以保持社会具有长期可持续发展的能力。

7.1.2　绿色营销的特点

1．提倡绿色消费观念，以绿色消费为前提

随着经济的不断发展，人们的生活条件有了很大改善，生活水平有了很大提高，消费层次由低层次向高层次递进，由简单的解决温饱型消费向小康富裕型转变。生活方式的改变和生活水平的提高，又使人们的健康意识、环保意识大大增强，形成了维护生态平衡、重视环境保护、提高生活环境质量的“绿色观念”和“绿色意识”。绿色营销正是迎合和满足这一消费需求变化的新营销方式。

1992 年联合国在里约热内卢召开的环境与发展会议，制定了《21 世纪议程》，指出：“地球所面临的最严重的问题之一，就是不适当的消费和生产模式，导致环境恶化，贫困加剧和各国发展失衡。若想达到合理的发展，则要提高生产效率并改变消费习惯与结构，以最高限度地利用资源和最低限度地生产废弃物。”这表明，绿色营销问题已经被提上议事日程。

有一项调查显示，75%以上的美国人、67%的荷兰人、80%的德国人在购买商品时考虑环境问题，有 40%的欧洲人愿意购买绿色食品。我国的企业界也在绿色浪潮的感召下，纷纷制订绿色营销计划。上海市目前以各种方式展开绿色营销的商家已占全市的 80%以上，从百货商店到连锁超市，从快餐店到宾馆旅店，绿色营销已热遍申城。

从以下的“绿色宣言”，我们可以看出人们绿色消费意识的增强，同样也被这种强烈的绿色意识所感动。

绿色消费宣言

当人类进入新世纪的时候，正面临着由于环境污染和资源浩劫所造成的生存危机。让我们想一想，我们每个消费者在这样的时刻负有怎样不可推卸的责任？当脆弱的生态难以维系，人类的消费将如何持续；当地球母亲患了绝症，她的儿女们又能生存多久？

我们意识到对环境不负责任的生活方式是造成生态环境恶化的根源，愿意选择对健康有益的、与环境友好的绿色消费方式。

绿色消费是一种权益，它保障后代人的生存和当代人的安全与健康；绿色消费是一种义务，它提醒我们：环保是每个消费者的责任；绿色消费是一种良知，它表达了我们对地球母亲的孝爱之心和对万物生灵的博爱之怀；绿色消费是一种时尚，它体现着消费者的文明与教养，也标志着高品质的生活质量。

作为绿色消费志愿者，我们每个人都是市场上的绿色选民。让我们把手中的钞票变成绿色选票，选择可持续的消费模式，选择绿色的生活，从而推动发展我国绿色的技术和绿色的经济。

为了健康，选择绿色；为了健康，保护绿色。

你我携手，创造一个绿色的世纪！

国际上一些环保专家对绿色消费的内涵大体做了这样的规定：节约资源，减少污染；绿色生活，环保选购；重复使用，多次利用；分类回收，循环再生；保护自然，万物共存。其中贯穿着崇尚自然、崇尚健康、崇尚节俭的精神。

2．需要政府支持，以绿色法制为保障

过去绿色营销的失败正因为企业把绿色营销停留在营销的层面。绝大部分的企业都把绿色营销当做美化企业形象的公关手段，对如何减少生产时对环境造成的污染、如何研发有市场需求的真正绿色产品等基本问题并不重视。在绿色消费和绿色市场尚未成熟的时候，企业不可能在绿色产品的生产和开发中获得足够的超额利润。因此，寄希望于企业生态意识的觉醒，放弃企业的眼前利益而去追求社会环保利益，实施绿色营销是不现实的。必须要通过政府来解决绿色经济中市场机制失效的问题，制定正确的方针政策和加强大众传媒的舆论监督，通过法制程序强制性地引导企业行为朝有利于生态环境改善的方向转化。

根据我国政府统计数字显示，中国大陆地区13.7亿人平均每天使用的塑料袋高达30亿个，为生产这些塑料袋，每年就要消耗3 700万桶原油。而伴随如此巨量塑料袋使用而来的，便是环境损害惊人的“白色污染”。国务院办公厅2008年已下发通知，今后各地禁止生产、销售、使用超薄塑料购物袋，并将实行塑料购物袋的有偿使用制度。自2008年6月1日起，在所有超市、商场、集贸市场等商品零售场所实行塑料购物袋的有偿使用制度，一律不得免费提供塑料购物袋，并且将提高废塑料的回收利用水平。通知要求，对违规继续生产超薄塑料购物袋的，或不按规定加贴（印）合格塑料购物袋产品标志的，以及存在其他违法违规行为的，将依照《中华人民共和国产品质量法》等法律法规，给予责令停止生产、没收违法生产的产品、没收违法所得、罚款等处罚，严格执行曝光、召回、整改、处罚等制度。根据日、韩、法等国家的经验及我国国情，在实施塑料袋收费后，全国塑料袋的使用量有望减少2/3，一次性塑料袋的回收率也将大幅上升。北京地球村减少塑料袋联盟顾问池田武说，他曾经帮助厦门大学举办过“无塑料袋日”活动，当天使用塑料袋收费一角钱。结果，原本一天3 500个塑料袋的用量减少了3 000多个，减少幅度在85%左右。北京理工大学和北京师范大学等学校也举行过这类的活动，塑料袋的减少幅度也在八九成。随着时间的推移，有不少人已慢慢接受有偿使用塑料袋的消费观念，但对塑料袋的使用数量依高居不下，政府要从多个方面引导和制度法规细则等，来保障消费者长期、逐步减少塑料袋的使用总量，开展绿色消费，保护生态环境。

3．技术需求比较高，以绿色科技为开发动力

许多绿色产品的生产都需要高科技来作后盾，需要花费一定的人力、物力、财力去研发。我们下面来关注一下手机的生产、回收、研发等问题。

根据工信部统计数据，截至 2014 年 1 月底，中国共有 12.35 亿手机用户。废旧手机和电池如果仅仅被填埋处理，里面含有的金、水银、铅、镉等重金属成分就会直接污染土壤及地下水。而如果被简单焚烧，其产生的气体会污染空气，致人中毒，严重危害人体健康。其实，每部回收的智能型手机大约有 50%的材料与零组件可以再利用。这些废弃手机总重可达 1 万吨，若全部回收处理，能提取 1 500 千克黄金、100 万千克铜、3 万千克银，可以说是一座巨大的资源库。从循环经济的角度来看，目前，手机回收、利用的发展情形很不理想。

当环保绿色主题深入人心之时，全球的手机设计师大胆尝试各种环保手机，出现过太阳能充电树叶手机、手指转动机械充电手机、可进行生物分解的草手机、可解体的木制电话、天线手机等。

仅从手机的研发方面我们就不难发现，绿色产品的每一步前进都是科技的突破，绿色产品的生产确实离不开高科技作为动力。

4．采用绿色标志，以绿色标志来监控

“绿色标志”也称“环境标志”，这类标签不同于产品，它的作用是标明产品生产和使用的过程，完全符合环境保护要求对生态环境和人体健康无损害。采用绿色标志是绿色营销的重要特点，其产生于“利于环境”的思想。该思想是西方在 20 世纪 90 年代初提出的，环保主义者提倡进行利于环境的消费，从最早的废旧电池回收到自备购物袋。开始只是约束消费者自身的购物、消费行为，后来有识之士认识到生产过程涉及环节众多，因此更要进行环保监控。于是，诸如“绿色标志”就成为衡量生产企业环保生产的标准。

我国现行的绿色标志，是由国家指定的机构或民间组织依据环境标志产品标准及有关规定，对产品的环境性能及生产过程进行确认，并以标志图形的形式告知消费者哪些产品符合环境保护的要求，对生态环境更为有利。

知识链接：关于绿色标志

目前已有 40 多个国家建立了绿色标志制度。世界上最早使用绿色标志的国家是德国。绿色标志是指在商品上印制特定的图形，以标明该商品的生产、使用及处理全过程符合环保要求，不危害环境或危害程度极小，有利于资源的再生回收利用。我国于 1993 年 5 月开始实行绿色标志认证制度。

7.1.3　绿色营销的主要内容

绿色营销的内容很多，主要有以下五个方面。

1. 绿色食品

当前，我国正面临严重的食品污染问题的挑战。“菜篮子污染”越来越受到人们的关注。在国内的食品市场上，不安全隐患很多：白酒塑化剂超标、食用油可能是地沟油、奶粉可能加入三聚氰胺等质量问题。这些不安全食品直接影响了居民身体健康，甚至危及生命安全。

所以，提出绿色食品的概念是非常必要的。所谓绿色食品是指遵循可持续发展原则，按照特定生产方式生产，经专门机构认定，许可使用绿色食品标志的安全、优质的营养类食品的统称。食品等级及标志如图 7-1 所示。

（a）食品等级金字塔　（b）有机食品标志　（c）A级绿色食品标志　（d）AA级绿色食品标志

图 7-1　食品等级及标志

绿色食品标志是由绿色食品发展中心在国家工商行政管理总局商标局正式注册的质量证明标志。它由三部分构成，即上方的太阳、下方的叶片和中心的蓓蕾，象征自然生态；颜色为绿色，象征着生命、农业、环保；图形为正圆形，意为保护。A 级绿色食品标志与字体为白色，底色为绿色；AA 级绿色食品标志与字体为绿色，底色为白色。整个图形描绘了一幅明媚阳光照耀下的和谐生机，告诉人们绿色食品是出自纯净、良好生态环境的安全、无污染食品，能给人们带来蓬勃的生命力。

A 级绿色食品是指在生态环境质量符合规定标准的产地，生产过程中允许限量使用限定的化学合成物质，按特定的生产操作规程生产、加工，产品质量及包装经检测、检查符合特定标准，并经专门机构认定，许可使用 A 级绿色食品标志的产品。

AA 级绿色食品，等同有机食品。指在生态环境质量符合规定标准的产地，生产过程中不使用任何有害化学合成物质，按特定的生产操作规程生产、加工，产品质量及包装经检测、检查符合特定标准，并经专门机构认定，许可使用 AA 级绿色食品标志的产品。

绿色食品必须具备以下条件：

（1）产地或产品原料的产地必须符合农业部制定的绿色食品产地环境质量标准；

（2）农作物种植、畜禽饲养、水产养殖及食品加工必须符合农业部制定的绿色食品生产操作规程；

（3）产品必须符合农业部制定的绿色食品质量和卫生标准；

（4）产品外包装必须符合国家食品标签通用标准，符合绿色食品特定的包装装潢和标签规定。

绿色食品与普通食品相比主要的区别如下：

（1）绿色食品强调产品出自最佳生态环境。绿色食品生产从原料产地的生态环境入手，通过对原料产地及其周围的生态环境因子严格监测，判定其是否具备生产绿色食品的基础条件，而不是简单地禁止生产过程中化学物质的使用。

（2）绿色食品对产品实行全程质量控制。绿色食品实行“从土地到餐桌”全程质量控制，而不是简单地对最终产品的有害成分含量和卫生指标进行测定，从而在农业和食品生产领域树立全新的质量观。

（3）绿色食品对产品依法实行标志管理。政府授权专门机构管理绿色食品标志，这是一种将技术手段和法律手段有机结合起来的生产组织和管理行为。

2001 年 9 月，首届中国绿色食品博览会在齐齐哈尔召开，该届博览会的宗旨是倡导绿色观念，引导绿色消费，开拓绿色市场，推进绿色革命。2013 年第 14 届中国绿色食品博览会/中国有机食品博览会在广州举办，该届绿色食品博览会以展示成果、促进贸易为宗旨，全面展示我国农产品质量安全工作和绿色食品事业的发展成果，树立绿色食品的品牌形象，提高绿色食品的知名度和竞争力，为绿色食品企业与商家对接和商品交易搭建平台，促进绿色食品贸易，培育绿色食品市场。

从中国绿色食品博览会的召开，我们感受到国家对绿色食品工程的重视。

2．绿色服装

绿色服装也称生态服装、环保服装，它是欧美国家 20 世纪 90 年代初提出的一种设计理念。它从环境保护出发，旨在通过设计创造一种无污染、有利于人体健康的生态环境。绿色服装代表着当代服装的发展趋势和主导潮流，购买绿色服装、倡导绿色消费已成为国际上的一种趋势。从专业上说，绿色服装必须包括下面三方面：

（1）生产生态学，即生产上的环保；

（2）用户生态学，即使用者的环保。要求对用户不带来任何毒害；

（3）处理生态学，是指织物或服装使用后的处理要环保。

对服装产品进行绿色设计时，材料的绿色程序是第一位的。近年来，欧盟、美国、日本等工业发达国家通过立法手段相继制定了强制性的环境生态纺织标准，以限制纺织品中有损于环保和人体健康的物质，通常的做法是实行环保标签认证。由国际纺织生态研究和检验协会颁布并批准使用 Oeko-Tex 标准 100 纺织品生态标签，是目前使用范围最广、最具权威性的国际性纺织品生态标签。在北欧、西欧、美国、日本等已广泛使用，其对纺织服装产品的“安全性、健康性、生态性”要求，赢得了广大消费者的支持。Oeko-Tex 标准分为三个等级：一等是普通环保指标；二等表示全部使用天然染料；三等表示不仅染色使用天然材料，而且纺织品全部使用天然纤维。从 Oeko-Tex 标准的三个等级中，我们可以看出，绿色服装设计的材料有以下几种。

（1）选用天然纤维面料。天然纤维以其良好的吸湿、透气、纯天然、安全、生物相容性深受消费者的青睐。除了常见的棉、麻、丝、毛品种外，国际上还涌现了一些各具特色的天然纤维，如麻纤维中的凤梨麻、丝中的柳蚕丝、毛中的驼羊毛等，以及棕榈叶纤维、菠萝叶纤维、香蕉纤维等。这些天然纤维除穿着舒适外，同时具有某种天然色彩，无需染色、漂白，减少了环境污染。

（2）选用新型生态环保型面料。例如，天然彩色棉的培植成功，为绿色环保做出的有效贡献。

（3）采用天然无毒辅料。要对服装产品进行绿色设计，所使用的辅料也必须达到环保化。欧盟已禁止进口服装纺织品使用含镍在 0.5 mg/cm^2 以上的、与人体接触的辅料和配件，如纽扣、拉链等金属物。

在德国，发明家研究出的营养丝袜中，含有维生素 A、C、E，有助于肌肉收缩，增强活力。它属丝织类，袜上有一道道条纹，用来储藏维生素。走路时，丝袜上的维生素会释放出来渗透到肌肉中，增强人体肌肉的活力，减少静脉曲张及其他人体老化现象。

澳大利亚科学家发明了一种处理布料的新技术。研究人员把一种化学物质混入衣料中，使其具有良好的防晒作用，可以帮助穿着者抵挡阳光中的紫外线，防晒效果比一般衣料好 5～10 倍。

芝加哥的一个商人研制出一种奇趣的青苗服，它是在一件廉价旧衫上喷一层胶粘剂，然后撒上常年裸麦种子，再罩上一层起保温作用的透明胶布。每天晒两次，经过 12 天，一件呈嫩绿色的新奇衣服便脱颖而出。它常被用在舞会、电视剧、电影中穿。

3．绿色家电

绿色家电是指在质量合格的前提下，高效节能且在使用过程中不对人体和周围环境造成伤害，在报废后还可以回收利用的家电产品。据国家发改委的数据显示，我国已开始进入家电报废高峰期，每年理论报废量超过 5 000 万台，报废量年均成长 20%，预计在 2015 年底报废量将达到 1.6 亿多台。

在家电行业日趋饱和的今天，正常的家电行业利润率普遍很低，只有 5%～8%左右，而废旧家电被人称为是“一座真正的金山”，如果按照每公斤的含金量来计算，旧家电的含金量等于南非含金量最高的金矿石的 20 倍左右，是名副其实的“超级金矿”。绿色家电就是在这种绿色浪潮冲击下家电业一种革命化的变革。

4．绿色家居

美国环保局曾对各类建筑物的室内空气进行监测，结果发现有数千种化学物质存在于居室的空气中，其中某些有毒化学物质含量比室外绿化区多 20 倍。新建筑物完工后前 6 个月，空气中有害物质含量比室外空气中的含量高 100 倍，致使许多人患上“厌恶建筑物综合征”，即眼鼻不适、头痛、疲劳、恶心和其他一些不适症状。

绿色家居概念是绿色浪潮冲击下崛起的新概念。建筑专家们认定的绿色家居为八个字：健康、宜人、自然、亲和。建筑学家认为绿色家居最基本的要求表现在布局合理、室内冬暖夏凉、宜人的温度和湿度环境、杜绝粉尘、自然光充足等上面。而“绿色建筑”不仅要求居民区内有绿化带或小区公园，而且室内、阳台也应留有放置和栽种绿色植物的场所，窗前若有开阔的视野将更方便地接近自然环境。

综合以上的情况，让我们担心又让我们欢喜。担心的是人类生存的空间存在着许多的威胁，欢喜的是威胁存在的同时又蕴藏着巨大的绿色商机。我们期待有更多的人能够抓住这种绿色商机，为自己创造财富的同时也为人类造福。

知识链接：白色污染

所谓“白色污染”，是人们对塑料垃圾污染环境的一种形象称谓。它是指用聚苯乙烯、聚丙烯、聚氯乙烯等高分子化合物制成的各类生活塑料制品使用后被弃置成为固体废物，由于随意乱丢乱扔并且难于降解处理，以致造成城市环境严重污染的现象。

7.1.4　绿色营销活动的实施

1. 树立绿色营销观念

所谓绿色营销观念，是指企业在经营活动中，按照可持续发展的要求，注重地球生态保护，促进生态、经济和社会的协调发展，在可持续发展理论的指导下，针对日益严重的环境问题而提出的绿色市场营销观念，是环境保护意识与市场营销观念相结合的现代营销观念。这种绿色营销观念要求企业寓环保意识于经营决策之中，在开展市场营销时，不仅要考虑企业利益、消费者利益，更要考虑公共利益和对环境的影响，在开发以保护生态环境为中心的经营活动中，要切实把环境保护贯穿于产品的开发、设计、制造、包装、使用及服务等各项环节中，其结果不仅是要在满足消费者需求的基础上获得利润，而且还要达到社会、经济与生态环境协调发展的目标。海尔集团创始人张瑞敏说："企业生存的目的不能仅仅是为了利润，而应该是为了推动社会进步，为消费者创造更好的生活质量。"正是从这样的高度出发，海尔集团的一举一动都完全来自用户的需求，一招一式都自然地倾向于社会责任。

2. 搜集绿色信息

在营销过程中，企业应积极搜集相关的绿色市场信息，深入研究和分析信息，判断其相对本企业而言的可用性，为企业绿色营销的具体实施提供线索和行动依据。绿色商机无处不在，只需要商家具备一双慧眼。

随着"限塑令"的实施，人们在和传统的塑料袋告别的同时，也开始逐渐接受其他的替代品。在京城各大超市、百货、副食店、农贸市场，消费者手中的塑料袋有许多已换成编织袋、无纺布袋、布袋购物车、循环使用塑料袋、纸袋等可循环替代品，生产塑料袋产品的厂家也正是看中了这一商机，悄然转型生产环保型包装用品。而四川某生物科技公司从国家政策中也窥视出商机，由其研制的"成都造"可降解玉米塑料袋受到商家的热烈追捧。

3. 制订绿色计划

实施绿色营销战略的先决条件是要有一个确实可行的绿色计划。在企业绿色计划中，不仅要阐明企业自身应当承担的研制和营销绿色产品的义务，还要具体说明环保的努力方向及如何尝试，并用以指导日常决策。此外，企业绿色计划还必须与企业长期战略计划相组合，保证资源的充分利用。

作为 2008 年奥运会赞助商的海尔集团，以北京奥运会提倡的"绿色、人文、科技"理念为出发点，早在 2006 年，海尔集团就本着"健康节能，环境友好"的宗旨，覆盖全国的"绿色奥运，HOT 中国"活动就拉开了帷幕。海尔集团结合 2008 年绿色奥运的要求，开始绿色奥运家电产品的全线研发计划，希望能够让人们在体验运动激情的同时，提前享受绿色奥运生活，带人们一起走进生活的奥运。海尔集团在奥运会营销战略中突出了绿色计划的重要性。

4. 确定绿色产品策略

开发绿色产品要从产品设计开始，包括材料的选择，产品结构、功能、制造过程的确定，包装与运输方式，产品的使用及产品废弃物的处理等都要考虑环境。绿色设计是本阶段的关键，它强调对资源与能源的有效利用。在产品设计时，要综合考虑各种因素，如材料选择、产品的制造过程、功能、包装、回收、无污染、安全等。

例如，汽车业投巨资研制“绿色汽车”：通用汽车公司在新车上安装的催化转换器，能减少 96%的一氧化碳和 76%的氧化物的排放；宝马汽车公司推出全塑外壳轿车，报废时可 100%回收处理；欧共体不少国家推广无铅汽油，监视汽车废气排放和新车安装催化滤清器。

5. 制定绿色价格策略

商品的价格是直接影响企业竞争力和形象的“双刃剑”，价格制定得适宜，有利于商品竞争力的增强和形象的提高。绿色产品价格一般要高于传统产品价格，因为绿色产品含有绿色价值，它更符合现代消费者的需求，而消费者也认为绿色产品具有更高的价值，为此愿意支付较高的价钱。另外，企业进行绿色营销，开发绿色产品，使用新技术，实行清洁生产，对企业环境进行整治、排污付费等都支付了大量的成本费用，企业在制定价格时必须把企业用于环保方面的支出计入成本，形成绿色成本，成为产品价格构成中的一部分。对于消费者来说，如果他能够充分认识到绿色产品的价值，他们自然愿意支付这笔费用，但“物美价廉”还是一般消费者衡量商品的基本尺度。因此，企业绿色产品的定价策略就显得非常重要。

在我国，由于消费者的绿色意识较弱，人们对绿色产品的普遍认可还需要一段时间，所以，在定价时应该充分考虑到消费者的心理接受能力，绿色产品价格的上扬幅度不宜过大，在大中城市的市场上价格可略高些。相对于国内市场，国际上发达国家对绿色产品的认知程度要高一些，因此，企业在核定成本时把企业为了推出此产品而耗费的一切成本核算在内，企业定价的着重点是突出产品的“绿色价值”。同时要研究同类产品的价格水平，在同类产品价格的基础上确定一定的加价率，树立绿色产品优质高价的形象。以绿色食品为例，芬兰政府允许其价格比一般食品价格高出 30%以上，日本允许高出 20%左右。

6. 规划好绿色渠道策略

绿色营销渠道的畅通是成功实施绿色营销的关键，既关系到绿色产品在消费者心中的定位，又关系到绿色营销的成本。因此，在选择绿色渠道时，一是选择具有绿色信誉的中间商，如关心环保，在消费者心中有良好信誉的比较大的中间商，借助该中间商本身的良好信誉，推出绿色产品。二是设立绿色产品专营机构或专柜，以回归自然的装饰为标志，招徕顾客。三是所选择的中间商应不经营相互排斥的、相互竞争的、相互补充的非绿色产品，便于中间商虔诚地推销企业绿色产品。绿色渠道的起点是制造绿色商品的生产厂商，中间商或代理人都具有很强的绿色观念，最终消费者就为绿色消费者。所以选择绿色渠道跟选择分销渠道的基本模式一样，只是多了一层“绿色意识”。一般说来，绿色产品因生产成本较高，其价格已高于一般同类产品，所以要尽量使营销渠道扁平而高效。

7. 策划好绿色促销策略

绿色产品的促销策略在开发出适销对路的产品、制定出合适的价格、选择适当的分销渠道的同时，采取适当的促销手段是促进绿色产品市场拓展的重要之举，也是企业营销组合中最灵活的因素。绿色促销主要是指围绕绿色产品而开展的各项促销活动的总称。绿色促销旨在通过绿色广告、宣传报道、人员推销、营销推广等，来树立企业和企业产品的绿色形象，使之与消费者的绿色需求相协调，巩固企业的市场地位。

但并不是每一个商家都能意识到这些问题。有些商家在节日做促销活动时通过喇叭、音箱放大的促销声，结果非但没有起到促销效果，反而把消费者吵得头昏脑涨。一位记者接到市民的抱怨后做了测量对比，发现某些商场的促销声竟然比地铁轰鸣的声音还大，于是他大声地呼吁商家开展“绿色促销”活动。许多人有同感，认为现在商家促销有一个误区，认为叫卖声或专门选择的音效音量越大，就越能引起顾客的注意。其实，大多数消费者逛商店和超市注重享受购物的过程，大声叫卖反而适得其反，令顾客生厌。人们呼唤宣传促销也该换换脑筋，时刻绷紧“环保”这根弦。

8．推行绿色管理

“绿色管理”就是融环境保护的观念于企业的经营管理和生产活动之中。从长远来看，绿色营销的实施无论是对整个社会的发展，还是对企业的持续发展都是十分有利的。然而，从短期来看，实施绿色营销可能会增加资金的投入，为企业带来诸如资金紧张等问题，使一些具有“短视症”的企业缺乏实施绿色营销的自觉性。因此，建立绿色营销的宏观监控体系，从宏观上加强对企业的绿色营销活动的管理，对于促进绿色营销的健康有序发展具有重要意义。

总之，绿色营销的“绿色”是针对营销过程从始至终的各个环节的，在营销全过程中都应系统全面地考虑环境保护问题，否则就不能称为完整的绿色营销。

思考题

仔细观察你身边的事物，给老师同学们谈谈你发现的绿色商机。

7.2　关系营销

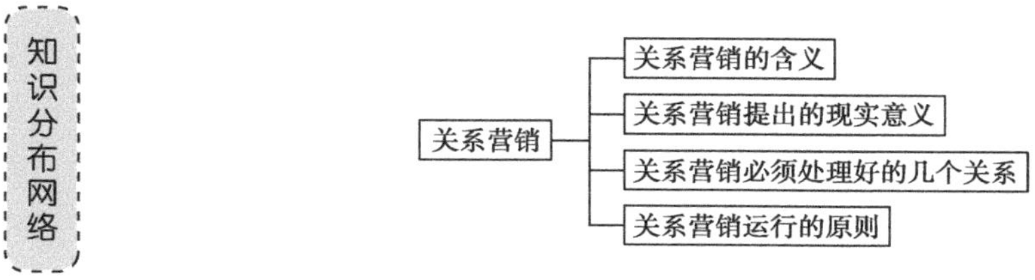

关系这两个字在中国有着意味深长的、深刻的含义。企业在从事营销活动的过程中，面对竞争异常残酷的市场环境，企业要想“基业常青”，不得不与各种关系打交道。无论在哪一个市场上，关系具有很重要的作用，甚至成为企业市场营销活动成败的关键。所以，关系营销日益受到企业的关注和重视。

7.2.1　关系营销的含义

巴巴拉·本德·杰克逊，美国著名学者，营销学专家，他对经济和文化都有很深入的研究。1985 年，他提出了关系营销的概念，使人们对市场营销理论的研究又迈上了一个新的台阶。杰克逊首先针对产业市场提出了关系营销的概念，他认为“关系营销就是指获得、建立和维持与产业用户紧密的长期关系”。

综合来看，关系营销就是从系统的、整体的观点出发，把营销活动看成一个企业与消费者、供应商、分销商、竞争者、政府机构，以及其他公众发生互动的过程，其核心是建立、发展、巩固企业与这些组织和个人的关系。

7.2.2 关系营销提出的现实意义

关系营销在市场激烈的竞争中起着非常重大的作用，一则可以保持更多客户，保证客户的回头率，提高客户对企业和产品的忠诚度；二则扩大顾客范围，在多数情况下，客户与客户之间都会存在着一定的联系，他们会相互模仿对方，并在行业圈子里具有极强的对产品供应者及其产品的口碑意识；其三可以提高市场竞争力。当然，最终达到的效果便是企业收益的稳固和不断增长。从实践意义上讲，关系营销已经完全突破简单的企业与消费者之间的关系这一点，延伸到供应商、中间商及其他与企业直接、间接联系的社会团体、政府职能部门及个人等各方面。

7.2.3 关系营销必须处理好的几个关系

通过关系营销，企业将会建立起一个包括消费者、供应商、分销商、竞争者、政府机构及其他公众组织在内的网络，彼此之间形成牢固和相互依赖的商业关系。最终不仅使企业利润最大化，也会使网络成员利益最大化。图 7-2 呈现了企业在营销过程中要处理的主要关系。

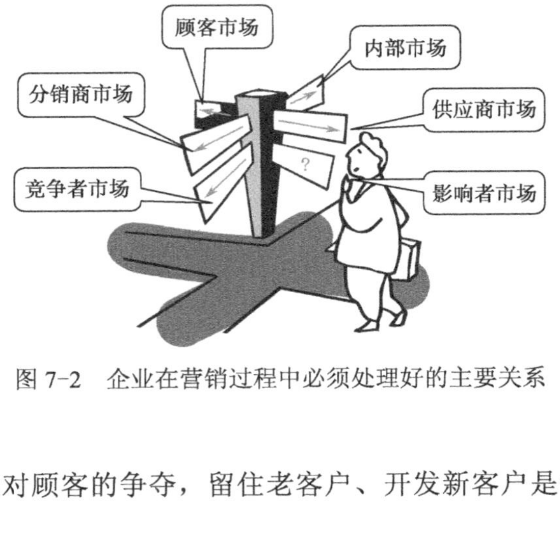

图 7-2 企业在营销过程中必须处理好的主要关系

1. 顾客市场

市场竞争的实质是对顾客的争夺，留住老客户、开发新客户是每个企业开展营销工作的关键所在。一听可口可乐饮料的销售额仅仅是 0.5 美元，而锁定一个顾客消费十年可口可乐饮料的销售额是 500 美元，如果考虑到此顾客所能影响的其他顾客的消费，销售额可达 1 000 美元。

国内大型洁具制造商——广州市宏泰来洁具有限公司负责人认为：“人是社会的主体，人与人之间的和谐是至关重要的。而对我们而言，最重要的就是与顾客的关系，顾客才是我们企业生存与发展的最终原动力。市场竞争的最后是争夺顾客的竞争。”

2．内部市场

要想让外部顾客满意，首先得让内部员工满意。只有工作满意的员工，才可能以更高的效率和效益为外部顾客提供优质的服务，并最终让外部顾客满意。

美国西南航空公司是美国整个航空行业多年来唯一一家持续赢利的主要公司，其股票是公认的、最成功的航空股，同时也是全行业唯一一家一直赢得衡量航空公司经营质量的“三项皇冠”（航班准时、行李丢失最少、顾客抱怨最少）的航空公司。它成功的秘诀是什么？答案不在于任何特别的技术、装备、市场营销定位或计划上。它的成功源于核心理念：只有满意的员工才有满意的乘客。美国西南航空公司通过关注员工满意度来提升服务品质，即使许多航空公司试图模仿该公司的很多做法，但他们无法模仿的是公司最重要的成功因素——员工队伍。该公司认为，员工是公司最宝贵的财富，正是他们的热情服务，对乘客的关心照料，以及永不停歇的足智多谋，帮助了美国西南航空公司成为了全球最成功的航空公司之一。

3．供应商市场

任何一家企业都不可能独自解决生产中所需要的所有资源。在现实的资源交换过程中资源的构成是多方面的，包括人、财、物、技术和信息等。例如，生产 1 辆汽车大约需要 8 000～10 000 个零配件。下面再来看看航天产业的发展与供应商有着千丝万缕的关系。

在外人看来十分神秘的航天领域其实并不是一个行政垄断的行业。航天产业是一个产业链，我国航天产业大部分是由政府投资的，但航天产业不仅仅只有卫星、运载火箭等，还有地面设施、运营服务、二次开放等领域。我国要做大做强航天产业，需要方方面面的力量来支持航天事业的发展。据了解，在航天领域每投入 1 元，将对社会产生 8～14 元的带动效应。专家认为，航天产业的发展将带动信息和光电技术，以及空间应用等相关产业的迅速发展，投资的回报率也非常高。

4．分销商市场

在分销商市场上，零售商与批发商的支持对于产品的成功至关重要。请看以下案例。

中国最大的几家家电连锁经销商，如国美电器、苏宁电器等构成了家电生产商的主要行销渠道，生产厂家对这些大零售商的依赖程度相当高，甚至出现了由零售商来为生产商制定价格的程度。以坚持直销模式著称的美国戴尔公司，2007 年 9 月与内地最大的家电连锁商国美电器结盟。这是戴尔公司在中国设立 5 家体验中心之后，首次将直销模式延伸到第三方独立的渠道领域。戴尔公司的消费业务销售和营销副总裁迈克尔·戴德迈强调说，这不是转向分销，直销模式仍将是戴尔公司在中国永远的“主旋律”，与国美电器的合作只是直销模式的“补充与延伸”。

5．竞争者市场

竞争与合作通常被看成两种不相容的行为，但进入 20 世纪 90 年代以后，人们逐渐摒弃单纯竞争的企业运作理念，通过企业间的相互合作，从“你死我活”的旧局面转向为“双赢”的新局面。国外学者把这种基于“双赢”基础上的经营模式称为“合作性竞争”。它已成为新时代竞争下的新常态，同时也给企业管理者提出了新的挑战。

随着国际集装箱运输的迅猛发展，同一港口内往往形成多个集装箱码头共同发展的状况。他们因共同业务、共同利益而联系，为各自利益而竞争，从而结合成为一个集装箱码头群，而且规模也越来越大。

6．影响者市场

影响者市场包括金融机构、新闻媒体、政府、社区，以及消费者权益保护组织、环保组织等。他们其中任何一个市场都将会对企业经营造成很大的影响。让我们从三株集团的成败来理解影响者市场对于企业前途命运的作用。

迄今为止，在中国食品饮料或保健品行业，可能还没有一家本土企业能像三株集团一样“疯狂营销”。1994 年 8 月，吴炳新、吴思伟父子在济南用 30 万元的注册资金，不到 3 年的时间就凭着“三株口服液”单一产品，第一年销售额即达 1.25 亿元，次年猛跳至 23 亿元，第三年就达到了惊人的 80 亿元，三年累计上缴利税 18 亿元。在全国所有大城市、省会城市，绝大多数地级市，三株集团近乎疯狂地注册了 600 个子公司，并在县、乡镇建立了 2 000 多个办事处，其营销队伍更是达到史无前例的 15 万人。在一些城市，人们因买三株口服液排起了长龙，二三十元一瓶的价格曾被哄抬至七八十元；在一些农村，农民们把买化肥、种子的钱都争先恐后地拿来买了三株口服液。三株集团卖疯了！

但由于各种原因，三株集团开始出事了：先是“广东事件”。1995 年 5 月，广东省卫生厅专门发出了《关于吊销三株口服液药品广告批准文号的通知》。该通知上说三株集团在《珠江经济信息报》上刊登的药品广告，超越了《药品广告审批表》审批的内容。尽管事后经过各方活动，三株口服液得以在广东继续销售，此事也未被媒体曝光放大。可是，即将来到的危机此时迹象已显。尤其是到了 1997 年，仅上半年，三株集团就因“虚假广告”等原因而遭到起诉达十余起。再是“成都事件”，三株集团成都市场部人员在编写宣传材料时，事先未征得患者同意就把其作为典型病例进行大范围宣传，结果导致纠纷，并经新闻媒体曝光，敏感的中央电视台《焦点访谈》栏目也进行了报道，影响由成都一下子波及到了全国。接着就是“常德事件”。1996 年 6 月，湖南一位退休老船工陈老汉听信了三株口服液“有病治病、无病保健”的广告承诺，花 428 元买回了 10 瓶三株口服液，服后不久死亡。陈老汉死后，其妻子、儿女一纸诉状把三株集团告到了常德市中级人民法院。到此时，常德一案已引起了国内媒体的普遍关注。一审判决后，当即有 20 多家媒体进行了密集报道，其标题均为“八瓶三株口服液喝死一条老汉”。从 1998 年 4 月下旬开始，三株口服液的全国销售急剧下滑，月销售额从数亿元一下子跌到不足 1 000 万元，从 4 月到 7 月全面亏损，生产三株口服液的两个工厂全面停产，6 000 名员工放假回家，口服液的库存积压达 2 400 万瓶，相当市场价值 7 亿元。

三株集团的神话最终也随着这个陈老汉的生命一起终结。这个案例说明了新闻媒体、政府及消费者权益保护组织等的存在，对企业的经营活动影响力是非常大的，企业在经营过程中不可忽视这些因素。

7.2.4　关系营销运行的原则

关系营销可以用 10 个字来概括：利益是纽带，信任是保证。具体需要遵循以下原则。

1．充分沟通原则

在关系营销中，关系各方都应主动与其他关系方接触和联系，相互沟通消息，了解情况，形成制度或以合同形式定期或不定期碰头，相互交流各关系方需求和利益变化情况，主动为关系方服务或为关系方解决困难和问题，增强伙伴合作关系。

2．相互信任原则

在关系营销中，各关系方相互之间都应做出一系列书面或口头承诺，并以自己的行为履行诺言，才能赢得关系方的信任。

3．互惠互利原则

在与关系方交往过程中必须做到相互满足关系方的经济利益，并通过在公平、公正、公开的条件下进行成熟、高质量的产品或价值交换，使关系方都能得到实惠。

4．机制控制原则

关系营销要求建立专门的部门，用于跟踪顾客、分销商、供应商及营销系统中其他参与者的态度，由此了解关系的动态变化，及时采取措施消除关系中的不稳定因素和不利于关系各方利益共同增长的因素。

思考题

你认为官商最方便开展关系营销吗？

7.3　服务营销

引例 7-2　泰国东方饭店

为世界十大饭店之一的泰国东方饭店，你也许从未看过他们的服务员一眼，但他们却知道你是个有价值的老客户，他们会把你提升为头等客户，优先给你提供服务。楼层服务员在为你服务的时候叫出你的名字，餐厅服务员会问你是否会坐一年前你来的时候坐过的老位子，并且会问你是否需要一年前你点过的那份老菜单。当你到了生日，还可能收到一封他们寄给你的贺卡，并且告诉你，他们全饭店都十分想念你。

泰国东方饭店几乎天天客满，不提前一个月预定很难有入住机会。用他们的话说，只要每年有十分之一的老顾客光顾饭店就会永远客满。非常重视培养忠实的客户，并且建立了一套完善的客户关系管理体系，这就是东方饭店成功的秘诀。

从这个案例我们可以看到，随着社会分工的发展，科学技术的进步及人们生活水平和质量的提高，服务在企业营销管理中的地位和作用也日益重要。

7.3.1 服务营销的含义

20 世纪 70 年代后期，一个非常引人注目的变化是美国经济的服务化，即服务业在经济与贸易中的地位越来越重要。1977 年，美国花旗银行副总裁列尼·休斯旦克写了一篇文章《从产品营销中解脱出来》，由此拉开了服务营销研究的序幕。服务营销是企业在充分认识满足消费者需求的前提下，为充分满足消费者需要在营销过程中所采取的一系列活动。它起源于企业对消费者需求的深刻认识，是企业市场营销观质的飞跃。

所谓服务营销，就是通过提供相对规范与完善的服务内容，从而丰富产品的内涵与外延，增加产品附加价值，拉伸产品层次，最终达到刺激客户重复、持久性购买的一种营销理念。

7.3.2 服务营销的误区

误区一：服务营销只是用在无形的服务性行业

服务营销并非是服务行业的专利，虽然是针对服务业的特殊性而提出的，但其理论价值和实践上的指导意义却不仅仅限于服务业的营销范畴，它对整个营销理论乃至企业经营理论的发展都有启迪。任何产品，不论是有形的或无形的，都可视为企业向用户提供服务的媒介。

误区二：服务营销仅仅是处理好售后服务问题

很多时候，大家认为服务营销仅仅是处理好售后服务问题，这是一种狭隘的服务营销观点。优质的售后服务是服务营销的一个重要部分，但不是全部。服务营销是一个系统性的体系，它包括售前、售中、售后服务。在服务营销过程中，要把这种观念灌输到全体员工，让员工树立“服务至上”的思想，而且在执行中还要渗透到每个部门的工作中。

让我们下面来了解一下化妆品行业是如何进行服务营销的。

售前服务：传播正确的护肤理念和知识。

售中服务：与消费者进行专业沟通，提供专业服务。

售后服务：重视售后咨询与交流。例如，购买第七天应该给客户打一个电话，目的是表示对他的关注，且为下次沟通打好基础，询问使用情况，是否很舒服，是否配套用等；还可以建立美容沙龙且建立客户档案，便于形成顾客群，为消费者提供专业美容咨询、新化妆时尚信息、专业护肤服务等。

7.3.3　服务营销的战略意义

1．服务营销产生增值效应

高质量的产品+高质量的服务=高价位，通过提供高标准的服务，就相当于为企业产品找到了一条卖高价的理由。产品有价，服务无价，通过高质量的服务，产品的溢价能力进一步增强，可以实现高定价策略，从而能够更进一步地提升市场操作空间，增强企业的赢利能力。比如，海尔集团的家电产品单价往往较其他企业的产品高，但在市场上却依然畅销，其根本原因就在于能为客户提供高价值的服务。

据资料显示，在欧美等汽车业发达地区，汽车行业合理的利润构成比例为：汽车销售 10%，售后服务 50%，零部件销售 20%，二手车经营 20%。

由此我们不难看出，汽车售后服务业是利润丰厚的一块“大蛋糕”。

2．采用服务营销差异化策略提升企业竞争力

浅层次的服务可以相互模仿，但对消费者的影响十分有限，在消费行为日趋个性化的时代，真正能够增进消费者对汽车品牌满意度的是服务的“差异化”。服务营销的实践证明，通过服务使品牌增值的操作空间更大，极具现实性和可操作性，还可为企业长远发展提供动力。服务差异化体现在很多方面，如服务品牌差异化、服务模式差异化、服务技术差异化、服务概念差异化、服务传播差异化等诸多方面。对于“差异”，可以从三个角度去理解：一是竞争对手没有而企业自己独有；二是竞争对手虽有但本企业更优越；三是完全追求有别于竞争对手的做法。

7.3.4　服务营销的战略实施

1．明确服务对象

首先应该明确自己服务的对象是谁，这样才能更有针对性地开展服务工作。例如，如果你开的是一家网上超市，你就应该明白你的服务对象是工作较忙的白领、生活不方便的人，包括老年人、残疾人、孕妇、病人等。

2．明确服务内容

明确了服务对象，接下来服务的内容就比较容易确定。做营销工作，其实很多时候是在做服务工作。要进行换位思考，想顾客之所想，急顾客之所急，只有这样，企业才能真正明确自己的服务项目。请看以下的案例。

海底捞公司这几年在餐饮市场上可是名头响当当，不是因为它的菜有多么的好吃，价格多么有诱惑力，而是它提供给顾客上帝一样的服务——从客户的车子到其任何一家门店

开始，顾客就享受到在其他地方完全不一样的待遇：保安及时给你拉开车门护送你下来直到大厅门口，然后有服务员问你的就餐人数等情况。倘若现在没有位置而你又愿意等的话，会有一张类似酒吧的小桌子供你等候，提供一些休闲零食和豆浆，当然这些都是免费的；你也可以打打牌或者到门口免费的擦鞋区擦鞋打发光阴；如果等的时间超过 30 分钟，会享受 9 折优惠……仔细观察，几乎所有来的人都会选择等一会而没有立即走；服务员的工作从来都是充满热情的，感觉不到虚假；几乎没有看到过在“海底捞”时服务员和客户发生争执等。

从这些点点滴滴的精心之举我们感悟到：服务，只有打动消费者，切实地贴近顾客需求，才会产生巨大的魅力及作用。

3．制定服务标准

好的服务理念，如果没有相应的服务标准及服务制度做基础，服务就往往容易流于形式，就会成为“空中楼阁”。因此，在这个细节决定成败的今天，就必须要通过建立规范而完善的服务标准与管理制度，来促使服务措施能够得到有效的贯彻与执行。

麦当劳公司的黄金准则是顾客至上，顾客永远第一。提供服务的最高标准是质量（Quality）、服务（Service）、清洁（Clean）和价值（Value），即 QSC&V 原则。其中，Quality 是指麦当劳公司为保障食品品质制定了极其严格的标准。例如，牛肉食品要经过 40 多项品质检查；食品制作超过一定期限（汉堡包的时限是 10 分钟、炸薯条是 7 分钟），即丢弃不卖；规定肉饼必须由 83%的肩肉与 17%的上选五花肉混制等。

我们非常希望麦当劳公司能够永远认真遵循黄金准则。只是媒体不断暴露出来的例如激素鸡、多腿鸡事件、福喜事件等，让喜欢他们的消费者受到极大的伤害。

4．明确服务流程

我们还需要设置服务体系的组织架构，以及设立相关的岗位和职责，每一个环节都要有相应的责任人。做好以上工作，作为营销人或者经销商，在市场出现问题时，就能高效率地按照“流水线”来进行作业处理，将有可能危及企业信誉的危机事件消灭在萌芽状态。

5．关注过程管理

主要是指作为企业及管理者，要把售前、售中、售后服务进行量化与细分，可以实施责任包干，强化服务的过程管理与细节管理，让服务的各项标准落到实处。比如，作为啤酒行业，回瓶及产品配送是涉及服务的较为重要而又关键的事项，那么，通过制定回瓶的具体时间或周期，以及配送的最低期限，可以进行过程的量化管理，并对该事项进行严格的跟踪与落实。所以，作为快速消费品的企业，要想让服务成为自己的核心竞争武器，就必须强化过程管理，让服务公开、透明，从而让其为销售推波助澜。

6．注重评估考核

服务体系能否发挥作用，效果怎么样，需要考核系统来说话。一些企业的服务措施之所以“雷声大，雨点小”，或者说“光打雷，不下雨”，往往跟企业没有跟踪考核或考核不严格有很大的关系。经商不言商，乃经商的最高境界。作为经营企业，只有建立了相应的服务体系，规范了服务流程，建立了服务标准，严格了考核制度，服务才能真正发挥应有的作用，才能淡泊商业氛围，让企业的销售如虎添翼，获得最大化的经济效益。

思考题

（1）服务等于售后服务吗？

（2）服务部门是成本中心还是利润中心？

7.4　其他营销新知识

7.4.1　整合营销

1. 整合营销的含义

整合营销是一种对各种营销工具和手段的系统化结合，根据环境进行即时性的动态修正，以使交换双方在交互中实现价值增值的营销理念与方法。整合营销的关键在于真正重视消费者的行为反应，进行双向沟通，通过双向沟通，在市场上树立企业品牌竞争优势，从而提高顾客的品牌忠诚度，提高企业的市场份额。整合营销理论的倡导者——美国的舒尔兹教授用一句话来说明这种理论，他说：过去的座右铭是“消费者请注意”，现在则应该是“请注意消费者”。整合营销理论的创始人劳特朗曾发表“4P 退休，4C 登场”的专文。他们认为，以 4P 为中心的传统营销理论已成明日黄花，老朽不堪的 4P 理论已被 4C 取而代之，即整合营销就是要做到：4 忘掉，4 考虑。整合营销的具体思想如下。

（1）忘掉产品，考虑消费者的需要和欲求（Consumer），即不要卖你所能制造的产品，而是卖那些顾客想购买的产品，真正重视消费者。

（2）忘掉定价，考虑消费者为满足其需求愿意付出的成本（Cost）。过去，企业定价的常规方法是成本加成法，即便在考虑顾客的需求差异，也是粗线条的操作。目前，消费者在购买商品时，不仅考虑到商品的核心价值，还同时会考虑到商品的附加价值。

（3）忘掉渠道，考虑如何给消费者方便以购得商品（Convenience）。传统的营销通路比较单纯，尤其在经济不发达地区，制造商主要通过有形店铺进行分销，顾客则不得不到这些店铺进行采购。进入 20 世纪 90 年代以后，由于电子商务的发展，消费者可以不必出门采购。因此，营销工作要了解不同类型消费者的购买方式偏好，调整原有销售通路，为顾客提供实实在在的便利。

（4）忘掉促销，考虑如何同消费者进行双向沟通（Communication）。传统营销中促销是重头戏，广告成为商家喜欢的重型武器。由于媒体有限、资讯有限，消费者处于一种弱者地位。20 世纪 90 年代后，媒体发生巨大变化，种类繁多，消费者的主体地位大大提高。整合营销强调与消费者进行平等的双向沟通，并且根据消费者信息反馈调整自身，如此循环，实现双赢。

2. 整合营销的特点

1）以整合为手段

在传统营销理论的指导下，企业在广告、公关、促销、人员推销等几方面都是分别开展的，没有一个部门对其进行有效的整合。这样有很多资源是重复使用，甚至不同部门的观点都不统一，造成品牌形象在消费者心目中的混乱，实践效果很差。整合营销着重以消费者为中心并把企业所有资源综合利用，实现企业的高度一体化营销。整合既包括企业营销过程、营销方式及营销管理等方面的整合，也包括对企业内外的商流、物流及信息流的整合。在这个过程中，关键要看资源的应用是否符合企业的现实条件，手段的运用是否符合企业的目标，是否体现了企业的策略，从而确定在哪些方面进行整合，而不是只要运用了所有的战术手段就是营销整合，其实只有部分手段也可以进行有效地整合。

2）以消费者的需求为出发点

整合是需要方向的，要做到营销各个环节的整合，必须要有一个凝聚点，使各项工作的进行都围绕一个中心，这个凝聚点就是消费者的需求。只有正确把握消费者需求，才能确保各项营销工作的有效性，此时资源的合理分配及整合才有意义，否则只会更快地加速企业的失败。

3）强调协调与统一

传统的营销理念，营销活动与企业文化、企业精神建设等是区分开来的，营销整合理念打破了传统营销理念，把市场营销只作为企业经营管理的一项重要功能这一框架。整合营销要求公司的所有活动都整合和协调起来，营销不再是一项可以单独存在的职能。这一要求使得整合营销理念指导下的企业中所有部门，都在一起努力为顾客的利益而服务。企业的营销活动成为企业各部门的工作，企业营销活动的协调性，不仅是企业内部各环节、各部门的协调一致，而且也强调企业与外部环境协调一致，共同努力以实现整合营销。

4）注重规模化与现代化

整合营销十分注重企业的规模化与现代化经营。规模化不仅能使企业获得规模经济效益，为企业有效地实施整合营销提供了客观基础，整合营销同样也依赖于现代科学技术、现代化的管理手段，现代化可为企业实施整合营销提供有效保障。

3. 开展整合营销的现实意义

我国的社会环境与当今的美国等发达国家毕竟不同，消费者的行为习惯也有一定的差距。我国的许多企业在生产技术方面还有些落后，很多事情不是想不到，而是做不到，这种技术差距不是喊几句口号就能消除的，需要社会各方面的长期努力。

当然，整合营销的一些基本思路和方式我们目前还是可以借鉴的，比如，重视双向沟通、整合传播工具等。现有企业不妨将传统的营销方法与整合营销方法综合加以运用，走出一条中国式的营销道路。

7.4.2　体验营销

1．体验营销的含义

从表 7-1 中的消费案例我们可以看出：经济发展的演进已从过去的农业经济、工业经济、服务经济走向现阶段的体验经济，而各经济发展阶段在生产行为及消费行为上呈现不同的形态。

表 7-1

经济发展时期	消 费 行 为	生产行为及消费行为表现特点
农业经济	母亲是拿自家农场的面粉、鸡蛋等材料，亲手做蛋糕，从头忙到尾，成本不到 1 美元	在生产行为上是以原料生产为主；消费行为则仅以自给自足为原则
工业经济	母亲到商店里，花几美元买混合好的盒装粉回家，自己烘烤	在生产行为上是以商品制造为主；消费行为则强调功能性与效率
服务经济	母亲是向西点店或超市订购做好的蛋糕，花费十几美元	在生产行为上强调分工及产品功能；消费行为则以服务为导向
体验经济	母亲不但不烘烤蛋糕，甚至不用费事自己办生日晚会，而是花 100 美元，将生日活动外包给一些公司，请他们为小孩筹办一个难忘的生日晚会	在生产行为上以提升服务为首，并以商品为道具；消费行为则追求感性与情境的诉求，创造值得消费者回忆的活动，并注重与商品的互动

从以上分析可以总结出："体验营销"的概念不单纯是指产品的免费试用，而是指企业以客户为中心，通过对事件、情景的安排及特定体验过程的设计，让客户在体验中产生美妙而深刻的印象，并获得最大程度的精神满足的过程。消费行为追求感性与情境的诉求，创造值得消费者回忆的活动。其注重的是互动，体现的是对消费者的尊重和理解。它是系统的一种营销战略，而不单是一种产品销售的方式和过程。

具体来说，对体验营销的认识包括以下几个方面：

（1）消费者在消费时不仅仅考虑产品的价格，他们还会非常在意在消费过程中的体验感受。我们可以这样来比喻：产品是有实体的，服务是无形的，而体验是难忘的！

（2）如果顾客愿意为这类体验付费了，那么体验本身也就可以看成某种经济上的给予，体验营销也取得了一定的成功。

（3）传统营销关注产品特色和利益，认为消费者是理性消费，忽视感情因素；体验营销关注消费者体验，认为消费者消费时是理性和感性兼具，概率是一样的。

2．体验营销产生的背景和发展前景

体验营销产生的背景主要在于：在产品极大丰富的现在，人们对价格已经变得不再敏感了，产品或服务所带来的心理上的效益占据越来越重要的位置。所以说，体验营销远不止是简单地感受产品和服务，而是给消费者一种感觉，一种情绪上、体力上、智力上甚至精神上的体验。用美国营销专家菲利普·科特勒的话来说，就是以商品为素材，塑造感官体验和思维认同，抓住消费者的注意力，为他们制造出值得回忆的感受，并为产品找到新的存在价值与空间。

一枝玫瑰在种植园里买不到一元钱，到花店里买需要好几元，在情侣房、咖啡厅则要

几十元，而在情人节这天对于相爱的人来讲就是上百元也在所不惜。这时候，玫瑰已失去了其本身的价值，变成了一种浪漫挚爱的“体验”，上升为爱情的“价值”。可见增加产品的“体验”含量，无疑是精明的商家拓宽营销之路的一件“秘密武器”。

美国未来学家阿尔文·托夫勒曾到中央电视台《对话》节目中做客，这位曾经预测了“第三次浪潮”到来的托夫勒再次向大家预言：服务经济的下一步是走向体验经济，人们会创造越来越多的跟体验有关的经济活动，商家将靠提供体验服务取胜。

3．体验营销的特点

1）以体验为导向营销产品

当咖啡被当成“货物”贩卖时，一斤可卖 300 元；当咖啡被包装为“商品”时，一杯就可以卖一二十元钱；当其加入了“服务”在咖啡店中出售，一杯最少要几十元至一百元；但如能让咖啡成为一种香醇与美好的“体验”，一杯就可以卖到上百元甚至是好几百元钱。增加产品的“体验”含量，能为企业带来可观的经济效益。

例如，星巴克是从 1971 年西雅图一间普通的咖啡店，发展成为国际最著名的咖啡连锁品牌，它的成功源于强调不是单纯地卖一杯咖啡，而是在销售整个店的咖啡体验。星巴克人努力使顾客在店内的体验化做一种内在的体验——在品尝咖啡的同时，享受着店内营造的轻松闲适的气氛、迷人浪漫的味道及和谐的社交感觉。让咖啡豆浪漫化，让顾客浪漫化，让所有感觉都浪漫化。在星巴克店里有一句口号：让咖啡成为你一辈子的情人！这样一句喻意深刻的话将消费者的注意力从产品转移到消费过程中，在所提供的难忘体验中确立了星巴克品牌自己的独占领域，为企业树立了核心竞争力。

2）关注顾客的体验

企业注重与顾客之间的沟通，发掘他们内心的渴望，站在顾客体验的角度去审视自己的产品和服务。

乔布斯的理念是，苹果公司的产品是个人工具，帮助个人解决问题。苹果公司没有选择机构或企业作为其客户，而是以个人作为目标客户。事实上，苹果公司从未成功地推出过面向企业的产品，这使得苹果公司专注于个人用户的体验。设计时专注于顾客的想法和需求，专注于简单易用，苹果公司实际上抓住了用户体验最实质的东西。当苹果产品以精致诱人的造型面市时，就已经超越了时尚。在乔布斯看来，从设计意图，到概念的提出，到实现概念的整个产品设计过程，一直到用户使用该产品的体验，最后到外在的华丽外形，都体现了“简单即终极复杂”的设计理念。

3）认为顾客是理性和感性共存

体验营销认为，顾客在消费时经常会进行理性的选择，但顾客除了购买产品的核心功能之外，顾客还需要娱乐、刺激、被感动和有新意的东西。企业不仅要从顾客理性的角度去开展营销活动，也要考虑消费者情感的需要。例如，许多酒类产品乃至一些饮料在品牌定位及传播上都采用人性化、情感化的诉求，把自己的品牌定位为人性的、可感知的、可体验的品牌，以营造可以体验的美好感觉。

例如，一句“孔府家酒叫人想家”，引起多少在外游子对父母、对家乡无限的思念之情，处处感受到了“想家”般的亲情体验。2002 年，在古井贡酒以“体验天地人和，体验快乐人生”为主题的终端推广活动中，抓住白酒消费旺季，在区域重点市场分阶段连续推出“古井贡酒浪漫之旅，体验人生梦境”、“古井贡酒礼上礼、天地人和家家乐”、“天地人和古井贡，情深义重把礼送”等三大主题的行销活动。同时，在商场超市、酒店，充分运用海报、吊牌、店招、地堆围布等 POP，营造概念化、生动化、立体化的终端陈列，使古井贡品牌更具有体验的价值。

体验营销的出现，会让一些人认为企业是在卖产品还是在卖体验！不管答案是什么，至少说明消费者愿意享受这种商家提供的体验营销活动。只要有顾客需要，企业提供的产品或服务就有它存在的价值。

4）体验形式多种多样

体验是五花八门的，体验式营销的方法和工具也种类繁多，并且这些和传统的营销又有很大的差异。企业要善于寻找和开发适合自己的营销方法和工具，并且不断地推陈出新。

中国移动公司的“动感地带”品牌上市是体验营销的一个经典个案。“动感地带”在营销推广中十分注重用户对业务的体验，上市期在全国建立了多家“动感地带”的品牌店、体验店。除了从业务组合、广告上强调“动感地带”的品牌个性，中国移动公司通过“街舞挑战赛”、“周杰伦演唱会”、“结盟麦当劳”等一系列与通信业务无关的活动使这一品牌深入人心，引发了年轻人的高度共鸣，进而激发了他们的消费热情。这些行动体验在年轻人中间形成了巨大的号召力。

我们可以看到，不仅在服务业里体验营销手段被使用，很多广告也朝着发现消费者的体验乐趣中寻找创意点。代表性的活动如下。

2003 年伊利集团推出“四个圈，吃了就知道”、“真巧，好吃的不得了”等，都取得了上市的成功，给消费者留下了新奇的印象。随后，农夫果园饮料的“三种果味在里面，喝前摇一摇”一夜间家喻户晓，穿沙滩裤的父子俩摇晃身体的轻松快乐的体验，诙谐幽默，令观众也乐在其中。“喝前有少许沉淀，不影响饮用”的古板说辞被换成“喝前摇一摇”的生动体验。雕牌洗洁精“会唱歌的盘子”的快乐体验，也让人产生联想，仿佛洗碗的工作变成了一种快乐。这种新奇的体验，帮助雕牌洗洁精在日化市场中建立差异化的品牌影响。

思考题

你认为体验营销最适合于在哪些行业开展？

7.4.3 文化营销

企业在产品、价格、渠道及促销等营销操作层面上的竞争，由于信息的畅通化，市场运作规范的建立与完善，使得相互间模仿和借鉴的速度越来越快，想以此建立起长久的竞争优势越来越不可能。当商战的硝烟弥漫整个中国大地时，各种营销的手段无一不得到充分的施展与广泛的应用。从最早的“文化搭台，经贸唱戏”这种对文化的浅层理解，到今天的“儒商时代”，知识经济时代这种对文化的深层认识，都向人们昭示着一个明显的信号：未来竞争的焦点是文化，文化营销将成为未来营销的主旋律。美国当代经济学家莱斯特说，21 世纪的企业竞争将在一定程度上取决于文化力的较量，没有强有力的企业文化支撑的企业将会失去发展所必需的营养，企业发展就会面临困境。

1．文化营销的内涵

有人说：文化是土壤，产品是种子，营销就好比是在土壤上播种、耕耘，培育出品牌这颗幼苗；物质资源总会枯竭，唯有文化才能生生不息；通过文化营销，构筑的不仅仅是市场份额和销售利润，还有企业带给消费者的亲情与温暖，以及由此而来的长久的顾客忠诚。

简单来解释，文化营销是指将文化融入到营销理念中去，包含于营销战略之中，使营销更具有人情味、地域性，更体现企业的个性。

卖车就是卖文化。“任何一个东西，都不如文化这个载体”，一位营销专家如此评价文化对于汽车市场营销的重要性。从以下的案例我们可以看出，奇瑞集团对文化营销的内涵了解深刻，营销策略运用得比较娴熟，企业也获得了预期的效果。

早在 2005 年初，奇瑞集团就制定了全年的营销战略系列活动。6 月份，奇瑞集团举办了“相聚奇瑞，感受东方之子，畅游名山”的文化营销活动；8 月份，奇瑞集团推出了国内首支为有车族打造的汽车歌曲；9 月份，除此东方之子文化优惠促销活动之外，“QQ 文化节”也拉开了帷幕；另外，《21 世纪东方之子》汽车文化杂志也面市。奇瑞集团一系列的文化营销活动，让企业前进的步伐更进一步。

2．文化营销的特点

文化营销不仅是单纯为了把商品推销给消费者，而是努力与消费者达成文化意识上的共识，从内心深处去影响和引导消费者的行为。

3．文化营销的实施

（1）从产品或服务本身去塑造文化形象。这一层面上的文化营销就是推出能提高人类生活质量、推动人类物质文明发展的产品或服务，并能引导一种新的、健康的消费观念和消费方式。我们可以通过产品的命名及包装等手段来塑造产品的文化形象。

例如，“福气临门”、“五福临门”，一个“福”字让福临门食用油与中国老百姓联系在一起。为了这样一个“福”字，中粮集团不惜换掉它已经用了 13 年的旧面孔。这对于有着 5 000 年悠久文化的中国来说，讨个口彩是最好的吉利话，这比任何广告诉求都更容易产生亲和力。而 2007 年，福临门品牌内涵的回归，更是暗合了中国人的文化情结。

（2）从企业活动方面去宣传文化形象，传达文化信息。文化营销的实施离不开各种营销活动，通过营销活动作载体才能更好地传达文化信息。

例如，百年老店——同仁堂品牌传播借力电视剧《大宅门》和《大清药王》，通过一种含蓄的方式讲述了同仁堂百年来的传奇故事，清晰地向观众传递了同仁堂的品牌故事和“同修仁德，济世养生”的企业价值观。这是通过文化营销来传递和提升品牌的内涵与价值的典型之作。同样的案例还有全聚德集团投资拍摄《天下第一楼》、广州王老吉集团投资拍摄《岭南药侠》等。

（3）树立良好的企业文化形象。文化营销离不开品牌和企业文化。通过看非常可乐与可口可乐、百事可乐品牌的竞争，可以比较好地了解这一问题。

非常可乐饮料的价格这么便宜，但只对农村市场有比较好的感召力，但在大城市的营销遇到了一定的困难，而这个困难的直接阻碍就是大多数城市年轻人不认可非常可乐的可乐文化身份。据娃哈哈集团公开的新闻显示：说是由于消费者觉得可口可乐、百事可乐代表着美国的文化、年轻人的文化，而非常可乐是没有文化的！但有消费者测试显示，95%以上的人喝不出非常可乐和可口可乐、百事可乐的区别，但 90%的城市消费者不喝非常可乐，要喝也是可口可乐或百事可乐！

可乐只是一种碳酸饮料，本身是没有多少文化的。但是为什么同样是一种极其普通的碳酸饮料，有的消费者就只喝可口可乐、百事可乐，而不愿意喝非常可乐呢？这其中关键的问题在于可口可乐、百事可乐在长达百余年的市场培育和竞争过程中，两者都非常一致地将其核心目标消费群定位在了颠覆传统、个性张扬的青年一代，并不遗余力地将体育与流行音乐这两种年轻人最喜爱的事物作为可乐文化的载体进行品牌传播，通过音乐和体育这两种载体将自己的品牌和消费者紧紧地捆绑在一起，赋予了可乐在产品之外极其丰富的内涵，赋予了其活力、年轻、时尚、朝气蓬勃的形象，这些内涵和形象其实是对中国内地青年群体的文化偏好的贴切表现，更是两者“文化营销”的出色表现。

7.4.4　饥饿营销

1．饥饿营销的起源

西方经济学的“效用理论”认为，效用不同于物品的使用价值，使用价值是物品所固有的属性，由其物理或化学性质决定；而效用则是消费者的满足感，是一个心理概念，具有主观性。请看以下这个故事。

传说，古代有一位君王，不但吃尽了人间一切山珍海味，而且从来都不知道什么叫做饿。因此，他变得越来越没有胃口，每天都很郁闷。有一天，御厨提议说，有一种天下至为美味的食物，但无法轻易得到，非付出艰辛的努力不可。君王当即决定与他的御厨微服出宫，寻此美味，君臣二人跋山涉水找了一整天，于月黑风高之夜，饥寒交迫地来到一处荒郊野岭。此刻，御厨不失时机地把事先藏在树洞之中的一个馒头呈上：“功夫不负有心人，终于找到了，这就是我们要找的那种食物。”已饿得死去活来的君王大喜过望，二话没说，当即把这个又硬又冷的粗面馒头狼吞虎咽下去，并且将其封之为世上第一美味。

这一常识已被聪明的商家广泛地运用于商品或服务的商业推广，这种做法在营销学界更是被冠以“饥饿营销”之名，也有人称之为“饥渴营销”。

2．饥饿营销的涵义

所谓饥饿营销，是指商品提供者有意调低产量，以期达到调控供求关系、制造供不应求“假象”、维持商品较高售价和利润率，也达到维护品牌形象、提高产品附加值的目的。

饥饿营销是一把双刃剑。剑用好了，可以使原来就强势的品牌产生更大的附加值；用不好，将会对其品牌造成伤害，从而降低其附加值。

苹果公司是最擅长饥饿营销的企业之一。从 2010 年 iPhone4 开始，到 iPad2 再到 iPhone4s，一直到 2014 年推出的 iPhone6、iPhone6 Plus，苹果产品全球上市呈现出独特的传播曲线：发布会—上市日期公布—等待—上市新闻报道—通宵排队—正式开卖—全线缺货—黄牛涨价。但苹果公司的饥饿营销并不是一直有效，iPhone5 的推出就没有产生象 iPhone4 一样的狂热。

小米公司也是对饥饿营销情有独钟。小米手机被称做中国首款高性能发烧级智能手机，它的零售价格是 1 999 元，因为这个价格远远低于苹果 iPhone，因此小米手机也成为了"性价比最高的智能手机"而受到了消费者的关注。在面市之后，小米手机的售卖模式便与别家不同。它采用网络渠道销售的模式，让消费者都只能在小米官方商店上买到小米手机，并且需要预定，而物流的权利也仅给了凡客诚品公司，由凡客诚品公司支持小米手机的仓储与配送。2011 年 9 月 5 日，小米手机正式开放网络预订，两天内预订数量超 30 万台，这样的火爆程度让人叹为观止。但之后的事情却出乎了消费者预料，就在小米手机供不应求之时，小米网站却立刻宣布停止预定并关闭了购买通道，让消费者无处可买。后面一系列的饥饿营销的策略让消费者对小米品牌产生了质疑。小米手机的过度饥饿营销则面临着更为严峻的品牌形象打折的问题。

3．饥饿营销运作的条件

（1）产品质量一定要好。这是实施饥饿营销战略的首要条件，是打响饥饿营销战役的资本。

（2）做足产品宣传声势。想办法制造产品话题，制造对产品的期待。

（3）产品具有大众性。提供的产品或者服务要具有大众性，这样才会有更多的人参与到活动中。

（4）有利益引导。促销要有吸引力，消费者一定要通过你的产品得到某种额外利益。

（5）控制销量。制作出供不应求的表象，让大家疯狂抢购。

（6）灵活调整。消费者的欲望会受到市场各种因素的影响，从而产生不断的变化。因此，要密切监控市场动向，随时根据实际市场情况来调整方式。

创业知识——企业创业期管理

由于创业初始，公司在资金、人才和实力等方面往往都不具备优势，被大量不确定的事务驱动，疲于应付的状态在所难免，但任何公司的管理工作都是件大事，是公司能否持续发展的重要保证。要妥善处理并解决这对矛盾，其关键仍然在于如何取得事务驱动和规范运作之间的合理平衡。

首先，要对公司运作和管理有正确的理解和思考方向。规范管理并不意味着公司必须有一大套繁文缛节的规章制度，创业期更是如此。任何管理的目标一定是使公司运作更加有效，而非纸面文章或者形式架构做得如何漂亮，它的衡量标准是成果而非过程。所以，重点的思考方向应该是：公司如何能够赢利？如何能够生存下去？如何能够取得自身独特的竞争优势？等等。另外，规范管理并非一朝一夕就能够建立的，它需要通过长期磨合才能持续地形成。

其次，要建立一套务实的、简单的公司运作管理的基本制度和原则。任何公司的运作和发展都需要一个系统的流程和体制，这套东西可以较简单，也可以很复杂，视公司的具体情况而定。但任何公司在创业期，它的管理体制一定要讲究简单和务实。一般来说，公司运作都离不开资金、人才、技术和市场等要素，热衷于技术很正确，但必须认识到，单靠技术是无法取胜的，还必须有一套基本的管理制度，主要是抓好人和财两个方面。例如，制定一本员工手册，规定道德准则、考勤制度、奖惩条例、薪资方案等方面的条文，这方面有许多样本可以参考，并根据公司的自身特点选择重要的方面去制定。在财务方面，我认为报销制度、现金流量、制定预算、核算和控制成本等方面是必须首先要考虑的。

总结上述两点，其要点和原则在于形成简单务实的基本管理框架，尽量遵照执行，并随着公司发展逐步修改完善，一定不要一开始就贪大求全且事无巨细。主要精力仍然要坚定不移地放在公司的生存方面，只有当某些管理条例随着公司发展显得滞后时，再去讨论完善或修改增补。

知识梳理与总结

对现代企业，营销是永恒的话题。企业要获取利润，要生存，要发展，就不仅要坚持以市场为导向，以顾客需求为中心的营销理念，还要不断学习新的营销知识，尝试新的营销手段，运用新的营销策略。

（1）绿色营销观念萌生于 1960 年初，是在生态环境不断恶化与消费者环保意识不断增强的情况下提出的一种新的营销观念。所谓绿色营销，是指企业在营销活动中，谋求消费者利益、企业利益、社会利益和生态利益的统一，既要充分满足消费者需求，实现企业利润目标，也要充分注意自然生态平衡的一种新型营销观念和活动。

（2）巴巴拉·本德·杰克逊，美国著名学者，营销学专家，1985 年提出了关系营销的概念。关系营销就是从系统的、整体的观点出发，把营销活动看成一个企业与消费者、供应商、分销商、竞争者、政府机构，以及其他公众发生互动的过程，其核心是建立、发展、巩固企业与这些组织和个人的关系。

（3）服务营销是企业在充分认识满足消费者需求的前提下，为充分满足消费者需要，在营销过程中所采取的一系列活动。它是 70 年代后期提出的一个营销概念，起因于企业对消费者需求的深刻认识，是企业市场营销观的质的飞跃。所谓服务营销，就是通过提供相对规范与完善的服务内容，从而丰富产品的内涵与外延，增加产品附加价值，提升产品层次，最终达到刺激客户重复、持久性购买目的的一种营销理念。

（4）整合营销是一种对各种营销工具和手段的系统化结合，根据环境进行即时性的动态修正，以使交换双方在交互中实现价值增值的营销理念与方法。整合营销的关键在于真正重视消费者的行为反应，进行双向沟通，通过双向沟通，在市场上树立企业品牌竞争优势，从而提高顾客的品牌忠诚度，提高企业的市场份额。

（5）“体验营销”的概念不单纯是指产品的免费试用，而是指企业以客户为中心，通过对事件、情景的安排，以及特定体验过程的设计，让客户在体验中产生美妙而深刻的印象，并获得最大程度上的精神满足的过程。

（6）文化营销是指将文化融入到营销理念中去，包含于营销战略之中，使营销更具有人情味、地域性，更体现企业的个性。

（7）饥饿营销是指商品提供者有意调低产量，以期达到调控供求关系、制造供不应求“假象”、维持商品较高售价和利润率，也达到维护品牌形象、提高产品附加值的目的。

（8）企业创业初期管理，其关键在于如何取得事务驱动和规范运作之间的合理平衡。

实训项目

案例分析 10 迪斯尼乐园

从 1955 年第一座迪斯尼乐园在美国开园以来，尽管在全球的扩张不像它的合作伙伴如麦当劳公司、可口可乐公司一般深入到地球的每一个角落，但是，迪斯尼集团不仅赢得了完全的市场占有率，更重要的是向世界展示了一种新的生财模式：迪斯尼集团希望带给每一个人快乐的回忆与愉快的体验，但这种快乐的分享是需要付费的。企业的利润可以建筑在人们自愿追求快乐的基础上。

半个多世纪以来，迪斯尼乐园的知名度和影响力越来越大，为迪斯尼集团创下惊人的财富。在集团每年的营业收入中，乐园达到四成。但谁能想到，这个主题乐园创造的价值，绝大部分来自于服务。在日本东京的迪斯尼乐园，每天都是人山人海。他们每年接待近 2 000 万游客，这相当于一个上海市的人口数量。而在繁华背后，是他们对游客的独到服务。例如，迪斯集团尼对普通扫地的暑期工都要培训三天才能上岗。他们要学扫地、照相、包尿布、辨识方向、怎样与孩子讲话、怎样对待丢失的小孩、怎样送货等。

【案例思考】从迪斯尼乐园的营销策略体现了哪些现代营销新知识？

案例分析 11 奥巴马的超级营销术

奥巴马在当选总统前，没有做过一天的行政长官。以这样的经历，在中国混个处级干部就不错了。如果算上他青年时期的各种叛逆行为，想升官提职及更是难上加难。但正是这样一个曾经的问题少年，却在 2008 年的美国大选上力压群雄，当选为美国第四十四任总统。2012 年大选，共和党的候选人罗姆尼人气激增，可仍然不是奥巴马的对手。虽然那时候的美国经济一团糟，但奥巴马支持率还是超过了罗姆尼。不能不说，奥巴马和他的团队是世界级的营销高手。

（1）奥巴马的故事营销： 如果想让消费者记住你，莫过于讲一个动人的故事。当时，奥巴马出版了他的第一本传记《Dreams from My Father》（《父亲的梦想》）。讲述了一个美国移民家庭的孩子的故事。他少年时便颠沛流离，后又遭逢家庭变故。他吸过毒、做过混混，后来发愤图强，读名校、进政治圈。这个浪子回头的故事为他建立了一个真实亲和的形象，告诉大家他并不是高高在上的，而是来自民众，来自草根。这让大家都记住了这个黑马人物奥巴马，并使他赢得了广大美国民众的喜爱。奥巴马竞选团队发布了 2012 大选宣传片《The Road We've Traveled》(《那些年，我们一起走过的路》)。这是一个典型的不抛弃不放弃的故事。让人对这位"英雄"多了几分疼惜与怜爱。

（2）奥巴马的愿景营销。奥巴马上届大选成功的另一个原因是他抓住了当时美国人内心最渴望的东西，就是改变，也是所谓的人心思变。所以当他高喊"Change We Can Believe In"这句口号的时候，一下子激起了美国人的热情。所谓卖愿景，其实就是卖未来，当你给消费者描绘出一个美好的未来时，他们就会对产品产生一些更美好的联想。也许一开始还认为眼前这个东西并不那么美好，但现在看起来居然顺眼美丽多了。

（3）奥巴马的品牌营销。奥巴马最厉害的一点是能把自己的缺点变成优点，把劣势变成优势。在对于年龄方面，有许多人对 48 岁的奥巴马提出质疑，但是他却将品牌形象年轻化。这样不但没有减少他的支持率，还让原本并不积极参与大选投票的年轻人，加入到了支持他的队伍中去。奥巴马时髦地聘请了最专业的推广团队、形象设计团队，甚至是形体老师，让他们把自己打造成一个当下极富魅力且充满活力的男人。

（4）奥巴马的情感营销。奥巴马在情感营销方面也是个高手。在他当政期间，各类匪夷所思的亲民新闻也纷纷涌现。所谓民以食为天，奥巴马就是先从"吃"下手。他偶尔出入路边餐厅，与店内食客热情寒暄，惹起一片尖叫。不时成为报纸头条新闻。奥巴马不但热衷于自己吃大排档，还经常带着家人一起享用，甚至把"国宴"也摆到了路边餐馆里。这使他时刻保持了一个亲民的形象，当然媒体也很乐意对其进行大篇幅报道。奥巴马的"低姿态"让他不再是带着光环高高在上的总统，更像是你身边一位时刻关心你的长辈、一名极富魅力的绅士、一个青春活力的哥哥、一个可以分享秘密的朋友。而当你把你的感情投入其中的时候，你也许会发现他能实现的真正价值，有时候就显得并不那么重要了。

（5）奥巴马的互动营销。奥巴马的团队在 2008 年的时候就大肆运用当时最为流行的互联网、手机短信和游戏广告为其大选做宣传，得到了惊人的效果，并一举让奥巴马成为第一任拥有黑人血统的美国总统。后来，奥巴马又投入大量的人力和资金开发软件，用以跟踪搜集资料，确保把选民们更好、更详细地划分开，并针对不同情况制定最合适的对应策略。

（6）奥巴马的娱乐营销。奥巴马生动幽默、惹人发笑的表现，使奥巴马的人气迅速升温。人们自发进行传播，并纷纷对其"恶搞"，其中以踹门和滑板事件在网上最为盛传。

【案例思考】阅读以上所提供资料，分析奥巴马选举获胜的原因。

课堂训练 7　谈新营销方式

实训目的：培养学生自学的能力，养成勤于思考的习惯；掌握收集资料的方法和多媒体技术。

地　　点：多媒体教室。

训练内容：让学生通过引例，导出现代营销的新理念、新方式，并要求学生通过多媒体进行内容演示。

阅读资料7——“五斗米”的员工培训模式

在重庆五斗米饮食文化有限公司，强调的是培训的标准化和个性化。

对于标准化，五斗米公司包括两个层次，一个是服务人员的服务程序的标准化，另一个是技术人员工作的标准化。

在五斗米公司，每一位服务员在迎接客人时的程序都是一样的，每说的一句话也都是经过培训的，先介绍什么菜品，后介绍什么菜品，甚至什么酒倒在杯里是多少也是相同的，这就是培训标准化的结果，在培训前都对这些东西做了量化，培训时员工也是一一实践的。餐饮业的技术人员主要是指厨房里工作的员工，为了标准化，五斗米公司的培训是全部定量，比如某一菜在锅里的时间，某佐料在某一菜品里的量都有标准，让员工按标准操作。

对于个性化，五斗米公司强调整个企业文化的个性化和服务的个性化，在培训的时候，五斗米公司会灌输给员工其独特的经营理念。同时设置多个场合，比如顾客喝醉了酒、顾客很挑剔、顾客心情不好等，通过对场景的剖析，制定五斗米公司处理的方案，即采取个性化的服务。

个性化还强调员工的个人魅力的培养。培训的时候，五斗米公司会通过测试了解每一个员工的个性特点，突出一个人的服务个性。比如一个人的服务态度很好、另一个人的交际能力很强，或者是一个人的协调能力很强。通过个性的突出特点来服务不同的顾客。

在培训员工了解解决问题的程序时，五斗米公司会把整个餐饮业的流程做详细的分解，然后把受训者融入具体的角色。为了使培训更加贴切，五斗米公司想到了自己的高招，那就是做情景案例。五斗米公司的培训一般是1/3的理论加2/3的操作。在理论方面，主要是一些服务领域的常规要求和工作流程。为了弥补理论的不足，五斗米公司对餐饮行业中可能出现的情况都制作成情景案例。这些情景案例也是来自第一线的，每次发现新的情况后，部门都会收集员工的实际案例，制定出典型案例。在培训中，培训师就把案例搬出来，针对一个具体的案例做分析，把员工就当成事件的当事者，叫他们谈处理的方案。如果谈不能解决问题，五斗米公司还会让员工实际去操作这些案例。当然对于处理的方法，也不是只有一个正确的方案，员工要针对不同的情景和不同的人来实施。（来源：中华美食）

友情推荐

（1）成杰．永不放弃——马云给创业者的24堂课，北京：中国华侨出版社，2011

（2）孙陶然．创业36条军规，北京：中信出版社，2012

综合实训　撰写创业方案

1. 实训目标

本课程设置的目的是通过系统的学习，了解企业市场营销活动的基本理论和规律，逐步掌握在现代企业营销中科学制定企业营销决策的理论和方法，以适应市场经济的要求。但按照传统的教学方式和考试方式，学生对其中一些理论基础知识的理解不深，更难将这些理论知识进行系统运用。为了让学生能够更好地将市场营销基础理论知识及现代营销新知识综合运用并与实践相结合，在教学中可以采用让学生畅想创业项目，主要是以开设店铺为主的实训方式去调动学生的学习积极性，让学生快乐地学习并能学以致用。

2. 实训步骤

步　骤	时间进程	实训内容进程
组建团队	1个月	在开课时教师与学生沟通，告诉学生综合实训的主要内容。并要求学生在一个月内与本班同学相互交流和了解，以自愿原则组成 3～5 人一组的创业团队。要求每个创业团队推荐一个负责人，同时给本团队命名
构思方案	1个月	要求每个团队开始设计创业项目，上课提问时以团队为单位进行提问
撰写方案	1个月	教师抽出一定的时间与每个团队进行交流，了解每个团队的创业项目并给出一定的建议。要求每个团队开始撰写创业方案
准备提案	2个星期	创业方案得到教师的认可后，要求学生做好创业方案提案的准备。鼓励学生能做课件讲解时尽量用课件讲解整个方案
正式提案	2个星期	第 4 个月后半期。要求整个创业团队派 1～2 名学生面对师生介绍创业方案提案，把整个创业项目在 15 分钟内讲解完毕。然后全部创业团队的所有成员再面对师生进行答辩。答辩时间不超过 10 分钟
上交方案	课程结束之前	学生根据师生的意见对创业方案进行整改后上交创业方案（有课件的要求一并上交）。

3. 实训要求

内　容	实 训 要 求
组队	要求每位学生都进入创业团队，不允许独自一人完成实训。团队总人数为单数，这样便于讨论方案时进行表决。考核关键词：团队合作能力
撰写方案	每个创业团队要求上交一份创业方案。方案的可行性为考核的要点。要求方案的撰写要条理清楚，可行性强，排版比较规范。考核关键词：方案可行性
提案	团队代表在介绍方案时，要求思路清晰，表达简明扼要，详略得当。考核关键词：表述能力
答辩	要求全部团队成员参加。针对师生的提问，能够语言流畅、思路清晰、有针对性地回答问题。考核关键词：随机应变能力
体会	要求每位同学写实训体会，500～1 000 字。要求写出实训体验及创业感想。考核关键词：总结能力

4. 撰写创业方案的参考格式

课程综合实训——撰写创业方案

团队成员及分工情况	
班　　级	
创业项目名称	
经营项目	
资金来源	
市场环境分析	
产品策略	
价格策略	
渠道策略	
促销策略	
前期投入费用预算	

5. 综合实训评分表参考格式

课程综合实训评分表

<table>
<tr><td>团队成员</td><td colspan="5"></td></tr>
<tr><td>班　　级</td><td colspan="5"></td></tr>
<tr><td>创业项目名称</td><td colspan="5"></td></tr>
<tr><td colspan="6">方案及提案评语：

教师签名：
年　月　日</td></tr>
<tr><td rowspan="6">教师评分</td><td>学生姓名</td><td>方案撰写（50%）</td><td>提案（40%）</td><td>实训体会（10%）</td><td>总评分</td></tr>
<tr><td></td><td></td><td></td><td></td><td></td></tr>
<tr><td></td><td></td><td></td><td></td><td></td></tr>
<tr><td></td><td></td><td></td><td></td><td></td></tr>
<tr><td></td><td></td><td></td><td></td><td></td></tr>
<tr><td></td><td></td><td></td><td></td><td></td></tr>
</table>